西北大学哲学社会科学繁荣发展计划

中青年特色优势学科团队建设项目

"关学的历史、文献与思想研究"研究成果

西北大学关学研究院

中华关学文化继承与创新系列成果

关学文丛
丛书主编 刘学智

二十世纪前期关学研究文献辑要
关学与陕西历史文化

刘学智 魏冬 辑校

陕西师范大学出版总社

图书代号　SK22N1934

图书在版编目（CIP）数据

二十世纪前期关学研究文献辑要. 关学与陕西历史文化 / 刘学智，魏冬辑校. —西安：陕西师范大学出版总社有限公司，2023.9

（关学文丛 / 刘学智主编）

ISBN 978-7-5695-3275-3

Ⅰ.①二… Ⅱ.①刘…②魏… Ⅲ.①关学－研究②文化史－研究－陕西 Ⅳ.①B244.45

中国版本图书馆CIP数据核字（2022）第212156号

二十世纪前期关学研究文献辑要·关学与陕西历史文化
ERSHI SHIJI QIANQI GUANXUE YANJIU WENXIAN JIYAO · GUANXUE YU SHAANXI LISHI WENHUA

刘学智　魏　冬　辑校

出 版 人	刘东风
出版统筹	侯海英　曹联养
责任编辑	张爱林
责任校对	王　森　王　冰
封面设计	王伟博
出版发行	陕西师范大学出版总社 （西安市长安南路199号　邮编710062）
网　　址	http://www.snupg.com
印　　刷	西安五星印刷有限公司
开　　本	787 mm×1092 mm　1/16
印　　张	27.75
插　　页	4
字　　数	530千
版　　次	2023年9月第1版
印　　次	2023年9月第1次印刷
书　　号	ISBN 978-7-5695-3275-3
定　　价	98.00元

读者购书、书店添货或发现印刷装订问题，请与本社营销部联系、调换。
电　话：（029）85307864　85303629　传真：（029）85303879

顾问

张岂之 赵馥洁 方光华 徐晔 党怀兴

关学文丛

总 序

在纪念张载千年诞辰之际，陕西师范大学出版总社推出有关张载及关学研究的系列丛书，这是很有意义的学术盛举。

张载（1020—1077）是中国历史上著名的哲学家、教育家。作为宋明理学的奠基人、关学的创立者，他以"勇于造道"的精神，创建了博大精深的哲学体系。张载关学蕴含着丰富而深刻的精湛智慧，包括"太虚即气"的本体智慧、以"德性之知"超越"闻见之知"的认识智慧、由"气质之性"复归"天地之性"的修养智慧、"一物两体"的辩证智慧、"太和所谓道"的和谐智慧、"民胞物与"的道德智慧等等。张载哲学也体现着崇高而笃实的优秀精神，包括"立心立命"的使命意识、"勇于造道"的创新精神、"崇礼贵德"的学术主旨、"经世致用"的求实作风、"崇尚节操"的人格追求、"博取兼容"的治学态度等等。张载关学的这些智慧和精神，是中华传统文化的宝贵资源，是陕西地域文化的思想精华，是值得我们不断探索和发掘的精神宝藏。

对张载及关学的研究一直为历代关学学人所关注，特别是改革开放以来，陕西学人不断推进对张载及关学的学术研究和对关学优秀精神的弘扬。在纪念张载千年诞辰的今天，深入研究关学更有着特殊的意义。陕西师范大学出版总社为纪念张载千年诞辰，进一步推进关学研究，推出的这几种关于张载及关学研究的著作，是学者们近年在张载及关学研究方面成果的汇集。这些成果虽然不一定能全面反映近年关学研究的面貌，但是也从一个侧面体现了关学研究的新进展。其中，由刘学智、魏冬主编的《二十世纪前期关学研究文献辑要》，分为《张载研究》《明清关学研究与关学综论》《关学与陕西历史文化》三卷，集中对20世纪前期关学研究及与关学相关的陕西文化历史文献进行了系统整理。这些成果从侧面说明以现代学术视野和方法对关学进行研究早已开始。刘宗镐撰写的《关学引论》，从哲学之阈阐释关学的思想精髓，即"学以成人"的关学主题、"明道修辞"的关学言说、"体用全学"的关学形态、"崇实致用"的关学精神和"天人合一"的关学智慧等，对关学思想进行了综合研究，这些提法都颇有新意。刘宗镐所著《关学概说》一书，则是对张载关学及其发展演变加以介绍的概要性著作，语言质朴，文字简明，是一本适合初学者了解、学习关学的通俗性读物。魏冬和米文科撰写的《关学谱系与思想探研》一书，是近年他们对张载和关学进行专题研究的论文汇集，对关学文献源流特别是近现代关学研究成果进行了细致的探研与评述。全书以时间为轴，通过对关学谱系文献与思想文献的探研，展现了张载、马理、吕柟、韩邦奇、南大吉、王心敬、张秉直、党晴梵、曹冷泉等人在关学发展史上的重要地位，以及他们的思想特征与传承脉络，展现了关学的历史发展与派别流变。王美凤教授近年着力于清末民初关学多元走向的研究，尤其着力于对柏景伟的文献整理和思想研究。这次出版的是她对以往人们不大关注但在清末关学史上有重要影响的关学学人柏景伟的著作《沣西草堂文集》的校注本，这是关于柏景伟著作的首次整理，对研究清末民初关学思想有着重要意义。《关学名言精粹》（书法版）一书，是为了普及推广张载及关学思想，由当前关学研究领域的专家学者精选关学学人著作中的部分经典名句，按照"人生理想""人生修养""治国理政""读书学习""为人处世"等类别加以编排，并搜集历史上一些著名书法家的书法作品，采取集墨的形式呈现关学思想和精神，可谓别开生面，别有风采。

祝愿张载及关学通过创新性的探索和研究，不断地生发新意、焕发生机！

是为序。

赵馥洁
二〇二二年十一月八日
于西北政法大学静致斋

前言

北宋时期，在陕西关中形成了一个以张载为核心、以其创立的新儒学为特征的有全国性影响的地域性学术流派，史称"关学"。张载一生大部分时间在陕西眉县横渠镇度过，并长期在关中著述讲学，人称"横渠先生"，后来又被尊为"关中士人宗师"。其所创立的关学为孔孟儒学在宋代的重建奠定了坚实的理论基础。后人常将张载创立的关学与周敦颐的濂学、二程（程颢、程颐）的洛学以及朱熹的闽学并称为"濂洛关闽"，关学被视为宋代理学的四大学派之一。

关学并非一般意义上的"关中之学"，而是指自张载以来的关中理学。从广义上说，关学是对由张载开创及其后一直在关中传衍着的理学的统称；而狭义的关学，则指张载及其后在关中流传的与张载学脉或宗风相承或相通之关中理学。关学在张载去世时已成规模。只因张载去世过早，其弟子为弘扬道学，有的投奔二程门下，于是关学一度陷于寂寥，但到明代又出现了中兴之势，之后直到清末，关学统绪一直未有中断，关学宗风也持续被承传弘扬。由冯从吾所撰《关学编》及王心敬、李元春、贺瑞麟等续补的《关学续编》等关学学术史著作可知，关学统绪绵延不绝，"源流初终，条贯秩然"。随着时代的变化，关学的学术旨趣和思想特征虽有所变化，或与程朱理学融合，或与陆王心学融通，但"横渠遗风，将绝复续"，关学精神，世代相承。事实表明，关学是一个有其本源根基、学脉统绪、学术宗旨，风格独特而又开放包容的多元的地域性理学学术流派。

张载之学，特点是"尊礼贵德，乐天安命。以《易》为宗，以《中庸》为体，以孔孟为法，黜怪妄，辨鬼神"（《宋史·张载传》）。他将"历年致思所得"著成《正蒙》一书，其思想之深邃、博大、精严，在宋明理学史上独树一帜，由此他也被视为理学的重要开创者和奠基者。其著名的"为天地立心，为生民立命，为往圣继绝学，为万世开太平"的"四为"句，对激励国人树立志向、提升境界、塑造人格、彰显使命产生了积极的作用，并开显了儒家广阔的胸怀和宏大的气度；其被历代学人称颂和推崇的《西铭》，在"天人一体"思想基础上阐发的仁孝之理、"民胞物与"的仁爱精神和伦理境界，锻铸了关学学人特有的精神气象和人格气质，形成了理学史上颇具特色的关学学派品格。其思想和学派宗风一直影响着历代关中儿女，是人们处理人己关系、人与自然的关系、人的身心关系的方向指引和精神引领，也是中华民族和谐发展的重要价值理念，更是当今时代构建人类命运共同体的重要思想文化资源。

张载以其深邃的哲学思想，把汉唐以来的儒学推向一个新的高度。其在宇宙论上提出的"知太虚即气，则无无"的命题，以太虚之气的聚散对世界的存在做了富有哲理性的说明，从而把汉代以来以气为本原的宇宙生成论提升到本体论的高度；其"以易为宗"，以"幽明"之别纠正以往以"有无"之分对世界本质的说明，终结了历史上的"有无"之辩；他提出的"天地之性"与"气质之性"，以及"知礼成性""变化气质"的思想，使"性与天道为一"的"天人合一"思想得到系统的说明，从而使其哲学从宇宙论过渡到伦理观，从知识论走向价值论，使理学伦理本体化的目标得以实现。张载承继孟子"尽心""知性"的心性论路向，又汲取荀子"礼以成性"的思想，以"诚则明，明则诚"即"尊德性"与"道问学"的双向互动，实现了以虚静为涵养功夫而"养心"与以礼检束行为而"化性"相统一的"合内外之道"，使"知礼成性"即理想人格的培养落到了实处。

关学有一个鲜明的特征，就是重视躬行礼教，笃实践履。关学使关中文化既有隆礼重仪的古朴雅韵，又使其涌动着鲜活的生命力。关学学人一般都有一种坚持真理、不畏权贵、刚正不阿、崇尚气节的人格节操，有"无求生以害仁，有杀身以成仁"的理想信念，有"不降其志，不辱其身"的人生信条，有"富贵不能淫，贫贱不能移，威武不能屈""于公勇，于私怯"的大丈夫气概。他们的品格使儒家的优良传统在历史上一直闪烁着熠熠光芒。

张载创立的关学绵延八百余年，其文化精神不仅在中国历史上影响了一代代关中士人的风格、品行和节操，而且以其在社会生活中的丰厚遗存和深刻影响，至今仍然塑造和培育着当代关中人的精神风貌和行为方式，培育着关中乃至陕西人纯朴、质实、耿直、坚韧、诚信的文化性格，也对关中乃至陕西人形成求真务实、勇于担当、恪守正道、博取包容的品格和精神风貌产生了积极的影响。

2020年适逢张载千年诞辰，在这特殊的时刻，为了使广大读者缅怀张载，感受张载及关学学人的人格节操和精神风貌，感受包括关学在内的中华优秀传统文化的无限魅力，也为使大家了解、学习和领会张载及关学的核心思想、发展脉络，知悉20世纪前期关学研究的基本状况，应陕西师范大学出版总社刘东风社长之约，我们编撰了这套《关学文丛》。《关学文丛》推出的图书有8种，分别是：由刘学智、魏冬教授辑校的《二十世纪前期关学研究文献辑要·张载研究》《二十世纪前期关学研究文献辑要·明清关学研究与关学综论》《二十世纪前期关学研究文献辑要·关学与陕西历史文化》，由魏冬和米文科二位教授撰写的《关学谱系与思想探研》，由王美凤教授校注的《〈沣西草堂文集〉校注》，由刘宗镐博士撰写的《关学引论》和《关学概说》，以及由国际儒学联合会与陕西省孔子学会编写（刘峰、张亚林为执行主编）的《关学名言精粹》。其中，《二十世纪前期关学研究文献辑要》对自戊戌变法前后到中华人民共和国成立这一时期的关学研究文献进行了较为系统的搜集整理，其中包括马一浮、刘师培、蔡元培、谢无量、钟泰、吕思勉、钱基博、钱穆、陈垣、冯友兰、张岱年、侯外庐等一百多位学者关于张载及关学的很有见地的研究著述，以及这一时期从文化视域重构关学及与关学相关的陕西文化的重要论著，说明从现代视野对关学进行研究与重构在这一时期已经开始且取得了丰硕的成果。《关学谱系与思想探研》是魏冬、米文科近年对张载和关学进行专题研究的论文汇集，书中对关学文献源流特别是近现代关学研究成果进行了细致的探研与评述，通过对关学谱系文献与思想文献的探研，展现了张载、马理、吕柟等诸多关学学人的思想及其传承脉络，也展现了党晴梵、曹冷泉等近现代学者在 20 世纪三四十年代关学研究方面的成就。《〈沣西草堂文集〉校注》是王美凤教授对以往人们不大关注但在清末关学史上有重要影响的关学学人柏景伟著作的校注本，对于研究清末民初关学思想有着重要的参考价值。《关学引论》是刘宗镐博士从哲学之阈阐释关学思想精髓的专论，书中论及"学以成人"的关学宗旨、"明道修辞"的关学言说、"体用全学"的关学形态、"崇实致用"的关学精神和"天人合一"的关学智慧等方面，是对关学思想进行综合研究的著作，许多论述颇富新意。《关学概说》是刘宗镐博士对张载关学及其发展演变加以介绍的概要性著作，通俗易懂，是适合初学者学习和了解关学的不可多得的普及性读物。《关学名言精粹》（书法版）是由国际儒学联合会与陕西省孔子学会动议并支持编撰的一部旨在普及推广张载及关学思想的通俗性读物，由原《关学文库》的部分作者精选关学学人著作中的部分经典名句并予以释义，由西北大学刘峰博士和陕西大家书画研究院张亚林院长负责编辑和统稿。这一简明易懂、图文并茂的读本，选取关学史上十九位代表学人的至理名言约三百条，以"人生理想""人生修养""治国理政""读书学习""为人处世"的主题分类编排，内容以书法体的形式予以展现，字体是从王羲之、颜真卿、于右任等历代名家作品中集墨而成，形式新颖，别具特色。

  这套丛书的编纂出版得到了陕西师范大学出版总社刘东风社长、侯海英主任的大力支持和精心安排，编辑胡杨、张爱林也为这套丛书付出了大量心血。在此我对刘东风社长、侯海英主任以及胡杨、张爱林两位编辑对丛书的大力支持和辛勤付出表示衷心感谢！时任国际儒学联合会秘书长牛喜平先生对本套丛书的编纂出版也给予了大力支持，在此一并表示诚挚的感谢！

  在这套丛书动议之初及编写过程中，张岂之先生、赵馥洁先生、方光华先生、徐晔先生、党怀兴先生等都给予了殷切关注、适时指导和大力支持，在此也对各位先生表示诚挚的感谢！

由于时间仓促，我们的编撰工作会有不少疏漏乃至错误，希望广大读者朋友予以指正，以便我们在今后对其进一步加以完善。希望这套丛书能对大家了解和学习关学有所帮助。

刘学智

二〇二二年十月五日

序言

辅旧邦以阐新命
——二十世纪前期关学与陕西历史文化述评

古代社会向近现代的转型,是我国"三千年未有之大变局"。在这一时代大变局下,作为关中地域理学形态的关学发生了怎样的转型?近年来,随着关学研究的进一步推进,人们惊奇地发现:在20世纪前期,随着古今中西的冲荡交融与民族危机的日趋加深,传统理学形态的关学也表现出颇具时代特点的变化。一方面,关学并没有像其他各地理学那样很快走向终结,而是在时代的变迁中一直坚守延续,成为"中国理学最后残垒"(曹冷泉:《陕西近代人物小志·自序》)。这种情况,在出身于三原贺瑞麟门下,确守程朱、标榜道德的清麓学派传人牛兆濂、张元勋等人身上表现最为突出。另一方面,关学也逐渐发生转型,开始突破理学的藩篱,从经世致用的角度实现发展与传承。这种情况,在出身于咸阳刘古愚门下,以经世利民为宗的烟霞学派传人郭希仁、张季鸾、李仪祉等人身上表现最为突出。从这个意义上讲,传统以理学为基本形态的关学,在20世纪前期的社会大变局中,出现了两种趋向:一种偏重于关中理学"道统观念"的传承,另一种则偏重于关中理学"文化精神"的传承。前者注重道统而有"守旧"的特点,后者倾向经世而有"创新"的意向。但从根本上讲,两者都是对关中理学不同维度的传承。在整个20世纪前期,关学并没有因为理学在全国范围内退出主流意识形态而终结,而是继续以这两种形式延续发展。

还需要注意的是，在近现代中西文化冲荡交融背景下，20世纪前期的关学研究也出现了新的范式。其表现主要有二：一种是基于西方近现代学术范式，主要借用西方哲学的范式来诠释关学学人思想。这一部分研究文献，在刘学智先生和我辑校的《二十世纪前期关学研究文献辑要·张载研究》和《二十世纪前期关学研究文献辑要·明清关学研究与关学综论》中已经得到体现。另一种研究范式，则是从陕西地域文化的角度对关学精神进行时代性重构，以及在陕西历史文化精神视域下对关学加以吸纳和解读。这标志着理学形态的关学开始走向消解，但并非关学彻底地走向终结，而是打破传统理学封闭式的道统谱系，成为陕西文化精神的一部分，开始融入到陕西文化精神的建构中，成为陕西文化精神的有机组成部分。本书所收录的论著文献，主要体现了关中学人在20世纪前期对关学的重新建构，体现了这一时期陕西学人从时代或地方文化精神的视野和维度建构陕西人文精神以满足时代需要的努力。

本书第一辑"关学近现代重构文献"，是具有关学近现代重构特点的文献。此部分都是党晴梵先生的论著。党晴梵先生是民国时期陕西著名的革命家、书法家、金石学家、历史学家。但此前很少有人知道，他同时也是当时重新建构关学的重要代表人物。其中主要原因，是党晴梵先生关于关学重构方面的论著迄今还没有系统地整理出版（虽然其中部分文章在当时报刊上有发表）。本辑所收入的，即党晴梵先生《冯翊耆旧传略》（1913）、《明儒学案表补》（1929）、《陕西文化的过去与未来》（1931）及《关学学案》（1933—1935）四部论著。这些论著基本上体现了党晴梵先生重构关学的思想历程。尤其是《关学学案》，虽然在命名上仍遵循"关学"的称谓，但并非对张载以来宋元明清关学学人的系统梳理，而是着眼于清初关中的五位学人，即：出身理学的王心敬，具有浓厚宗教色彩的杨双山，以及未以理学闻名而以诗著称的孙枝蔚、屈复和康乃心。通过对这五位关学学人的系统梳理，党晴梵先生建构了不同于以往、不再仅仅局限于理学的关学。此外，《关学学案》虽然仍称为"学案"，但完全不同于《宋元学案》《明儒学案》的写法，而是以现代论文体写就，同时在学术视野和学术研究方法上也体现出从社会经济、政治、历史等大背景出发，进而进行中西比较的学术研究新特点。仅就这两个方面而言，《关学学案》就具有与以往《关学编》等文献所不同的关学建构特点。简而言之，党晴梵先生所要建构的，是以爱国主义为基础，以道德、知识和艺术为架构，容摄创新、疑古、实践、自主等时代精神的新关学。因此，党晴梵先生的这一系列论著在关学的近现代建构中具有代表性意义。这是我们将这四部论著作为关学近现代重构代表性文献予以收录的主要原因。

需要注意的是，党晴梵先生虽然试图仍以"关学"之名重构现代意义上的陕西精神，但在他之后，学者们广泛接受的，并不是他固守"关学"之名的做法，而是他在《陕西文化的过去与未来》中流露的意向，即将传统的"关学"作为陕西文化的一部分，试图从陕西历史文化、人文精神的维度，更为深入、更为全面地发掘陕西的内在精神。在当时，主要表现有三：其一是从乡贤文化的角度来凸显陕西人文精神的重要价值；其二是从近代人物志略的角度来述写陕西人文传承的风貌；其三是从文化精神的层面提升和凝练陕西的内在精神。虽然这三个维度都没有用传统的"关学"之名来概括，但毫无疑问，传统的关学已经成为陕西人文精神建构的重要文化资源。因此，我们说关学并不是随着儒家理学的近现代式微而消失了，而是随着学术视域的拓展和学术范式的转化，作为陕西历史文化发展中的重要精神文化遗产，融入陕西文化的时代性建构之中了。在这个意义上，我们认为关学并没有中绝，而是成为陕西精神文化传承的重要组成部分。而此三类文献，主要体现在本书的第二、三、四辑。

本书第二辑"关学与陕西乡贤事略文献"，是将关学部分人物作为陕西乡贤来看待的乡贤类文献。这种文献主要有二，即1935年由陕西省教育厅编审室组织编撰的《陕西乡贤事略》和其后刘安国发表在《陕西教育月刊》上的《乡邦之光》。《陕西乡贤事略》是基于当时社会的需要，从整个陕西历史文化中选择具有时代价值的三十多位代表人物作为乡贤，引导世人热爱乡土邦国、提升文化自信、弘扬民族精神的重要论著。《乡邦之光》则是《陕西乡贤事略》的遗篇，也体现了世人对陕西历史文化的热爱、对弘扬民族文化精神的热忱。同时，由于薛祥绥的《选定陕西乡贤私议》表现出建构乡贤文化的另一种视野，故本书亦将其作为重要文献选入。

本书第三辑"关学与陕西近代人物文献"，是以诗文体裁体现近代陕西各界代表人物的文献。本辑所选入的，是曹冷泉先生所著《陕西近代人物小志》一书。这部著作完成于1945年，但并非"仿近年各省所辑乡贤志之体例"，而是将所志陕西近代人物分为理学、史学、文艺、事功、佛学诸门，以诗文形式简要记述了晚清民国陕西各界代表人物，是陕西精神在当时社会的体现。此书虽然篇幅不大，但对今人了解当时陕西精神文化具有一定引导作用，故而亦将其收入。

本书第四辑"关学与陕西文化精神文献",是突破了历史人物传记的传统手法,从文化精神的层面来展现陕西精神的文献。本辑主要收录杨觉天《由文化上研究陕西》、陆宗韶《发扬陕西民族精神抗战》、姚维熙《论陕西精神》、张其昀《陕西精神》、蒲宁《论西北文化》、张联元《论西北文化之发展与趋势》、贺学恒《陕西人文述略》等七篇文章。这七篇文章从精神文化的层面来体现陕西历史文化精神的特点和时代价值,属于从文化角度展示陕西人文精神的重要作品。考虑到本辑都是论文,和前三辑在体裁上略有不同,故而将这一辑命名为《陕西的文化与精神》,以保持全书体例相对统一。

还需要说明的是,关学从理学形态到文化形态的转型,不仅是西方文化冲击下的应激产物,而且与关学的自身发展也有一定文化渊源。在理学形态的关学建构中,人们通常注意到关中理学家对关学理学谱系的建构,但往往忽略了这其实只是他们关学建构的一个方面。实际上,关中理学家在建构关学理学谱系的同时,从来没有忘记对关学与关中人文传统关系的建构。比如关学谱系的最早建构者冯从吾(1557—1627),他在建构《关学编》的同时,实际上也注意到地方志的建设,他所编的《长安县志》、(万历)《陕西通志》,实际上是对明代关学学人普遍重视地方志撰述传统的继承。而此后关中理学家刘绍攽(1707—1778)、李元春(1769—1854),更注意对陕西人文传承的撰述。他们不是将关学看作完全封闭的理学体系,而是将之看作关中学术、精神、文化传承中的一部分来加以叙述。这一基于文化视域的建构维度,在当时也是非常重要且难能可贵的。这种学术传统,对民国学人从地方文化角度阐发关学精神也具有一定的启发和影响。通过对党晴梵和李元春著作的对比,不难发现他们思路的一致性,即都是从自己熟悉的地域的文化人物出发,随着视野逐步扩展而建构整个陕西地域文化。因此,本书将刘绍攽的《关中人文三传》(《关中人文传》《关中人文后传》《书关中人文传后》)和李元春的《秦中三赋》(《梓里赋》《秦赋(有序)》《续秦赋(有序)》)作为"关学与关中人文传承文献"附录于后,以说明现代视域下陕西人文精神的建构并非空穴来风,而是渊源有自。

本书所收论著,有的有多种版本,有的只有一种版本;有的体裁上接近论文,有的则接近著作。而且原文底稿都是繁体竖排,标点也极不规范。为了说明其作者、版本等概况,本书将"辑校说明"分别置于每辑各论著之下(第四辑因全部由论文组成,为方便起见,统一予以说明),同时为了阅读方便,将版式统一改为简体横排，并做了校勘标点。由于编者学力、视域所限，本书所收文献未必恰当、完备，其中必然存在一定的错漏，有关论述也未必是定论，敬请读者批评指正。

魏 冬
二〇二一年七月于西北大学关学研究院

目 录

第一辑　关学近现代重构文献 …………………………………… /001
　　冯翊耆旧传略 ………………………………… 党晴梵　作 / 003
　　明儒学案表补 ……………………………… 党晴梵　编撰 / 017
　　陕西文化的过去和未来 ……………………… 党晴梵　著 / 087
　　关学学案 …………………………………… 党晴梵　撰 / 099

第二辑　关学与陕西乡贤事略文献 ……………………………… /145
　　陕西乡贤事略 ……………………………… 王儒卿等 / 147
　　乡邦之光 …………………………………… 刘安国　著 / 270
　　选定陕西乡贤私议 ………………………… 薛祥绥　著 / 301

第三辑　关学与陕西近代人物文献 ……………………………… /311
　　陕西近代人物小志 ………………………… 曹冷泉　著 / 313

第四辑　关学与陕西文化精神文献 ……………………………… /333
　　陕西的文化与精神 ………………………… 杨觉天等 / 335

附　录　关学与关中人文传承文献 ……………………………… /377
　　关中人文三传 ……………………………… 刘绍攽　著 / 379
　　秦中三赋 …………………………………… 李元春　著 / 387

后　记 ……………………………………………………………… /421

第一辑 关学近现代重构文献

第一辑

大学马思义而扩 义馆

冯翊耆旧传略

党晴梵 作

辑校说明

《冯翊耆旧传略》是党晴梵先生重要遗著之一。目前我所见该书版本只有一种，为党晴梵先生之子党晟教授家藏本。在整理点校之前，首先对这一著作的基本情况和整理校勘原则简要说明如下。

党晟教授家藏本《冯翊耆旧传略》为简陋的线装稿本。此本用白线手工打眼装订而成，线眼在右侧，6孔。全书约高29.2厘米，宽16.6厘米，有封面，无封底。正文共34页。边缘略有破损，但整体保存完好，对内容没有影响。封面由呈黄黑色无格栏的较厚麻纸制成，上写有书名、版本题款及党晴梵先生关于本书的一段小记。正文书写在较为简陋的稿纸上，稿纸上绘有红线框栏，栏高17.5厘米，宽11.5厘米，边栏外左侧下印有"合阳县立中学校"字样，栏内分为8列22行。

在该本的封面左上方竖行题有"冯翊耆旧传略"6字，隶书。右侧装订线边上竖行题有"第二师范油印本，合阳中学生王世珍代抄"字样，行楷。在封面的正中，是党晴梵先生对此书的一段小记，竖行，字体近行草。据党晟教授辨认，当页题字均为党晴梵先生亲笔所题。小记的内容是：

此册为予少年作品，稿久轶矣。老友范清臣买珍藏油印本贻予。重读一过，如遇故人，其喜可志矣。此亦五十年来生命中之一段泥爪也。

晴梵识
二十三年二月

另，在该书目录页第一行"冯翊耆旧传略"下方，有党晴梵先生补入"民国二年，党晴梵作"8字。根据以上内容可以推断：《冯翊耆旧传略》是党晴梵先生在民国二年（1913年，党晴梵先生29岁）的著作，然此后该书稿遗失多年。民国二十三年（1934年，党晴梵先生50岁）二月，党晴梵先生的朋友范清臣购买到该书陕西第二师范油印本并赠予先生。此时距先生著述该书已经过去了20余年，先生对旧作"重读一过，如遇故人，其喜可志矣"，于是写下了这段小记。整理者所见的这个版本，就是当时合阳中学学生王世珍为党晴梵先生代抄的。这本著作完成时，党晴梵先生才29岁，由此可见先生在30岁之前已对冯翊（辖境相当今陕西韩城、黄龙以南，白水、蒲城以东和渭河以北地区）一带包括韩邦奇、王宏撰、马相九等关学干城在内的乡贤人物有所关注，故而此书可以看作先生进入关学研究领域的早期代表作。

该书正文是由王世珍用小楷字体书写的，字迹颇为清晰工整。在此基础上，党晴梵先生做了修订和简单断句。全书的内容，主要是韩苑洛、张景和、李向若、李岸翁、王山史、王黄湄、康太乙、马相九、屈见心等9位冯翊耆旧的传略。全书的结构是：前有各传主姓名构成的目录，然后是一段小序。正文为传主传记内容，但均没有标题，而是依照目录中传主的顺序接连排列。而后是一段总论，并有跋记性质的小记附后。

由于该书目前所见只有这一个版本，所以这次整理也只能以此为依据。为充分尊重原著，这次整理除了按照现代汉语使用规范加入标点符号，并对其中个别错讹明显且影响文义者稍做订正外，在内容上均一仍其旧。

另外，在2020年8月间，我又有幸从孟君文强处得到大荔县博物馆所藏《冯翊耆旧传（事迹摘要）》一书的电子照片。此书为手写油印本，无题名，单面21页，其中个别字上有墨笔校正痕迹。其内容为韩苑洛、张景和、李向若、李叔则、王山史、康太乙、王黄湄、马相九、屈悔翁9人史料摘录。将此书与《冯翊耆旧传略》相互比较，可发现其中康乃心、王黄湄立传次序颠倒，目录中个别传主题名有字号不同，有可能是党晴梵编撰《冯翊耆旧传略》之前所摘录的传主事迹资料，或者与党晴梵先生《冯翊耆旧传略》的内容有密切关系，故亦附记于此。

魏　冬

2021年7月于西北大学关学研究院

封面题记[①]

  此册为予少年作品，稿久轶矣。老友范清臣买珍藏油印本贻予。重读一过，如遇故人，其喜可志矣。此亦五十年来生命中之一段泥爪也。

晴梵识
二十三年二月

[①] 该部分内容题于原稿封面。"封面题记"四字为编者所加。

目 录①

小　序②

韩苑洛
张景和③
李向若④
李岸翁⑤
王山史
王黄湄⑥
康太乙
马相九
屈见心⑦

附　记⑧

---

① 此目录原无标题，"目录"二字为编者所加。
② 此条目录据本书内容标题补入。
③ 《冯翊耆旧传（事迹摘要）》旁注有"太仆"二字。
④ 《冯翊耆旧传（事迹摘要）》旁注有"灌"字。
⑤ 《冯翊耆旧传（事迹摘要）》"李岸翁"为"李叔则"。
⑥ 《冯翊耆旧传（事迹摘要）》"王黄湄"在"康太乙"之后。
⑦ 《冯翊耆旧传（事迹摘要）》"屈见心"为"屈悔翁"。
⑧ 此条目录据本书内容标题补入。

小 序①

十室之邑，必有忠信。五步之内，或遇芳兰。讵必深山大泽，始生龙蛇；奥域神皋，乃产英㑺耶？是以鹿门传庞公之宅，洛曲记诸葛之村。②江上峰青，湘云未邈；华高鹤唳，风采依然。莫不地以人重，人并地永也。

冯翊古郡，三辅名区，河声岳色，彪炳宇寰。汉唐以来，人文茂蔚③，子长史才④，伯起四知⑤，杨炯文章，严浚⑥武略，缅怀先德，能无景仰？陈留父老之传，良有以也；会稽先贤之志，岂徒然哉？敢附斯义，以彰往哲。昉自朱明之季，讫于前胜国之中叶⑦，得若干人⑧，或以气节著，或以道德重，或以文学显，要皆鼎彝勒功，艺苑蜚声者也。

韩苑洛⑨

韩公邦奇，字汝修⑩，朝邑人也。父绍宗，博文强识。公承家学，少即颖异。年弱冠，治《尚书》，著《蔡传发明》《禹贡详略》，关中名宿，咸器重之。明弘治甲子，举于乡，会试不第。归，著《律吕直解》⑪，学问益深。正德戊辰，成进士，授吏部考功主事，升考功司员外郎，寻调文选司。时佞幸用事，公上疏极论朝政阙失，被谪⑫平阳府通判。公至平阳也，决滞狱，倡理学，号一时卓异。昔人远谪⑬，每多怨望。柳川、东坡，形于诗文。公独无愠，且著治绩，俱

---

① 此小序原无标题，"小序"二字为编者所加。
② 底本此处有"遗竹数枝，嵇中散流风未邈；华亭鹤唳，陆士衡丰彩依然"一句，但用墨笔删去。
③ "人文茂蔚"，底本原为"代有闻人"，作者删去，改为今句。
④ "子长史才"，底本原为"司马才华"，作者删去，改为今句。
⑤ "伯起四知"，底本原为"伯起廉洁"，作者删去"廉洁"二字，改为"四知"。
⑥ "严浚"，底本为"严峻"。据考，严浚（673—约742），字挺之，唐代华阳（今陕西华阴市）人。神龙年间进士，曾任义兴尉、右拾遗等官职。其人体质昂藏，雅有吏干，党晴梵先生所说的"严峻"，当为"严浚"，故改"峻"字为"浚"。
⑦ "前胜国之中叶"，底本原为"满清之初"，作者删去，改为今句。
⑧ "得若干人"，底本原为"共得九人"，作者删去，改为今句。
⑨ 此传原无标题，"韩苑洛"三字为编者据目录所加。
⑩ 当为"汝节"，"汝修"误。《冯翊耆旧传（事迹摘要）》亦作"汝节"。
⑪ 底本此处原有"见志"二字，作者删去。
⑫ "谪"，底本原为"责"，作者改为今字。
⑬ "谪"，底本原为"责"，作者改为今字。

乎远矣。甲戌，升浙江按察司佥事，治理赋税，张施裁割①，厘为四科，民岁省以百万计。逆瑾钱宁托义子以钞三万锭，付浙易银，当事②馈敛如数。公檄知县吉棠散其敛，卒不馈。宸濠将举逆，命内竖假饭僧事，于西湖天竺寺聚千余人。公侦知之，立为遣散。濠又以仪宾托名贡进方物，假道衢州。公诘之曰："汝自当沿江而下，奚事假道？归语尔主，韩佥事不可诬也！"后三年，濠果通镇守，欲袭浙江，赖前发其奸，不竟逞。公谓镇守为浙蠹，不稍假借。镇守衔之，奏公诽谤朝廷，诏夺为民。薰、莸不同器，尧、桀不共国，自古如兹也。君子道消，小人道长，明社之屋，由来渐矣。公既归，闭户谢客，潜心著作，四方君子，趋之如市，乃著《周易集说》，以觉来者。辛巳，世宗诏起为山东布政司参议。是年大同匪乱，巡抚都御史张文锦死之。公剿抚兼施，数著奇功。戊子，授四川提学副使，改左春坊右庶子兼翰林院修撰，经筵启沃，关系重大。寻擢山东按察司副使，升大理寺左少卿，以左佥都御史巡抚宣化。至镇，即平市估以易马，发红腐以足食，军民咸为感悦。时大同再变，王师出讨，百凡军需，悉依宣府。公力经营，有备无患。寻改巡抚山西。赏善黜暴，省赋薄敛，往时秕政，一举悉除。戊戌，四疏乞休，乃复致仕。甲戌，复用荐起，总理河道，升刑部右侍郎，改吏部右侍郎。丁未，升南京都察院右都御史，进南京兵部尚书，参赞机务。既司留③管，振修百废，有古大臣风。未几，五上疏乞休，勉留皆温语。卒遂初服，复修旧业，倡导来学。又八年，④公薨。呜呼！泰山颓而哲人萎，能不兴苍生之憾乎！讣闻，赠少保，谥恭简，学者称苑洛先生。兄汝庆先生邦靖，⑤亦以气节文章著。公善古文，钱牧斋谓其"奥而雄，能自立阡陌，不依傍时世"者也。著作存者，《易说》二十四卷，《易占经纬》四卷，《书说》二十卷，《毛诗未⑥喻》一卷，《启蒙意见》一卷，《洪范图解》一卷，《苑洛志乐》十二卷，《律吕直解》一卷，《苑洛集》二十二⑦卷。

---

① "割"，底本原为"歌"，作者改为今字。
② "事"，底本原为"时"，作者改为今字。
③ "留"，底本原为"流"，作者改为今字。
④ 底本此处删去"会地震"三字。
⑤ 韩邦靖为韩邦奇之弟，此处言"兄"，误。
⑥ "未"，底本作"末"，误，径改。
⑦ "二十二"，底本作"二十三"，据《苑洛集》实际卷数改。

张景和①

景和②张公,名春,大荔人也。幼负异禀,不屑流俗伍。万历庚子举于乡,宰山东堂邑。以治功第一,擢刑部主事,授山东按察使佥事、永年兵备。清之入寇锦州也,势甚猖獗。公力任恢复,功升参政,锡蟒衣。寻中谗,左迁。未几,永滦四郡陷,赴召破敌。东事赖以稍安者,公之力也。讵权贵用事,竟以直道见弃,时论惜之。再以太仆少卿起,通镇监军。会统帅祖大寿师溃,一时奸抚懦帅,合谋潜遁,公独号召旧部来援,血战三日,力尽被执。清佳其忠贞,馆于僧舍。公求死不得,乃足不履户外者十年,不易其节,试胁以剑,即倒领以迎。甲申,国破,闻信,遂不食死。襟带中得《不二歌》一首,慷慨激昂,《正气歌》《浩气吟》之嗣响也。

呜呼!苏子卿冰天雪地,文文山取义成仁,公兼而有之矣。彼辱身之洪承畴,作伥之吴三桂,能不愧死乎?妻翟闻公没,自缢死。后子仲出关,负公遗骸归。

李向若③

郃阳李向若先生,名灌,崇祯癸酉举孝廉。倜傥不羁,负经纶才,常痛明季之秕政,建论千言,颇中肯綮,世目为陈同甫、叶水心一流人物。甲申三月,仓皇国破,与同邑吕君得璜,约起义师,渡河如晋,欲有施为,被父召还,未竟其志。后削发,易僧服,寄迹梵宇,友侣牧竖,放浪太华、黄河间,时歌时哭,人或迹之,则飘然远去。清初,征书屡下,大吏强促,卒引疾不起。其行芳,其志洁,其心苦矣!晚岁凿石室于乳罗山,名小桃花源,以冀喧嚣之不再污此清白也。数十年风尘潦倒,侘傺而卒。云中郭君匡庐为题碣曰"逸民李向若先生之墓",路征君振飞书也。先生患难洗心,所著诗文,随即弃去,然片纸只字,流播人间,清腴晓畅,虽妇孺亦达其旨。至今过莘野之墟,二三村童,犹能诵其遗句,曰:"此明季才子李向若诗也。"

---

① 此传原无标题,"张景和"三字为编者据目录所加。
② "景和",底本作"景明",误,径改。
③ 此传原无标题,"李向若"三字为编者据目录所加。

李岸翁①

李楷，字叔则，一字岸翁，朝邑人也。学者称河滨夫子，与关中三李齐名。由孝廉为宝应令，以直耿废。康熙二年，抚军贾汉复延修省志，一时名流，咸仰其风采。先生善古文词赋，茂蔚醇厚，虞山宗伯极称之，其叙《雾堂集》曰：

河滨李子叔则，不远数千里邮寄所著《雾堂集》，以唐刻石经为贽，而请序于余。叔则手书累幅，执礼甚恭，以余老于文学，略知利病，谓可以一言定其文。余读之艰然，感而卒业，欷歔叹息焉。

昔者炎正之季，欃枪刺天，谷维交斗，文章崩裂，金铁飞流，侧古振奇之士与闰气俱作，关西文太青实为嚆矢。其后二十余年，而叔则代兴，人咸谓太微之冢嫡也。余尚论秦学，于朝邑得二韩氏。苑洛之文奥而雄②，五泉之文丽而放，皆自立阡陌，不依傍时世③者也。以古今之学准之，二韩逶迤乐易，流而近今，而基址则古学也，是谓今而古。太青诘盘舁兀，峻而逼古，而其梯航则今学也，是谓古而今。叔则含茹陶铸，旁摭曲绍，其在太青、二韩季孟之间乎！

文章之道，得失寸心，精魂离合，意匠互诡，陆士衡有言："游鱼衔钩而出重渊之深，翰鸟缨缴而坠层云之峻。"文之为钩也，缴也，虽巧于命物者莫能状也。李商隐之序元结曰："重屋深宫，但见其脊；牵绊长河，不知其载。死而更生，夜而更明，其几矣乎！"吾读叔则文，至《詹詹言》《论辩》诸篇，穿穴天阋，笼挫万物，罕譬曲喻，支出横贯，眩掉颠踬，若癫若厌，久之，如出梦中，此则文心恍忽，作者有不自喻，宜其借目于我也。举世叹誉叔则，徒骇其高骋夐厉，疾怒急击，驱涛涌云，凌纸怪发，岂知其杼轴余怀，有若是与？文章之在天地，犹大海也。古之文人才士，茗发颖竖者，盘回泆流之中，迢然夐出者也。

叔则才力雄健，既绝流文海，以余志为渔人也，就而问涉焉，则更有喻于此。巫师之求雨，为坛国门之外，植缯祭鱼，为龙于其方，舞而祷焉，恐其不我降也。李靖之行雨灵山也，置水器于马鞍，滴水及鬃，则平地三尺矣。余，巫师之求雨者也，吁嗟号咷，智不出豚蹄脾脯间，自顾其慊陋，不免哑然一笑。叔则，灵山之行雨者也，天瓢在手，霹雳起于足下，掉鞅簸顿，不崇朝而雨四海，飞蓬小草，弱丧而不自持，飘沉于风鬃雾鬣之余者，亦已多矣。斯又余之

---

① 此传原无标题，"李岸翁"三字为编者据目录所加。
② "雄"，底本作"礭"字，据钱谦益《有学集》卷二十《李叔则〈雾堂集〉序》改。
③ 底本此处衍一"时"字，径删。

所窃惧也。

既为叔则定其文,并为读叔则之书者告焉。若夫危苦激切,悲忧酸伤,樊南之三叹于次山者,周览叔则之文,历历然捣心动魄,而论次则姑舍是。《诗》不云乎:"我闻有命,不敢以告人。"叔则闻余言也,欷歔叹息,殆有甚于余也哉?

其激赏如斯也。先生遗著《河滨全集》,殁后三百年,洛水之曲,无有继起者。

王山史①

王先生,华阴人,名宏撰,字文修,无异、山史,皆其别号也。祖大受,为邑名宿,从祀乡贤祠。父之良,明季进士,历官巡抚南赣、南京兵部右侍郎。先生以通德之后,克荷青箱老业,文采风流,类晋、魏间人,登高能赋,搦管善书,侍司马公于京邸,有翩翩佳公子之目。陈(定生)杂志、方(以智)结社于陪京,先生高标于都门,南北相映,洵佳话也。崇祯十五年,司马公即世。越明年,李自成破潼关,陕西骚然,先生奉祖母及母避地山谷。又明年,甲申国破,先生痛哭流涕,誓图恢复。奈关辅久为流贼蹂躏,残破之余,卒难号召,一腔热血,遂付东流。

初,先生家既丰腴,性复潇旷,豪于交游,雅好声妓,花晨月夕,携杯絜榼,青衫红袖,见者生怜。至是患难洗心,忏除月露,结庐华麓,折节读书,博览群籍,以闽、洛之学为归墟。顺治中,关西流贼复炽,先生遂漂泊江湖,南之淮阴,抵建康,至吴门,与江左高士流连数岁乃归。昆山顾亭林先生怅三藩之失败,冀起西北,入关视察形势,先生分宅馆之,每日相对欷歔,殆不胜故国黍离之感也。康熙十七年,诏征博学宏词,大吏强促,辞不获允。至都门,寓昊天寺,托病不与试,一时仰其高风。新城王士正、长洲汪琬、宣城施润章等,莫不单车就道,把臂订交。后再为江南之游,十年乃归。吕晚村之潜图起义也,先生曾与其谋。事败,人或陷之,执政者不欲从事株连,卒未及祸。(此事各书未载,因读《卧云草堂诗》及康太乙《与山史书》,玩其词意,当时定有其事。)息老于华麓之独鹤亭。康熙壬辰终,年八十一,门人私谥曰"贞文"。

先生著述甚夥,《周易图说述》四卷,《周易筮述》八卷,《正学隅见述》一卷,《古诗述》二卷,《山志初集》六卷,《山志二集》二卷,《待庵文稿》

---

① 此传原无标题,"王山史"三字为编者据目录所加。

十六卷,《砥斋集》十二卷,《卧云草堂集》一卷,《古今体诗》若干卷,《南游草》若干卷,《诗借》一卷,《待庵日札》一卷,《北行日札》一卷,《南游日札》一卷,《西归日札》一卷,《文可》若干卷,《王氏宗祀志》一卷,《族谱》一卷,《书斋游草》一卷。

王黄湄①

清初海内言诗者,必宗新城、邠阳。新城为阮亭王先生,邠阳则黄湄王先生也。先生名又旦,字幼华,自少力学砥名,言动必抚古人。顺治丁酉魁于乡,戊戌成进士。康熙七年,除潜江县令,修城郭,省赋敛,复流亡,号称循良。潜江居汉下游,时有溃决,公亲畚插,督众筑之,故其诗《涉江集》多咏其事。慨叹欷歔,元次山《春陵行》不过斯也。二十年,授吏科给事中,首陈汉水之患,朝廷纳其言,责成抚臣时加预防,鄂之西北隅免为鱼者,公之力也。二十三年,擢户部都给事中,寻典试广东,其地有华山者,界接番隅、清远、从化三县,山箐林密,为盗贼窟,先生复命,白其事,请建县治,粤人德之。未几以病卒,朝论惜焉。

所著诗歌、五言类渊明,七言类放翁,时作香奁体,亦旖旎有致。徐釚辑《本事诗》,载《示姬人》一首:"黄入清秋橘柚枝,敝裘萧飒傲凉飔。从今半臂添微冻,奈得并州夜雪时。"可见一斑矣。其唱和者,皆一时名流,王阮亭、孙豹人、汪舟次、汪季角,最著者也。著《黄湄奏议》及《黄湄诗稿》,诗为阮亭手订,共十卷,尤西堂诸君叙其卷端。子鸠,字用拙,亦善诗,著《松柏后词》一卷。

康太乙②

康乃心,字孟谋,又字太乙,号耻斋,邠阳人也。性敦孝义,雅好著述,墙仞干霄,风神朗月,少善属文,尤娴于诗,关辅名德,咸器重之。时王渔洋为一代诗宗,得其青盼者,如登龙门。会奉诏入关祭告西岳,游荐福寺,见太乙题壁云:"庄襄冢并白云齐,俯视长安万井低。谁为韩生传古墓,教人错认灞陵西。""园庙衣冠此内藏,野花岁岁上陵香。邯郸鼓瑟应如旧,赢得佳儿毕六王。"七截二首。王喜其清新豪放,不作关中沉郁之音而自成一家,大为击节,

---

① 此传原无标题,"王黄湄"三字为编者据目录所加。
② 此传原无标题,"康太乙"三字为编者据目录所加。

曰"三李不如一康",其倾倒可知也。吴江名士钮先生琇,亦尝亟称之,事载《觚賸》中。康熙己酉,中式乡试,既而弃举子业,结庐华顶,发愤读书,与富平李子德、盩厔李二曲、华阴王山史、崇德吕晚村、昆山顾宁人相砥砺者数十寒暑,比及晚年,著作等身矣。今所存者,《毛诗笺》《莘野集》《太乙子》及《韩城》、《平遥》志若干卷,余毁于兵燹。子无疾,能世其业,亦学行兼优之士也。

马相九①

马域士,字相九,号奚疑子,大荔人也。父嗣煜,为冯少墟高足,以通判仕济南,殉崇祯甲子之难。先生时年十三,跣足徒步,往返数千里,迎其柩归,蹢踽气绝,见者无不泣下。马氏自文庄公自强以来,世称富盛,至是中落。先生刻苦自励,惟与幼弟稚士奋志读书,以冀家学之不坠也。生平谨谨耆错,不失一謦笑于人,不乞一刀钱于人,角巾赤舄,危坐如塑像。不狎游,不博簺,不读无益之书,不习哆哇之辞,议论锋发,笼挫古今。轻才少年,口怯舌遁,而讶其先生道岸,如泰山、北斗之高也。中孚先生倡"返身改过"之学,先生与白焕采等敦请移皋比同州,会讲广成观。中孚所著《反身录》《学髓》等书,皆叙而刊之。中孚寄书曰:"大道无穷,吾子能竟。圣学忌杂,吾子能醇。维持世风,主张名教,非吾子,其谁与归?"康熙四十八年卒,年八十。著《石斋语录》二卷,《白楼存草》六卷。

屈见心②

诗道至明季,崆峒、弇州、公安、竟陵代主坛坫,云间陈卧子一变而为瑰奇之作。清初继起者,尚无宗派之可言。王渔洋出,标唐贤三昧,一代号为宗匠。赵秋谷从而诋之,各立门户,以相抗衡。屈悔翁③以穷愁布衣,吟诗度日,格高韵逸,词雅味渊,无体不工,无美不备,盖合六朝三唐之佳者,一炉而冶之,不诽薄王、赵,而仍不依傍王、赵,可谓能自树旗帜者矣。其论诗也,于赋、比、兴之外,专以寄托为主,谓陶之《饮酒》、郭之《游仙》、谢之《登山》、左之《咏史》,彼自有所以伤心而借题以发之,未可刻舟求剑也。江南许元基评为"有清第一诗人",良不诬也。虽然诗信奇矣,而其人则尤奇。年十九,走京

---

① 此传原无标题,"马相九"三字为编者据目录所加。
② 此传原无标题,"屈见心"三字为编者据目录所加。
③ "悔翁",底本作"晦翁",误,径改。下同。

师,学诗者多从之游,怡亲王慕其名,欲延致门下,悔翁闭户不纳,赋《贞女吟》以见志。乾隆元年,杨尚书景曾举应鸿词科,杨未见屈,屈不与试,亦不报谢。其大节不夺,富贵不淫,诸如此类。好汗漫游,北之燕、代,南之吴、越,天台、雁岩、九嶷、庐山诸名胜,无处无先生足迹。其为人也,疏散而不尚崖岸,无嗣子,不续娶,不作诸侯客,不主骚坛。与人言诗,所至之处,趋之如市。呜呼!其钟伯敬、归玄恭之流亚也!晚年自号金粟老人,卒于扬州。著《弱水集》二十二卷,《楚词新注》八卷,《唐诗成法》八卷,《玉溪诗意》八卷,《百研铭》八卷。悔翁名复,字见心,蒲城人。

总　论①

论曰:昔者炎正之季,欃枪刺天,太华、黄河间,挟弓舆马之士,不与劫灰俱烬者,数人而已。张景和身陷白山,十年持节;李向若意存恢复,有志未逮;山史以翩翩公子,亦欲被坚执锐,效命于疆场而骋驰于戎马之间也。禹迹茫茫,人心不死,何竟不能俯仰撑持,坐使神州陆沉乎?抑天不足于西北,地不足于东南,运会所至而确然不可移易乎?江山迁改,尘飞影灭。异域就义者,愿志之有象,而阐心学问、表章经术者,欲以文章精神唤起国魂。卒之三百年间,秦人竟能歌《驷铁》、咏《无衣》,继武汉而起,驱尽腥膻,谓非诸先生忠贞之气有以启迪之也,得乎?恭简立朝之耿介,相九持身之正直,自足以为焄奕千秋、召示来者。康太乙怀文抱质,恬淡寡欲,有箕山之志,可谓彬彬君子矣。悔翁多逸气,叔则、幼华文采风流,斐然述作,亦河山钟灵,非偶然者也。

---

① 此处原无标题,"总论"二字为编者所加。

附　记[1]

　　吾师同玉章先生，邑名宿也。著《莘农诗集》十卷，表彰先德，奖励来学，日无虚晷，没后十余年矣。去岁，其哲嗣龙臣先生以吾师珍藏太乙手书诗稿一册授余。亟展读之，墨迹宛然。二百余年前故物尚在人间，谓非鬼神呵护之也，得乎？予次《太乙传略》，因忆及之，附记于此，以志文字姻缘。

　　一、箧中携书无多，此编仅取材于郡乘及《牧斋集》《觚賸》《先正事略》数种而已。俟他日搜罗诸先生全集时，当别为传，故此名《传略》。
　　二、此编不过示诸生以传记文之规模，非敢云著述也。
　　三、教授之外，余晷无多，操觚率尔，脱略重复，势所不免。如能匡我不逮，尤所深望。

---

[1] 此处原无标题，"附记"二字为编者所加。

明儒学案表补

党晴梵 编撰

辑校说明

《明儒学案》是中国学术史上的重要著述,《明儒学案表补》是党晴梵先生的重要遗著之一。该书初稿完成于1929年,既是党晴梵先生研究宋明理学的重要代表作,也是我国较早用现代学术范式研究《明儒学案》的重要成果,还是体现党晴梵先生重构关学的重要文献。但由于这一著作长期以来并未刊行于世,故世人见之不多,诚为中国学术史研究遗珠之憾。近年,笔者有幸从党晴梵先生之子党晟教授处得见《明儒学案表补》的两种写本及其《叙录》底本《明儒学术之探讨》稿本一种。与此相关,笔者还在民国杂志《廿四月刊》上发现党晴梵先生《明人学术之探讨(续)》一文的铅印稿。为了引起学界对党晴梵先生及其著作、思想的关注,现根据所见,对《明儒学案表补》相关版本情况及其源流关系予以考述。

一、《明儒学案表补》的两个版本

党晟教授所藏党晴梵先生《明儒学案表补》有两种写本。一个出自党晴梵先生手迹(以下简称为"《明儒学案表补》手稿本"),另一个是别人代为誊清并经党晴梵先生校订的本子(以下简称为"《明儒学案表补》清稿本"),两个本子均为已结集但未正式刊印发行的稿本。可能还存在《明儒学案表补》的另外一种稿本,但作者未见。①现根据所见,对党晟教授所藏《明儒学案表补》两种写本的基本情况及其相互关系考述如下。

(一)《明儒学案表补》手稿本的体式

手稿本是作者亲自书写的稿本。党晟教授所藏党晴梵先生《明儒学案表补》的第一种稿本是由高约29厘米、宽约18厘米的纸张装订而成。全稿采用右侧双钉订装,其前后粘贴A4纸做成的保护页,显然系后人为保护书稿所为。中间所用的稿纸,是无框栏的双开式宣纸,共计双开页面78页。该手稿本有题写书名和款识的封面,封面右页空白,左页分两行分别题写书名和落款。其中书名"明儒学案

---

① 民国时期陕西首任总督张凤翙曾孙张鸿俊于2014年7月2日发表在《兰州日报》副刊上的《党晴梵对联书法赏析》一文谈道:"从吾友处读到党晴梵先生的《明儒学案表补》,其中一语:'吾人在今天故不必铿铿以保守国粹,死守固有文化,必须开拓眼界,建筑现代新文化,如此才能不被天演所淘汰,才能合于现代生活;然而对于固有文化遗产,一旦做敝屣视之,直等于无历史之民族,新文化又何由建筑。'"经查,党晴梵先生《明儒学案表补》中的确存在这一段论述。而笔者咨询党晟教授后得知他与张鸿俊先生并不相识,也不存在将所藏《明儒学案表补》示其观读之事。据此,可知党晴梵先生《明儒学案表补》可能还存在另一种本子,当存藏于张鸿俊先生某位朋友处。

表补"6字紧靠右侧边线，篆体题写；题款"待庐丛书　灵泉邨人著录"10字在书名左侧另起一行，略低两格，行草题写。封面下空1页，其后依次为目录、叙言、凡例、序录、正文、后记。从目录至后记，均在每页左上方用墨笔标明阿拉伯数字页码，共标明74页。其中目录在第1页左和第2页右，叙言在第2页左，凡例在第3页左，序录在第4页左至第11页左。正文起自第12页左，讫于第74页右。后记在第74页左。后记后2页空白。该稿正文均用毛笔黑墨繁体行楷竖行书写，经党晟教授和笔者辨认，均为党晴梵先生手迹，故该稿本为手稿本。

值得注意的是，在该手稿本凡例之后、序录之前夹订有从其他刊物拆下的铅印稿6页。该稿分为两部分，第一部分纸张为16开，第二部分纸张为A4大小，均为新闻胶轮纸铅印，版式为繁体横排，加新式标点，双面印刷，合12面。第一部分第1面右上方有一贴条，其上分两行，用行体竖行书写"明儒学案表补""关中党晴梵著录"字样，"著录"2字又删去，在右侧改为"撰述"。铅印稿上首页开头分两行印有标题两个，但后半部分均被贴条遮住，只露出前半部分"明清学""明人学术之"几个字，但这两个标题也用墨笔划去，并用墨笔在左上方题"序录"字样，表明铅印本在手稿本中所应用的标题。"序录"2字的左上方题有"移竖行"3字并用括号括起来，用墨线连向标题下正文，表明此稿正文应该用竖行排版。这一部分正文中的标题先后是"1.性理学与心学"、"2.明儒系统及其派别""3.文化来源（禅学与宋学）"。第二部分起始页为第7面，上半页粘贴与第一部分纸张相同的铅印稿半页8行，应是承接第一部分的内容。其下内容分为6节，标题依次为："4.经济背影""5.政治关系""6.地域，阶级，及其气象""7.语录，道统""8.学术价值""9.结论"。文末附有用墨笔圈去但内容仍可见的铅印更正说明文字一段。由此可见，该铅印稿是分为两部分发表在版式大小不同的刊物上的一篇文章。全稿每面都有用墨笔圈改用字、删去某些语句的痕迹，故可称其为铅印本的"序录"。值得注意的是，在该手稿本第4页即手写"序录"页的天头，有党晴梵先生毛笔书写"用铅印底稿"几个大字；在第11页手写"序录"的末尾，也有党晴梵先生用毛笔大字批示的"4至11，以铅印为底本，不用此草稿"字样。可见党晴梵先生的意思是本稿不再采用4—11页的"序录"，而用修订过的铅印稿作为《明儒学案表补》新的"序录"。

将该手稿本中手稿"序录"和铅印"序录"比较，可以发现手稿本"序录"与铅印本"序录"底稿中的标题存在差别：手稿本"序录"依次分为"明儒系统及其派别""文化来源（禅学与宋学）""经济背影""政治关系""地域，阶级，及其气象""性理学，心学，语录，道统""明儒学术价值"7节，每节标题右侧用"◎"作为着重号标识，但均没有加序号，这和铅印本"序录"底稿中的9个标题略有不同。进一步考察可以发现：（1）铅印本"序录"中"1.性理学与心学"和"7.语录,道统"的内容,是把手稿本"序录"中第6节"性理学,心学,语录,道统"析为两节构成的;(2)铅印本"序录"中"9.结论"的内容,为手稿本"序录"所无。由此能进一步说明,《明儒学案表补》手稿本中的手稿"序录",应当是铅印"序录"的底本来源之一。

(二)《明儒学案表补》清稿本的体式

清稿本是他人代为缮清,又经著者校订,基本上不再更定的稿本。党晟教授所藏《明儒学案表补》清稿本是由高约28.5厘米、宽约20厘米的纸张装订而成。全稿采用右侧双钉订装,其前后也粘贴A4纸做成的保护页。中间所用的稿纸,也是无框栏的双开式宣纸,共计双开页面74页。该稿没有题字的封面,也没有标明页码。其内容由目录、叙言、凡例、叙录(手稿本中的"序录",在该稿本中写作"叙录")、正文、后记构成。其中,目录页在第1页左和第2页右,叙言在第2页左,凡例在第3页左,叙录在第4页左至第14页左。该稿正文均用毛笔黑墨繁体行楷竖行书写,经党晟教授和笔者辨认,不是党晴梵先生手迹,而是别人代为誊清的本子,故称之为清稿本。

通过比较可以明确判定:此清稿本是在手稿本的基础上完成的。首先,该清稿本的内容在次序上与手稿本保持了高度一致,即依次为目录、叙言、凡例、叙录(序录)、正文、后记。其次,该清稿本的目录、叙言、凡例、正文、后记都以手稿本为底稿而誊清,凡是手稿本上党晴梵先生做过批注的地方,基本都会在誊清本的正文中体现。再次,从清稿本"叙录"的内容来看,其明确采用了手稿本中的铅印本"序录"。除了将手稿本"序录"中每节题目的序号从阿拉伯数字改为汉字数字、个别句子有所删减之外,在题目顺序、结构和内容上与《明儒学案表补》手稿本中铅印修订本"序录"的内容最为贴近。尤其最后一节"九、结论",更与《明儒学案表补》手稿本中铅印修订本"序录"的底本保持了高度一致。这充分说明了一点:这个清稿本是在手稿本的基础上形成的。值得注意的是,在该清稿本的第4页左(即叙录开始的那一页)靠近右边装订线的地方,曾用墨笔小楷竖行题有"待庐丛刊之三 明儒学案表补""关中党晴梵著"。"著"字又删去,在下方改为"撰述"2字。但这一行字又用墨线全部划去,而在第4页右从右到左分3行竖行题有"待庐丛刊之二""明儒学案表补""关中党晴梵撰述","述"字又删去,并在"撰"字上方添加一"编"字,改为"编撰"。经辨认,这里的字体不同于正文,而是党晴梵先生的笔迹。由此可以看出,党晴梵对《明儒学案表补》的创作性质,有一个从"著录"到"撰述"再到"编撰"的认识过程。这个过程也反映了手稿本是清稿本的底本。这也是本书将其署名为"党晴梵 编撰"的依据。

清稿本也应该是作者刊行《明儒学案表补》的直接底本。其中最明显的标志是,在该清稿本的第17页《崇仁学案表第三(学案卷之四)》,作者用眉批的方式标注出了印版时应该用的字体,即:每表的标题(如此处的"崇仁学案表第三")用4号字,其下表明《明儒学案》相对应的卷次(如此处的"学案卷之四")用5号字,每一表下提纲挈领的"小序"用5号字,每表中的人名用4号字,而系于人名左侧的小传则用5号字。这说明作者是将清稿本作为刊行的底本来对待的,这也是手稿本中所没有的信息。鉴于清稿本优于手稿本的特点,这次对《明儒学案表补》进行整理即以清稿本作为底本。但值得注意的是,手稿本在整理中仍具有重要的参考价值。比如在手稿本中有些语句明显用墨笔删去了,但在清稿本中还有保留;而清稿本中个别遗漏的内容,也可以通过手稿本中的叙述补充完整。而且,党晴梵先生是当时极负盛名的书法家,《明儒学案表补》手稿本作为其手迹,也具有极其珍贵的价值。因此,也不能忽视手稿本在稿本整理和书法研究中的价值。《明儒学案表补》的整理,应该以清稿本为底本,而以手稿本为主校本。

二、与《明儒学案表补》"叙录"相关的两篇文献

除以上两个稿本的《明儒学案表补》外,党晟教授还收藏有党晴梵先生《明儒学术之探讨》稿本一种(以下简称为"《明儒学术之探讨》清稿本")。笔者也在民国杂志《廿四月刊》上发现党晴梵先生《明人学术之探讨(续)》一文的铅印稿(以下简称为"《明人学术之探讨》铅印本")。经对比,可以发现这两个稿本的内容与手稿本《明儒学案表补》中"序录"的内容大体相同,可见两者存有一定渊源关系。所以需要将这两个稿本和《明儒学案表补》诸稿本的版本情况结合起来考察。

(一)《明儒学术之探讨》清稿本的体式

《明儒学术之探讨》清稿本是由高约29.2厘米、宽约18.5厘米的纸张装订而成,全稿采用右侧双钉订装,其前后粘贴A4纸做成的保护页。中间所用的稿纸也是无框栏的双开式宣纸,共计双开页面14页。该稿无题字封面,从第1页至第13页均在左上方用墨笔标明阿拉伯数字页码,第14页没有标明页码。该稿正文均用毛笔黑墨繁体行楷竖行书写,经党晟教授和笔者辨认,该稿正文不是党晴梵先生手迹,而是别人代为誊清的。但第1页题名"明儒学术之探讨"下"党晴梵"3字和第14页文末"一九三四年十一月十一日脱稿"数字,则为党晴梵先生手迹。文中对个别字的修改,也出自党晴梵先生。所以这一稿本应该是《明儒学术之探讨》的清稿本。

值得注意的是《明儒学术之探讨》清稿本与《明儒学案表补》手稿本中手稿"序录"之间的关系。首先,《明儒学术之探讨》清稿本第1页至第11页,其

标题、内容与《明儒学案表补》手稿本中手稿"序录"相同，即依次分为"1.明儒系统及其派别""2.文化来源——禅学与宋学""3.经济背影""4.政治关系""5.地域，阶级，及其气象""6.性理学、心学、语录、道统""7.明儒学术价值"7节，除了为每一节标题加上阿拉伯数字序号外，其内容没有什么不同。其次，还需注意到，《明儒学术之探讨》清稿本第11页为《明儒系统表》，第12、13页为《明儒学术要义表》，内容与《明儒学案表补》手稿本第12—15页《明儒系统表》《明儒学术要义表》完全一致。再次，《明儒学术之探讨》清稿本在此二表之后有一段话（参看本书"叙录"末"编者按"所引），这是《明儒学案表补》手稿本中所没有的。这段话表明《明儒学术之探讨》清稿本是"一九三四年十一月十一日脱稿"的。由此可见，这一清稿本应该是在《明儒学案表补》手稿本中手稿"序录"的基础上形成的。

（二）《明人学术之探讨》铅印本的体式

《明人学术之探讨（续）》一文的铅印稿刊载在民国时期杂志《廿四月刊》1935年第1卷第2期第5—10页。全稿用新闻胶轮纸铅印，版式为繁体横排，加新式标点。内容分为6节，其标题依次为："4.经济背影""5.政治关系""6.地域，阶级，及其气象""7.语录，道统""8.学术价值""9.结论"。文末附有更正说明文字一段。经比较发现，其与《明儒学案表补》手稿本中铅印"序录"第7—12面的用纸、排版格式完全相同。由此可知，《明人学术之探讨（续）》铅印本应该就是《明儒学案表补》手稿本中铅印"序录"后半部分的底稿。

那么，这一铅印本《明人学术之探讨》发表于何时呢？据考察，《廿四月刊》为党晴梵先生和武伯纶等人创立的刊物，一共发行了3期。①《明人学术之探讨（续）》发表在《廿四月刊》1935年第1卷第2期上，发行时间尚不明确，但在末段，党晴梵先生在提到"王氏（王心敬）则为关学一大转手"时有一括注说："参看拙著《丰川先生学术述要》——《西京日报》专刊。"据此，党晴梵先生《丰川先生学术述要》一文曾发表于《西京日报》。当期报纸笔者尚未找到。但现存的党晴梵先生《关学学案》剪贴本中存有该文，其文末署"二十四年五月三日"。②现存的党晴梵先生《关学学案》清稿本也存有该文，其文末署"民国二十四年，五月三日"。③据此可知《丰川先生学术述要》当在1935年5月3日完

---

① 关于党晴梵创办《廿四月刊》一事，曹冷泉先生的学生、南开大学魏宏运教授在为曹冷泉之子曹春芷所整理出版的《曹冷泉诗文集》所作序中说："在陕西，（曹冷泉）先生立即和西安文化教育界精英人士结为友好，并和武伯纶、党晴梵合作创办《廿四月刊》……"参见曹冷泉：《曹冷泉诗文集》，当代中国出版社，2012，第8—9页。
② 党晴梵：《关学学案》，党晟所藏剪贴本，第2页。
③ 党晴梵：《关学学案》，党晟所藏清稿本，第15页。

稿。故刊载于《廿四月刊》1935年第1卷第2期上的《明人学术之探讨（续）》，发表应不会早于这一时间。

值得注意的是，虽然目前尚未找到发表《明人学术之探讨》上半部分文稿的刊物，但通过该文的信息，也可推知《明人学术之探讨》上半部分文稿所发表的刊物和时间。在《明人学术之探讨（续）》铅印本末尾有如下更正说明："更正：前期本文第二节'方正学，孝孺'，'孺'字，误作'儒'；'庄定山，㬊之'，'㬊'字，误作'泉'。第三节'涑水亦有虚潜之说'之'虚'字，误作'灵'。"①对比《明儒学案表补》手稿本中铅印"序录"前半部分的底稿，发现其错误确实如是。根据"前期本文"一语，可以推断《明人学术之探讨》的上半部分文稿应发表在《廿四月刊》1935年第1卷第1期上。文章发表后，党晴梵先生将其剪切下来贴在一起，作为《明儒学案表补》手稿本中铅印本"序录"。据此可以推断：《明儒学案表补》手稿本中铅印本"序录"，不会早于其铅印底稿发表的时间（1935年5月），但应该也不会太晚。

三、《明儒学案表补》的版本流变情况

上面说明了《明儒学案表补》手稿本中的手稿"序录"应当是铅印"序录"的底本来源，也是1934年11月11日完成的《明儒学术之探讨》清稿本的底本来源，而铅印"序录"的直接来源是发表于《廿四月刊》1935年第1卷第1、2期上的《明人学术之探讨》。那《明儒学案表补》手稿本中的手稿"序录"完成于什么时间？它和《廿四月刊》1935年第1卷第1、2期上的《明人学术之探讨》的关系又是如何呢？

（一）《明儒学案表补》手稿本中手稿"序录"的完成时间

《明儒学案表补》手稿本中的"叙言"说："己巳之夏，避地河东。适儿伯弧、仲彀自上海、日本两地留学归省，随侍在侧。借兹假期，与之讲述宋元明清学术源流。邻瑕之地，卑湿炎热，亦消暑之一助也。并取梨洲书为蓝本，参之《明史》暨各儒语录，成《明儒学案表补》一卷。……民国十有八年七月二十六日关中党晴梵识于山右潞村寓斋。"②其"后记"署曰："民国十又八年八月二日，亭午大雨，炎威退舍，曛暮薄凉，晴梵书此。"③据此可知，《明儒学案表补》最早完成于1929年七八月间。收录于《明儒学案表补》手稿本的手稿《序录》，也应该是在这时候完成的。

但是该本"凡例"中虽被删去但字迹仍然可以辨识的最后一条，又令人对该

---

① 党晴梵：《明儒学术之探讨（续）》，《廿四月刊》1935年第1卷第2期，第10页。
② 党晴梵：《明儒学案表补》，党晟所藏党晴梵手稿本，第2页。
③ 党晴梵：《明儒学案表补》，党晟所藏党晴梵手稿本，第74页。

手稿的最早完成时间产生了疑问。这一条说："此稿存箧中数年，民国二十三年夏，长安段君绍嘉代为录校，特书致谢。""民国二十三年"，即1934年。"长安段君绍嘉"，即著名的书法家段绍嘉，其在早年曾从党晴梵先生学习书法。如此，则此稿或当完成于1934年夏之后。但这一条也可能是党晴梵先生对手稿进行修订的时候补上去又删掉的，故这一手稿本完成于1929年的可能性仍然很大。

（二）《明儒学术之探讨》清稿本与铅印本"序录"的关系

将1934年11月11日完成的《明儒学术之探讨》清稿本与《明儒学案表补》手稿本中铅印本"序录"底稿（即《廿四月刊》1935年第1卷第1、2期上的《明人学术之探讨》）相比较，可以发现其标题、结构完全一致，但在细节上也有不同。其一，清稿本的题名《明儒学术之探讨》，在《廿四月刊》1935年第1卷第1、2期上发表时改为《明人学术之探讨》。其二，《明儒学术之探讨》清稿本中的两个表，在《廿四月刊》上发表时删去了。其三，《明儒学术之探讨》清稿本中的最后两段，在《廿四月刊》上发表时被改为"9.结论"，并做了较大幅度的修订，如：将段中的"唯心主义"改为"主观见解"，"唯物主义"改为"注重客观事实"，"宗教哲学"改为"'人生哲学'中之精谛"；在论刘蕺山后加上"谓亭林为清学之祖，实不知其来脉已远自蕺山也"；将"顾应祥之于天算，徐光启之于物理"调至论韩邦奇之后，并补充曰"至于自然科学，中叶以后，因受葡萄牙及意大利人东渐之影响，已启其端，如顾应祥之于天算，徐光启之于物理，皆有重要著述，此外研究有得者，更不乏人"；将"后人之不克绍述光大者，故步自封为之也"改为"后世之不克绍述光大，一方面为社会上传统观念所固蔽，一方面实亦政治上封建势力使之然也"；论黄宗羲则改为"南雷（黄宗羲）乃蕺山高足弟子，为浙东史学重镇，因异族入主，大倡民权，其时远在庐骚、孟德斯鸠之前"；论汤斌、王心敬则补充曰"汤氏矩矱自守，王氏则为关学一大转手"；论颜元、李塨则称其"近似墨家，惜其不传"；删去对阮元、段玉裁等训诂考据学家之论述，而概之曰："由此汉学辈出，由诂经而研及古代地理、历法、官制，以及算学，由小学而及于古音韵，及于三代文字，谓之为中国之'再生时代'，当非虚构。然而仍不能求之于现实生活，是以文化不能不落后也。"[①]

由此可见，《明儒学术之探讨》清稿本是《明儒学案表补》手稿本中铅印修订本"序录"底本的直接源头，《明儒学案表补》手稿本中铅印修订本"序录"的底本则直接来源于《廿四月刊》1935年第1卷第1、2期上发表的《明儒学术之探讨》。铅印修订本"序录"与《明儒学术之探讨》清稿本的关系，比其与《明儒

[①] 本段文字差异对比参见党晟所藏《明儒学术之探讨》清稿本、《明儒学案表补》手稿本铅印"序录"。

学案表补》手稿本中手稿"序录"的关系更为贴近。

据此可以得出《明儒学案表补》版本流变的基本情况是：（1）早在1929年七八月间，党晴梵先生已经完成《明儒学案表补》。党晟教授所藏的《明儒学案表补》手稿本，极有可能是党晴梵先生1929年的手稿本。（2）1934年夏，段绍嘉对《明儒学案表补》做了录校，但此本未见。（3）1934年11月，党晴梵先生对手稿本中的"序录"进行了修订，并经他人誊写和自己修订，形成了党晟教授所藏《明儒学术之探讨》清稿本。（4）1935年，党晴梵先生对《明儒学术之探讨》清稿本做了进一步修订，更名为《明人学术之探讨》，并先后在《廿四月刊》第1卷第1期、第2期上发表。这就是《明儒学案表补》手稿本中铅印本"序录"的直接底稿。（5）而后，党晴梵先生将《廿四月刊》第1卷第1期、第2期上发表的《明人学术之探讨》收入《明儒学案表补》手稿本，将之再度更名为"序录"并加以修订，以取代原来的手稿本"序录"。（6）《明儒学案表补》手稿本中铅印的"序录"修订后，党晴梵先生请他人依据此手稿本做了誊清，自己做了修订，于是形成《明儒学案表补》清稿本，准备将其作为"待庐丛刊之二"出版。

四、本次整理点校的基本原则

本次对《明儒学案表补》进行整理点校，即以《明儒学案表补》清稿本为底本，以《明儒学案表补》手稿本、《明儒学术之探讨》清稿本、《廿四月刊》第1卷第1期与第2期《明人学术之探讨》为主校本，以黄宗羲著、沈芝盈点校《明儒学案》（中华书局1985年版）为参校本。在整理点校过程中，遵循以下原则：

1.《明儒学案表补》各原本均有句读。但由于当时标点不规范，不便于阅读，所以此次整理点校在参考作者原来标点的基础上，予以重新标点。

2.底本中目录标有"一、二、三、四""甲、乙、丙、丁""子、丑、寅"等序号，而正文标题则没有序号。此次整理，正文标题根据底本目录补充序号。

3.底本为繁体竖排，其中表目繁多，且于表中人名左方缀注人物字号、籍贯、事迹、主要观点等，阅读起来多有不便。今统一改为简体横排，过于烦琐的表格则一分为二。对于表中人物的缀注文字，移至相应表格之下。如此，明代儒学学人师承关系一目了然，也便于排版阅读。

4.底本中的文字，不少是从《明儒学案》中摘录、转述的。这次整理，参照《明儒学案》对作者摘录文字进行对校。对于底本中的错讹之处，予以改正或注明不同；对于底本中作者没有摘录的句子，则不做补充；对于其中表述略有不同而意思一致的文字，也不依照《明儒学案》改正。

5.各校本中有不同表述的内容，则出注予以补充。不影响意思的文字修改，则不出校记。

对《明儒学案》的研究是一项高难度的专门性研究工作。而《明儒学案表补》又是稿本，其中不少字难以辨认，这进一步增加了整理点校的难度。因为辑校者学术水平所限，其中错讹之处难免，敬请学界予以批评指正。

魏　冬
2021年7月于西北大学关学研究院

目　录

一、叙言

二、凡例

三、叙录

四、明儒系统表

五、明儒学术要义表

六、崇仁学派表

七、白沙学派表

八、河东学派表

九、三原学派表

十、姚江学派表

　　甲、浙中王门表

　　乙、江右王门表

　　丙、南中王门表

　　丁、楚中王门表

　　戊、北方王门表

　　己、粤闽王门表

十一、止修学派表

十二、泰州学派表

十三、甘泉学派表

十四、诸儒

　　子、明初诸儒表[①]

　　丑、中叶诸儒表

　　寅、晚明诸儒表

十五、东林学派表

十六、蕺山学派表

十七、后记

---

① 此条目录前原有"十五"二字，与下条重复，删。

一、叙言①

　　《明儒学案》一书，为吾国学术史中，重要著作。但其体例，颇似正史之例传，读者不免苦其头绪纷繁，所引各儒学说，亦汗漫而不集中。

　　己巳之夏，避地河东。适儿子伯弧、仲弢自上海、日本两地留学归省，随侍在侧。借兹假期，与之讲述宋、元、明、清学术源流。郇瑕之地，卑湿炎热，亦消暑之一助也。因取梨洲书为蓝本，参之《明史》暨各儒语录，成《明儒学案表补》一卷。

　　考《宋元学案》，梨洲原本有表，不足者，全谢山（祖望）补之。后来黄、全两家原表缺残，又由道州何仙槎（凌汉）、子贞（绍基）乔梓补之。兹作亦全、何之意也！庶几俾治明代学术史者，可以一目了然，不烦考索而知各儒师承之所自，或亦有补于黄氏书也耶？

　　　　　　　　　民国十有八年七月二十六日，关中党晴梵识于山右潞村寓斋

---

① 此标题原无序号"一"，据底本目录补。

二、凡例①

　　各表皆以黄氏原书为依据。惟河东学派，增入文清公弟子六十八人，据《文清公行实录》。三原学派，增入康僖门人十人，苑洛门人杨椒山，及其弟韩五泉，谿田弟子一人，据《关学编》。蕺山学派，增入念台门人三十五人，再传弟子一人，则据全谢山《鲒埼亭集》。

　　诚意伯、宋景濂、丘琼山、文文肃……皆一代大儒。《明儒学案》悉未列入，其疏漏欤，抑别有取舍？他日当考其派别，补之。

　　表中所画直线，明其渊源之所自。私淑其学而未及门者，则以虚线隶之。《宋元学案表》仅有姓名，兹表并注明爵里及主要学说，或加案语。②

　　避兵异乡，仓卒辑录，行箧中携书殊少，河东又无图书馆，私家藏书亦无，参考资料，异常贫乏，挂一漏万，势所不免。如有明达，绳其疵谬，固所愿也！

---

① 此标题原无序号"二"，据底本目录补。
② 表中人物之爵里、学说及党晴梵先生按语，底本中原紧随姓名之后，此次整理为排版方便，先于表中列人物姓名，爵里、学说及党晴梵先生按语则随置表后。特此说明。

三、叙录①

（一）性理学与心学②

"性理学"一名词，当确定于明永乐中编辑《性理大全》一书。（明永乐中，既命胡广等修纂经书大全，又以周、程、张、朱诸性理之书，类聚成编，成祖制叙。——《明史·艺文志·三》）同时又编《传心要语》一书，然尚无"心学"一名词。阳明始云："圣人之学，心学也，心即理也。"（见《姚江学案》）其后邓潜谷（元锡）乃以"理学"与"心学"分而为二，经全谢山（祖望）辞而辟之，谓其不根。（见《鲒埼亭集·陆桴亭传》）清人称宋明学术为"性理学"，或简称"理学"，亦有谓宋学为"理学"，明学为"心学"。梨洲黄氏所编《学案》，则只称"明儒"。至于各家学派名称，多冠以地名，河东、三原、崇仁、白沙、甘泉、姚江、泰州、蕺山皆然。惟止修则标出修学要旨，东林又属书院名称。

（二）明儒系统及其派别③

明儒学术，当其初叶，承袭宋人，宗朱者十之八，宗陆者十之二，弓冶相传，各守其说，而门户不甚张也。方正学（孝孺）、章枫山（懋）、庄定山（昶④）、曹月川（端），皆斤斤于宋人矩矱，不敢放松一步。

河东薛氏（瑄）闻月川之风，崛起于北方，主"力行""读书"。传之关学，吕泾野（柟）集其大成。三原其别派也，康僖（王承裕⑤）为端毅（王恕）季子，悃愊无华，"即物穷理"。传其学者，则马谿田（理）、韩苑洛（邦奇）。韩又传之斛山（杨爵）、椒山（杨继盛）。黄氏所谓："风土之厚，而又加之以学问者也。"（见《三原学案》）

康斋（吴与弼）树帜于南方，传之敬斋（胡居仁）而有胡学，传之白沙（陈献章）而有陈学。胡主"敬"，陈主"诚"。或问白沙薪传，答之曰"有学无学，有觉无觉"，不言"戒惧慎独"，不言"睹闻见显"，而惟"端倪"之是

---

① 此标题原无序号"三"，据底本目录补。《明儒学术之探讨》手稿本此标题作"明儒学术之探讨"。
② 此标题及相应内容，在《明儒学术之探讨》手稿本中置于标题"6、性理学，心学，语录，道统"之下。
③ 此标题下内容，为《明儒学术之探讨》手稿本标题1"明儒系统及其派别"下之内容。
④ "昶"，《明儒学术之探讨》手稿本作"昶"。
⑤ "王承裕"，底本、《明儒学术之探讨》手稿本作"王承宇"，误，径改。

求，咏歌舞蹈以养之；敬斋则终身无所转移，是以有狂狷之分也。

阳明（王守仁）问学于娄一斋（谅）。娄，吴之高足也，则王亦出于康斋。大辂始于椎轮，层冰起于积水，其康斋之谓乎？阳明之学，原自读书穷理中来。不然，龙场一悟，安得六经皆凑泊？其少时，实从事于禅宗，初官京师，非有深造，南中三载，始觉有得，才气过高，遂为"致良知"之说，其后毕生鞅掌于军旅之中，虽到处讲学，终属聪明用事，学者喜其简易直捷，"良知"之说，乃风靡天下矣。浙中则绪山（钱德洪）、龙豀（王畿）为大宗，江右则东廓（邹守益）、南野（欧阳德）、念庵（罗洪先）、双江（聂豹）为巨擘①，再传而为王塘南（时槐）、邹南皋（元标），南中则黄五岳（省曾②）、朱近斋（得之），楚中则蒋道林（信）、冀闇斋（元亨），北方则孟我疆（秋）、孟云浦（化鲤），粤闽则薛中离（侃）、周谦斋（坦），是皆能宏大其师说。

同时，虽有罗整庵（钦顺）、黄泰泉（佐）力攻王说，多所辩难，其实反足以发明其学，所谓"他山之石，可以攻玉"也。甘泉（湛若水）为白沙支流，其学曰"随处体认天理"，继之者许敬庵（孚远）、冯少墟（从吾）。

泰州为阳明别派，心斋（王艮）盛传师说，从"不学不虑"之旨，转而标之曰"自然"，曰"乐学"。传之耿天台（定向）、徐波石（樾）、赵大洲（贞吉）、焦弱侯（竑），已近于事功，末流蔓衍，非复为"名教"所能羁络，则颜山农（钧）、何心隐（初名梁汝元）一流人物。黄氏谓"泰州之后，其人多能以赤手缚龙蛇"，殆亦不无微词矣！（见《泰州学案》）③但东崖（王襞）讲席，诱导及于樵夫、田父、陶匠、佣僮，则不为吾国传统观念"士"字所能范围，得不谓其拓开一境界乎？（均见《泰州学案》）

止修一派，李见罗（材）初学于邹东廓，其后自出手眼，欲以"止修"二字，压倒"良知"，然而难矣。东林顾（宪成）、高（攀龙）晚出，复理"格物"之绪言，以救正王学之偏。泾阳（顾）之学，出于薛方山（应旂），薛实王之门下，是顾亦阳明之再传弟子也。全谢山谓"阳明未尝竟见斥于泾阳，是乃朱子去短集长之旨也"，可谓确论。

蕺山（刘宗周）出于许敬庵（孚远），亦甘泉之再传弟子，以"慎独"为主，又以救正王学之偏。其门下多节义之士，如吴磊斋（麟徵）、金伯玉（铉）、祁虎子（彪佳）者流，皆慷慨成仁就义。东林、蕺山最重气节，景逸（高）以奄逼而自裁，念台（刘）以国亡而绝食，有以倡之也。一堂师友，泠④风

---

① "巨擘"，底本作"巨臂"，据《明儒学术之探讨》手稿本改。
② "省曾"，底本作"省会"，据《明儒学术之探讨》手稿本改。
③ 此注据《明儒学术之探讨》手稿本补入。
④ "泠"，底本作"吟"，据《明儒学术之探讨》手稿本改。

热血，洗涤乾坤，所以证此学也，否则为伪矣。沧桑而后，恽逊庵（日初）托之于僧，陈章侯（洪绶）隐之于画，论者犹能谅其苦心。梨洲黄氏不惟光大师说，实足以结束明代学术之全局。其他鹿乾岳（善继）、金正希（声）、黄石斋（道周），俱尽节义，不负所学，盖二百七十年来，有以培养之力也。

至于耳食之徒，意气之争，畴昔诋薛、胡为俗学，后来又诋陈、王为异学，若想故意报复者然，实不知诸儒之纯驳何在，其言皆无分寸，故不具论。

（三）思想①来源（禅学与宋学）

吾国自东周"铁"之发现，农业社会乃克发展。其由实际生活，反映于学术思想者，则为儒、墨、道三家。墨学中绝，其后儒、道互为消长分合。东汉以来，佛教输入，迄于隋唐，咀嚼消融，中、印文化，已起"同化作用"，布濩流播，思想丕变，是以有宋儒性理学产生。

周濂溪、程明道、伊川、张横渠、朱元晦、陆象山、杨慈湖各家思想，固含有儒道混合遗传成分，然其所融会贯通者，则禅理更多。本来在汉、唐人中，混合儒道两家思想者，如王充《论衡》、李翱《复性书》等皆是，至宋儒所产生之"儒表禅里"学问，则更进一层。当宋之初，安定（胡瑗）、泰山（孙复）犹存儒家真面。百源（邵雍）、濂溪（周敦颐）则阴阳、动静、无极、太极，已大倡道家术数之说。[邵有《皇极经世》，周有《太极图说》，即涑水（司马光）亦有《潜虚》说，均为道家言。黄晦木谓："太极图创自河上公，乃方士修炼之术也。实与老庄之长生久视，又属旁门，周子更为太极图，穷其本而反于老庄。"] 迨明道、伊川、元晦、象山各家，又无一不受禅学影响；然其表面，则无不尊崇孔、曾、思、孟，又从而辟斥佛老，以自谓为真儒学。宋人为学次第，皆先研究佛、老有年，而后求合于儒家，一时文人学士，与释子关系极密，如杨大年、黄山谷、赵清献，参禅语多见于《指月录》中。清献为濂溪讲学同调（见《宋元学案》），全谢山谓"荆公（王安石）欲明儒学②而杂于禅，苏氏（轼）出于纵横之学亦杂于禅"（见《荆公新学略》），可知一代之风气如此。濂溪主"静"功夫，纯由禅宗得来，尝自叹谓："吾此妙心，实启迪于黄龙，发明于佛印。③"（见《居士分灯录》）张横渠与程明道终日讲学于兴国寺，黄百家谓："横渠出入佛老者有年。"（见《横渠学案》）伊川问道于黄龙灵源，故其作文注书，多取佛祖辞意。（见《嘉泰普灯录》）梨洲黄氏谓："宗朱者诋陆为狂禅，宗陆者诋朱为俗学。"（见《象山学案》）又谓："程门高弟，如上蔡（谢

---

① "思想"，《明儒学术之探讨》手稿本作"文化"，底本改。
② "儒学"，《明儒学术之探讨》手稿本作"圣学"。
③ 底本、手稿本此处删去"然易理廓达，自非东林开拓拂拭，无繇表里洞然"数字。

良佐)、定夫(游酢①)、龟山(杨时),稍皆入禅学去。"(见《伊川学案》)谢山谓:"朱之学出于龟山,陆之学近于上蔡。"(见《淳熙四先生碑》)然则朱、陆之学,皆渗入禅学成分不少。朱曾问学于大慧宗杲禅师(见《大慧语录叙》),陆更通《楞严》《圆觉》等经(见《象山全集》),可知禅学与宋儒思想之发生关系,由来已久。

"禅那",本属梵语,即是"禅定",简称曰"禅",为佛教之一派,是为"禅宗",以般若波罗蜜多为心印,系属顿门。自如来嘱咐摩诃迦叶尊者,为西土第一祖师,二十八传至达磨大士,梁普通七年,由南天竺泛海入中国,不立文字,直指人心,所谓"无情说法,见性成佛",是为东土初祖。六传而至曹溪慧能(唐开元间),益光大之。于是有"如来禅""祖师禅"之分,或称"古禅""今禅"。前者教、乘兼行,后者单传心印。(郝敬谓:"如来禅者单守一点精灵;祖师禅者纯任作用。")六祖法嗣,为青原行思与南岳怀让。青原之后,衍为曹洞、云门、法眼三宗;南岳之后,衍为临济、沩仰两宗,是为禅门五宗。其中以曹洞、临济在中国思想界发生影响极大。曹洞宗宗主,洞山良价;临济宗宗主,临济义玄(均六祖下第五世,义玄灭于唐咸通八年,良价灭于后二年)。传衍至宋,主洞山者,宏智正觉;主临济者,大慧宗杲。其初,两家以看话、默照,互相讥评。宏智即借"默照"一语,扬其宗风,撰有《默照铭》,极力发挥"默照"之妙用;大慧亦借"看话"一语,标示由"看话"而精进不懈。宏智用力处,乃先定而后慧;大慧用力处,乃先慧而后定。由此影响儒家思想,遂有朱、陆两大派别。朱之"道学问",完全是"看话"功夫,即物穷理,是先慧而后定;陆之"尊德性",完全是"默照"功夫,"六经注我",亦即先定而后慧。可知宋儒思想根据,禅学实为其重要部分。

元之鲁斋(许衡)、静修(刘因)、草庐(吴澄)、静明(陈苑)、宝峰(赵偕),皆不能出宋儒②范围一步,此黄氏附元儒于宋儒之后,而不别立专书。至明代儒者,河东、崇仁,仍无多转移,所以《明史·儒林传》谓:"明初诸儒,皆朱子门人之支流余裔,师承有自,矩矱秩然。"迨白沙之"静中养出端倪",阳明之"致良知""知行合一",甘泉之"随处体认天理",由是才开拓不少。然其根据,则宋儒早已提示。即以"知行"论,伊川曾谓:"知之深,则行之必至,无有知而不行者。知而不能行,只是得知浅。"阳明之知行说,得不谓其来源有自乎?阳明之于象山,感受尤为深切,故世称陆、王。黄氏谓:"有明事功,皆不及前代;独于理学,前代所不及也。牛毛茧丝,无不辨析,真能

---

① "游酢",底本作"游酬",误,径改。
② "宋儒",《明儒学术之探讨》手稿本作"朱陆"。

发先儒之所未发。"陶石篑（望龄）亦谓："若以见解论，当代诸公尽有高过者。"（俱见《明儒学案·发凡》）但《明史·儒林传》则云："宗献章者，曰江门之学，孤行独诣，其传不远。宗守仁者，曰姚江之学，别立宗旨，显与朱子背驰，门徒遍天下，流传逾百年，其教大行，其弊滋甚。嘉、隆而后，笃信程、朱，不迁异说者，无复几人矣。要之，有明诸儒，衍伊洛之绪言，探性命之要旨，锱铢或爽，遂启歧趋，袭谬承讹，指归弥远。"又谓："经学非汉、唐之精专，性理袭宋、元之糟粕。"其实明人学术，毫不能出宋人言"性"、言"心"、言"理"、言"气"。其立论精粗虽有不同，其见解浅深虽有不同，要其学术探讨，仍属性理学范围（近人有谓为内省的哲学者）①。所以言中国学术②史者，每划宋、元、明为一时期。是则欲知明人学术，非先知宋人学术不可，更非先知禅学不可。历史演进，文化渊源，有如此者。

（四）经济背影

明初沿元之旧，钱法不通而用钞，又禁民间以银交易。宜若不便于民，而洪、永、熙、宣之际，百姓充实，府藏衍溢，盖是时劝农务，垦辟土，无莱芜，人敦本业，又开屯田中盐，以给边军，军饷不仰借于县官，故上下交足，军民胥裕，宇内富庶，赋入盈羡，米粟自输京师数百万石外，府县仓廪畜积甚丰，至红腐不可食。岁歉，有司往往先发粟赈③，然后以闻。史册所载，明初生产充裕现象，决非唐、宋所能及。关市之征，宋、元颇繁琐，明初务简约，其社会交易亦较前代进展。至盐法、茶法、漕运、织造，皆有定制。若其赋役，仍沿唐时杨炎所作"两税法"，有丁，有田，丁有役，田有租，十六曰成丁，成丁而役，六十而免，又有职役优免者。（均见《明史·食货志》）

当时学校与科举并重，府州县诸学生，入国学者乃可得官，不入者不能得也。入国学者，通谓监生。其对于监生，厚给廪饩，岁时赐布帛文绮袭衣巾靴，正旦元宵诸令节，俱赏节钱。孝慈皇后积粮监中，置红仓二十余舍，养诸生妻子。历事生未娶者，赐钱婚聘，及女衣二袭、月米二石。其归省父母、大父母、伯叔父母者，人赐衣一袭，钞五锭，为道里④费。府州县学亦有廪膳生，令其食廪粮。（俱见《明史·选举志》）其分配于学子者，又如斯之优渥。执政者提倡于上，化民成俗，所以诸儒讲学，不患供给无出，书院生徒之盛，有由来矣。衣食住之"基本欲望"，已多解决，而求知之"文明欲望"，势必发达。管子曰：

---

① 《明儒学案表补》手稿本删去这一注释。
② "学术"，《明儒学术之探讨》手稿本作"文化"。
③ "赈"，底本作"振"，误，径改。
④ "道里"，底本作"道理"，据《明儒学术之探讨》手稿本改。

"衣食足知礼义，仓廪实知荣辱。"其信然欤？

其后，武宗时建修乾清宫，用银至二千万余两，役工匠三千余人，岁支工食米万三千余石，又修筑凝翠、昭和、崇智、光霁诸殿，御马监、钟鼓司、南城豹房、新房火药库，皆鼎新之。世宗继之，边供费繁，加以土木祷祀，月无虚日，帑藏匮竭。迨俺答犯京师，增兵设戍，饷额过倍。东南又被倭患，南畿浙、闽，多额外提编。营建更繁，斋宫秘殿，并时而兴。工场二三十处，役匠数万人。经费不敷，乃令臣民献助。献助不已，复行开纳。劳民伤财，视武宗过之。万历以后，营建织造，溢经制数倍，加以征调、开采，民不得少休。迨奄人乱政，建地营坟，僭越亡等，歌颂功德，私祠遍天下，盖二百年来，民力殚残久矣。万历末年，合九边饷止二百八十万，崇祯间满洲入寇，杨嗣昌督师，亩加练饷银一分，已多至七百万两。当其初叶，不但水旱辄免税，丰岁亦择地瘠民贫者优免之，其后箕敛、派括、提编、均徭、推广事例，无所不用其极。（均见《明史·食货志》）及于晚明，江南尚未十分残破，讲学之风，犹有继起，如东林、蕺山。北方则河东、三原而后，因受生计影响，消沉已极，阒其无人矣。加以①饥馑荐臻，干戈载道，秦、豫、晋、陇，赤地千里，当此之时，谁复能坐拥皋比而侈谈性命也耶？

（五）政治关系

明代学术，固由于禅宗与宋儒之思想遗传，而背影之尤有关系者，则为上层阶级之提倡，即荐举盛行，学校广设，与科目之统一。

明代选举之法有四：曰学校，曰科目，曰荐举，曰铨选。学校以教育之，科目以登进之，荐举以旁招之，铨选以布列之，天下人才尽于此矣。荐举盛于明初，由布衣一旦而遽臻高位者，不可胜数。洪武六年，诏曰："贤才，国之宝也……人君之能致治者，为其有贤人而为之辅也。山林之士，德行文艺可称者，有司采备礼遣，送至京师，朕将任用之，以图至治。"察举贤才，德行为先，而文艺次之，有聪明正直、贤良方正、孝弟力田等目。（见《明史·选举志》）宋濂、刘基、杨士奇等，皆以征诏特用者。虽其间与科目亦有时畸重轻，要其制行之至崇祯时犹不废。康斋以布衣被荐，白沙以举人被诏，刘元卿亦被礼聘，授国子博士。上层对于讲学之士，推崇礼貌，备极隆重，学者耳浸目染，无不向慕，而讲学遂成一世风气。

明制科目为盛，卿相皆由此出。学校储才，以应科目者也。其径由学校通籍者，亦科目之亚也。（见《明史·选举志》）讲学之士，固不以科目横梗心目，

---

① 底本此处删去"流贼之乱"四字。

然其汲引之力，亦足以使之闻风兴起。而况河东、三原、姚江、甘泉，皆由科目起家，门下士亦多科目出身。登高一呼，众山皆响，此自然之势也。

科举必由学校，而学校起家可不由科举。学校有二：曰国学，曰府州县学。诸生入国学，可得官；不入者不能得。有历事生、小秀才、老秀才诸名称，皆为入官之阶梯。国学中分六堂以馆诸生，曰率性、修道、诚心、正义、崇志、广业。厚其廪饩，月课经义，此亦促成潜心讲习之一原因也。

荐举、科目、学校，皆足以诱导向学，而其使之专一研究心性理气者，则实由于科目之统一。科目则专取四子书（《论语》《大学》《孟子》《中庸》）及《易》《书》《诗》《春秋》《礼记》五经，命题试士，其制为太祖与刘基所定，其文略仿宋经义，代古人语气为之，体用排偶，谓之八股，通谓之"制义"。四书主朱子《集注》，《易》主程《传》、朱子《本义》，《书》主蔡氏（沈）《传》及古注疏，《诗》主朱子《集传》，《春秋》主左氏、公羊、穀梁三《传》及胡安国、张洽《传》，《礼记》主古注疏。永乐间，颁《四书五经大全》，废古注疏不用，其后《春秋》亦不用张洽《传》，只用陈澔《集说》。（见《明史·选举志》）本来在元仁宗时，即以宋儒四书五经章句集注试士，仍然兼及古注疏，以迄于明初，至斯而趋于一端。于是宋儒学说，遂完全夺汉代经今文家、古文家、唐代笺注家之席而代之。所谓《四书大全》《五经大全》，尤其《性理大全》为重要，均于永乐间命胡广等纂修者。此三"大全"，实支配一代学术思想而为其根底。在上者提倡不遗余力，又以有系统之著作以支配其学术思想，学子亦以科目之需要，荐举之隆崇，与学校之培植，无不濡染沉浸于性理之说，讲习传授，蔚然成为风气。其杰出者，更由此表现人格，创造学说，超出于八股生活之外，钟毓南北儒宗，如河东、崇仁，其后流衍传播，愈益精进，则白沙、甘泉、姚江、东林、蕺山，支派竞流，柯根并茂矣。

（六）地域，阶级，及其气象

明儒讲学地带：北方起自河汾（河东），传播于关（三原学派与吕柟、韩邦奇）、陇（周蕙）、豫西（阎禹锡）；南方起于赣（崇仁）、粤（白沙），传播于浙（姚江）、江（江右王门，泰州）、闽、楚（粤闽王门，楚中王门），此其大略也。北人朴实主敬，故多宗朱；南人活泼主悟，故多宗陆。阳明之"致良知"，其学在悟，几遍传于全中国（北方亦有王门。孟秋，山东人；孟化鲤，河南人；南大吉，陕西人）。后之人即以陆、王并称，此亦地域使之然也。

河东、三原、姚江门下，多科目仕宦中人。康斋虽为处士，然其父溥，曾为国子司业，本身又被荐举征诏，世称聘君。惟泰州一派，其开山大师之王心斋，本作商贾；承受衣钵之王东崖，亦属处士。门下受业者，则有樵夫、陶匠、田父、佣僮，是已不为中国传统观念之"士"所能范围。蕺山门下之赵甸，又属裁缝，亦各学派门下所无。

全谢山谓："前此儒者，大都质过于文，行过于言，气象相似。敬轩（薛瑄）而后，如虚斋（蔡清）、泾野（吕柟）、庄渠（魏校），无不然者。甘泉（湛若水）始有书院生徒之盛，游谈奔走，废弃诗书，遂开阳明一派（指其末流，如泰州门下之颜、何一类人物）。东林继起，欲救其弊而终不能矣。"

（七）语录，道统①

佛书初入中国，曰"经"，曰"律"，曰"论"，无所谓"语录"也。达磨西来，自称教外别传，直指心印，数传而后，其徒日众，而语录兴焉，即佛说之经典亦束之高阁矣。甚者诃佛骂祖，略无忌惮，惟禅宗（看话禅）则尊尚之，以为胜教、律、僧。

宋儒不但思想中渗入禅学成分甚多，即形式外表，亦多取法禅家，所以儒家亦有语录。禅家语录始于唐，儒家语录始于宋，明儒因之，亦多有语录。

"道统"二字，始见于李元纲《圣门事业图》。第一图曰《传道正统》，以明道、伊川承孟子，其书作于乾道间，与朱子同时。宋人对道统所争甚烈。迨及明人，亦不斤斤于道统矣。

（八）学术价值②

顾亭林（炎武）曾谓："昔之清谈，谈老庄；今之清谈，谈孔孟。"盖亦有慨于宋、明人之空言心性，无裨益于人生也。冯琦谓："道术之分久矣。自西晋以来，于吾道之外，别为二氏。自南宋以来，于吾道之中，自分两歧。又其后则取释氏之精蕴，而阴附于吾道之内。又其后则尊释氏之名法，而显出于吾道之外。"

其实宋、明人之性理学说，自是当时中、印文化接触以后，产生出新文化之结果，亦即当时中华民族实际生活之所反映。如果吾人以现世"哲理的科学"（Philosophical Science）之眼光观察，③对宋、明学说，未有不觉其已成过去。但一时代、一民族，自有此时代、此民族之社会生活，而后乃能建筑一种哲学体

---

① 《明儒学术之探讨》手稿本此处标题为"性理学，心学，语录，道统"。底本将"性理学，心学"与"语录，道统"分为二题。

② 《明儒学术之探讨》手稿本此处标题为"明儒学术价值"。

③ 在底本和《明儒学术之探讨》手稿本中，此句原为"如果吾人以现世'行为主义'之学说之眼光观察"。后底本删去"'行为主义'之学说"数字，改为"哲理的科学（Philosophical Science）"。底本中"Philosophical"写作"Phylosophical"，误，径改。

系。此体系之完成，尤不能不视其历史背景与社会背景，所以欲明白现世文化，更不能不明白前代文化也。

中国文化，在学术上所可区分者，则史学，周、秦诸子学，两汉经学，六朝、隋、唐佛学，宋、明性理学，清人考据学。史学范围极广，包括极多，即六经亦史也。诸子、佛学、性理学，皆关于思想方面，而考据又为治学之方法。吾人今日固不必悭悭然以保存国粹，死守固有文化；必须拓开眼界，建筑现代新文化。如此才能不为天演淘汰，才能合于现代生活。然对于固有文化之遗产，倘一旦①敝屣视之，直等于无历史之民族，新文化又何由而建筑？一出大门，不识一人，固属不可；自身不知自身高低，亦属愚骀。

此则吾人整理明儒学术之动机，而明学对于吾人之价值，亦即可知。况近人内部生活之烦闷，更可借此种学问，以清醒之。当此物质文化极度发展之际，此训练身心之学问，亦自有其本身价值。②

（九）结论

明人说理，说气，说心，说性，无非主观见解③。惟蕺山谓"离器而道不可见"，则已注重客观事实。谓亭林为清学之祖，实不知其来脉已远自蕺山也。河东、三原之学，颇似近代之"实验哲学"。姚江得力于"祖师禅"，当无可讳言。罗整庵《困知记》中之《辩佛书》，金正希之论生死顺逆，皆透澈人生归宿，实为"人生哲学"中之精谛。明人不重训诂、音韵，若赵撝谦（谦）纂修《洪武正韵》，黄五岳（省曾）注释《尔雅》，殊不多觏。对于音乐，韩苑洛（邦奇）特为精到，著有《志乐》一书，世所推崇。至于自然科学，中叶以后，因受葡萄牙及意大利人东渐之影响，已启其端，如顾应祥之于天算，徐光启之于物理，皆有重要著述。此外研究有得者，更不乏人。后世之不克绍述光大，一方面为社会上传统观念所锢蔽，一方面实亦政治上封建势力使之然也。

清承明人之后，南雷（黄宗羲）乃蕺山高足弟子，为浙东史学重镇，因异族入主，大倡民权，其时远在卢骚、孟德斯鸠之前。百泉（孙奇逢）、二曲（李颙），仍衍明学之余绪，继孙者汤文正（斌）为大宗，继李者王丰川（心敬）为嫡派，汤氏矩矱自守，王氏则为关学一大转手。（参看拙著《丰川先生学术述要》，《西京日报》专刊）颜（元）、李（塨）之学，近似墨家，惜其不传。惟亭林谓"经学外无理学"（见全谢山《亭林先生墓表》），遂开有清一代考据训诂学风。由此朴学辈出，由诂经而研及古代地理、历法、官制，以及算学，由小

---

① "旦"，底本作"但"，误，径改。
② 《明儒学术之探讨》手稿本此处有《明儒系统表》《明儒学术要义表》。
③ "主观见解"，《明儒学术之探讨》手稿本作"唯心主义"。

学而及于古音韵，及于三代文字，谓之为中国之"再生时代"，当非虚构。然而仍不能求之于现实生活，是以文化不能不落后也。①

编者按： 本"叙录"之"结论"部分，在《明儒学术之探讨》手稿本最后一页亦有表述，但在措词、语序上稍有不同。兹录如下，以供学者研究参考。

明人学术，说理，说气，说心，说性，无非"唯心主义"。惟蕺山谓"离器而道不可见"则属"唯物主义"。河东、三原之学，颇似今日之"实验哲学"。姚江得力于"祖师禅"，实无可讳言。罗整庵《困知记》中之《辩佛书》，全正希之论生死顺逆，皆透澈人生归宿，"岂非宗教哲学"？其他顾应祥之于天算，徐光启之于物理，则"自然科学"已启其端。后人之不克绍述光大者，故步自封为之也。明人不重训诂音韵之学，若赵撝谦（谦）之修《洪武正韵》，黄五岳之注《尔雅》，实不多觏。其于音乐学，则韩苑洛（邦奇）特精到，著有《志乐》一书，为世推崇。

清承明学之后，南雷（黄宗羲）仍是蕺山余绪。其主张"民权"，远在卢骚、孟德斯鸠之前。百泉（孙奇峰）、二曲（李颙）各有衣钵付托，继孙者汤文正（斌）为大宗，继李者王丰川（心敬）为嫡派。颜习斋（元）、李刚主（塨）则主力行，而其学中绝不传。惟昆山（顾炎武）谓："经外无理，为学当从读书识字始。"（见《鲒埼亭集》）乃开有清一代诂训考据之学。阮文达（元）编辑《皇清经解》，为其尾闾。乾嘉而后，诂训之盛极矣，许学一门，风靡全国，金坛（段玉裁）、曲阜（桂馥）、安丘（王筠）各主其说。观江郑堂（藩）《汉学师承记》《宋学渊源记》，虽未详瞻，可明梗概。

一九三四年十一月十一日脱稿

---

① 《明儒学术之探讨》清稿本此下有"一九三四年十一月十一日脱稿"数字。

四、明儒系统表①

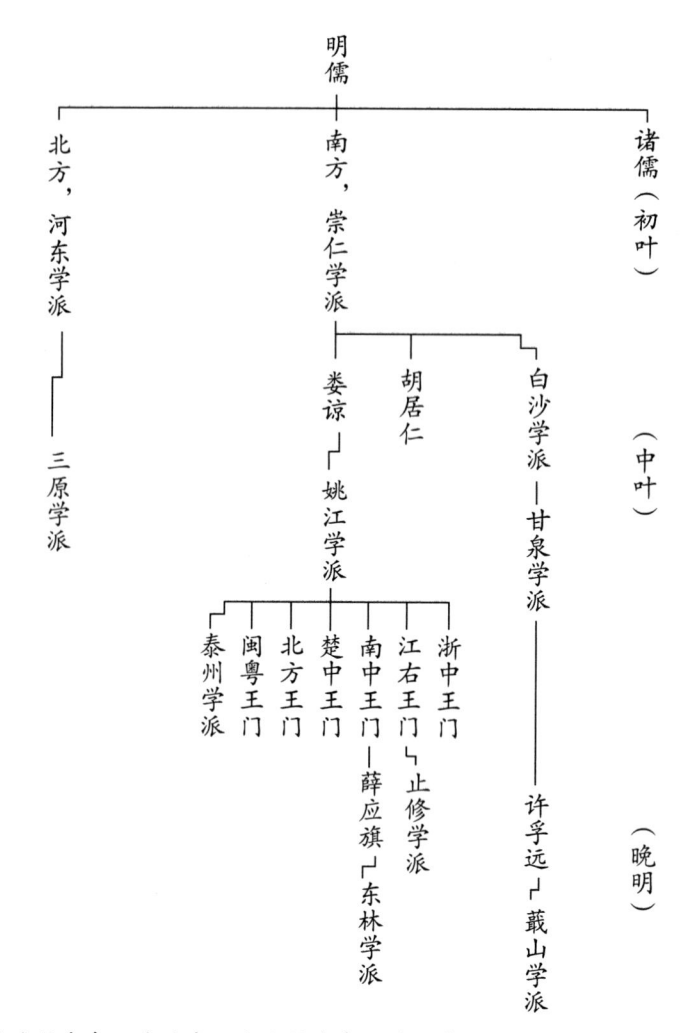

```
                        明儒
     ┌───────────────────┼───────────────────┐
    北方,                南方,              诸儒（初叶）
   河东学派            崇仁学派
     │           ┌───────┼───────┐
     │          娄谅   胡居仁   白沙学派——甘泉学派    （中叶）
     │           │
     │         姚江学派
     │   ┌──┬──┬──┬──┬──┬──┐
     │  泰 闽 北 楚 南 江 浙
     │  州 粤 方 中 中 右 中
     │  学 王 王 王 王 王 王
     │  派 门 门 门 门 门 门
     │              │   │   └ 止修学派
     │            薛应旂
     │              └ 东林学派
   三原学派                          许孚远┘蕺山学派    （晚明）
```

注：线左转者表示其进步；线右转者表示其保守。

---

① 此标题原无序号"四"，据底本目录补。

五、明儒学术要义表[①]

学派	姓名	要义	附说
崇仁	吴与弼	敬义夹持 诚明两进	闻道最早，身体力验，只在走趋语默之间。出作入息，刻刻不忘，久之自成一片段。所谓"敬义夹持，诚明两进"者也。一切玄远之旨，绝口不道。学者依之，真有途辙可循。
	胡居仁	主敬	一生得力于敬，故其持守可观。
	魏校	体仁	以理、气、心为一。
白沙	陈献章	静中养出端倪	学宗自然，归于自得。以虚为基本，以静为门户。
河东	薛瑄	复性	谓理、气无先后，无无气之理，亦无无理之气。气有聚散，理无聚散。
	周蕙		非圣勿学，惟圣斯学。
	吕柟	穷理 先知后行	天地万物，皆与我一气。关学世有渊源，皆以躬行礼教为本。泾野实集其大成。出处言动，无一不规于道，极之心术隐微，无毫发可疑。
三原	王恕	心安	其学大抵推之事为之际，以得其心安者，故随地可以自见。
姚江	王守仁	致良知 知行合一	初泛滥于词章，继而遍读朱子书，循序格物。顾物理吾心，终判为二，无所得入。于是出入佛老久之。及至居夷处困，动心忍性，因念圣人处此，更有何道，忽悟格物致知之旨。圣人之道，吾性自足，不假外求。其学凡三变而始得其门。自此之后，尽去枝叶，一意本源。以默坐澄心为学的。 江右以后，专提"致良知"三字，默不假坐，心不待澄，不习不虑，出之自有天则。知之真切笃行处，即是行；行之如觉精察处，即是知。无有二也。圣人之学，心学也，心即理也。
	钱德洪	无动	即杨慈湖之不起意也。龙谿见在悟其变动不居之体，绪山只于事物上实心磨炼。
	王畿	真性流行	《天泉证道纪》谓："师门教法，每提四句：无善无恶心之体，有善有恶意之动，知善知恶是良知，为善去恶是格物。[①]"
	邹守益	慎独	谓格物，即慎独也。以独知为良知，以戒惧慎独为良知之功夫。
	罗洪先	收摄保聚	其学专求之未发一机，以主敬、无欲为宗旨。

[①] 此标题原无序号"五"，据底本目录补。

续表

学派	姓名	要义	附说
止修	李材	止修	学于东廓，致疑于良知，变为"性觉"之说，后又拈出"止修"二字。
泰州	王艮	自然乐学	不学不乐，不乐不学。
泰州	王襞	不犯手	鸟啼花落，水流山峙，饥食渴饮，夏葛冬裘，至道无余蕴矣。
泰州	罗汝芳	道在眼前	不落义理，不落想像，其得祖师禅之精者。
甘泉	湛若水	随处体认天理	学者以湛、王之学，各立门户，其间为之调停者，谓天理即良知也。体认即致也，何异何同？然甘泉论格物，条阳明之说四不可。阳明亦谓"随处体认天理为求之于外"，其实阳明是先定后慧（即归纳法），甘泉是先慧后定（即演绎法）。亦犹朱、陆两家之不同也。
诸儒	方孝孺	学大	人孰为重，身为重。身孰为大，学为大。
诸儒	曹端	力行	以力行为主，守之甚确，一事不容假借。
诸儒	罗钦顺		不信朱子理乘气之说。 在天为气者，在人为心。在天为理者，在人为性。
东林	顾宪成	格物	其论学与世为体，以"格物"为宗旨。于阳明"无善无恶"一语，辩难不遗余力。
蕺山	刘宗周	离器而道不可见	一心也，而在天谓之诚，人之本也；在人谓之明，天之本也。故人本天，天亦本人，离器而道不可见。

---

① "为善去恶是格物"，底本作"为善为恶是格物"，《明儒学术之探讨》手稿本作"为善知恶是格物"，据王畿《天泉证道纪》改。

六、崇仁学派表①（《学案》卷一②之四）

康斋讲道小陂，一秉宋人成说，言"心"则以③知觉而与"理"为二，言工夫，则"静时存养，动时省察"。故必"敬义夹持，诚明两进"，而后为学问之全功。再传而魏庄渠稍为转手，然终不离此规矩也。白沙虽出康斋之门，然自叙所得，不关师说，当别为一派。

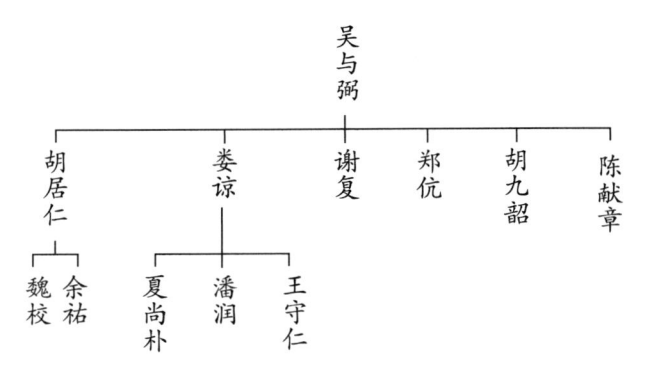

```
                        吴与弼
          ┌──────┬──────┼──────┬──────┐
        胡居仁   娄谅    谢复   郑伉   胡九韶   陈献章
        ┌─┴─┐   ┌──┼──┐
       魏 余   夏 潘 王
       校 祐   尚 润 守
              朴    仁
```

吴与弼 字子傅，号康斋，江西抚州崇仁里人。讲学小陂。天顺初，石亨荐，征至京师，不授官，世称聘君。见《明史·列传第一百七十》。

胡居仁 字叔心，号敬斋，江西饶州余干人。著《居业录》。敬斋言："心无主宰，静也不是工夫，动也不是工夫。静而无主，不是空了天性，便是昏了天性，此大本所以不立也。动而无主，不是猖狂妄动，便是逐物徇私，此达道所以不行也。已立后自能了当得万事，是有主也。"见《明史·列传第一百七十》。

娄　谅 字克贞，号一庵，广信上饶人。景泰举人。王阳明年十七，亲迎过信，从娄先生问学，深相契。姚江之学，娄先生发端也。见《明史·列传第一百七十一》。

谢　复 号西山，祁门人。

郑　伉 号孔明，象湖人。

胡九韶 号凤仪，全溪人。《明史》附《吴与弼传》。

陈献章 别见白沙学派。

魏　校 字子才，号庄渠，江苏昆山人。弘治④进士，官太常寺卿。谥恭

---

① 此标题原无序号"六"，据底本目录补。
② "一"，底本脱，据《明儒学案》及本表内容补。
③ "以"，底本脱，据《明儒学案》卷一《崇仁学案》卷首补。
④ 底本为"宏治"，全书统一改为"弘治"。

简。著《体仁说》。庄渠尝言①："其生人者，虚灵之气。虚灵中之主宰，即理也。不为尧存，不为桀亡，以明气之不离于理也。"庄渠初疑象山为禅，其后始知其为坦然大道，则于师门之教，又一转矣。见《明史·列传第一百七十》。

余　祐　号讱斋，鄱阳人。弘治进士。敬斋之婿也。《明史》附《胡居仁传》。

夏尚朴　号东岩，永丰人。正德进士。

潘　润　号玉斋，永丰人。

王守仁　别见姚江学派。

---

① "尝言"，底本作"常有二"，不通，改。

七、白沙学派表①（《学案》卷五之六）

有明学术，至白沙始入精微。其吃紧工夫，全在静中涵养出端倪。喜怒未发而非空，万盛交集而不动。至阳明而后大。两先生之学，最为相近。

白沙之学，以"虚"②为基本，以"静"为门户，以"上下四方，古往今来③，穿纽凑合"为匡廓④，以"日用常行分殊"为功用，以"勿助勿忘之间"为体之则，以"未学致力，而虚用不遗⑤"为实得。远之则为曾点，近之则为尧夫。

全谢山谓："白沙有养气，以勿助勿忘为要。夫养气必先集义，此谓必有事焉者也。白沙但以勿助勿忘为要，失却上一层矣。"又谓："白沙所谓自然者，诚也。稍有一毫不诚，则粉饰造作，便非自然。"又谓："白沙出而有陈学，阳明出而有王学，是陈静明、赵宝峰以后之一盛也。"（《鲒埼亭集》）

```
                    陈
                    献
                    章
 ┌──┬──┬──┬──┬──┬──┬──┬──┬──┬──┐
 湛  李  张  贺  邹  陈  林  陈  李  谢  何  史
 若  承  诩  钦  智  茂  光  庸  孔  祐  廷  桂
 水  基          烈          修      炬  芳
```

陈献章 字公甫，新会白沙里人。正统举人。谥文恭。有《语录》《文集》。白沙曰："夫聪明正直之谓神，威福予夺之谓权。人亦神也，权之在人，犹其在神也。"（《城隍庙记》）《仁术论》《无后论》《禽兽说》，皆其重要著作。万历间从祀孔庙。见《明史·列传第一百七十一》。李承基、张诩附。

湛若水 别见甘泉学派。

李承基 字世卿，号大崖。嘉鱼人。成化举人。有《文集》。由楚之粤，涉江浮海，水陆万里，往见白沙者四次。《明史》附《陈献章传》。白沙善诗，大崖亦长于诗，往往以诗见道，如曰："莫笑老佣无著述，真儒不是郑康成。"

张　诩 字庭实，号东所。南海人。成化进士。《明史》附《陈献章传》。

贺　钦 字克恭，号医闾。定海人。有《言行录》。见《明史·列传第一百七十一》。

邹　智 字汝愚，号立斋。四川合川人。弱冠领解。成化间，成进士。以上

---

① 此标题原无序号"七"，据底本目录补。
② "虚"，底本作"应"，据《明儒学案》卷五《白沙学案》改。
③ "古往今来"，《明儒学案》卷五《白沙学案》作"往古来今"。
④ "匡廓"，《明儒学案》卷五《白沙学案》作"匡郭"。
⑤ "虚用不遗"，底本作"应用不遗"，据《明儒学案》卷五《白沙学案》改。

有"大臣不职,奄官弄权",谪广东石城吏目。卒年二十七。

陈茂烈 字时周。莆田人。弘治进士。见《明史·列传第一百七十一》。

林　光 字缉熙。东莞人。成化举人。

陈　庸 字秉常。南海人。成化举人。

李孔修 字子长,号抱真子。广州人。

谢　祐 字天锡。南海人。《寄甘泉诗》:"生从何处来,化从何处去。化化与生生,便是真玄处。"竟是禅矣。

何廷炬① 字振时。番禺人。

史桂芳 字景实,号惺庵。番禺人。嘉靖进士。

---

① "何廷炬",《明儒学案》作"何廷矩"。

八、河东学派表①（《学案》卷七之八）

河东之学，悃愊无华，恪守宋人规矩，故数传之后，其议论设施，不问可知其出河东也。不若阳明门下亲炙弟子，已往往背其师说矣。

吕泾野谓："文清以'力行'为读书，以'明道'为修辞。清而不脆，异而且同。潜学孔、颜，抗志程、朱。老不殊壮，困未改通。许鲁斋之后，未有能见其比者也。"（《文清公祠堂记》）

全谢山谓："敬轩出而有薛学。康斋出传之敬斋有胡学。是许平仲后之一盛也。"（《鲒埼亭集》）

宋仪谓："当明之世，语薛氏则合口同调，语陈、王则议论不一。"（《学案》）

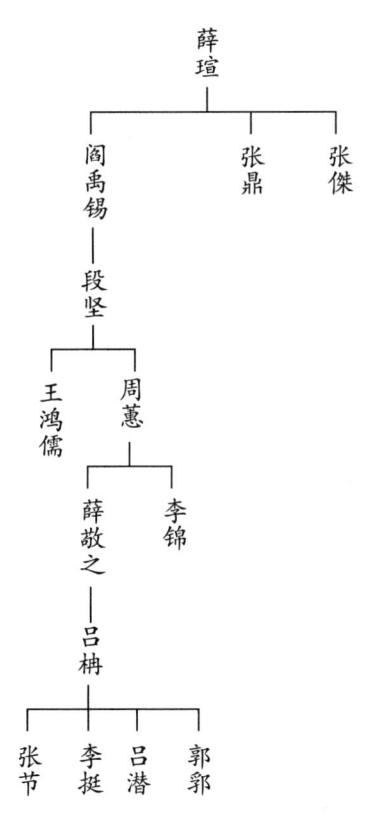

```
                    薛瑄
        ┌───────────┼───────────┐
       阎禹锡       张鼎        张杰
        │
       段坚
        ┌─────┴─────┐
       王鸿儒      周蕙
                ┌───┴───┐
              薛敬之   李锦
                │
               吕柟
        ┌─────┬─────┬─────┐
       张节  李挺  吕潜  郭郛
```

薛　瑄　字德温②，号敬轩。河津人。永乐进士。英宗时，以礼部侍郎入阁。谥文清，有《读书录》《实行录》《文集》。常谓："主敬以立其本，慎动

---

① 此标题原无序号"八"，据底本目录补。
② "德温"，底本作"得温"，误，径改。

以审其机。"见《明史·列传第一百七十》。阎禹锡、周蕙附。

阎禹锡 字子与。洛阳人。正统举人。著《自信集》。

张　鼎 字大器。陕西咸宁人。成化进士，官至户部侍郎。号自在道人。又见《关学编》。

张　杰 字立夫，号默斋。陕西凤翔人。正统乡荐。又见《关学编》。

段　坚 字可久，号容思。兰州人。正统乡荐。英宗北狩，诣阙上书，不报。自齐鲁以至吴越。得阎禹锡，以溯文清之旨。河东之学，惟公是廓。见《明史·列传第一百六十九》。

王鸿儒 字懋学，号凝斋。南阳人。成化进士。南户部尚书。其学得之段氏。

周　蕙 字庭芳，号小泉。泰州人。段曰："非圣弗学。"小泉曰："惟圣斯学。"又见《关学编》。

薛敬之 字显思。渭南人。成化间，贡①入成均，与白沙同学。著《思庵野录》，又见《关学编》。

李　锦 字在中，号介庵。陕西咸宁人。天顺举人。又见《关学编》。

吕　柟 字仲木，号泾野。陕西高陵人。正德②进士，南礼部侍郎。谥文简。有《语录》。又见《关学编》。泾野有知行合一说，实集河东学派之大成。讲学于长安之开元寺。见《明史·列传第一百七十》，吕潜附。

张　节 字介夫。陕西泾阳人。又见《关学编》。

李　挺 字正立。陕西咸宁人。又见《关学编》。

吕　潜 字时见，号愧轩。泾阳人。又见《关学编》。

郭　郛 字惟藩，号蒙泉。泾阳人。嘉靖进士。又见《关学编》。

薛文清公弟子姓名表（据《实行录》）

李　贤 字原德。河南邓州人。宣德进士。官至吏部尚书，谥文达。使山西，见文清公，便受业，益好学。

秦　纮 山东单县人。南京户部尚书。

邵　深 河南新乡人。太仆寺卿。

张　鼎 见《学案》。

白良辅 河南洛阳人。监察御史。

张　睿 河南鄢陵人。户部尚书。

陈　铨 山东泗水人。知府。

张　泽 山西泽州人。监察御史。

---

① "贡"，底本作"工"，误，径改。
② "正德"，底本作"正得"，误，径改。

薛　璘　河津人。兖州知府。

阎禹锡　见《学案》。

卫　述　山西蒲州人，知府。

孟　琳　蒲州人。知州。

辛　英　蒲州人。训导。

孙　輎　陕西韩城人。太原府同知。

郭　震　韩城人。芮城训导。

张　聪　韩城人。

高　辅　韩城人。

贾　琰　韩城人。洪洞知县。

杨志学　河津人。训导。

袁　辉　河津人。嵩县教谕。

杨　润　河津人。

邵　瑾　河津人。

田　真

高　举　泽州人。训导。

江　湖　潼关人。知州。

张　泽　潼关人。知县。

尚　友　沁水人。训导。

郑　俊　训导。

赵　春　长安人。知州。

王　复　安邑人。知县。

李　泉　安邑人。教谕。

张　锡　猗氏人。知县。

宋　钧　猗氏人。知县。

谢　居　蒲州人。监察御史。

谢庭桂　蒲州人。解元。

高　堂　河津人。

任　磬　河津人。淳化知县。

郜　昌　河津人。真定县丞。

袁　宝　河津人。

马从道　河津人。训导。

赵　让　河津人。

田　胜　河津人。

臺　春　河津人。

张　璟　河津人。主簿。

高　绘　河津人。四川奉节县主簿。

张　选　河津人。大名主簿。

杜　俊　河津人。南阳府知府。

周　盛　河津人。保安州吏目。

黄　英　河津人。原武县主簿。

黄　傑　河津人。经历。

段　盛　韩城人。平陆县丞。

史　华　韩城人。介休县主簿。

刘　琛　韩城人。大同府经历。

冯　纮　韩城人。广钧县主簿。

梁　博　韩城人。

贾　刚　韩城人。鸿胪寺序班。

吉　节　韩城人。

李　鑑　临晋人。王府教授。

王　瑛　安邑人。推官。

李　傑　主簿。

李　侃　主簿。

许　佐　河南汝宁人。

杜　玄　山东长清人。

张　骥　长清人。

杜　聪　翼城人。训导。

王　藩　翼城人。训导。

李　麟　翼城人。训导。

王　璋　翼城人。主簿。

又有所谓"明经士"者，当系私淑其学之士：

张　敏　韩城人。

赵　彬　湖广襄阳人。都院检校。

杨　谌　蒲州人。

田　润　蒲州人。县丞。

韩　赟　蒲州人。岁贡。

九、三原学派表①（《学案》卷九）

关学大概宗薛氏，三原又其别派也。其门下多以气节著，风土之厚，而又加之以学问者也。

康僖承端毅家学。少年铭其斋云："齐不齐，谨当谨。万物安，百神统。圣贤我，古来脂。齐不齐，谨当谨。"则其学可见矣。（《关学编》）

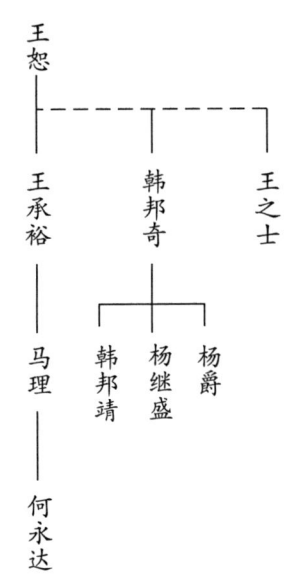

```
         王
         恕
    ┌────┼────┐
    │    │    │
    王    韩    王
    承    邦    之
    裕    奇    士
    │    ┌┼┐
    │    韩杨杨
    马    邦继爵
    理    靖盛
    │
    何
    永
    达
```

王　恕　号介庵，又号石渠。陕西三原人。正统进士，官至兵部尚书，直文渊阁。赠特进左柱国太师，谥端毅。著《石渠意见》。事迹见《明史》，又见《关学编》。见《明史·列传第七百》，子承裕②附。

王承裕　字天宇，号平川。石渠季子。弘治③进士，官至户部尚书。谥康僖。讲学于三原宏道书院。所著有《论语近说》《论语蒙读》《谈录》《三泉堂漫录》《漫语》《厚乡录》《星轺集》《童子吟》《辛巳集》《婚礼用中》《考经堂集》《进修笔录》《庚寅集》《动静图记》《谏垣奏草》，所述有《横渠遗书》《太师端毅公遗事》。又见《关学编》。

马　理　字伯循，号谿田，三原人。正德进士，官至南京光禄卿。督学渔石唐公为建嵯峨精舍，后又讲学于商山书院十年。其学以"主敬穷理"为主。所著有《四书注疏》《周易赞翼》《尚书疏义》《诗经删义》《周礼注解》《春秋修义》《陕西通志》。又见《关学编》。

---

① 此标题原无序号"九"，据底本目录补。
② "承裕"，底本作"承宇"，误，径改。
③ "弘治"，底本作"宏治"，误，径改。

何永达 字成章，河州人。从《关学编》补入。

韩邦奇 字汝节，号苑洛。陕西朝邑人。正德进士，官至南京兵部尚书。谥恭简。所著有《志乐》《性理三解》最为重要。又著《苑洛语录》《易说》《书说》《毛诗未喻》①诸书。门人白璧谓："先生识度汪然，涵养宏深，持守坚定。躬行心得，中正明达，则又一薛敬轩也。"又见《关学编》。见《明史·列传第八十九》，弟邦靖附。

杨　爵 字伯修，号斛山。陕西富平人。嘉靖进士，赠光禄少卿。谥忠介②。先生为人，劲直不阿，而内实忠淳。自少至老，孳孳学问。以韩苑洛、马豀田为师，以杨椒山、周讷溪、刘晴川、钱绪山、蔡汶滨诸君子为友。险夷如一，初终不二，磨礱精光，展拓胸次，其所涵养者诚深。以故鼎镬阳火，百折不回，完名全节，铿鍧一代不偶也。又见《关学编》。见《明史·列传第九十七》。

杨继盛 字仲芳，号椒山。北直隶容城人。嘉靖进士，以劾③严嵩遇害，赠太常少卿，谥忠愍。据《明史》暨《关学编》诸书补入。见《明史·列传第九十七》。

韩邦靖 苑洛弟也，字汝庆，号五泉，其学得之乃兄。据《关学编》补入。

王之士 字欲立，号秦关。陕西蓝田人。嘉靖举人。与许敬庵为友。先生笃信好学，见彻本原，非沾沾于一节一善以成名者。世或以甘贫苦节称先生者，是岂足尽先生哉！又见《关学编》。

王康僖门人姓名表（据《关学编》）

马光禄理　（见上表）

秦大参伟

郝大参世家

雒中丞昂

张给谏原

李宪副伸

赵佥宪④瀛

秦明府宁

王明府佩

李孝廉结

---

① "喻"，底本作"愉"，据《关学编·苑洛韩先生邦奇》改。
② "忠介"，底本作"忠可"，误，径改。
③ "劾"，底本作"刻"，误，径改。
④ "佥宪"，底本作"签宪"，误，径改。

十、姚江学派表①（《学案》卷十）

阳明先生承绝学于词章训诂之后，一反求诸心，而后其性之觉，曰"良知"。因示人以求端致力之要，曰"致良知"。其说与朱子不无牴牾，而所极力表章，乃在象山，故世称"陆王"。

先生之学，始泛滥于词章，继而遍读考亭之书，循序格物，顾物理、吾心，终判为二，无所得入，于是出入佛老者久之。及至居夷处困，动心忍性，因念圣人处此，更有何道？忽悟格物致知之旨。圣人之道，吾性自足，不假外求。其学凡三变，而始得其门。自此以后，尽去枝叶，一意本原，以默坐澄心为学的。有未发之中，始能有发而皆中节之和。视、听、言、动，大率以收敛为主，发散是不得已也。江右以后，专提"致良知"三字，默不假坐，心不待澄，不习不虑，出之自有天则。盖良知即是未发之中，此知之前，更无未发。良知即是中节之和，此知之后，更无已发。此知自能收敛，不须更主于收敛；此知自能发散，不须更期于发散②。收敛者，感之体，静而动也；发散者，寂之用，动而静也。知之真切笃实处，即是行。行之明觉精察处，即是知，无有二也。居越以后，所操益熟，所得益化。时时知是知非，时时无是无非，开口即是本心，更无假借凑泊，如赤日当空而万象毕照。是学成之后，又有此三变也。先生悯宋儒之后，学者以知识为知，谓"人心之所有者，不过明觉。而理为天地万物之所公共，故必穷尽天地万物之理，然后吾心之明觉，与之浑合而无间"。说是无内外，其实全靠内来见闻，以填补其灵明者也。先生以圣人之学，心学也。心即理也③，故于致知格物之训，不得不有致吾心之天理于事事物物④。以知识为知，则轻浮而不实，故必以力行为工夫。良知来应神速，无有等待。本心之明，即知；不欺本心之明，即行也，不得不有"知行合一"。立言大旨，不出于此。（《阳明全集》）

蕺山谓："先生教人吃紧处，全在'去人欲而存天理'，进之以'知行合一'之说，其要归于'致良知'，虽累千百言，不出此三言为转注。"又谓："先生之有良知也，近本孔孟之说，远溯'精一'之传，盖自程朱一线中绝，而后补偏救弊，契圣归宗，未有若先生之深切明著者也。后之学者，不学其所悟，而学其所悔，舍天理而求良知，阴以叛孔、孟之道而不顾，又其弊也。说知说

---

① 此标题原无序号"十"，据底本目录补。
② "不须更期于发散"一句，底本无，据《明儒学案》卷十《姚江学案》补入。
③ "心即理也"一句，底本无，据《明儒学案》卷十《姚江学案》补入。
④ 此句《明儒学案》卷十《姚江学案》作"不得不言致吾心良知之天理于事事物物，则事事物物皆得其理"。

行，先后两截，言悟言参，转增学虑，吾不知于先生之道为何如？"（《阳明传信录·序》）

程、朱之学重客观，陆、王之学重主观。程、朱以客观证印主观，陆、王以主观应付客观，此其根本不同处。

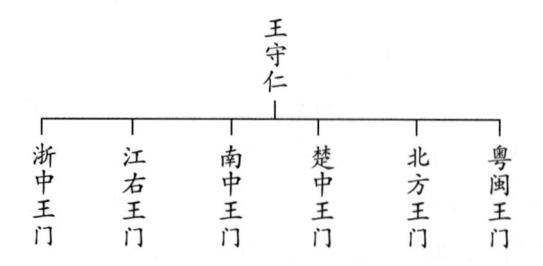

```
                    王守仁
        ┌─────┬─────┬─────┬─────┬─────┐
       浙中   江右   南中   楚中   北方   粤闽
       王门   王门   王门   王门   王门   王门
```

王守仁 字伯安，学者称为阳明先生，浙江余姚人。成化进士。仕至南京吏部尚书，以讨宸濠功封新建伯，谥文成，万历中祀孔庙。见《明史·列传第八十三》。

阳明学侣

许　璋 字半圭，浙江上虞人。

王文辕 字司舆，浙江山阴人。

甲、浙中王门表①（《学案》卷十一之十五）

浙中王门，以绪山、龙谿为大宗。绪山序阳明《传习录》，云："吾师以'致良知'之旨，开示来学。学者躬修嘿悟，不敢以知解承，而惟以实体得。今师亡未及三纪，而格言微旨，日以沦晦，岂非吾党身践之不力，而多言有以病之也。"此殆为龙谿而发，然足救正王学末流之弊。（钱德洪《论学书》）

陆桴亭云："绪山当日虽以天泉之会，厌倒龙谿。然不负阳明者，绪山也；终背阳明者，龙谿也。"（《陆世仪全集》，即《思辩录》）

龙谿虽以多言为同党不满，然亦有见道语。其《天泉证道记》云："师门教法，每提四句：'无善无恶心之体②，有善有恶意之动，知善知恶是良知，为善去恶是格物。'"（王畿《答吴悟斋语》）

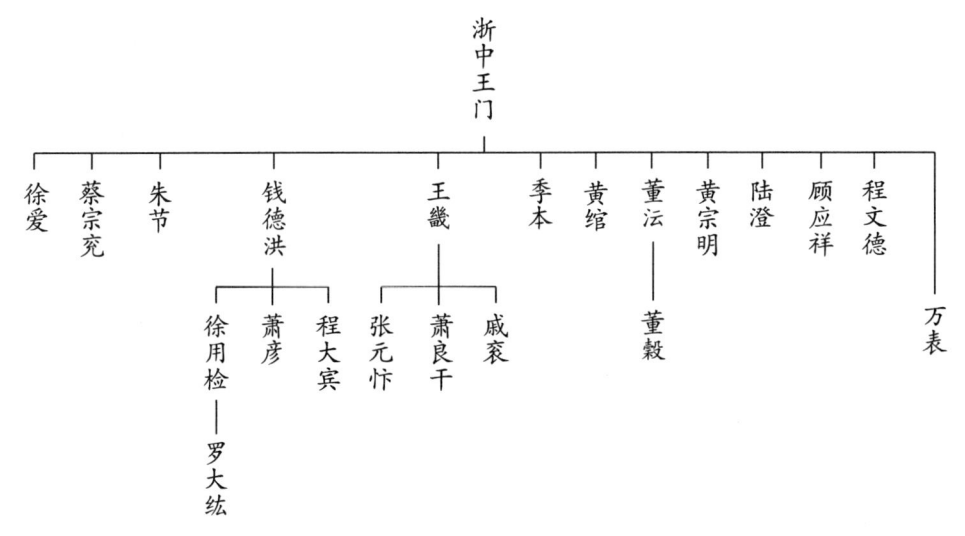

```
                       浙中王门
   ┌──┬──┬──┬───┬──┬──┬──┬──┬──┬──┬──┐
  徐  蔡  朱  钱   王  季  黄  董  黄  陆  顾  程
  爱  宗  节  德   畿  本  绾  沄  宗  澄  应  文
      兖      洪                   明      祥  德
          ┌──┼──┐    ┌──┼──┐      │              │
         徐  萧  程   张  萧  戚    董              万
         用  彦  大   元  良  衮    榖              表
         检      宾   忭  干
          │
         罗
         大
         纮
```

徐　爱　字曰仁，号横山，浙江余姚人。正德进士。年三十一卒。阳明常谓："曰仁，吾之颜渊也。"

蔡宗兖　字希渊，号我斋，浙江山阴人。阳明常曰："徐曰仁之温恭，蔡希渊之沈潜，朱守中之明敏，予所不逮。"

朱　节　字守中，号白浦，山阴人。进士，官至御史。阳明谓之曰："德业外无事功，不由天德而求骋事功，则希高务外，非业也。"

以上三人，来学最早。

钱德洪　字洪甫，号绪山，余姚人。嘉靖进士。龙谿从见在悟其变动不居

---

① 此标题原无序号"甲"，据底本目录补。
② "体"，底本作"理"，据《明儒学案》卷十二《浙中王门学案二》中《郎中王龙谿先生畿》改。

之体①，绪山只于事物上实心练磨。龙谿竟入于禅，绪山终不失儒者规矩。其覆龙谿有云："久庵谓吾党于学，未免落空。初未以为然，细自磨勘，始知自惧。日来论本体处，说得十分清脱，乃征之行事，疏落处甚多。"《会语》有云："天地间只此灵窍。在造化体统而言，谓之鬼神；在人身而言，谓之良知。"已明鬼神非具体之物。又云："告子言性无善无不善，与孟子言性善，亦不甚远。告子只先见定一个性体，元来不动，有动处，只在物感上。"见《明史·列传第一百七十一》，徐爱等附。

徐用检 字克贤，号鲁源，兰溪人。嘉靖进士。其为学，不以良知而以志学，谓："君子以复性为学，则必求其所以为性。而性囿于质，难使纯明，故无事不学，学焉又恐就其性之所近，故无学不证诸孔氏。"②

罗大纮 字公廓，号匡湖，安福人。万历进士。先生对于学问，能提刀直入，于江右先正之派，又一转矣。其学得于徐鲁源。《明儒学案》列于江右，改次于此③，以明师承。见《明史·列传第一百二十一》。

萧　彦 号念渠，泾阳④人。户部侍郎，谥定肃。从《南中学案》序言⑤中补入。见《明史·列传第一百一十五》。

程大宾 号心泉，歙人。从《南中学案》序言中补入。

王　畿 字汝中，号龙谿。浙江山阴人。嘉靖进士。其学多转机，亦犹慈湖之于象山也。见《明史·列传第一百七十一》，王艮附。龙谿谓："当下本体，如空中鸟迹，水中月影，若有若无，若沉若浮。拟议即乖，趋向转背。神机妙应，当本体空，从何处识他？于此得个悟入，方是无象形中真面目。不着纤毫力处，着大力也。"

张元忭 字宇荩⑥，号阳和，山阴人。嘉靖辛未进士第一。龙谿谈本体而讳言工夫，谓"识得本体即是工夫"，阳和不信，谓："本体本无可说，凡可说者皆工夫也。"《明史》附于《邓以讚传》。

萧良干 字以应，号拙斋。师⑦绪山、龙谿。水西讲会之盛，萧之力也。官

---

① "体"，底本作"礼"，据《明儒学案》卷十一《浙中王门学案一》中《员外钱绪山先生德洪》，误，径改。

② 此句二"故"字底本作"致"，据《明儒学案》卷十四《浙中王门学案四》中《太常徐鲁源先生用检》改。

③ "改次于此"，底本作"改次于次"，误，径改。

④ "泾阳"，《明儒学案》卷二十五《南中王门学案一》序中作"泾县"。

⑤ "序言"，底本作"序有"，不通，从下"程大宾"条改。

⑥ "字荩"，《明儒学案》卷十五《浙中王门学案五》中《侍读张阳和先生元忭》作"子荩"。

⑦ 底本此处衍一"来"字，据《明儒学案》卷二十五《南中王门学案一》序删。

至陕西布政使。

戚 衮 字补之，号竹坡，宣城人。

二人从《南中学案》补入。

季 本 字明德，号彭山，浙江会稽人。正德进士，尝从九遥考黄河故道，别三代之疆土、川源，涉淮泗，历齐鲁，登泰山，逾江入关而后归，均为有用之学。

黄 绾 字叔贤，号久庵，浙江黄岩人。初见，阳明问曰："作何功夫？"对曰："人患无志，不患无工夫。"见《明史·列传第八十五》，陆澄附。

董 沄 号萝石，晚号从吾道人，浙江海盐人。年六十八，来求受业，阳明曰："岂有弟子之年，过于师者乎？"萝石再三请而委贽焉。

董 穀 萝石子，嘉靖进士。少游王门，著《碧里存疑》，多失阳明之意。

黄宗明 字诚甫，号致斋，浙江鄞人。正德进士。阳明谓："一日千里，任重致远，吾非诚甫，谁望耶？"

陆 澄 字原静，浙江归安人。正德进士。

顾应祥 字惟贤，号箬溪，浙江长兴人。弘治进士，精算学。著有《测圆海镜》《弧矢算术》《授时历撮要》《传习录疑》，又著《龙谿致知议略》，亦择其可疑者辩之。

程文德 字舜敷，号松溪，浙江永康人。嘉靖进士。万历间赠礼部尚书，谥文恭。

万 表 字民望，号鹿园。浙江宁波卫世袭指挥，官至漕运总兵，南京都督府。起自将家，读书好学。其学多得之龙谿、念庵①、绪山、荆川。

---

① "念庵"，底本作"会庵"，据《明儒学案》卷十五《浙中王门学案五》中《都督万鹿园先生表》改。

乙、江右王门表①（《学案》卷十六之二十四）

姚江之学，惟江右为最得其传。东廓、念庵②、两峰、双江，其选也。再传而塘南、思默，皆能推原未尽之旨③。是时越中流弊错出，挟师说以杜学者之口，而江右独能破之。阳明之道，赖以不坠。

罗念庵忧师说末流衍蔓，特拈"收""摄""保""聚"四字，为良知符诀。故其学专求之未发之机，以"主静""无欲"为宗旨，可谓卫道苦心矣。赵大洲、王塘南、邓定宇，其犹念庵之意欤？邓尤精密，人品亦高。

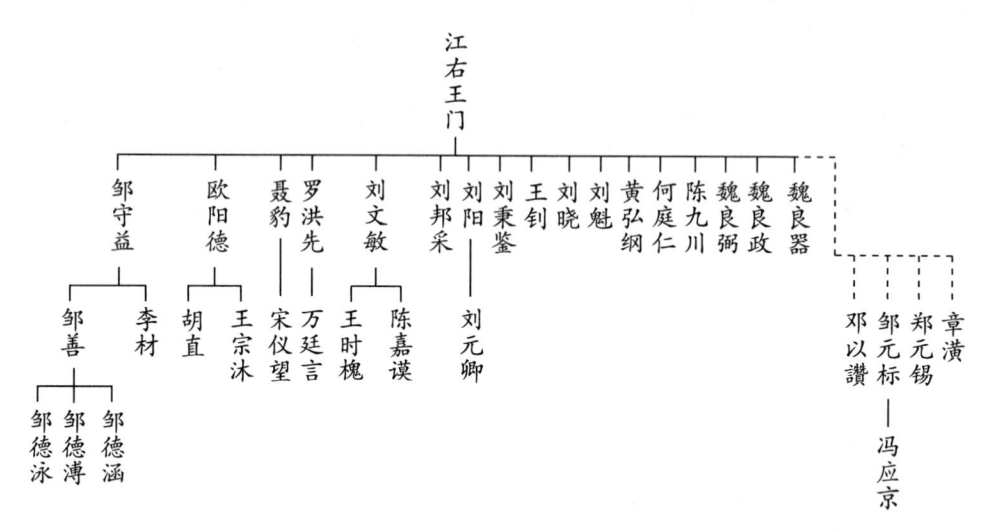

```
                          江右王门
   ┌────┬────┬────┬────┬────┬────┬────┬────┬────┬────┬────┬────┬────┬────┐
  邹   欧   聂   罗   刘   刘   刘   王   刘   刘   黄   何   陈   魏   魏   魏
  守   阳   豹   洪   文   邦   阳   钊   晓   魁   弘   庭   九   良   良   良
  益   德        先   敏   采        鉴             纲   仁   川   弼   政   器
   │    │         │    │    │                                               
  ┌┴┐  ┌┴┐      ┌┴┐  ┌┴┐  ┌┴┐                                      ┌──┬──┬──┐
  邹 李 胡 王    宋 万 陈 王 刘                                      邓  郑  章
  善 材 直 宗    仪 廷 嘉 时 元                                      以  邹 元 潢
         沐    望 言 谟 槐 卿                                       赞  元 锡
  │              │                                                     标
 ┌┼┐                                                                    │
 邹邹邹                                                                  冯
 德德德                                                                  应
 泳溥涵                                                                  京
```

邹守益　字谦之，号东廓，江西安福人。正德进士，廷试第一，官至礼部侍郎，谥文庄。尝曰："圣门要旨，只在修己以敬。敬也者，良知之精明，而不杂以尘俗也。戒慎恐惧，常精常明，则出门如宾，承事如祭。故道千乘之国，直以敬事为纲领。信也者，敬之不息者也。节用爱人，使民以时，即敬之流行于政者也。"见《明史·列传第一百七十二》。

邹　善　东廓子，号颍泉。嘉靖进士，《明史》附于父《邹守益传》。

邹德涵　东廓孙，字汝梅，号聚所。嘉靖进士，颍泉不失家学规矩，聚所则从悟入，于家学又一转手矣。

邹德溥④　东廓孙，字汝光，号四山。进士。

邹德泳　东廓孙，号泸水。万历进士。《明史》均附于其祖《邹守益传》。

---

① 此标题原无序号"乙"，据底本目录补。
② "念庵"，底本作"会庵"，据《明儒学案》卷十六《江右王门学案一》序言改。
③ "未尽之旨"，底本作"来尽之旨"，据《明儒学案》卷十六《江右王门学案一》序言改。
④ "溥"，底本脱，据《明儒学案》卷十六《江右王门学案一》中《文庄邹东廓先生守益　附子善，孙德涵、德溥、德泳》补。

李　材　别见《止修学案》补入。

欧阳德　字崇一，号南野，江西泰和人。嘉靖进士，官至礼部尚书，谥文庄。尝曰："聂双江、程松溪等讲学京师济灵宫，为数百年未有之盛。"尝谓："天性之真，明觉自然，随感而通，自有条理，是以谓之良知。"见《明史·列传第一百七十一》。

胡　直　字正甫，号庐山，泰和人。嘉靖进士。尝言："人心之理，即天地万物之理，非二也。"

王宗沐　字敬所，浙江临海人。嘉靖进士。《明儒学案》列之浙中，因浙人也。今改附南野下，明其师承也。见《明史·列传第一百一十一》。

聂　豹　字文蔚，号双江，永丰人。正德进士，官至尚书，谥贞襄。见《明史·列传第九十》。双江问"勿忘勿助"之旨。阳明曰："此间只说必有事焉，专言勿忘勿助，是空锅而爨也。"

宋仪望　字望之，吉水人。进士，官至佥都御史。见《明史·列传第一百一十五》。尝论薛、陈、王三家之学，谓："薛祖宋儒，居敬穷理，躬行实践，居朝立身，皆有法度。但真性一脉，尚涉测度；白沙得于自悟，日用工夫，已见性礼，但其力量气魄，尚欠开拓；阳明之学，从仁体处开发生机，而良知一语，直造无前。"

罗洪先　字达夫，号念庵，吉水人。嘉靖进士第一。隆庆间，赠光禄卿，谥文恭。见《明史·列传第一百七十一》。以"静定"为工夫，编《阳明年谱》，阳明殁后，由绪山、龙谿之证，始由后学改称门人。

万廷言　号思默，东溪人。进士。念庵之学，得思默而传。自述所得，谓："天清地宁，冲然太和气象。"

刘文敏　字宜充，号两峰，安福人。双江主于归寂，两峰言："发与未发，本无二致；戒慎恐惧，本无二事。"

王时槐　字子植，号塘南，安福人。嘉靖进士。其学以透性为宗，研几为要。见《明史·列传第一百七十一》。

陈嘉谟　字世显，号蒙山，庐陵人。嘉靖进士。尝言："乾性坤命之理，合万物为一礼。"

刘邦采　字君亮，号师泉，安福人。尝言："性妙于无为，命杂于有质，故必兼修而为学。"《明史》附《何廷仁传》。

刘　阳　字一舒，号三五，安福人。嘉靖进士，官御史。尝言："①境寂我寂。"东廓殁后，江右学者皆以为归。

---

① 底本此处衍一"言"字，径删。

刘元卿 字调父，号泸潇，安福人。尝言："天地之间，无往非神。神凝则生，虽形质貌然，生者已具。神散则死，虽形体如故，生者已亡。"《明史》附《邓元锡传》。

刘秉鉴 号印山，安福人。正德进士。

王　钊 号柳川，安成人。

《学案》二人附《刘阳传》。

刘　晓 号梅源，安福人。

刘　魁 号晴川，泰和人。以气节著。

黄弘纲 字正之，号洛村。雩县人。

何廷仁 字性之，号善山，雩县人。嘉靖举人。见《明史·列传第一百七十一》。

陈九川 号明水，临川人。正德进士。

魏良弼 号水洲，新建人。嘉靖进士。见《明史·列传第九十一》。

魏良政 字师伊，见《明史·列传》，附《何廷仁传》。

魏良器 号药湖。绪山多滞，药湖戒之以洒脱。龙谿懒散，则又戒之以严栗。

魏氏兄弟三人，于阳明抚赣时来学。

邓以赞 字汝德，号定宇，新建人。隆庆进士第一，官至吏部侍郎，谥文洁。见《明史·列传第一百七十一》。

邹元标 字尔瞻，号南皋，吉水人。万历进士，官至右都御史，谥忠介。见《明史·列传第一百三十一》。一代大儒，惟风骨过峻。

冯应京 字可大，号慕冈，盱眙人。万历进士。见《明史·列传第一百二十五》。

邓元锡 字汝极，号潜谷，南城人。嘉靖进士。全谢山讥其分理与心为二。

章　潢 字本清，南昌人。尝言："继善成性，此是归极。"《明史》附《邓元锡传》。

丙、南中王门表①（《学案》卷二十五之二十七）

泾县有水西会，国宁有同善会，江阴有君山会，贵池有光岳会，太平有九龙会，广德有复初会，江北有南樵精舍，新安有程氏世庙会，泰州有心斋讲堂，几乎比②户可封矣。

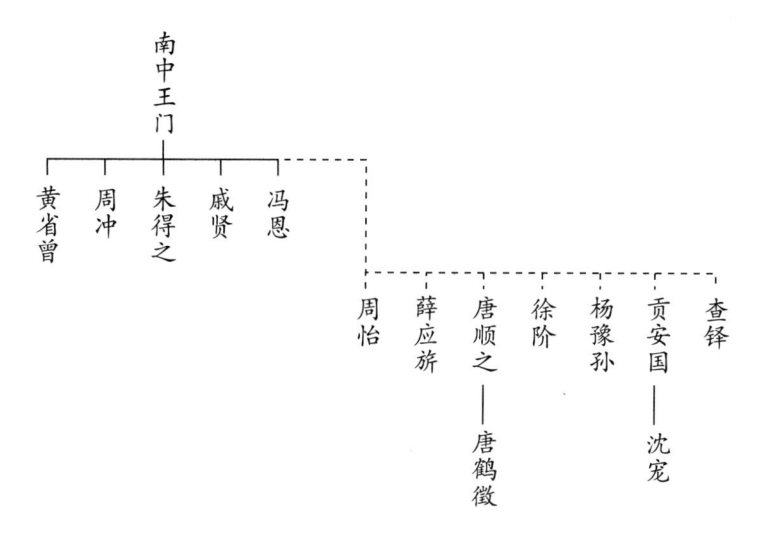

```
                          南中王门
    ┌────┬────┬────┬────┬─────────────────────────┐
  黄省曾  周冲  朱得之 戚贤  冯恩                    ┊
                              ┌────┬────┬────┬────┬────┬────┐
                             周怡  薛应旂 唐顺之 徐阶 杨豫孙 贡安国 查铎
                                         │              │
                                        唐鹤徵           沈宠
```

黄省曾　字勉之，号五岳，苏州人。明人多不注意小学，五岳通解亦雅，又善文章。

周　冲　字道通，号静庵，宜兴人。正德举人。先从阳明，后学于甘泉、吕泾野，邹东廓称其有儒者气象。

朱得之　字本思，号近斋，靖江人。其学近"老"。

戚　贤　号南玄，全椒人。嘉靖进士。

冯　恩　号南江，华亭人。嘉靖进士。

上二人从序言补入。

周　怡　号讷溪，太平人。嘉靖进士。师事东廓、龙豁。

薛应旂　号方山，武进人。嘉靖进士。常置龙豁于察典。论者谓其逢迎贵豁，实因龙豁言行不掩，方山盖借龙豁以正学术也。东林顾泾阳导源于方山。

唐顺之　号荆川，武进人。嘉靖进士第一。谥文襄，以文名于世。见《明史·列传第九十三》。

唐鹤徵　荆川子，号凝庵，隆庆进士。《明史》附于父顺之传。

徐　阶　字子升，号存斋，华亭人。嘉靖进士。官至吏部尚书，谥文贞。见《明史·列传第一百一》。

---

① 此标题原无序号"丙"，据底本目录补。
② "比"，底本作"者"，据《明儒学案》卷二十五《南中王门学案一》序言改。

杨豫孙 字初殷，华亭人。嘉靖进士。

贡安国 号受轩，宣城人。师事南野、龙谿。

查　铎 字子警，泾县人。嘉靖进士。

上四人从叙言补入。《明史》附《萧彦传》。

沈　宠 号古林，华亭人。

丁、楚中王门表①（《学案》卷二十八）

道林一派，实得阳明之传。耿天台一派，传入楚中虽盛，反足以破坏良知。

```
        楚中王门
        ┌──┴──┐
       蒋信   冀元亨
```

蒋　信　字卿实，号道林②。常德人，嘉靖进士。其学多得之甘泉。《学案》列之王门，今仍之。著《桃冈日录》。《明史》附《湛若水传》。

冀元亨　字惟乾，号闇斋，武陵人。正德举人。阳明在龙场时，同道林曾往受业。《明史》附《王守仁传》。

楚中宗阳明之学者，又有王文鸣、胡珊、刘璲、杨灼、何③凤韶、唐演、龙起霄等。均见徐曰仁《游德山诗》。

---

① 此标题原无序号"丁"，据底本目录补。
② "林"，底本作"杜"，据《明儒学案》卷二十八《楚中王门学案》中《金宪蒋道林先生信》改。
③ "何"，底本作"河"，据《明儒学案》卷二十八《楚中王门学案》序言改。

戊、北方王门表第十二①（《学案》卷二十九）

北方笃信阳明之学者实少。穆玄庵、南瑞泉虽阳明所取士，然皆无问答，设非二孟嗣响，即有贤者，亦不过迹象闻见之学，而自得者鲜矣。

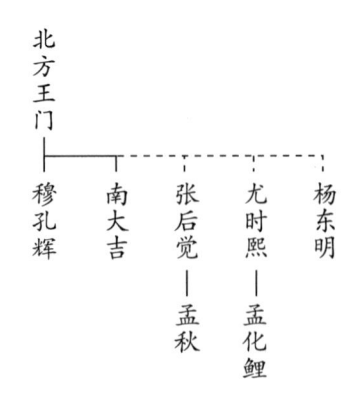

```
北方王门
├─ 穆孔辉
├─ 南大吉
├─ 张后觉 ─ 孟秋
├─ 尤时熙 ─ 孟化鲤
└─ 杨东明
```

穆孔辉 字伯潜，号玄庵，山东堂邑人。弘治进士。谥文简。阳明主试山东时所取第一人。

南大吉 字元善，号瑞泉，陕西渭南人。正德进士。阳明分房所取士，为绍兴知府，多问道于阳明。又见《关学编》。

张后觉 号宏山，山东茌平人。早岁受业于颜中溪、徐波石。《明史》附《尤时熙传》。

尤时熙 字季美，号西川，河南洛阳人。嘉靖举人。初师刘晴川，又从朱近斋、周讷溪。见《明史·列传第一百七十一》。

杨东明 号晋庵，河南虞城人。万历进士。所与辩论者，为邹南皋、冯少墟、吕新吾、孟我疆、耿天台、张阳和、杨复所，故能得阳明之肯綮。

孟　秋 字子成，号我疆，茌平人。隆庆进士。《明史》附《孟化鲤传》。

孟化鲤 号云浦，河南新安人。进士。在都下与我疆相砥砺，世称"二孟"。见《明史·列传第一百七十一》。

---

① 此标题原无序号"戊"，据底本目录补。

己、粤闽王门表①（《学案》卷三十）

岭海之士，多从学于白沙、甘泉。学于文成者，自方西樵始，其后益盛。潮在南海之涯，既有薛氏兄弟子侄，又有杨氏昆季，其余聪明特达之士以数十。后之盛者，惟薛氏耳。

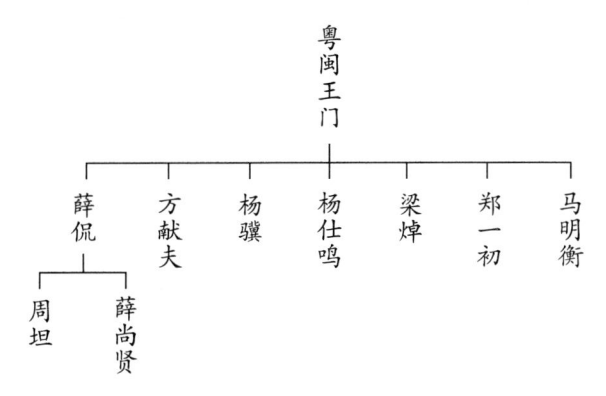

```
                        粤闽王门
         ┌──────┬──────┬──────┼──────┬──────┬──────┐
         薛     方     杨     杨     梁     郑     马
         侃     献     骥     仕     焯     一     明
                夫            鸣            初     衡
       ┌──┴──┐
       周    薛
       坦    尚
             贤
```

薛　侃　号中离，广东揭阳人。正德进士。世疑阳明之学类禅者三，一曰废书，一曰背考亭，一曰涉虚。中离一一辩之。见《明史·列传第九十五》。

方献夫　字叔贤，号西樵，广东南海人。弘治进士，官至武英殿大学士，赠太保，谥文襄。西樵为吏部员外时，阳明为吏部主事，官高于阳明，悦其学，请为弟子。据《明史·列传第八十四》补入，《学案》序言亦及之。见《明史·列传第八十四》。

杨　骥　字仕德。初从甘泉学，卒业于阳明。

杨仕鸣　仕德弟。

梁　焯　字曰孚，南海人。进士，以谏武宗南巡被杖，冀闇斋死狱中，棺殓之。

郑一初　字朝翔，揭阳人。进士。

马明衡　字子莘，福建莆田人。闽中只此②一人。

上六人均系补入。

周　坦　号谦斋，广东罗浮人。

薛尚贤　从序言补入。

阳明弟子，有浙中一派、江右一派，则及于浙江、江苏、安徽也。南中一派，则江西也。楚中一派，则两湖也。北方一派，则及于山东、河南、陕西。粤闽一派，又及于广东、福建，可谓盛矣。若止修、泰州，则其别派也。

---

① 此标题原无序号"己"，据底本目录补。
② "此"，底本作"者"，不通，据《明儒学案》卷三十《粤闽王门学案》序言中"闽中自子莘以外无著者焉"改。

十一、止修学派表①（《学案》卷三十一）

见罗从学于邹东廓，固亦王门以下一人也。而别立宗旨，不得不别为一案。今讲"止修"之学者，兴起未艾（指明中叶以降），其以救"良知"之弊，则亦王门之孝子也。

文成而后，李先生自出手眼，谆谆欲以"止修"二字，压倒"良知"，亦自谓考孔、曾，俟后圣，抗颜师席，率天下而从之，与文成同。昔人谓"良知"二字醒而荡，似不若"止修"二字有根据实地，然亦只是寻得好题目做文章，与坐下无与。吾人若理念坐下，更何良知、止修分别之有？先生气魄大，以经世为学，酷意学文成，故所至以功名自喜，微叩其归宿，往往落求可、求成一路，何敢望文成后尘也。（梨洲述《师说》）

李见罗谓："百步起于寸括，燕越判于庭除，未有种桃李而得松柏之实者，所以必谨其初也。大学之所以先'知止'，程门之所以先'识仁'者，其意亦由是也。"（《论学书》）

李　材　字孟诚，号见罗，丰城人。嘉靖进士。见《明史·列传第一百一十五》。

见罗初学于邹东廓，学致良知之学，已稍变为"性觉"之说。久之，曰："总是鼠迁穴中，未离窠臼也。"于是拈"止修"二字，以为得孔、曾之真传。"止修"者，谓"性自人生而静以上，此至善也，发之而为恻隐四端，有善便有不善。知便是流动之物，都发远知，以此为知，则日远于人生而静以上之体。摄知归止，止于人生而静以上之体也。然天命之真，即在人视听言动之间，即所谓身也。若刻刻能止，则视听言动各当其则，不言修而修在其中矣"。

许敬庵云："见罗谓道心、人心，总皆属用心。意与知，总非指体。"

见罗之学，以"止"为存养，"修"为省察，不过换一名目，与宋儒大段无异。所著有《知本同参》《道性善编》《大学约言》《论学书》。

---

① 此标题原无序号"十一"，据底本目录补。

十二、泰州学派表①(《学案》卷三十二之三十六)

阳明之学,有泰州、龙谿而风行天下,亦因泰州、龙谿而失其传,泰州、龙谿时时不满其师说,益启瞿昙之秘而归之师,盖跻阳明于禅矣。然龙谿之后,力量无过龙谿者,又得江右为之纠正,故不至十分决裂。泰州之后,其人多能以赤手缚龙蛇,传至颜山农、何心隐一派,遂非复名教之所能羁络!

心斋从"不学""不虑"之旨,转而标之曰"自然",曰"乐学",曰"立本"。东崖继心斋而起,其学以"不犯手"为妙,鸟啼花落,山峙水流,饥食渴饮,夏葛冬裘,至道无余蕴矣。充拓得开,则天地变化,草木蕃;充拓不知,则天地闭,贤人隐。今人才提"学"字,便起几层意思,将议论讲说之间,规矩戒慎之际,工专而心日劳,勤专而心日拙,思理希古而夸好善,持念藏秽而谓改过,心神荡动,血气靡宁,不知原无一物,原自见成,但不碍其流行之体,真乐自见,学者所以全其乐也。不乐,则非学矣。

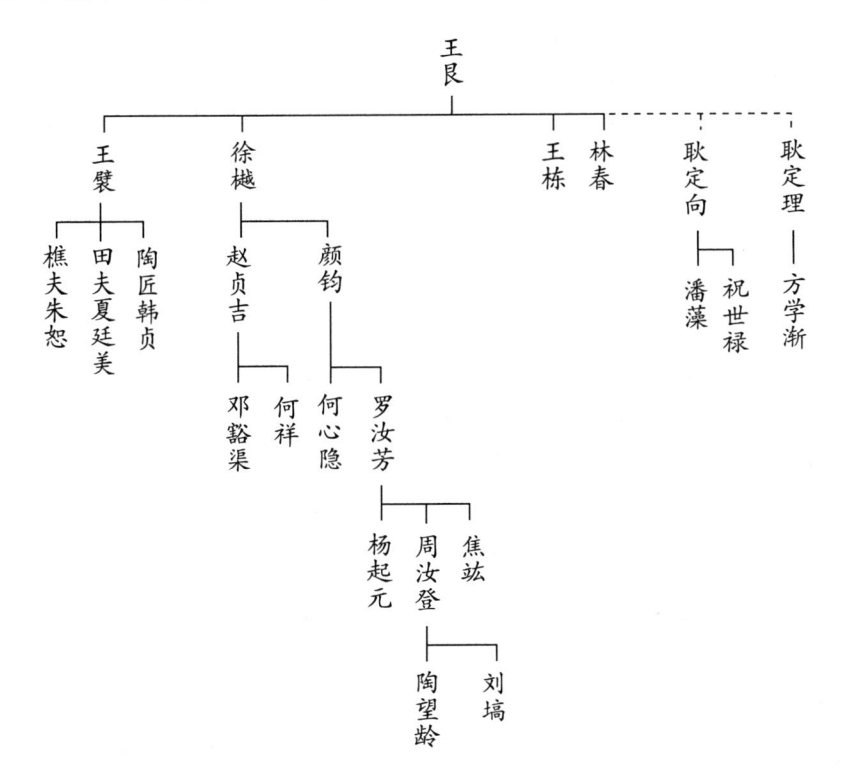

```
                          王艮
    ┌──────────┬──────────┬─────┬─────┬ - - - ┐
   王襞        徐樾       王栋  林春  耿定向   耿定理
  ┌─┬─┐     ┌──┴──┐                  │       │
 樵 田 陶    赵     颜                潘      祝    方
 夫 夫 匠    贞     钧                世      世    学
 朱 夏 韩    吉     │                藻      禄    渐
 恕 廷 贞          ┌─┴─┐
    美              邓  何  罗
                    豁  心  汝
                    渠  隐  芳
                         ┌──┬──┐
                         杨  周  焦
                         起  汝  竑
                         元  登
                           ┌─┴─┐
                           陶   刘
                           望   塙
                           龄
```

王　艮　字汝止,号心斋,泰州人。初为商,后从梦中一证,始觉心体洞澈,以古衣冠进谒,阳明出迎,始入。心斋据上座辩难,久之折服,乃侧座,称

---
① 此标题原无序号"十二",据底本目录补。

弟子焉。《明史·王畿传》附。

王　襞　字宗顺，号东崖，心斋仲子。初师龙谿、绪山。心斋开讲淮南，又相之。心斋殁，遂继父主讲席。心斋虽不免拉杂，然标之曰"自然"，曰"乐学"，曰"立本"，实为其师"致良知"之贴切注脚。东崖继之曰"充拓开，则天地变化，充拓不去，则天地闭"，实较其父、师均进一等。

樵夫朱恕　字光信，泰州人。

田夫夏廷美　繁昌人。

陶匠韩贞　字以中，号乐吾，兴化人。

徐　樾　号波石，贵溪人。嘉靖进士，官云南布政使。元江府土舍那鉴反，王师进剿，那鉴伪降，波石以督饷至军，慨往受降，遂遇害。初师阳明，卒业于心斋之门，心斋教以"尊身即所以尊道"，受降冒昧以死，于尊身之道有间矣。

赵贞吉　字孟静，号大洲，蜀之内江人。嘉靖进士，官至文渊阁大学士，谥文肃。常忤严嵩，李贽谓"大洲之学，出于波石"，故次于徐下，见《明史·列传第八十一》。

邓豁渠　初名鹤，号太湖，内江人。从序言补入。

何　祥　号克斋，内江人。亦师南野。

颜　钧　字山农，吉安人。尝师事刘师泉，无所得，乃从波石学。大洲赴贬所，山农偕往。波石死，寻遗骸葬之。

何心隐　初名梁汝元，字夫山，为张居正所杀。

颜、何均从序言补入。

罗汝芳　字惟德，号近溪，江西南城人。嘉靖进士。尝闭关福田寺，久之心病火，过僧寺，见有榜医心火者，以为医也，访之，聚而讲学者。听之良久，喜曰："此真能医吾心火也。"问之，为颜山农，遂从受业。

杨起元　字贞复，号复所，广东归善人。万历进士。

周汝登　字继元，号海门，浙江嵊县人。万历进士。许敬庵作九谛以难天泉证道"无善无恶"二语，海门作九解以伸之。

陶望龄　号石篑，浙江会稽人。万历进士，官国子祭酒，谥文肃。妖书之事，犯手持正。

刘　塙　号冲倩，会稽人。

焦　竑　号弱侯，又号澹园，南京旗手卫人。万历进士，谥文端。曾师耿天台，又师李卓吾。见《明史·列传第一百七十六》。

王　栋　号一庵，泰州人。其学之二大端：一则禀师门格物之旨，一则不以意为心之所发。

林　春　号东城，泰州人。为王氏佣僮，心斋见其慧，使之受学。

耿定向 字在伦,号天台,楚之黄安人。嘉靖进士,官至户部尚书,谥恭简。天台谓学有三关,一即心即道,一即事即心,一慎术。见《明史·列传第一百九》。

潘　藻 号雪松,安徽婺源人。万历进士。

祝世禄 字无功,江西鄱阳人。万历进士。

耿定理 号楚倥,天台之弟,《明史》附其兄《耿定向传》中。

方学渐 号本庵,安徽桐城人。其学在泰州一派,别出机杼。

序言中又载有：

方与时 字湛一,黄陂人。楚倥初出其门。龙谿、念庵皆目之为奇士,然好烟火之术,亦讲学中之外道也。

程学颜 字二蒲,号后台,孝感人。

钱同文 字怀苏,兴化人。

管志道 字登之,号东溟,太仓人。著《孔子阐幽十事》。东溟受学于耿天台,著书数十万言,大抵鸠合儒、释,浩瀚而不可方物,其所言亦只三教肤廓之谈,平生又喜谈鬼神梦寐,其学不见道可知。泰州张皇见龙,东溟辟之,然决儒、释之波渊,终是其派下人也。

十三、甘泉学派表[①]（《学案》卷三十七之四十二）

甘泉与阳明中分讲席，阳明主"致良知"，甘泉主"随处体认天理"，学者遂以湛、王之学，各立门户，其间为之调停者，谓"天理"即"良知"也，"体认"即"致"也，何异何同？然甘泉论"格物"，条阳明之说四不可，阳明亦言"随处体认天理"为求之于外，是终不可强之使合也。

陆桴亭谓："甘泉随处体认天理，即是随处精察也。阳明以为求之于外，是阳明之误也。然读甘泉之集，未见其体认得力处也。"（《陆桴亭集》）

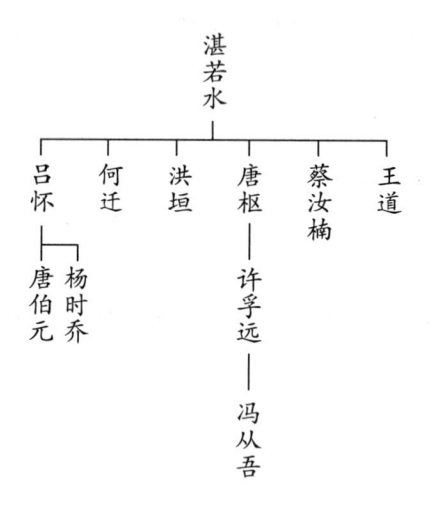

```
                    湛若水
        ┌──────┬──────┬──────┬──────┐
        吕怀   何迁   洪垣   唐枢   蔡汝楠   王道
      ┌──┴──┐              │
      唐伯元 杨时乔         许孚远
                            │
                            冯从吾
```

湛若水 字元明，号甘泉，广东增城人。从学于白沙。弘治进士，官南京礼、兵、吏三部尚书，谥文简。设讲舍于西樵，来学者日众。年九十余，仍到处讲学。著《心性图说》。见《明史·列传第一百七十一》。

吕　怀 字汝德，号巾石，广东永丰人。嘉靖进士，官南京大仆寺少卿。从学于甘泉，以天理、良知，本同宗旨。学者功夫无有着落，枉自说同说异。就中指点出一通融枢要，只在变化气质。故作《心统图说》。是亦甘泉、阳明两派之调人也。

唐伯元 字仁卿，号曙台，广东澄海人。万历进士，疏言阳明不宜从祀孔庙，略云："六经无心学之说，孔门无心学之教。凡言心学者，皆后儒之误。守仁言良知新学，惑世诬民，立于不禅不霸之间，习为多疑多似之行，招朋聚党，好为人师，后人效之，不为拘成，则从思化矣。"孟我疆问顾泾阳曰："唐仁卿何如人也？"曰："君子也。"曰："何以毁阳明？"曰："朱子以

[①] 此标题原无序号"十三"，据底本目录补。

象山为告子，文成以朱子为杨墨，皆甚辞也。何但仁卿？"见《明史·列传第一百七十》。

杨时乔 字宜迁，号止庵，广信上饶人。嘉靖进士，官吏部侍郎。谥端洁。其学以天理为天下所公共，虚灵知觉是一。见《明史·列传第二百二十四》。

何　迁 字益之，号吉阳，德安人。嘉靖进士，官南京刑部侍郎。湛门多讲"研几"，吉阳以"止"为"几"，更无走作也。

洪　垣 字峻之，号觉山，婺源人。嘉靖进士。初学于文成，颇疑其学。其执贽甘泉，甘泉曰："是可传吾钓台风月者。"见《明史·列传第九十六》。

唐　枢 字惟中，号一庵，浙江归安人。嘉靖进士。入南雍，师事甘泉，后慕阳明之学而不及见，故于甘泉之"随处体认天理"，阳明之"致良知"，两存而精究之。此亦湛、王两派之调人也。见《明史·列传第九十四》。

许孚远 字孟仲，号敬庵，浙江德清人。嘉靖进士，其学以"反身寻究"为功。

冯从吾 字仲好，号少墟，陕西长安人。万历进士，官工部尚书，谥恭定。其学全在要本源处透澈，未发处得力，而于日用常行，都要字字检点，以求合其本体。此与"静而存养，动而省察"之说无有二也。见《明史·列传第一百三十一》。

蔡汝楠 号白石，浙江德清人。证之东廓、念庵，所授甘泉之学，始有着落。

王　道 字纯甫，号顺渠，山东武城人。正德进士，谥文定。

十四、诸儒①（《学案》卷四十三之五十七）

所谓诸儒者，或无所师承，得之遗经；或朋友夹持之力，不令放倒，而不可系之朋友之下；或当时有所兴起，而后之学者无传，俱列于此。

明初学者，宋人规矩犹在。中叶则骤自阳明之学有所辩难，而愈足发明阳明之学，所谓"他山之石，可以攻玉"也。晚明学者，半归忠义，所以证此学也，否则为伪矣。

方正学秉绝世之资，慨专以斯文自任，深维上天所以生我之意，与古圣贤之所讲求，直欲排洪荒，去杂霸，又推其余绪，以淑来祀。伊、周、孔、孟合为一人，将旦暮遇之，此非学而有以见性分之大全不能也！时命不偶，以九孔成就，是完天下万世之责，其扶植世教，信乎不愧千秋正学者也。

曹月川不由师传，特从古册翻出古人公案，深有悟于造化之理，而以体其传反而求之吾心，即心之动静是阴阳，即心之日用酬酢是五行，变合而一以事心，为入道之路。故其见虽澈而不玄，学愈精而不杂，虽谓为后之濂溪可也！

罗一峰由刚性入学，陈剩夫得力静坐，陈克庵躬行粹洁，蔡虚斋崛起希旷之后，枫山、定山、东白、翠渠，亦皆一代大儒也。

---

① 此标题原无序号"十四"，据底本目录补。

子、明初诸儒表[①]

方孝儒 字希直，浙江海宁人。从学于宋景濂，名其读书堂曰"正学"。建文诏为翰林学士。逊国后，文皇命草诏，不从，磔之聚宝门外，坐死者八百四十七人。崇祯间，谥文正先生。有明一代学术之鼻祖也。见《明史·列传第二十九》。

赵 谦 字㧑谦，学者称琼山先生，浙江余姚人。宋秦王廷美之后。洪武中，诏修正韵，明儒多不重小学，琼山对小学确有见解，尝教门人曰："寡欲以养其心，观正以明其理，调息以养其气，读书以验其诚。"见《明史·列传第一百七十三》，《明史》作赵㧑谦。

曹 端 字正夫，号月川，河南渑池人。永乐乙榜，其学以"力行"为主，守之甚确，一事不容假借，然非徒事于外者。盖立基于"敬"，体验于"无欲"，其言事事都从心上做工夫，是入孔门的大路，所谓有本之学也。薛文清即闻风而兴起者。见《明史·列传第一百七十》。

黄润玉 字孟清，号南山，浙江鄞县人。学以"力""行"为两轮，尝曰："学圣人一分，便是一分好人。"又曰："明理务在读书，制行要当谨独。"著有《海涵万象录》。与薛文清为友。见《明史·列传第四十九》。

罗 伦 字彝正，学者称一峰先生，江西永丰人。成化进士，谥文毅。刚介绝俗，生平不作和同之语，不为软巽之行，其论太刚则折，则引苏氏之言："士患不能刚尔。折不折，天也，太刚乎何尤焉？是言者，鄙夫患失者也。"见《明史·列传第六十七》。

章 懋 字德懋，号枫山，浙江金华人。成化进士，谥文懿。其学墨守宋人，本之自得，非有传授，故表里洞彻，望之庞朴，即之和厚。见《明史·列传第六十七》。

庄 昶 字孔旸，号定山，江浦人。成化进士。其学以无言自得为宗，受用于浴沂之趣。山峙水流之妙，鸢飞鱼跃之机，略见源头，打成一片，而于所谓文理密察者，竟不加功。盖功未入细，而受用太早。慈湖之后，流传多是此种学问。见《明史·列传第六十七》。

张元桢 字廷祥，号东白，江西南昌人。天顺进士，卓然以斯道自任，一禀前人成法，其言"是心也，即天理也"，已先发阳明"心即理也"之蕴。

陈 选 字士贤，号克庵，浙江临海人。谥恭愍。其学以克仁求仁为进修之要。

陈真晟 字剩夫，其后布衣自号，镇海卫人。蕺山曰："一者，诚也。

---
① 此标题原无序号"子"，据底本目录补。

主一，敬也。主一，即慎独之说，诚由敬入也。剩夫恐人不识慎独义，故以'主一'二字代之，此老学有本领，立言谛当如此。"见《明史·列传第一百七十一》。

张　吉　字克修，别号古城，江西余干人。成化进士，尝语学者曰："不读五经，运事便觉窒碍。"

周　瑛　字梁石，号翠渠，福建莆田人。成化进士，其学以"居敬穷理"为主。见《明史·列传第一百七十一》。

蔡　清　字介夫，号虚斋，福建晋江人。成化进士。平生精力，尽用之《易》。从诂训而窥见大体。其言曰："反复体验，只是'虚'而已。""虚"即是"空"，仍是禅学。见《明史·列传第一百七十一》。

潘　府　号南山，浙江上虞人。弘治进士。见《明史·列传第一百七十一》。

罗　侨　字性升，号东川，吉水人。弘治进士，砥砺严密，不失先儒轨范，从学张东白。

丑、中叶诸儒表①

罗钦顺 字允升,号整庵,泰和人。弘治进士,官至吏部尚书,谥文恭。陆桴亭曰:"阳明讲学,在正德甲戌、乙亥之间,整庵《困知记》一书作于嘉靖戊子、己丑之际,整庵自谓年垂四十,始志于学,正阳明讲学之时也。其后'致良知'之说遍天下,而整庵之书始出,然则非阳明讲学,则整庵将以善人终,而是书可以不作。朋友切磋之功,岂可少哉!整庵四十志道,年逾八十而卒。四十余年体认深切,故其造诣精粹。其论理气也,不知理先于气之旨,反谓朱子犹隔一层,则是未达也。阳明工夫,不及整庵十分之五;整庵才气,不及阳明十分之五。于整庵,吾恨聪明少;于阳明,吾恨其聪明多。"(《桴亭集》)见《明史·列传第一百七十一》。

汪 俊 字抑之,号石潭,弋阳人。弘治进士,礼部尚书,谥文庄。先生之学,以程朱为的,尝言:"性,体也;心,用也。"

崔 铣 字子钟,号仲凫,又号后渠,河南安阳人。弘治进士,谥文敏。诋阳明不遗余力,称之为霸儒。

何 塘 字粹夫,号柏斋,河南武陟人。弘治进士,谥文定。历官工、户、礼三部侍郎。先生以"儒者之学,当务之为急,细而言语威仪,大而礼乐刑政,此物之当务,而不可后者也。学问思辨,一旦卓有定见,则物格而知至矣。由是发之以诚,主之以正,然而身不修,家不齐者,未之有也。至究其本源为性命,形于著述为文章,固非二道,特其缓急先后,各有次第,不可紊耳。今曰:'理出于心,心存则万物备。吾道一贯,圣人之极致也,奚其外求?'吾恐其修齐治平之道,反有所略。则所学非所用,所用非所学,于古人之道,不免差矣。"此论盖为阳明而发也,实亦不刊之言。见《明史·列传第一百七十》。

王廷相 字子衡,号浚川②,河南仪封人。弘治进士,兵部尚书,谥肃敏。先生主横渠之论理气。见《明史》卷二百八十七。

黄 佐 字才伯,号泰泉,广东香山人。正德进士,掌南京翰林院事,谥文裕。先生得力于读书,阳明归并源头,宜乎其不能相究也。见《明史·列传第一百七十五》。

张邦奇 字常甫③,号甬川,浙江鄞人。弘治进士,礼部尚书,谥文定。先生初泛滥于词章之学,后来知为己之功,以涵养为事,受益阳明者为多。阳明赠

---

① 此标题原无序号"丑",据底本目录补。
② "浚川",底本作"俊川",据《明儒学案》卷五十《诸儒学案中四》中《肃敏王浚川先生廷相》改。
③ "常甫",底本作"尝甫",据《明儒学案》卷五十二《诸儒学案中六》中《文定张甬川先生邦奇》改。

先生序有云："古之君子，有所不知，而后能知；后之君子，惟无所不知，是以容有不知也。"盖规之者深矣。见《明史·列传第八十九》。

张　岳　字维乔，号静峰，福建惠安人。正德进士，湖广总督，克定苗乱，谥襄忠。阳明谓公为"旧说缠绕，非全放下，终难凑泊"。先生终执先入之言，往往攻击"良知"。见《明史·列传第一百十五》。

徐　问　号养斋，武进人。弘治进士，巡抚贵州，平蒙越之乱。南京礼部尚书，进兵部尚书，谥庄裕。其《读书札记》第二册，单辟阳明，黄才伯促而成之者。

李经纶　字大经，建昌南丰人。大辟王、湛两家之学。

寅、晚明诸儒表①

李　中　字子庸，吉水人。谷平，其所居里也。正德进士，山东巡抚。其学在存养省察。见《明史·列传第九十一》。

霍　韬　号渭崖，广东南海人。正德进士，南京礼部尚书，谥文敏。先生荐王文成谓"臣不如也"，而于文成之学不能契。

薛　蕙　字君采，号西原，亳县人。正德进士。其学以复性为要。

舒　芬　号梓溪，江西进贤人。正德进士，谥文节先生。先生以濂溪得斯道之正脉，于《太极图说》为之绎义。

来知德　号瞿塘，四川梁山人。嘉靖举人。

颜　鲸　字应雷，慈溪人。

卢宁忠　字献甫，号冠岩，岭南人。

吕　坤　字叔简，号心吾，河南宁陵人。隆庆进士。先生一生讲学，大抵在思上做功夫。著《呻吟语》，为世所重。见《明史·列传第一百十四》。

鹿善继　字伯顺，号乾岳，北直定兴人。万历进士，守定兴，城破死之，谥忠节。先生读阳明《传习录》，而觉此心之无隔碍。故人问其所授受，曰："即谓得之于阳明可也。"见《明史·列传第一百五十五》。

曹于汴　号贞予，山西安邑人。进士，先生与冯应京为友，以圣贤之学相砥砺，兼及兵、农、铁、谷。

吕维祺　字介孺，号豫石，河南新安人。万历进士，南京兵部尚书，谥忠节。家居洛阳，陷，为贼所执，死之。一生精神结聚在《孝经》。

郝　敬　字仲与，号楚望，京山人。万历进士，明代穷经之士，先生实为巨擘。

吴执御　字朗公，台州人。崇祯间，由进士擢给事中。见《明史·列传第一百四十六》。

黄道周　字幼玄，号石斋，镇海人。天启进士。南渡后，为礼部尚书。南京亡时，正奉命祭告禹陵，后奉思文入福，从广信抵衢州，为其门人所绐。至婺源明堂里，被清兵见执，绝粒十四日不死，丙戌三月七日遇害。先生曾深辨宋儒气质之性之非。谥忠烈。见《明史·列传第一百四十三》。

金　铉　字伯至，其先武进人，后籍顺天。崇祯进士，谥忠节。以兵部立事，巡视皇城，京师失守，投御河死，年三十五。别见《蕺山弟子录》中。见《明史·列传第一百五十四》。

金　声　字正希，徽州休宁人。崇祯进士。守乡土遇害。其言"不问动静，

---

① 此标题原无序号"寅"，据底本目录补。

期于循理"，此是儒家本领。先生杂之以佛学中，穿透而出。又言："逆境之来，非我自招，亦是天心仁爱之至，未尝不顺之，而顺乃不过为'无奈而安之若命'作一注疏。圣门之学，但见一'义'字，义当生自生，义当死自死，初不见有生死顺逆也。"见《明史·列传第一百六十五》。

朱天麟　字震青，昆山人。崇祯进士。其学出入儒、释之间。

孙奇逢　字钟元，号夏峰。学者称夏峰先生，北直容城人。已入清矣。又见江藩《宋学渊源记》。

十五、东林学派表[①]（《学案》卷五十八）

明季之言东林者，以其党祸与国运相终始。小人既资为口实，以为亡国于东林，称之为两党。即有知之者，亦言东林非不为君子，然不无过激，且附依者之不纯为君子也，终是东汉党锢中人物。嗟乎！此覼语也。东林讲学者，不过数人耳，其为讲院，亦不过一郡之内耳。昔绪山、龙谿鼓动流俗，江浙、南畿所在设教，可谓之标榜矣，东林无是也。京师首善之会，主之者为南皋、少墟，于东林无与。乃言国本者谓之东林，争科场者谓之东林，攻逆奄者谓之东林，以至言夺情、奸相、讨贼，凡一议之正，一人之不随流俗者，无不谓之东林。若似乎东林标榜遍于域中，延于数世，东林何不幸而有是也？东林何幸而有是也？然则东林岂真有名目哉？亦小人者加之名目而已矣。论者以东林为清议所宗，熹宗之世，龟鼎将移，其以血肉撑拒，没虞渊而取坠日者，东林也。毅宗之变，攀龙髯而蓐蝼蚁者，东林也。而无智之徒，窃窃然而议之，可悲也夫！

顾宪成 字叔时，号泾阳，常州无锡人。万历进士，官郎中，谥端文。见《明史·列传第一百十九》。以不协于娄江，削籍。会吴中同志于二泉。既而东林书院成，大会四方之士，一依白鹿洞规则。其他闻风而起者，昆陵有经正堂，玺沙有志矩堂，荆溪有明道书院，虞山有文学书院，皆奉珠盘，请先生莅焉。先生论学，与世为体，以格物为宗旨，于阳明"无善无恶"一语，辩难不遗余力，以为坏天下教法，自斯言始。平居无事，不见可喜，不见可嗔，不见可疑，不见可骇，行则行，往则往，坐则坐，卧则卧，即众人与圣人何异！至遇富贵，鲜不为之充诎矣；遇贫贱，鲜不为之陨获矣；遇造次，鲜不为之扰乱矣；遇颠沛，鲜不为之屈挠矣。然则富贵一关也，贫贱一关也，造次一关也，颠沛一关也，到此直令人肝腑具呈，手足尽露，有非声音笑貌所能勉强支吾者。故就源头上看，必其无终食之间违仁，然后能于富贵、贫贱、造次、颠沛处之如一；就关上看，必其能富贵、贫贱、造次、颠沛，处之如一，然后莫得无终食之间违仁耳。

端文弟子

史孟麟 字玉池，宜兴人。万历进士。尝作《性善图说》，以辟阳明"无善无恶"之说。

吴钟峦 字峦稚，号霞舟，武进人。崇祯进士。先生以泾阳为师，以景逸、玄台为友，所奉以守法者，则淇澳之《困思抄》也，尽节于瀹洲，殉鲁监国之难。

[①] 此标题原无序号"十五"，据底本目录补。

高攀龙 字存之，号景逸，无锡人。万历进士，官至太仆卿，谥忠宪。坐移宫一案，削籍为民，毁其东林书院。又以东林邪党逮先生，缇帅将至，半夜书疏，沉止水死。见《明史·列传第一百三十一》。

其自叙为学之次第云："吾年二十有五，闻令公李元冲（名复阳）与顾泾阳先生讲学，始志于学。以为圣人所以为圣人者，必有做处，未知其方。看《大学或问》，见朱子说'入道之要，莫如敬'，故用力于肃恭收敛，持心方寸间，但觉气郁身拘，大不自在。及放下又散漫如故。久之，忽思程子谓'心要在腔子里'，不知腔子何所指，觅注释不得，忽于《小①学》中见其解曰'腔子犹言身子耳'。大喜。以为心不专在方寸，浑身是心也，顿自轻松快活。适江右罗止庵②来讲李见罗修身为本之学，正合于余所持循者，益大喜不疑。是时只作知本工夫，使身心相得，言动无谬也。己丑第后，益觉此意津津。夜中读《礼》，读《易》。壬辰，谒选。平生耻心最重，筮仕自盟曰：'吾于道未有所见，但依吾独知而得，是非好恶，无所为而发者，天启之矣。'验之颇近于此，略见本心，妄自担负，期于见义必为。冬至朝天宫③习仪，僧房静坐，自见本体。忽思'闲邪存诚'句，觉当下无邪，浑然是诚，更不须觅诚，一时快然，如脱缠缚。癸巳，以言事谪官，颇不为念，归尝世态更多。甲午④秋，赴揭阳，自省胸中理欲交战，殊不宁帖，在⑤武林与陆古樵（名粹明）、吴子往（名志远）设论数日。一日，古樵忽问曰：'本体何如⑥？'余言下茫然，虽答'无声无臭'，实出口耳，非由真见。将过江头，是夜月明如洗，坐六合塔畔，江山明媚，知己劝酬，为最适意时。然余忽忽不乐，如有所束，勉自鼓兴，而神不偕来。夜阑别去，余便登舟，猛省曰：'今日风景如彼，而余之情景如此，何也？'穷自根究，乃知于道全未有见，身心总无受用。遂大发愤，曰：'此行不彻此事，此生真负此心矣。'明日于舟中厚设蓐席，严立规程，以半日静坐，半日读书。静坐中不帖处，只将程、朱所云法门，参求于几，诚敬主静，观喜怒哀乐未发，默坐澄心，体认天理

---

① "小"，底本脱，据《明儒学案》卷五十八《东林学案一》中《忠宪高景逸先生攀龙》补。

② "止庵"，底本作"正庵"，据《明儒学案》卷五十八《东林学案一》中《忠宪高景逸先生攀龙》改。

③ "朝天宫"，底本作"朝天宝"，据《明儒学案》卷五十八《东林学案一》中《忠宪高景逸先生攀龙》改。

④ "甲午"，底本作"甲子"，据《明儒学案》卷五十八《东林学案一》中《忠宪高景逸先生攀龙》改。

⑤ "在"，底本脱，据《明儒学案》卷五十八《东林学案一》中《忠宪高景逸先生攀龙》补。

⑥ "何如"，底本作"如何"，据《明儒学案》卷五十八《东林学案一》中《忠宪高景逸先生攀龙》改。

等，一一行之。立食坐息，念念不舍，夜不解衣，倦极而睡，睡觉复坐，于前诸法，反复更互，心气清澄时，便有塞乎天地气象，第不能尝。在路二月，幸无人事，而山水清美，主仆相依，寂寂静静。晚间命酒数行，停舟青山，徘徊碧间，时坐磐石，溪声鸟韵，茂树修篁，种种悦心，而心不着境。过澄州，陆行，至一旅舍，舍有小楼，前对山，后临涧，登楼甚乐。偶见明道先生曰：'万变具在人，至实无一事。'猛省曰：'原来无此，实无一事也。'一念缠绵，斩然①遂绝，忽如百斤担子，顿尔落地，又如电光一闪，透体通明，遂与大化融合无际，更无天人内外之隔。至此见六合皆心，腔子是其区宇，方寸亦其本位，神而明之，总无方可言也。平常深鄙学者张皇说悟，此时只看平常，自知从此方好下工夫耳。乙未春，自揭阳归，取释、老二家，参之释典与圣人所争毫发。其精微处，吾儒具有之，总不出'无极'二字；弊病处，先儒具言之，总不出'无理'二字。观二氏而益知圣道之高。若无圣人之道，便无生民之类，即二氏亦衣被其中而不觉也。戊戌，作水居，为静坐读书计。然自丙申后数年，丧本身父母，徙居，婚嫁，岁无宁息，只于动中练习，但觉气质难变。甲申，顾泾阳先生始作东林精舍，大得朋友讲习之功，徐而验之，终不可无端居静定之力。盖各人病痛不同，大圣贤必有②大精神，其主静只在寻常日用中。学者神短气浮，便须数十年静力，方得厚聚深培。而最受病处，在向无小学之教，浸染世俗，故俗根难拔。必埋头读书，使义理浃洽，变易其俗肠俗骨，澄神默坐，使尘妄③消散，凝其正心正气乃可耳。余以最劣之质，即有豁然之见，而缺此一段大工夫，其何济焉！丙午，方实信孟子'性善'之旨。此性无古无今，无圣无凡，天、地、人只是一个。惟最上根洁清无蔽，便能信入；其次全在学力，稍隔一尘④，顿遥万里，孟子所以示瞑眩之药也。丁未，方实信程子'鸢飞鱼跃，必有事焉'之旨。谓之性者，色色天然，非由人力，鸢飞鱼跃，谁则使之？勿忘勿助，犹为学者戒勉。若真机流行，弥漫布濩，亘古亘今，间不容息，于何而忘？于何而助？所以必有事焉者。如植谷然，根苗花实，虽其自然变化，而栽培灌溉，全非勉强学问。苟漫说自然，都一无事，即不成变化，亦无自然矣。辛亥，方实信《大学》'知本'之旨。壬子，方实信《中庸》之旨。此道绝非名言可形。程子名之曰'天理'，

---

① "斩然"，底本作"新然"，据《明儒学案》卷五十八《东林学案一》中《忠宪高景逸先生攀龙》改。
② "有"，底本脱，据《明儒学案》卷五十八《东林学案一》中《忠宪高景逸先生攀龙》补。
③ "尘妄"，底本作"萨忘"，据《明儒学案》卷五十八《东林学案一》中《忠宪高景逸先生攀龙》改。
④ "尘"，底本作"萨"，据《明儒学案》卷五十八《东林学案一》中《忠宪高景逸先生攀龙》改。

阳明名之曰'良知'，总不若'中庸'二字为尽。中者，停停当当；庸者，平平常常。有一毫做作，便不停当；有一毫造作，便非平常。本体如是，工夫如是，天地圣人，不能究竟，况乎吾人，岂有涯际？勤物敦伦，谦言①敏行，兢兢业业，毙而后已云尔。"此一段大议论，真可开后来学者之无限方法，故不厌烦多，录之于此。

景逸弟子
华允诚　字汝立，无锡人。天启进士。
陈龙正　字几亭，嘉善人。崇祯进士。

东林学侣
钱一本　字国瑞，号启新，武进人。与泾阳分主讲席。
孙慎行　号淇澳，武进人。蕺山谓："东林之学，导源于泾阳，至景逸始入细，至先生而集其成矣。"见《明史·列传第一百三十一》。
顾允成　字季时，号泾凡，泾阳之季弟也。与泾阳同受业于薛方山，见《明史·列传第一百十九》。
刘永澄　字静之，宝应人。与东林诸君子为性命交。高忠宪曰："静之官不过七品，其志以天下为事。"
薛敷教　号玄台，武进人，方山先生之孙也。泾阳修复东林书院，先生实左右之。
叶茂才　号园适，无锡人。先生在东林会中，于喁无间，而晰理论事，不厌相持，终不肯作一违心语。忠宪殁，先生状之。其学之深微，使学者恍然有入头处。
许世卿　号静余，常州人。东林之会，高忠宪以前辈目之。
耿　橘　字庭怀，北直河间人。知常熟县时，值东林讲席方盛，乃复虞山书院，请泾阳主教。泾阳既去，先生自主之。
黄尊素②　字白安，姚江人。先生未尝临讲席，其风头相许者，则蕺山、忠宪、忠节也。
刘元珍　字伯先，武进人。万历进士。
吴桂森　字觐华。

---

① "谦言"，《明儒学案》卷五十八《东林学案一》中《忠宪高景逸先生攀龙》作"谨言"。
② "素"，底本脱，据《明儒学案》卷五十八《东林学案四》中《忠端黄白安先生尊素》补。

十六、蕺山学派表①（《学案》卷六十二）

念台之学，在明代实为总汇。一生以慎独为主，其哲学则主一元说。其议论有似科学中之因果律，又如印度之轮化说。传之南雷，所著《明夷待访录》一书，大倡民权，其书实成于卢骚《民约论》之百余年前。谁谓吾国人头脑，不及皙种也！其主要学说如次②：

或曰："慎独是第二义，学者须先识天命之性否？"曰："不慎独，又如何识得天命之性？"（慎独者，为认识也。）

一心也，而在天谓之诚，人之本也；在人谓之明，天之本也。故人本天，天亦本人。离器（物）而道（心）不可见，（一元说）故道器不以上下言（有形而上，有形而下），不可以先后言。知行自有次第，但知先而行即从之，无间可截，故云一。（知行合一说）古人恐惧二字，尝在平日无事时，及至利害当前，无可回避，只得赤体承当，世人只是倒做了。

阳明子言"良知"，每谓"个个人心中有仲尼"，至于"中和"二字，则反不能信，谓"必慎独之后，方有此气象"。岂知"中和"若不是生而有之，又如何养成得？"中"只是四时之中气；"和"只是中气流露处。天若无中气，如何能以四时之气，相禅不穷？人若无中气，如何能以四端之悟，相生不已？故哀乐相生，循环无端。（轮化论）正目而视之，不可得而见；倾耳而听之，不可得而闻。戒惧于所不睹闻，其旨一也。（拨阳明"良知说"，而宇宙观、人生观皆在其中。）

体认亲切法

身在天地万物之中，非有我之得私。（本体）

心在天地万物之外，非一膜之能囿。（工夫）

通天地万物为一心，更无中外可言。（本体）

体天地万物为一本，更无本心可觅。（工夫）

刘宗周 字起东，号念台，学者称为蕺山先生，浙江山阴人。万历进士，谥中端。见《明史·列传第一百四十三》。先生起自孤童，长师许敬庵（孚远），于甘泉为再传弟子。而砥砺性命之友，则刘静之、丁长孺、魏忠节、高忠宪诸公也。其任都察院也，风操特著，中以言事，逆党乘之，再遭革迁。南渡而后，起复原官，力主渡江亲征。劾阁臣马士英，勋臣刘孔昭，四镇刘泽清、高杰。既而

---

① 此标题原无序号"十六"，据底本目录补。
② "如次"二字，底本原作"录之如下"，删去而改为"如次"二字。

阮大铖为兵部侍郎。先生曰："大铖之进退，江右之兴衰系焉。"不见用，乃请告归。驰车出国门，童叟聚观叹息，知南都之不久也。浙江陷，先生恸哭曰："此予正命之时也。"绝食二十日而卒。①

《明儒学案》未载蕺山门人。据全谢山祖望《鲒埼亭集》《子刘子祠堂配享碑》一文补入。凡及门者三十五人，再传弟子一人。

蕺山弟子

吴麟征 号磊斋，海盐人。甲申殉国。

金　铉 号伯玉，顺天人。甲申殉国。

祁彪佳 字虎子，山阴人。乙酉殉国。

彭期生 字观我，海盐人。丙戌赣州殉难。

章正宸 字格庵，会稽人。

叶挺秀 字润山，润州人。

何宏仁 字书台。在证人社中最为深造。

董　标 关中人。初师冯少墟先生。晚官兵马司，始从子刘子受业。

以上八人皆执弟子之礼，而子刘子但以朋辈待之，如蔡季通例。

陈尧年 字敬伯，山阴人。

章明德 字晋侯，会稽人。

朱昌祚 字绵之，山阴人。

王业洵 字士美，余姚人。

以上四先生甲申前卒。

祝　渊 字开美，海宁人。乙酉殉难。

王毓蓍 字元趾，会稽人。乙酉殉难。

潘　集 字子翔，山阴人。乙酉殉难。

傅日炯 字中黄，诸暨人。丙戌殉难。

恽日初 字逊庵，武进人，后嗣法灵隐寺。其子即南田老人恽格，字正叔，以画名于世，所谓瓯香馆者是也。

叶敦良 字静远，浙江之西安人。

刘应期 字瑞当，慈溪人。丙戌后以愤死。

张应鳌 字奠夫，山阴人。在南都作《中兴金鉴》。

戴　易 字南枝，山阴人。遗民之最奇者，其葬吴兴徐枋，为世所称道。

---

① 底本此下原有"明代惟蕺山之学为完备"一句，作者删去。

华　夏　字吉甫，鄞人。

王家勤　字卤一，鄞人。吉甫通乐律，卤一精于礼，卓然不与先儒苟同。乙酉，二先生同起兵，参江上事。戊子，谋再举，不克，二先生同死之。

张应煜　余姚人。乙酉之夏，蕺山绝食，应煜劝以拥诸藩起兵，刘子谕以事不可为。曰："然则是降城，亦非先生死所也。"刘子瞿然起曰："子言是也。"

赵　甸　字禹功，会稽人。少时极贫，学针菑以养亲，艺绝工，人称赵孝子。长游子刘子之门。晚隐于缁，卖画自给，世所称"壁林高士画"也。

张成义　字能信，慈溪人。丙戌后，起兵不克，遁去，不知所终。

徐芳馨　字徽之，萧山人。通兵法，其论学微于师门有转手。

沈　昀　字甸华，仁和人。独行之士也。

陈　确　字乾初，畸士也。说经尤谔谔。详见梨洲所作墓志。

周之璿　字敬可，山阴人。子刘子殉节，敬可负其遗书与贞孝同避兵，中途屡为逻者所弋。流离播迁，事定归里，则田宅尽为里豪所夺，遂无一廛可居。

陈洪绶　字章侯，又号老莲，诸暨人。蕺山门下，元趾死而章侯不死，然其大节，则未有愧于元趾。晚以画自晦。

黄宗羲　梨洲。

黄宗炎　晦木。

黄宗会　泽望。

再传弟子一人

万斯选　字公择，鄞人。万氏昆仲并从黄氏游子刘子之门，称私淑弟子。

窃尝谓：梨洲为明代学术之结穴，昆山为清代学术之始祖。梨洲学说，俱见于《南雷文定》。而《明夷待访录》一书，尤敢发前人之不敢言，其思想实为宋、元、明之一大转机。其持身大节，卓然千古，高山仰止，景行行止。微斯人，吾谁与归？

十七、后记①

全谢山曰："无有大儒，决不别立宗旨，譬之大医国手，无科不精，无方不备，无药不用，岂有执一海上方，而沾沾语人曰：'舍此更无科、无方、无药也。'近之谈宗旨者，皆海上方也。"所谓今日之"学术综合"，亦即此意。

民国十又八年八月二日，亭午大雨，炎威退舍，曛暮薄凉，晴梵记此。

---

① 此标题原无序号"十七"，据底本目录补。

陕西文化的过去和未来

党晴梵 著

辑校说明

　　《陕西文化的过去和未来》是党晴梵先生以历史文化的视野考量陕西文化历史发展及未来趋向的一篇重要论著。该文完成于民国二十年（1931年）十一月，发表于《西北研究（北平）》1931年第2期。1933年1月，作者将所作关于陕西文化、经济的6篇文章辑成《陕西之文化和经济》一书，此文即作为第一篇被收入。从手稿所存体式来看，本文的底稿即为作者所发表的铅印稿，但作者在此基础上做了部分修订。此次整理点校即以《陕西之文化和经济》手稿本为底本。但为了反映作者前后思想的变化，对于发表于《西北研究（北平）》的版本相关表述一并做了标注。

魏　冬

2021年7月于西北大学关学研究院

提 纲①

一、陕西是中国文化策源地

1.黄帝的发明

2.仓颉的创造文字

3.周代的教农、演易、制礼作乐、西征

4.秦汉的统一、建筑、交通、作史、拓边

5.唐代沟通中、印文化与建立中国的佛教基址

6.宋、明、清的关学

二、现代的陕西文化衰落

7.受外族蹂躏较多

8.明、清两代的战争与饥馑

9.关学末流的痼习

10.现代的西方文化，无机会接受

11.晚近刘、李、贺三先生讲学的影响

12.民国以来的长期战争与近三年的奇荒

三、怎样发展陕西文化

13.发挥固有的文化

14.合理的接受西方文化

15.沟通中西文化

16.完成中国文化

---

① "提纲"二字为编者所加。

一

　　文化问题，在救国运动中，已成了许多立言者的论据。所以要根本救国，先要树立全国文化基础。但是要讲全国文化，须要明了陕西文化；要讲陕西文化，又要明了全国文化的趋势。现在东南沿海各省，虽说是全国文化的中心，然一溯文化的来源，就不能不说到陕西。

　　当我们汉族，自帕米尔高原东渐，沿天山山麓，到了黄河流域的陕西，从前叫做雍州。浩渺无稽的，是不用说了，就以黄帝说起。志乘所载，他生于姜水上，在今日的陕西宝鸡。卒于鼎湖，在潼关迤东六十里之阌乡，从前属于弘农①郡，也是陕西。坟墓在陕西的中部县。吾国文化，是由他才开始的。"衣服""舟车""耒耜""婚姻制度"……都是他发明而遗留于我们的。最有关系文化的"文字"，就是他的史官仓颉所创造。仓颉是彭衙人（见《陕西通志》），彭衙就是今日陕西的白水县。

　　周朝的先人②后稷，"树艺五谷，教民稼穑"。传到太王，由邠迁岐。文王都丰，武王都镐，典章文物，灿然大备。邠、岐、丰、镐，皆在陕西。文王演"易"，支配了我们的心理，周公"制礼作乐"，支配了我们的风俗习尚。行之三千余年，直绵延到如今。欧化东来，他手制的礼教，才渐摇动。当日周家的文化，一支沿汉水而南，所谓"化行南国"者是也，到了长江流域，演成荆楚之雄风。一支沿黄河流域，放乎琅琊，到了山东方面，演成邹鲁之儒教。这是向东、南两方面发展的。至于西、北两方面的传播，则穆王西征，北至阳纡之山，到了漠北，西会西王母于昆仑之墟，宴于瑶池，则在今日的新疆。东西洋学者的考据，以为瑶池即蒲类海，西王母是西域部落之女酋，后来大宛之先人也。穆王驾八骏，造父御，西行一万四千余里，以耀周家的德威。（详见《穆天子传》）西域与中土的关系，实始于此，远在汉人千余年前。所以陕西一隅，实在就是中国文化的策源地。

　　秦始皇帝以不世出的雄才，灭了六国之后，成立真正统一，首先将六国多年不同的"文字"，代以"秦篆"而整齐画一之（"秦篆"，即现在所谓"小篆"），易辕田为"阡陌"，改全国为"三十六郡"，统一全国的"度""量""衡"。"法治主义"，烂然成章。其所经营与所施设的，莫有一样不是关于文化的伟大事业。他知道商、周两朝，北方种族，所谓"猃狁"的，

---

　　① "弘农"，底本作"宏农"，误，径改。
　　② "先人"，底本作"先久"，误，径改。

剽悍善战，时来侵陵，便不惜大兴土工，筑那万里"长城"，做防御的大工作，令爱子扶苏亲督其事，辅之以大将蒙恬（蒙恬即是发明毛笔者）。其保卫民族的功劳，试问前前后后，哪①一个能得及秦皇？他又凿开"运河"，除去南北道路悠远的障碍，到如今首都的秦淮河，尚冠以他的国名"秦"字。在建筑上、交通上有这样的两大表现，尤令我们的文化史上，增光不少。

汉朝的司马迁，做了一部《史记》，为人类的开首记录。那时候西方哪②儿有史？这个伟大历史家，是龙门人，就是今日的陕西韩城。接上张骞、班超开通西域，堕匈奴的右臂，使不敢南下而牧马，交通西域三十六国，中国声教，暨于天山、蒲类海，又为汉、唐两代国外贸易的先驱。他俩皆陕西人，张骞籍隶南郑，班超籍隶扶风。班超的哥哥班固，继《史记》做了一部《汉书》。未成的，他妹妹班昭续讫。对于文化，这又是若何的贡献。以上的事实，中学生读过国史，殆莫有不知道的。

到了两晋，五胡乱华，将这大好河山，不幸沦于战争，主持文化的人物，许多的都南迁了（为刘裕伐姚秦的王镇恶，就是华阴王猛之孙迁于江南的，即此可知其他），一时失了文化中心的资格。却是晋义熙中，有一位高僧法显，由长安赴印度求经，为唐代中、印文化沟通的先导。北周时，扶风刘孝绰昆仲，在文化事业上亦努力不少。唐朝虽都长安，以诗赋取士，以写字矜尚，在数千年传统的儒教上，莫有多大的建白。然在宗教上，又立了佛教在中国的伟大基址。玄奘由天竺取经归来，太宗即在长安城南，为他建筑了一座慈恩寺。玄奘居之，翻译了一千多卷内典，又成了《大唐西域记》一书，这就是沟通中国与印度（天竺）文化的枢纽。后来才有宋、明的性理学产生。在文化史上，这个功劳，也真不小。玄奘的大弟子窥基法师，手创"唯识宗"，成立佛教的哲学系统。东渐于日本，垂及于现在。

宋朝一代，受了北方的异族的蹂躏，西夏、辽、金、蒙古，莫有不在陕西作战场的。幸赖郿县出了一位张载，学者称他为横渠先生。他与周濂溪③、程明道、伊川、朱晦庵为宋学四大家。他在中国的哲学上，确有消融儒、禅思想的表著。《张子全书》中，《东铭》《西铭》大概是最重要的。到元朝，有一位许鲁斋先生，名衡，他是河南怀庆人。却是他在陕西讲学十三年，风气为之丕变。后来长安的鲁斋书院，就是纪念他的。

到了明朝，陕西又居然代表了北方文化，未始不可谓为中兴时代。自从宋儒建立性理学，支配全国人的思想。明初山西河东方面，在河津县，出了一位薛

---

① "哪"，底本作"那"，误，径改。
② "哪"，底本作"那"，误，径改。
③ "周濂溪"，底本作"周连溪"，误，径改。

文清公瑄，继方正学、曹月川等，而大讲程、朱之学。但是他的教化，不行于河东，而行于河西，成立了"三原学派"。此派的开山者，便是大冢宰王恕，集大成者是谿田先生马理。然集河东与三原之大成者，则又属之吕柟，所称泾野先生的。他是高陵人。三原学派，流入朝邑，有韩邦奇、邦靖兄弟，所称苑洛与五泉两先生的。大韩的著述真不少，《乐志》一书，是最有名的。他的弟子甚多，其中大名鼎鼎的，便是"二杨"。杨爵，是富平人，世称斛山先生。杨继盛，就是椒山先生，因参魏忠贤而死，举世仰其气节，虽说不是陕西人，却是苑洛的高足，又非"吾道南矣"乎？中叶而后，异军突起，便是"白沙学派"中之健将，少墟先生冯从吾。他是长安人。此数人者，与其说是陕西的学者，实在不如说是北方的文化代表者。

试一观察有明一代全国的学派，就明了陕西学者的地位。明朝在北方，除了由"河东学派"，流传到陕西，发扬光大外，别无学派。在南方的，第一开山者是康斋先生吴与弼，康斋讲学于江西之小陂，建立南方学术基础。他的弟子，便有胡敬斋的"居仁学派"。陈献章传到广东，有"白沙学派"。再传之湛若水①，有"甘泉学派"。吴之弟子娄谅，传之王守仁，有"姚江学派"，便到了浙江。姚江之学，为一大转手。遥接陆象山的薪传，举世风靡，遍布于江、浙、湖、广、闽、赣、山右。然而陕西学者，依然不改祖述程、朱的态度，不惜与姚江抗。阳明（王守仁）讲"致良知"，泾野则讲"知行合一"。泾野②之讲席，又几与阳明中分天下。陕西学者，实为北方之砥柱。再以文学论，则有对山先生康海，渼陂先生王九思。康是武功人，王是鄠县人，明代文学七子之中，占其二席。而鄠县赵崡之《石墨镌华》，为有明一代考据碑帖之大作。此一时期，陕西又转变为文化的重心。后来江苏有"东林"，浙江有"蕺山"，闻风兴起者，更不乏人，而陕西则以荒旱与流贼之故，学风渐熄矣！

然到明末清初，盩屋又出了一位二曲先生李颙。当时海内四大儒，便是浙江的黄宗羲、直隶的孙奇逢、江苏的顾炎武与先生。此四人中，惟顾为开清学之祖的。先生与黄、孙皆是结明学之局的。他一生得力处，则在"反身而行"，其重要著作，就是《四书反身录》。与先生同时的，有富平李因笃，是研究宋学而兼及汉学的。其辞征召的疏文，论者谓为前清的第一篇大文章。三原孙枝蔚，以品节及诗，名播于全国；华阴王宏撰，郃阳康乃心，亦皆为一时文化攸关之人。而前清一代，自二曲弟子王丰川③心敬，继之者党湛、孙景烈、刘绍攽……直数到近

---

① "湛若水"，底本作"湛茹水"，误，作者在《陕西之文化和经济》手稿中更正为"湛若水"。

② "泾野"，底本作"冯少墟"，误，当为吕泾野，径改。

③ "王丰川"，底本作"王礼川"，误，径改。

来的朝邑李元春、杨树椿，三原贺瑞麟，皆是绍宋学之衣钵的。惟张澍是一个大汉学家（原籍甘肃，移居长安）。他辑的古逸书真多，实裨益文化不鲜。最近的咸阳刘古愚先生光蕡，他是讲实用的学问，为康有为、梁启超所最心折的北方学者。

叙述到这里，有特别声明的，就是自宋之横渠，到了晚近学者，所谓"关学"的一脉，莫有一个不是磊磊落落有气节的。他们成千年来的学者，实在是立品处，皆能表率社会，为社会的模范，时时可以转移社会。他们的讲学，是处处讲实用，处处以身作则，绝不是与社会不相干的，所以成为支配文化的中心人物。黄梨洲先生（宗羲）在他所著的《明儒学案》上，大书特书曰"风土之厚，而又加之以学问者"，便是颂扬陕西的学者，实在就是充分的认识了陕西的文化。

二

但是到了晚清与民国，陕西的文化，未免菁华已竭，大暴露其衰落的形象。本来在前清一代，陕西除所谓继承宋学的"关学"以外，无他建树。清之初叶，二曲先生实为特殊人物，到处讲学，维持风化。长江下游的苏州、镇江，亦多景从者。尤以不就清康熙帝之礼聘，至以死拒，为世所推崇。豹人（孙枝蔚）托疾辞征，天生（李因笃）养母去都，雪木（李柏）终身不入城市。太乙（康乃心）闻刘相国荫枢在潼关康熙帝驻驿时之专荐，飘然远引。王山史（宏撰）与顾亭林时谋恢复，李向若（灌）亦屡次起兵。此诸先生者，皆以吾国"攘夷"之学说，为其立场，而"民族思想"极发达者。

后之学者，薪衣一缕，不绝如线，亦无影响于社会，其末流尤多痼习，不溺于章句，即拘于①礼节。而社会上反诮之为书痴矣。在清代大出风头的汉学中，前只有天生，后只有介侯（张澍），其在江浙一带之波谲云翻，学者辈出，而陕西则寂然无闻。学术的贫困，即文化的衰落。这个原因，果何在呢？良以经济为社会上的一切基础。经济充裕，则文化程度提高；经济枯竭，则文化程度落后。

有明一代，陕西尚有相当的财富，故其文化，犹能为北方的中心。晚明之际，流贼扰乱数十年，至今尚传说当时"民无百金之富"。清初王辅臣之变，又闹成十室十空。康、乾两朝的西征，陕西适当其冲的供输军需。咸丰、同治间，战乱大作，千里无烟，鸡犬鲜声，异族侵陵，杀人流血的惨剧，遍演关中，渭北劫灰，迄今依然。继以光绪辛丑、庚子两次大饥，饿殍相属于道。民国而后，战争靡已，陕西的元气，早已剥夺无余，并未得一有"生聚教训"的机会。是以此

---

① "拘于"，底本脱，作者在《陕西之文化和经济》手稿中补入。

三百年间，仅有一传统之"关学"，后来已只奄奄一息而已。

当光绪十年以后，刘古愚先生掌教泾阳之味经书院，一时学者，络绎负笈而来。先生一面整理旧学，校刊经史，卓然表著；一面提倡泰西学术，以求致用。于是开办味经官书局，发行《泾干白话报》，组织织布厂，浚凿郑白渠，采办机器，研究"时务"（此二字实为当时最流行的名词）。一时"新学"的声浪，甚嚣尘上。然以资本与人才的限制，又根本上不得科学要领，成为有心无力，事事皆无结果。其弟子杨凤轩、萧愚亭诸君，又以金钱赔累，无从弥补，暗地叫苦。文化事业，终归失败。只今先生之墓木已拱，徒留一部《烟霞洞文集》，供人凭吊而已。今日陕西五六十岁以上的人士，在社会上略有表现的，大半是先生的弟子，或其私淑弟子也。

若李时斋先生元春，于讲学之际①，出其余绪。在②朝邑，建立"文会"，缩小县长之权，代以绅权。③殆亦近世"民治主义"在中国之萌芽欤？刊书更属不少。后来阎文介公（敬铭）的理财，实多受先生的暗示。④刘、李两先生，皆讲"关学"，皆谈致用，又皆热心文化事业。故此一时期，两先生实足为陕西文化的代表者，而有文化表现的。至其为"关学"之嫡派的三原贺复斋先生瑞麟，与古愚先生同时讲学，在三原嵯峨山中有清麓精舍。其弟子亦多景从，然实无特出之人才。其于文化事业，刊印经史及宋儒语录甚多，至今木板累累然尚存于山中。

文艺方面，前清一代，则有张壶山（询）、李劬庵⑤（念慈）、赵乾生（元中）之书画。鉴赏方面，前有郭胤伯（宗昌）、王山史（宏撰）之批评，后有程杏牧（一敬）之宝兰堂的碑帖，宋瑞卿（金鉴）之来鹤亭的金石。著名之盂鼎，即袁葆恒强夺之宋氏，而归之潘祖荫的。藏磁，则以泾阳姚裕如（德）之百瓶轩著。藏书，则以岐山郭氏为最多，惜民七为奉军付之一炬矣。若三代铜器，则凤翔周氏收藏为第一，吴清卿所得之窑鼎，即其取之周氏者，后又经长白端方之数次强索，古董贾之设法欺骗，今所存者闻亦无多。惟师虎、师酉两敦，今犹无恙也。集丛书而刊行的，则三原李氏之惜荫轩，朝邑刘氏之清照堂，卷帙皆属繁

---

① 底本此处表述为："则为阎敬铭相国的幕宾。以'关学'的精神，作财政的计划，翊赞前清中兴事业。"在《陕西之文化和经济》手稿中，作者删去此句，改为"于讲学之际"。

② 底本此处原有"故乡之"三字，作者在《陕西之文化和经济》手稿中删去。

③ 底本此处原有"建立'义仓'，其方法又为全国之冠"数字，作者在《陕西之文化和经济》手稿中删去。

④ 底本此处表述为："然世之人只知有阎文介公，而不知其暗中为之发纵指示者，尚有一讲学之士在。"在《陕西之文化和经济》手稿中，作者删去此句，改为"后来阎文介公（敬铭）的理财，实多受先生的暗示"。

⑤ 底本为"李敏庵"，误，作者在《陕西之文化和经济》手稿中更正为"李劬庵"。

重。李时斋先生所刊《关中两朝诗文钞》十余函①，此皆有关于文化者。其他古迹、名胜皆为文化之表现。尤以汉唐碑版，荟萃于关中。其著者，有汉曹全碑，仓颉庙碑，汉中褒斜道上之汉魏十三种，六朝之广武将军、邓艾、慕容恩、晖福寺等碑。若唐之石经，昭陵、宪陵各碑②，更为洋洋巍巍，故亦绣缕及之。到了光绪二十七八年后，清室感受甲午、庚子两役的惨痛，翻然兴学。陕西省城，设立了一个大学与优级师范学堂。在三原又立了一个宏道高等学堂。但其所教授的，不过是历史、地理与旧式数学。各府立了几个中学堂与初级师范学堂、中等实业学堂，各县各立了一个小学堂，教授的也是如此。新闻纸与丛刊，渐渐的也有了，仅具雏形而已。犹记有《秦风》《胡氏白话报》《曒社学谈》《丽泽随笔》《秦中官报》《陕西教育界》等名字。（参看《新陕西月刊》，记者所著的《陕西新闻纸发展史》一文。）当这时候，有一事最堪注意的，就是光绪三十一年，送了三十几个学生赴日本留学，有学政法、经济的，学陆军的，学数、理、工、医各科的，算是与文化前途，很有关系。③民元以来，因社会人才，一时集中省会的长安，所以大兴文教。其最著的，就是建立西北大学，开商、法、文、农各科。建立陕西图书馆，至今蔚为大观，不过所征集的书籍，偏重国学，于科学书籍及外国书报太少，未免为美中不足。此皆为官立者。绅士方面，又设立三秦公学，规模亦好。民二，当局又大送留日学生二百余名，送留欧美的亦二十余名。长安的大日报纷纷应时出世，作者当时亦是执笔办报，作文化运动的一员。《昆仑日报》及《国民新闻》，即作者所创办的。拆毁迷信的庙宇，作种种的大宣传，一般人士的心目中，莫有不存一"新陕西"者，行将完成。孰知民三那年，袁世凯实行集权，于是北洋军阀的陆建章便衔着摧残民众势力的使命，大踏步而西来。数年所兴办的事业，都付之流水，固不徒文化一方面也。从此以后，逐陆也，讨袁也，护法也，靖国也，奉军，豫军，川军，滇军，直军，以及套内之卢占魁，无不聚集于此一隅。或助甲，或援乙，闹成一塌糊涂。民五迄今，无一宁岁，无一干净土，一般人逃死之不遑，尚何文化之足言？学校虽有，程度过低，尤其是英、算；中等毕业学生，到京、沪、平、津各处升学，考试多不及格。报纸虽有，多为官方机关，或受津贴，绝无真正的消息与恳切的言论。其他文化事

---

① 底本此处表述为"亦千余卷"，在《陕西之文化和经济》手稿中，作者删去此句，改为"十余函"。

② 底本此处表述为"昭陵四十余碑"，在《陕西之文化和经济》手稿中，作者改为"昭陵、宪陵各碑"。

③ 底本此处原有："其中如王来亭以研究社会科学著名。马凌甫以研究经济学为世推重，其所译《国民经济学原论》及《工业政策》的几种巨制，在我国经济书中可称为最有价值之著作。刘文海所著的《大国家主义》，郗朝俊所著的《刑法原理》，及他李宜之、刘梦锡等以研究工程皆为时所重者。"作者在《陕西之文化和经济》手稿中删去。

业，凋零殆尽。若易俗社剧场，本民元为谋社会教育，其剧本则由教育厅审定，艺员皆称学生，而今原旨全失。惟一图书馆，颓然如鲁灵光殿在焉，然无科学书籍与外国书报如故也。西北大学，频起频扑，民十六改名中山大学，今年春间又以停办闻。其各县人民，感受战争之苦，赋税之繁，与近三年之奇荒大旱。据陕西赈务会调查报告，死亡达五百万人，以全省一千一百万人之数较之，几去其半。妇女卖售于晋、豫、冀三省者，又不知若干万。泥犁地狱，即在人间。更曷能谈及文化也！

三

中国从前的文化，因为吾族由西方东渐，在陕西树立文化基础，才遍布于东南西北各地。所以要谈中国的固有文化，就不能不承认陕西是文化策源地。但是到了近七八十年，与欧、美触接以后，固有的文化，则因时势的转变，已经动摇。而新来的西方文化，东南沿海各省，又以近水楼台，捷足先得，始渐渐的由珠江、长江两流域，波动的及于西北，而陕西就不免落后。加以如上所述的种种关系，旧的以时势所不需，濒于破产；新的以条件不足，又未得获成立，遂形成今日的文化衰颓现象。

虽然，固有的文化，在吾人的人群发展进程中，已经有数千年的咀嚼消融，完全营养成吾人的肌肉。而新来的西方文化，虽为时势所需要，然以不善接受之故，完全在于表面，依然是微弱脆薄，不惟无益于吾人的营养，实亦吾人尚未咀嚼消融。试一详察东南各省，其所谓已沐西方之文化的，不过各个的商埠上之外表而已，然实为各帝国主义者，所攫夺压迫吾人的伤痕。其流弊又曷可胜言！如外人在吾国所办的学校，其所培植的学生，除少数外，大多不知自身为中华民族，此即所谓"国际的文化侵略"。教会学校，养成的学生，就是教会式；买办学校，养成的学生，就是买办式。其帝国主义者的"文化铁腕"，较之飞机、潜艇的"武化铁腕"，尤为可畏而难防。虽云学术发达，社会进步，然其弊则不知有"我"。说一句推倒辙的话，反不及落后的陕西，其社会尚为纯洁而有希望。

从前张之洞说"以中学为体，西学为用"，不知经了若干人的反对。乃近来又有所谓"东西洋文化沟通"者，其亦有鉴及于此耶？所以对于西方新文化，要主张合理的接受，不是马马虎虎，给予甚么，便要甚么。日本自明治维新，一切无不模仿西方，何以至今尚有所谓"大和魂"者？诚以一国自有历史，自有国风，自有殊特情形，其好处决不能一笔勾销。此就是一面要发挥我们所固有的文化，再一面积极的，要接受西方新文化，以应时势的需要，然后再造成一种新的中国文化。对于分别拣择一层，尤要注意。

再说到我们的陕西，虽然莫得到新的好处，却莫染到新的坏处。况且有数千年的文化历史，如果我们大家努力，从事文化运动期以十年、二十年，何尝不可并驾于东南，又何尝不可媲美于欧美？是则在我们的势力如何耳？！然而回顾吾国，回顾吾陕，其情势又是那样，教我们究从何处下手呢？

附 识[①]

记者在百泉游历中,撰就此文。行箧内一书未携,难于参考,仅就平日之所知者,记之如此。然其所举事实,则见于《诗经》《穆天子传》《史记》《汉书》《陕西通志》《马氏绎史》《世本》《说文解字叙》《北周书》《新旧唐书》《大唐西域记》《高僧传》《宋元学案》《明儒学案》《汉学师承记》《宋学渊源记》《关学编》《薛文清公实行录》《吕泾野集》《冯恭定公集》《乐志》《溉堂集》《山志》《石墨镌华》《金石史》《李二曲集》《莘野集》《受祺堂集》《檞叶集》《王渔洋居易录》《二酉堂丛书》《养素堂集》《先正事略》等书。若近年事实,或据县志,或据碑传、墓志,或为亲见,或为故老传闻,断不敢作凿空之论也。其对文化史,古略而今详,因古代事实,有志乘诸书,一般学者容易看见也。记者附识。

民国二十年十一月十一日,记于百泉孙征君读书处

---

① "附识"二字为编者所加,以与正文区别。作者在《陕西之文化和经济》手稿中删去了该部分内容。

关学学案

党晴梵 撰

辑校说明

《关学学案》是党晴梵先生的重要遗著之一，也是他立足于当时社会需要，从历史文化的视野出发并借鉴社会分析、中西比较等新式学术方法，重新建构"关学"的代表性著作。这一书稿的单篇学案曾发表于民国各刊物，但难以搜求，且结集之后未曾刊行于世，故世人见之不多，诚为关学研究之憾。2017年，我与党晴梵先生嗣子党晟教授联系，得知此书稿本为其所珍藏。2018年3月，我有幸在党晟教授家中得见《关学学案》的两个珍贵稿本，并获得党晟教授的同意和支持，对两个稿本进行拍照并整理点校。现根据所见，对党晟教授所藏《关学学案》两个稿本的基本情况予以介绍，并简要说明本次整理点校的基本原则。

一、《关学学案》的稿本

党晟教授所藏党晴梵先生《关学学案》主要有两个本子，均为已经结集但未正式刊印发行的稿本。这两个稿本都经过党晴梵先生本人润色修订，但在体式上有所不同。现根据这两个本子的体式特点，将之分别称为"缮写稿本"和"剪贴稿本"，并对其各自特点进行简要介绍。

（一）缮写稿本《关学学案》

缮写稿本《关学学案》抄写在高约15.8厘米、宽约21.4厘米的纸质本子上。前有封面，后有封底，中为稿纸，右侧双钉订装。封面和封底均是用无格栏的、较厚的麻纸自制而成，呈土黄色，稍旧。中间所用的稿纸，是绘有竖栏的双开式宣纸。全稿除封面、封底外，共计双开页面59页，合单页118页。在双开页第1—58页的左半页左上方，都有用墨笔小楷书写的阿拉伯数字，用来标明页码，第59页则没有标明页码。每页格式相同，绘有栏高15.8厘米、宽21.4厘米的竖行框栏，框栏上下左右的边线为外粗内细的双红线，中间隔行线为单红线。每页共10竖行。封面有题字，封底无题字。中间用稿纸抄写《关学学案》内容。全稿均用黑墨繁体竖行书写。

封面题字用行书。在封面左上方，自上而下题有"待庐读书札记四"7字，但又用墨笔划去。紧靠其右侧，题有"关学学案"4字，字体略大；其下紧跟"稿本一"3字，字体略小。封面中部偏上位置自右向左并排竖行题有"丰川""豹人""晦翁""双山""莘野"10个行书小字，在"豹人""晦翁"下方用一"V"形线连接起来，其下题有"合传"2个小字。封面右方中上部竖排题有"缮本四"3字。

稿本双开第1页中缝（即单开第1、2页中间）的位置题有书名、作者等信息。在单开第2页右上方框栏外，竖行自上而下题有"待庐丛刊之七"6字，"待庐丛刊"4字靠右,"之七"2字靠左另起行。右侧框栏外中间位置竖行自上而下题有"读书札记""关学研究"8字,下方题有"合阳党晴梵撰"6字。但"读书札记"4字又用墨笔划去,"关学研究"也涂去"研究"2字,改为"学案"。

根据党晟先生的辨认,封面和双开第1页中缝的文字均为党晴梵先生手迹。据笔者推测,"待庐读书札记四"可能是党晴梵先生起初拟定的书名,后来先改为"关学研究",而后又定名为"关学学案",并准备作为"待庐丛刊"的第7种图书出版。而封面所题"稿本一"说明这个本子是《关学学案》的第一个稿本,"缮本四"说明这个本子是《关学学案》的第4个缮本,此前先生应该有3个缮本。

至于这一稿本的内容,依封面标题,应是清代丰川(鄠邑王心敬)、豹人(三原孙枝蔚)、悔翁(蒲城屈复)、双山(兴平杨屾)、莘野(合阳康乃心)5人的学案,其中"豹人""悔翁"的学案是合在一起的,所以一共是4个学案。但依照正文的内容,其标题则依次为:

1. 王丰川先生学术述要
2. 溉堂、悔翁两诗人之诗
3. 十八世纪中国之个人主义(individualism)者——杨双山先生
4. 康太乙先生之著作及其遗迹

可见封面标示与文中标题略有不同。封面应是略题,文中标题是正题。再从书写上看,以上4个学案的正文,整体是用工整的小楷誊写在框栏竖行内,并带有民国时期所采用的旧式标点。但在页面上有不少增删修改的字迹,此字迹与正文誊写字迹不同。另外,经过仔细辨认,可以发现在单开第2页最后一行,第3页全页,第4页前3行,第7页前2行,第9页最后一行,第12页前2行上部,第25页前2行上部,第26页第2、3行上部,第41页第4、5行,第57页前2行上部,第96页后3行,第97页前2行,均是裁去或者覆盖原稿,在补入的稿纸上重新书写,这一部分的字迹与正文誊写字迹也不同。据党晟先生辨认,誊写在框栏内的正文小楷不是党晴梵先生手迹,但在原稿纸和粘贴稿纸上修改的字迹则出于党晴梵先生之手。据此可以断定,这个稿本是党晴梵先生请别人誊录后再做修改而形成的。同时可以判定,封面上所题"晦翁"2字的"晦"字当为"悔",因为屈复号"悔翁",而非"晦翁"。①

---

① 党晴梵《关学学案》封面将屈复的号写为"晦翁",但在正文中则写为"悔翁"。关于这一问题,笔者曾向中央文史研究馆书画院研究员、陕西省文史研究馆馆员路毓贤先生请教。路先生认为,屈复以弱水命其堂,以弱水命其诗集,取意为虽无力载舟反清,但也不同于其他河水东流入海,要反其道而西流。故而用"晦",隐晦曲折地表达了他反清复明的思想,暗示其崇高的民族气节。然清代袁枚等人都以"悔翁"称屈复,党晴梵也在正文中称"晦翁"为"悔翁",自有多证,我们应服从《随园诗话》等及党晴梵先生之说。古人取字与号多以其名为引申,不过亦常有改动,基本为同音变字。底本"晦翁"应为起初本意,后改"悔翁"亦并非传抄之误。本书赞同路说,以"悔翁"为正。

值得注意的是，在单开第1页有行草书写的字迹若干，据党晟先生辨认，其也为党晴梵手迹，内容是：

"浅碧细斟家酿酒，小红初试手栽花。"时在李问渠书斋，见杨惺吾守敬行书联，用笔颇似包安吴，而秀逸过之。文亦闲适可喜，将旧时有闲阶级知识分子活画而出来。卅三年三月十五夜，待庐记（标点为编者所加）

在以上数行文字中，第6句的"而"字是在行右添入的，最后一个"来"字则用墨圈划去。这里起头的对联，出自陆游的诗《睡起至园中》。文中提到3个人：第一个是李问渠（1884—1964），江苏彭城人，寓居西安，擅书画，富收藏，是党晴梵先生的朋友。第二个是杨惺吾，即杨守敬(1839—1915)，湖北宜都人，是清末民初杰出的历史地理学家、金石文字学家、目录版本学家、书法艺术家、泉币学家、藏书家。第三个是包安吴，即包世臣(1775—1855)，安徽泾县人，是清代学者、书法家、书学理论家。这里的内容与《关学学案》并无直接关系，当是党晴梵先生在整理稿本的过程中随手题写上去的。

另外，还需要提及的是，在该本双开第39页夹有4张半页的稿纸，其上用小楷横排对照着写有中文汉字与英文单词若干。这也是党晴梵先生的手迹。结合文本的内容，可以判断这是党晴梵先生在整理《十八世纪中国之个人主义（individualism）者——杨双山先生》时所书写的中英文单词对照表。由此可见先生对英文的熟悉程度及其治学的严谨态度。

如上所述，鉴于此本具有他人先誊清、作者再校正的特点，结合封面上"稿本一""缮本四"的题字，可将之称为《关学学案》的"缮写稿本"，简称"稿本"。

（二）剪贴稿本《关学学案》

《关学学案》的另一个本子，是用剪报的形式，将与缮写稿本《关学学案》主体内容相一致的4篇学案从其发表的刊物上剪辑下来，然后贴在背纸上，用普通白线缝合装订而成。这个本子无题名，也无封面封底，全本共20页，第1—9页用新闻胶轮纸制成，呈土黄色，页面高约28.5厘米，宽约20.5厘米；第10—20页用连史纸制成，呈白色，页面高约25厘米，宽约15厘米。全本形态比较简陋，剪贴的内容都是用繁体竖排格式排版。

这一剪贴本第1、2页的内容，对应缮写稿本的《丰川学案》，即《王丰川先生学术述要》一文。每页由上至下均分为6栏。第1页第1—3栏的右方，先是从上到下双行印有篆体"王丰川先生纪念专号"数字，但用毛笔圈划去。其左从上到下单行印有宋体"王丰川先生学术述要"9字。第1页1—3栏每栏32行，4—6栏及第2页每栏53行，每行各12个字格。

第3、4、5页的内容对应缮写本的《豹人悔翁学案》，即《溉堂、悔翁两诗人之诗》一文。每页分为上中下3栏。在第3页靠近上中两栏的右方，单行印有宋体"溉堂悔翁两诗人之诗"9字。第3页上、中栏每栏37行，下栏40行，第4、5页每栏34行，每行均为25个字格。

第6、7、8、9页的内容对应缮写本《双山学案》，即《十八世纪中国之个人主义（individualism）者——杨双山先生》一文。每页分为上下两栏，在第6页上栏的右方双行印有宋体"十八世纪中国之'个人主义'（individualism）者——杨双山先生"数字。正文题目下分列7个标题，字号比标题略小，比正文略大。每栏除标题外，第1页上栏26行、下栏36行，第2页上栏35行、下栏34行，第3页上栏15行、下栏15行。每行均36个字格。

第10—20页的内容对应缮写本《莘野学案》，即《康太乙先生之著作及其遗迹》一文。每页均为单栏，第1页右侧印有"康乃心先生的著作，及其故宅"数字，但"先生的"3字用墨笔划去，改为"先生之"，"故宅"也用墨笔划去，改为"遗迹"。改动后的题名，与缮写稿本誊写的正文题名一致。正文除标题外，每页分15行，每行均为42个字格。

鉴于这个本子是从其他刊物上剪贴下来并做修改的，可将之称为《关学学案》的"剪贴本"，简称"贴本"。

二、《关学学案》的完成

以上说明了所见两种《关学学案》稿本的体式特点。关于《关学学案》，还有以下问题需要探讨：党晴梵先生《关学学案》是什么时候完成的？这两个稿本存在怎样的关系？对此，党晴梵先生的这两个稿本没有直接的体现。李克明、邓剑两位先生主编的《党晴梵诗文集》（第一卷下）所载《党晴梵先生生平大事纪略》说，党晴梵先生是在1933年著《关学学案》的。①我对两位先生率先整理党晴梵先生的著作充满敬意，但认为这个说法是不确切的，现从如下两个角度予以分析阐述。

（一）《关学学案》4个学案的完成及发表时间

首先，根据上述两种稿本每篇学案末所署时间，可以知道其最初完成的时间。其中：《王丰川先生学术述要》一文末尾题"民国二十四年，五月三日"，即

---

① 李克明、邓剑等：《党晴梵先生生平大事纪略》，载李克明、邓剑主编《党晴梵诗文集》（第一卷下），陕西人民教育出版社，2007，第347页。

1935年5月3日完稿；《溉堂、悔翁两诗人之诗》一文末尾题"民国二十四年四月脱稿"，即1935年4月完稿；《十八世纪中国之个人主义（individualism）者——杨双山先生》一文末尾署有"民国二十四年，六月九日"，可以判断其应该在1935年6月9日完成；《康太乙先生之著作及其遗迹》的剪贴本和缮写本文末都署有"民国二十二年八月十八日甘霖新霁，晚凉爽适，灯下撰此"数字，即该文在1933年8月已经完成。

其次，从《关学学案》不同学人学案的发表时间来看。据查，以上4个学案，除了《溉堂、悔翁两诗人之诗》具体发表的刊物及时间尚不明确外，其他3个学案均有已发表的线索可查。关于《王丰川先生学术述要》，党晴梵先生《明人学术之探讨（续）》一文的末段提到"王氏（王心敬——编者注）则为关学一大转手"时，有一括注说："参看拙著《丰川先生学术述要》——《西京日报》专刊。"①该文发表在党晴梵、武伯纶、曹冷泉等人创办的《廿四月刊》1935年第1卷第2期上。②据此可知，《王丰川先生学术述要》一文在此之前已经在《西京日报》的专刊上发表过了。唯因手头资料有限，对该文发表的《西京日报》的具体期数不能明确，待考。剪贴本的《王丰川先生学术述要》一文，极有可能是从这期报纸上剪下来的。《十八世纪中国之个人主义（individualism）者——杨双山先生》一文发表在党晴梵先生主办的《廿四月刊》1935年第1卷第3期，不过其体式为繁体横排，与该剪贴本《双山学案》的版式并不相同。至于《康太乙先生之著作及其遗迹》一文，其剪贴本页面的中缝隐然有抹去的"合阳中学丛书"字样。经查，其与党晴梵先生在中华民国二十三年(1934年)4月印行的"合阳中学丛书"之一《太乙子》的前言部分在版式上完全一致，因此可以断定其出自该书，这也说明该文在中华民国二十三年4月也已经印行了。

（二）《关学学案》两个稿本的文字内容对比

根据以上4个学案的发表时间可以断定，剪贴本实际上在1935年之后才可能出现。进一步结合剪贴本和缮写本的特点，也可以判断《关学学案》的剪贴本当在稿本之前完成。

其中最主要的证据，就是在剪贴本的空白地方，有不少用毛笔圈画的对原铅印稿内容做出的修改，而这些修改都无一例外地、工整地誊录在稿本中了。这说明党晴梵先生先把4个学案此前已经刊行的稿子收集在一起做了这个剪报，并对其内

---

① 党晴梵：《明人学术之探讨（续）》，《廿四月刊》1935年第1卷第2期，第10页。
② 曹冷泉先生的学生、南开大学魏宏运教授为曹冷泉之子曹春芷整理出版的《曹冷泉诗文集》所作序曰："在陕西，（曹冷泉）先生立即和西安文化教育界精英人士结为友好，并和武伯纶、党晴梵合作创办《廿四月刊》……"参见曹冷泉：《曹冷泉诗文集》，当代中国出版社，2012，第8—9页。

容重新做了修改和补正。兹举二例如下：

1.剪贴本第1页第3栏"中孚（李颙）奋起孤寒，读书力行，主旨在于'反身'，不但为关学之集大成，实亦姚江学说之反动"一句中，"之反动"3字为党晴梵先生在刊印稿上用毛笔所做修改，而在稿本第6页中，此三字则置于全句之中，统一为小楷字体。

2.剪贴本第2页第4栏有"阳明之致良知二字，真得圣学真脉，有功吾道不小"。稿本第8页所抄正文在"阳明"2字之下删去"之致"2字，边上用小楷批改补入"先生""致"3字。

类似这样的修改，在剪贴本上就有100多处，但都毫无遗漏地誊录在稿本的正文中了。这足以说明，目前所见到的这个《关学学案》的缮写稿本，是在对剪贴本《关学学案》誊清并进一步修改的基础上完成的，它的完成在时间上要晚于剪贴本，在品质上要高于剪贴本。

那么，这个缮写稿本《关学学案》是在什么时候完成的？

对于这个问题，一时难以判断。但根据稿本扉页党晴梵先生所题"卅三年三月十五夜待庐记"，仍可做出推测。众所周知，待庐是党晴梵先生的号，这一题款的时间是在1944年三月十五日夜。如果这一题款是在党晴梵先生整理《关学学案》的过程中或者整理完之后完成的，则可以结合这一时间和第2页中缝的题字，大致判断出在1944年的3月前后，党晴梵先生已经开始对《关学学案》进行整理，也大约在这个时候，他经过多次修改，最终形成《关学学案》的缮本四，并将其正式定名为《关学学案》，准备作为"待庐丛刊"之七出版。但是，稿本扉页上的诗句及落款也可能是在这个稿本完成之前，党晴梵先生随批上去的。如果是这样，那《关学学案》缮写稿本的完成时间则要推迟到1944年3月之后了。

由上可知，党晴梵先生《关学学案》中4个文稿的写作完成时间，主要集中在1934年8月至1935年6月之间。其先后顺序是：1933年8月18日完成《康太乙先生之著作及其遗迹》，1935年4月完成《溉堂、悔翁两诗人之诗》，1935年5月3日完成《王丰川先生学术述要》，1935年6月9日完成《十八世纪中国之个人主义（individualism）者——杨双山先生》。每稿均在当时报刊上发表过。而后党晴梵先生将发表过的原稿剪贴下来予以修订，这就形成了目前所能见到的《关学学案》的剪贴本。随后，党晴梵先生继续在剪贴本的基础上予以修订，从而形成了缮写稿本的《关学学案》。在这个稿本的修订过程中，党晴梵先生开始准备用《待庐读书札记》或者《关学研究》的名称，但最后确定为《关学学案》，并准备作为"待庐丛刊之七"刊行，未果。如此，则李克明、邓剑两位先生在《党晴梵先生生平大事纪略》中所持"党晴梵先生在1933年著《关学学案》"的说法不确切，准确的说法应该是：从1933年的8月开始，党晴梵先生陆续完成了《关学学案》中诸学人学案的初稿并予以发表,直到1935年之后,他才将这4个学案集中到一起修订,最终确定了《关学学案》的名称,并准备刊行于世。

值得一提的是,这4个学案的完成时间也在一定程度上体现了党晴梵先生的思想历程及其试图重新建构关学的思想进路。党晴梵先生于1885年出生于陕西合阳县灵泉村一个儒商家庭,家中有"寅清书屋",藏书颇丰。8岁时,先生即能诗,所作《燕蓟》诗有"吴江波划绿,隋苑树裁红"句,为时论所重。稍长,入古莘书院,受业于同邑名宿侯晋康、同玉章诸先生门下。同玉章先生为青门萍社社员,邃于金石,嗜于理学,先生早年之学多受其影响。早在民国二年(1913年),先生即著《冯翊耆旧传略》,为冯翊一带韩苑洛、张景和、李向若、李岸翁、王山史、王黄湄、康太乙、马相九、屈见心九先生做传。在此书中,先生言"此编不过示诸生以传记文之规模,非敢云著述也",然其对冯翊一带理学与诗文的关注亦由此可见。据曹冷泉先生《陕西近代人物小志》"党晴梵先生"条所言:

> (党晴梵)先生少富才华,慕稼轩、同甫之为人,关山戎马,历佐军幕,盾鼻磨墨,气吐风云,可谓先生之诗歌时期也。既而悔之,深自抑敛,读尽宋、明性理之书,著有《宋明儒学案补编》,以补梨州之遗。近年专攻社会科学,并以其原理著有《文字学》一书,以生产关系剖析文字发生之由,实为浼长梦想所不及,汇史学、字学于一编,诚不朽之著述也。近日更以科学之成果,铸金石甲骨之材料,著为《中国古代社会意识大纲》,此先生史学之时期也。①

曹著《陕西近代人物小志》出版于中华民国三十四年(1945年),其将党晴梵先生的思想历程划分为"诗歌"和"史学"两个时期,而这两个时期的分界点,约为1926—1929年。如前,党晴梵先生在1929年完成《明儒学案表补》之后,即开始对陕西文化和历史的研究。1931年,党晴梵先生在《西北研究(北平)》第2期发表《陕西文化的过去和未来》一文,这是先生开始陕西历史文化研究的标志性作品。随后在1933年,他将此文及数年前关于陕西经济等现状研究的论述结集,辑成《陕西之文化和经济》一书,完成了从经济、文化、政治等方面对近代陕西社会状况的研究;1934年,先生又从政治、经济背景和阶级分析的角度完成了《明儒学术之探讨》,这表明先生在这一时期已经从早年的革命生涯切入对理学的探讨和对陕西经济文化的关注,而《关学学案》中的4个学案也体现了先生由诗歌而史学、理学再切入关学研究的基本思路。

---

① 曹冷泉:《陕西近代人物小志》,樊川出版社,1945,第18页。

首先，他在1933年完成了《莘野学案》，在1935年完成了《豹人悔翁学案》，这两个学案的案主在关学中以诗文见长而理学并不突出。这两个学案的完成体现了党晴梵先生仍具有倾向诗文的特点。而两个学案完成的先后顺序，也体现了党晴梵先生从其最为熟悉的本县诗人康乃心出发，到三原孙枝蔚、蒲城屈复的研究过程。接着，党晴梵先生在1935年5、6月先后完成《丰川学案》和《双山学案》，可见其已经摆脱对案主诗歌文学的关注，而深入到对案主的思想特别是实学思想的探讨，这说明党晴梵对关学的了解已经从诗歌的角度深入到理学乃至史学的角度。其次，在这个过程中，党晴梵的研究方法也发展为社会学方法。尤其是在对杨屾思想的探讨中，先生不仅从社会经济、政治、文化的角度深入探讨了杨屾学术思想产生的原因，而且将之与关学中的李颙、李因笃、王心敬、王徵，与西方哲学中的培根、笛卡儿、斯宾诺莎进行了多维比较，对杨屾"个人主义（individualism）"思想给予了高度评价。这种开风气之先的研究视野，不仅是对传统关学史研究的重大突破，而且对当今的关学研究仍有重要的参考价值。如果再将党晴梵先生的《关学学案》与同时代的关学研究著作相比较，则可看出在他之前还没有人用现代社会学的方法和中西比较的观点来研究关学。故而可以判断：党晴梵先生的《关学学案》在关学的现代研究中具有开创性的意义，值得今人关注和研究。

通观现存党晴梵先生的著作，可知他不仅精通古文字学、金石学等传统学术，而且精通英文，兼通拉丁文、德文，对西方哲学、历史、文学等均有过深入的研究。学贯中西、兼容并蓄的学术特点，以及横贯中西古今的学术视野，在其学术著作中皆有反映。而党晴梵先生"亦旧亦新""承旧趋新"的学术特点，体现了关中学人在近代社会和学术转型中的精神走向，也值得今人思考和探索。

三、《关学学案》的整理

以上说明了《关学学案》两种稿本的体式特点及其完成过程，下面我们需要判断的就是这两种版本的关系，以为我们整理《关学学案》奠定良好的底本基础。

（一）底本的选择

如上所述，目前所见到的《关学学案》的稿本，是在对剪贴本《关学学案》进行誊清并进一步修改的基础上完成的，它更优于剪贴本。因此，这次整理便把这个本子作为底本。但这并不是说剪贴本《关学学案》没有可参考的价值。实际上，笔者在整理过程中发现，剪贴本的一些内容不仅能够补充稿本中缺失的部分，而且能够看出党晴梵先生在处理细节问题上的一些变化。比如：

1. 在稿本第5页讲到王心敬的生平家世的时候，"凡例又标明文字截止乾隆戊午，此时当"之后的内容没有了。但在剪贴本中，我们发现了与之相接续的内容，即"为先生卒年。（乾隆三年，即一七三八）享年当为八十三。即不十分切确，所差当亦不远也。兹拟先生生卒表与家世表如次"等字，以及党晴梵先生所列王心敬生卒表、家世表和第二部分的标题"（二）性理学"。据此我们补足了稿本所缺的内容。

2. 在稿本第52、53页记载康乃心先生的"故宅中，珍藏秦汉玺印近千方，一直到了清季光绪年间，有同县鲁某、何某，由他的后裔手上巧取来，转卖于古董商人，真是文献上一次莫大损失"。这里的"鲁某""何某"，在正文中原来是直接写出名字的，可党晴梵先生在修改时抹去了两人的名字，旁边分别着"某"字以代替。然而在剪贴本中，我们能看到这两个人分别是"曹子明""何在镐"。由此可以看出党晴梵先生虽然对这两人从康氏后裔手中巧取文物转卖牟利表示惋惜、愤慨，但在《关学学案》修订再版时仍隐去二人名字，可见他宽容待人的广阔胸襟。

3. 稿本第52页记载："太乙先生藏书很多，那是四五代积蓄。"剪贴本中此句之下则有一注释："自他的曾祖康惠民在山东做县知事，即以学术著，后来代代传承，至太乙而光大之。他儿子康无疾，也是一位大名家。关于他的世系，他日当别为文考之。"这条注释体现了党晴梵先生严谨的学术态度，也是研究康乃心的一条重要的线索。

据此，这次对《关学学案》的整理，当以稿本《关学学案》为底本，但仍把剪贴本《关学学案》作为主校本。

（二）整理校勘的原则

为适应现代阅读习惯，此次整理由竖排改为横排，且文字录入以简体为准。在整理点校中遵循以下原则：

1. 题名

稿本《关学学案》封面题有"待庐读书札记四""关学学案""稿本一""缮本四"等字样，第1页中缝也题有"待庐丛刊之七""读书札记""关学研究"等字样。但封面上的"待庐读书札记四"、第1页中缝的"读书札记"等字均用墨笔划去，第1页中缝的"关学研究"4字，涂去"研究"2字，改为"学案"。由此可见，党晴梵先生可能开始将此本称为"待庐读书札记"或"关学研究"，最后定名为"关学学案"。故而此次整理以"关学学案"作为书名。又因为此次整理为单行本，故亦删去第1页中缝"待庐丛刊之七""关学学案""合阳党晴梵撰"字样，直接题为"党晴梵撰"。

2. 目录

稿本《关学学案》原无目录，但封面有党晴梵先生手书"丰川、豹人晦翁合传、双山、莘野"等字，这次整理据此重新编订目录，即根据目录题字和正文次序划分为4卷，分别命名为《丰川学案》《豹人悔翁学案》《双山学案》《莘野学案》，并作为各部分的总题。正文题目除删去前标序号外，不做改变。

3. 文字

（1）稿本正文誊清且没有经过作者修改订正的文字，以稿本为准录入；个别难以辨识的，参考剪贴本判断录入，无法判断的存疑。

（2）稿本正文中出现的错字、别字及语句行文问题，作者已经做出批改的，以作者修改后的为准，不出校注。

（3）剪贴本出现的错字、别字及作者修改过的地方，在稿本中已经誊清、订正的，以稿本为准，不出校注。

（4）稿本、剪贴本中同一地方出现的、作者没有做出校订的不同的用字，以稿本为准录入，但出校注说明剪贴本用字。

（5）稿本、剪贴本中出现的错字、别字，作者没有做出校订的，直接改正，并出校注说明原本用字。

（6）剪贴本、稿本都删去且意思变动不大的，以稿本为准录入，不出校注说明；若删去的内容具有一定学术价值，则出校注说明。

4. 标点

《关学学案》剪贴本、稿本都标有民国时期的旧式标点，但相互有出入。本次整理以新式标点重新予以标点，以适应现代阅读。

5. 段落

《关学学案》剪贴本、稿本原来段落过长，这次整理重新分段；部分引文过长的，用楷体字标出，以示区别。

6. 附页

（1）稿本《关学学案》正文前的一段小记，经党晟先生及整理者认定，应与学案内容无直接关系，故此次整理只在"辑校说明"中加以提示，正文中不录入。

（2）稿本《关学学案》第39页夹有4张半页的中英文对照单词表，据党晟先生判断，当为党晴梵先生整理《杨屾学案》时手书笔记。因为非本书正文，故此次整理亦不收入。

（3）稿本《关学学案》第59页有一手绘图，据党晟先生判断，当为党晴梵先生整理康乃心学案时手绘草图。因为非本书正文，故此次整理也不收入。

魏　冬
2021年7月于西北大学关学研究院

目 录

卷一 丰川学案
  王丰川先生学术述要

卷二 豹人悔翁学案
  涘堂、悔翁两诗人之诗

卷三 双山学案
  十八世纪中国之个人主义（individualism）者——杨双山先生

卷四 莘野学案
  康太乙先生之著作及其遗迹

卷一　丰川学案①

王丰川先生学术述要

一、生平

甘泉江郑堂（藩）著《宋学渊源记》，对于关中学者，为武功孙夏峰（景烈）立传，而不为鄠县王丰川立传。附丰川于其师李中孚（颙）传中，仅寥寥二百余字，在取去之轻重上，殊属失当。然丰川之伟大人格，于此约略轮廓中，已可概见。其于著述，则略举目录，实于学术要旨，未能一一揭橥，以昭示于吾人，是则未免遗憾耳！

《宋学源流记》②：

> （李中孚）晚迁富平，率弟子王心敬传其学。心敬，字尔缉，鄠县人。少为诸生，岁试，学使者遇之不以礼，脱帽而出。居平不苟言笑，终日默坐③。有人问学。曰："反求诸己。"心敬学问淹通，有康济之志。所著④《丰川集》中，论《选举》《兵饷》《马政》《区田法》《围田法》《井利说》《井利补说》诸篇，皆可起而行，较之空谈性命，置天下苍生于度外而不问者，岂可同日而语乎？朱高安（轼）督学关中，数造庐请益焉。陕西总督额忒伦、年羹尧，先后上章荐于朝，两征不起。羹尧以礼招致幕府，心敬见其所为，骄纵不法，避而不见，亦不往谢，世宗（清雍正帝）闻而重之。乾隆初，有蒲城新进士应廷试，鄂西林相国（鄂尔泰）问："丰川安否⑤？"丰川，心敬之号也。进士不知何许人，茫无以对。相国笑曰："若不知若乡有丰川，亦成进士耶？"

李次青（元度）编《先正事略》，即取材于《宋学渊源记》，亦附丰川于《中孚传》中。其所增者，谓"《二曲集》二十二卷，为丰川撰次"一事。又谓："丰川生平论学，以明新止善为归。"其实，丰川《论大学》一文，固然所

---

① 此标题为编者所加。
② 剪贴本"《宋学渊源记》"后有"所记"二字。
③ "坐"，稿本、剪贴本原文均作"座"，误，径改。
④ "著"，稿本作"箸"，误，径改。
⑤ "否"，剪贴本作"不"。

言如此，然其学说主要处，则为"性敬同归"之义。又谓："著有《沣川集》（《集》作"丰"，不作"沣"）、《关学编》（《关学编》为冯少墟著。丰川所著为《关学汇编》，即续冯作也）、《沣川易说》、《江汉书院讲义》及《语录》等。"亦语焉不详。

以愚所见《丰川续集》，为先生重要著作。清乾隆十三年刊本，间有残阙，光绪十三年补刊。第六卷最后附鄠县知事钮福嘉一跋，系补刊时所增者。有云："丰川为渼陂（王九思）六世孙。"由此于二曲（即中孚）师门矩矱之外，可知其家学渊源。又谓："秦中自遭兵火，其书世不多见，余心疚焉。近承乏是邑（鄠县）簿书之暇，访求先生遗书于其嫡裔，惜所考订《尚书》《易》《诗》《春秋》诸经，版已无存。惟《续编》尚在（即《续集》），中间亦有脱失，余亟召梓人，为之补锓摹印，以广其传……"然则丰川之著述，今存世者，只此《续集》也耶？《续集》为先生第三子勋①所整理刊行。其《凡例》有云：

先征君《前集》，康熙丙申岁（康熙五十年，即一七一六），湖广制府额公（额忒伦）捐俸刊布，凡正续集二十八卷。《讲义》《经解》《外集》，又各自为卷。自丙申至乾隆戊午（乾隆三年，即一七三八），凡二十三年，先征君以微恙，辞谢聘召，闭门养疴，朝夕手一编，沈潜玩味，所养益邃，著述益富。其与当代大人君子相酬答，及与门人弟子讲说辩论者，较前刊倍多，今裒成三十四卷。至《五经解》各有全书，皆自成部帙，不在斯集之内。《前集》中凡论学、论政、类语录者，刻《正集》。交游往还之篇入《续集》，今不复分《正》与《续》焉。

《全集》②初刻于康熙五十五年，续刻③于乾隆十三年。（据《陈叙》）初刻有《正》《续》。其所谓《正》《续》者，当即《内集》《外集》之分也？继刻分明谓不分《正》《续》，何以又总名《续集》？想此"续集"二字，即增订再版之义也。其云"较前刻倍多，今裒成三十四卷，都六十万言"（见《凡例》），则已纳前者后者毕生著述于此一部帙也可知。今观《续集》全文，有语录、论经、论史、论政、论农、论兵、论禅、论宋儒、论音韵，以及往还应酬文字，附之以古今体诗，举凡吾国旧日所谓学问，无不包括之。

先生之学，固然以性理学为主干，然对经、史异常湛深，所持议论，平允透达，尤明晰当世形势，所以事功之学，实为特出。《宋学渊源记》所谓年羹尧礼聘

---

① 剪贴本无"勋"字。
② "《全集》"，剪贴本作"据此，先生集"五字。
③ "续刻"，剪贴本作"继刻"。

事，则《集》中无考。其于额忒伦、朱轼各大吏之专章奏荐，以全力拒绝，此中殆有故国之隐痛，而不肯辱身庑廷者。其生平持身之正、论学之密，皆可于《续集》中见之。曾一度主讲湖南之江汉书院。足迹所至，北及塞上，南及江南，海内学者，无不宗仰。文字往还者，显贵中有朱轼、额忒伦、鄂尔泰等，学人中有桐城方灵皋（苞）、襄城李礼山、宝应朱之挺、无锡顾畇滋以及门人等。

丰川家世，由《集》中所得者：

1. 六世祖，渼陂先生九思（明七子之一）——见《钮跋》。
2. 曾王考，迁木，字庆轩，配高孺人、闵孺人。
3. 王考，德玉，字汝爱，（高孺人出）配□孺人、张孺人、温孺人。

   叔王考，□□，字汝择。（闵孺人出）
4. 伯考，愷。（张孺人出）仲考，悫。（温出）考，忻。（温出）——均见《集》中《先王考墓志铭》。
5. 子三，功，勋，勒。（勒曾任太原、黄州知府）——均见《集》首。

至先生学历与生卒，虽无确凿年月可考，由《集》中《拟谢恩陈言疏》内可得者，有："臣年二十有五……从盩厔处士臣李颙，讲明性理，治理源流。学于盩厔者十年，在家闭户诵习者二十年。……迨五十六岁，臣母一旦见背，遂不觉左耳重听。及五十八岁，又得受风胸之症……刻今又十年矣……"题下注明雍正元年（一七二三），此时先生年已六十八，向上逆数，则生时当为顺治十二年乙未（一六五五）。凡例又标明文字截至乾隆戊午，此时当①为先生卒年（乾隆三年，即一七三八）。享年当为八十三。即不十分切确，所差当亦不远也。

兹拟先生生卒表与家世表如次：

王心敬，生于清顺治十二年（？），卒于乾隆三年（？），享年八十三（一六五五——一七三八②）。

```
        王九思
          |
          □□
          |
         迁木
          |
         德玉
      ┌───┼───┐
     愷   悫   忻
              |
             心敬
         ┌────┼────┐
         功   勋   勒
```

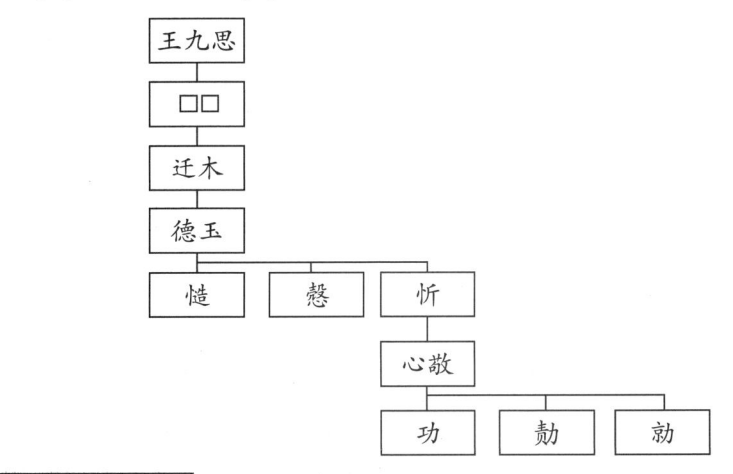

---

① 自"此时当"以下至王心敬先生家世表的内容，原稿本缺失，据剪贴本内容补入。
② 剪贴本原文作"一七八三"，考乾隆三年为"一七三八"，亦同于上文所记，径改。

二、性理学

丰川先生在关学中之地位，极其重要。关中学者自横渠（张载）、石渠（王恕）、谿田（马理）、苑洛（韩邦奇）、泾野（吕柟），皆一脉相承，以"居敬穷理"为依归。至少墟（冯从吾）受许敬庵（孚远）衣钵，遥接甘泉（湛若水）而提倡"透澈"。中孚（李颙）奋起孤寒，读书力行，主旨在于"反身"，不但为关学之集大成，实亦姚江学说之反动，此所以为明学全局之结穴，而又为清代性理学说之祖师也。丰川为中孚嫡派弟子，既大发挥"居敬穷理"之旨，（《续集》，卷一，十页）又创为"性敬同归"之义（卷一，七页），于关学为一大转手，其言"敬"之精粹处，有：

> 敬不是空空的只收敛此心，令不散乱；原是即惺惺中，时时事事、惟精惟一的意旨在内。又不止凛凛惕惕的不敢怠荒；原是乾乾翼翼而顺帝之则，保合大和的血脉，即具于此……（卷一，九页）。

只此数语，已较宋元明各家学说开扩不少。而先生学术之全体，已足令人认识。所谓"性敬同归"之义，有云：

> 尽宇宙名理的根宗，总不外一"性"字。尽六经四子千圣万贤发明学术的脉络，总不外一"敬"字……。就体统，论"道"论"学"，则"性"为"道"体，"敬"为"学"功；就血脉，论"性"论"敬"，则"性"即"敬"体，"敬"即"性"功。故舍"性"而言"道"者，"道"非其"道"；外"敬"而言"学"者，"学"非其"学"。且舍"性"而言"敬"，是为无米之炊，徒煮空铛；外"敬"而言"性"，是为不羁之马，任其奔驰。是则"性""敬"二字，不二视，则不得。何者？本体、功夫，义原自不同也。不一视，又不得。何者？溯其源流本末，实同归而不一贯也。然又必有宜知者：道有本原，非可袭取；学有宗要，不容貌求。天命之性，不杂一毫继起之气习者，此乃性之本源，而即道之本原也；存心之敬，一本吾性天之炯照者，此乃敬之宗要，即为学之宗要也。（卷一，七页）

程明道谓"性即理"，先生又说出"性"与"敬"之关系，从"性""敬"二字，建立其性理学体系。将"敬"字看得关系极大，并不是明人之"保聚收摄"所可能尽。"存心之敬，一本吾性天之炯照者"一语，较之姚江"致良知"之说，相似而实又进一层。对于关学素所遵守之"居敬穷理"，更能光大其说。

其言曰：

> 然却须必知其性，乃可云"穷理"；必尽得其性，乃可云"居敬"。"性"者，乃此"敬"不息之天行；"敬"者，即此"性"健顺之知能。"性"，乃此"理"各正之根底；"理"，即此"性"天然之条贯。若于"性"不能尽而徒言"居敬"，即其"敬"为念虑把持之"敬"。究之，无当于"成性存存"之天则。于"性"未能知而徒言"穷理"，即其"理"为名物象数之"理"，究之无当于"智崇礼卑"之血脉。（卷一，十页）

"敬"与"理"皆以"性"字贯澈，不但与"性敬同归"之线索不乱，亦为前人言之"居敬穷理"者所未道及。

其《语录》中，固然处处以孔子为人格标准、思想归宿，然于儒家以外之学说，不但不加以攻击，而且推崇之，如言：

> 杨子之为我，本是以义为宗；墨子之兼爱，本是以仁为宗；子莫之执中，又是以执中为宗。杨、墨之学，其实视后世口耳标榜之学为切实。子莫之学，其实视门户攻击之学为和平。（卷一，十五页）

此皆为宋明人所不敢道及只字者。至其对于阳明之态度，亦极公允。愚常谓，二曲"反身"之说，实为阳明"致良知"之反动。丰川承其师说，虽不以顾端文、高忠宪、冯恭定各家之攻驳为然，然亦于不满意于阳明处，则又直道之而无所掩饰。如言：

> 阳明先生"致良知"三字[①]，真得圣学真脉，有功吾道不小。"知善知恶是良知"一语，尤为的确痛快。第"无善无恶心之体"一句，即告子"无善无不善"；佛氏"无静无垢"之旨，因为五证以明之。迨今细味五证，虽非原情之论，要是有窍之驳。呜呼！驳之者有窍，岂非言之者原为人留之间隙乎？吾且愿酷信阳明者，当鉴人有窍之驳，知其所自反而无轻为之原而仍陷前非也？（卷一，十六页）

此不为阳明曲护，其态度是何等光明磊落？至引证孔子与周濂溪[②]学说，

[①] "三字"，稿本作"二字"，误，径改。
[②] "周濂溪"，稿本作"周莲溪"，误，径改。

殊能发现孔与周说之底里,其胆大心细处,决不是盲从古人者,所可望其项背。如谓:

> 至如《论语》,记吾夫子之心诣,"毋意,毋必,毋固,毋我"。意也而毋之,我也而亦毋,不几分明类佛耶!……周子,近代群推开理学之宗传矣。孔子分明说易有"太极",而周子则顿反原旨而增之以"无极",不分明涉老氏之宗耶?自有《论语》以来,则不惟不敢议夫子之心诣为类禅,而且共尊其圣德之同天。(其实是佛类孔子,非孔子类佛)自宋理学提倡以来,不惟不敢议周子"无极"之说为类老,而且共推其见解之渊微……(卷一,十七页)

在此等处,已冲破儒家"信而好古,述而不作"之藩篱。其实更足为儒家建立伦理基础,反较之遮掩弥缝、欲盖反彰者,其识力已高出多倍!宋明人讲性理,无非"内禅外儒",然又无人不辟佛,以为之饰词,经数百年而不易。至先生始大胆道出孔子之思想中有佛理,周氏之学说与老子无异致,能不谓之思想大解放乎?所以丰川之学,在关中为一大转手,更鲜明其为清代之性理学者,决非宋明人言性理学之余波也。

以上只就《语录》中,寻出丰川思想之系统。至于《书答》中语,每具体而不多及于思想。惟惜《五经经解》及《江汉书院讲义》,版已散轶,无从搜寻耳!

三、经史学及事功之学

自六朝时,禅学输入中国,布濩流播,思想丕变,遂形成宋、元、明性理学说。既在思想上发生变化,即研究学术途径上,亦与汉、唐人大不相侔①。前经宋代各大师之殷恳讲求,后经明成祖之颁布三《大全》(《性理大全》《四书大全》《五经大全》),于是一般学人,无不在"性"字、"理"字、"天"字、"敬"字、"诚"字、"欲"字、"知"字、"行"字……一类抽象名词中绕圈子。明代关学,初以严守程朱壁垒为职志,少墟、中孚各有心得而为之转变,至丰川感受清初学术思潮,由性理学研究所得者,既已突过前人。此外对于经学、史学,皆有极深研究,尤以史学蔚为丰川学术之中心。由史学演释而出者,即愚所谓"事功之学"也。(《集》中言水利、仓储、防边、农政一类皆是)此亦时代使之然欤?

昆山顾亭林氏(炎武)倡"经学即理学"之说,(见全谢②山《鲒③埼亭

---

① "侔",稿本作"眸",据剪贴本改。
② "谢",稿本作"榭",误,径改。
③ "鲒",稿本作"结",误,径改。

集》:《亭林先生墓表》)举世风气,为之转换。顾氏久寓关中,主华阴王山史(宏撰)与富平李天生(因笃)。王、李皆与中孚友善,顾尤心折中孚。王最熟悉前代掌故,(见所著《砥斋集》)李亦喜谈兵农漕运,(见所著《受①祺堂集》)丰川受学于中孚,从师客富平多年,能不谓受其熏陶乎?当时读经之风,必然大盛,所以顾氏有"秦人慕经学,重处士,持清议,实他邦所少"之语也。(见《先正事略》卷二十七,二十一页)斯时,浙东黄氏(宗羲)以史学重镇著于时,其弟子万季野(斯同)预修《明史》,为世称道。梨洲②与③中孚往来綦频,对关学更为钦佩,所以《明儒学案》亦有"风土之厚,而又加之以学问者"之语。(见《三原学案·叙言》)丰川学术思想,此又不能不受其影响者。

所以先生《集》中,研究经学部分,有:《论读经》《三礼赘言》《四礼宁俭编》《大学古本说解》《答问格致补》《井田存疑》《封建宗亲说》《答一峰论易说》,此皆关于经学重要文字。其他专书,我们不得而见之,《五经讲义》更勿论已!先生每用综合比较方法研究,多有心得,尤以富于"疑古"之精神,而断不为古人成说所囿,为所难能。论《礼》,取其俭。论《大学》,主古本,而以朱晦庵为欠虚怀。(卷四,二页)论井田,以为古代必无;论封建,而曰"然在后世,井田必不能复,即封建亦不能行"。(卷四,十九页)此等见解,直使溺古之流,认三代为黄金时代者,为之咋舌。即版本之勘校,亦非寻常章句小儒所能窥测。

至其所论选举、积贮、水利、筹边、兵粮,以及井利、盐法、理财、课吏、马政各项,援古证今,熟于利弊,详于形势,谙于社会情状,要皆以史学为之基础,所以与朱可亭论《明史》,与逊功论《关学汇编》,其于史之三长,才、识、学宜其皆有根底也。论选举,极不以八比取士之科举为然。如言:

  积习相沿,只借前圣之经籍敷衍,排为通套排比之文,作进身之途径耳。而其实经籍自经籍,士学、士行、士品,各自成其为士之学行品格。不但无裨实用也,且中间积习之弊,重为世道人心病而莫之能医。(卷六,一页)

则不满意当时士人之学行品格,已溢言表。先生心目中之所谓士,"则一去八股通套之文,而一尚于本实。首重伦常品节,礼义廉耻,次课经书已"(卷六,二页)。附以保举、铨选,培植将材,其说皆有条理。

---

① "受",稿本作"寿",误,径改。
② "洲",稿本作"州",误,径改。
③ "与",稿本作"于",误,径改。

论积贮，则以为义仓、社仓、常平仓宜并设。（卷七，三十五页）其欲禁止烧酒，不意竟与近年以前北美合众国之政策相似。

其论水利，则曰：

> 水之在天下，不为利，则为害。而水害之未除者，正以水利之未修也……决排，所以治下流；沟洫，所以治上流也。沟洫举，则昔之为害者，皆可以转而为利矣。（卷八，一页）

实为千古治水不易之论。言陕西水利，附于筹边各论中，其主张不在重修郑白一渠，而在修理咸宁三川，以及盩厔、富平、华阴、韩城、凤翔、岐山各水。对于甘、凉各地之水利，亦皆言之极详，尤以《畿辅水利论》（即今河北省），为特具只眼。疏导北平西南之水，一入运河，一入西沽。下流筑堤，以防泛滥；上流开渠，以利灌溉。实合元虞集、明邱浚、徐贞明、李继贞、汪应蛟、左光斗各家治水之说而采其长。不意二百年来，河北省至今犹以河患为虑，遑言其利。近日报纸连载河北省开防河会议，令人不能不为之思念先生也。

对于防荒，不惮再三叮咛。盖西北为大陆气候，雨泽常稀，先生身已数经大旱，故言之分外亲切。其方法，注重预防，至赈济则不过为补救之一道而已。防荒以开渠凿井为急务，故于水利之外，有《井利说》《井利补说》诸文。所附《区田》《圃田》各说，亦皆为经验之谈。在奥国费利浦氏所著①之《农业政策》（马君武译）中，所言农业技术，亦不过如斯。（手工业之农业，当然不能较先生之法再胜。至于近日美、俄两国农业已机器化，则非二百年前之人所能谈及。）

其筹边各论中，论陕边，论西边（指甘、新），论剿苗，皆详于策划。因先生曾亲至宁夏各边塞，又入年羹尧幕府，（见《宋学渊源记》）所以言之凿凿。论兵粮，言"长运不如转运"，不但为饷糈无缺计，实为节省民力计也。其他论盐法，论理财，论马政，论课吏，亦绝非空谈。

明人多不注重小学，其研究训诂与音韵者，仅黄五岳（省曾）数家。先生《集》中，则详论及音韵，此又显见其为受清初学术之影响，亦治经者必须之道路。关辅学者，如兴平之杨双山（屾）著《豳风广义》，提倡农业；朝邑之李桐阁（元春）建修义仓，预防荒旱；（国内仓储规模，以苏州为第一，朝邑为第二。）咸阳之刘古愚（光蕡）注重工业；长安之柏子俊（景伟）留意军事。二百来年，士多敦品重学，不能不谓非丰川先生之流风遗韵有以导之于前也。

---

① "著"，稿本作"箸"，误，径改。

丰川学术，其受顾、黄各家之熏陶，《集》中尚有事实可迹。愚又疑先生持身与求学，往往深似颜（元）、李（塨），因《集》中无痕迹可寻，故不敢贸昧言之。但皆同时人，或者不无间接影响耳。

《中孚全集》，为丰川手编，故次叙井然。《丰川续集》，为其子勋所刊，倩平湖陆纶、黄冈靖道模二人校勘，不免凌乱，是在则我辈后之学者为之整理也。

民国二十四年，五月三日

卷二　豹人悔翁学案[①]

溉堂、悔翁两诗人之诗

一

关于诗："风"始二《南》，"雅""颂"始丰、镐，五言始苏、李，七言始柏梁，要皆在今日之陕西也。流风余韵，布濩无穷，唐宋以还，代有作者，洎乎明清，尤不乏人。据刘九畹（绍攽）所辑《二南遗音》，共得清代诗人一百四十余家。李桐阁（元春）编《关中两朝诗钞》，搜罗尤多，如明之对山（康海）、渼陂（王九思）、空同（李梦阳，庆阳人）、太青（文翔凤），清之天生（李因笃）、雪木（李柏）、黄湄（王又旦）、莘野（康乃心）、圣秋（韩诗），皆其卓然成家者。然予独心仪乎溉堂与悔翁。

溉堂之诗真而朴，悔翁之诗哀以思；哀思固属性灵，真朴更非修养不可。岂尽气质之不同，抑亦环境有以使之然也。汪舟次（楫）评溉堂之诗，谓其："朴处到不得，俚处学不得，愈俚愈古，愈朴愈秀，读书一万卷，养气三十年，乃能办此，未许草草读过也。"王阮亭（士正）则谓："焦获先生（即溉堂）诗，上溯汉乐府，及其波澜壮阔，乃与陶、杜无不吻合，非由陶、杜以学汉人者也。"（均见《溉堂集》卷二）陈迦陵（维崧）谓其："时时作秦声，为其思乡土而怀宗国。"（见《溉堂集·叙》）施愚山（闰章）谓其"为英雄本色"。（见《溉堂集》卷一）其他吴宾贤、张稚恭、李屺瞻、王幼华、王西樵各家，率皆以朴质评之，又有谓其似储光羲者，有谓其似刘青田者。惟溉堂自谓"要与古人作儿孙，不与古人作奴婢"，此语极为魏冰叔（禧）所称道，实亦溉堂善于自况也。（见《溉堂续集》魏叙）

予谓溉堂之诗，适如其人，身历国变，干戈偷生，杀贼未遂，匿迹盐策，其志大可悲矣。垂老犹不得安于林泉，执政者必欲征召之，以冀消除故国之思，虽不能为李中孚之抵死抗拒，然一莅都城，翩然而返，其不愿侧身于下首阳之夷齐队中可知。其心之苦，志之洁，行之芳，当非同时应征之竹垞、荪友、羡门诸人所能望其项背，故其诗亦断非当时流辈所可企及。在维扬，虽与西樵（王士祯）、阮亭兄弟称莫逆，亦曾和红桥《冶春绝句》，却并不为举世风靡之"渔洋体"所熏陶。虽曾与梅村、芝麓诸老辈相往还，亦未曾黏染明末排偶侧艳之余

[①] 此标题为编者所加。

习。又不似前后七子之貌袭汉、魏而实土木形骸,更无论乎公安、竟陵也。其古体,仪态万方,莫可言喻,正如陈迦陵论诗所谓:"静如玉洁,动若玑驰,徘徊要眇,便娟依迟。譬之大海安澜,澄莹皎洁,明镜如拭,千里一色,继则鱼龙夭矫,珊瑚络绎,鲛人怪物,波委云翻,属于其际,卒之,江妃一笑,成连移我矣。"至于近体,"起伏安顿,承接照应,情事互宣,波澜莫贰,忽焉而始,不知其所自,卒焉而止,不知其所终。抑扬浓淡,反覆悠长"。亦正如迦陵之论。(见《迦陵文集》卷四)此皆就其诗之格调音节言之。若其内容,实亦不能外"思乡土而怀宗国"。由此推之,眷怀庐墓,系念田园,不忘故旧季昆,情至言切,语重心长,境地光明,音韵郁苍,尤能干之以风骨,铸之以经史,故予于"朴"字之外,而又益之以"洁"与"真"。知此,庶可以读溉堂之诗。散文纯以气行,即有骈排,不为词累。诗余颇似辛幼安,或者因明亡后与屠宋时所遭际相同也耶?

溉堂老人,孙枝蔚,字豹人,陕西三原人。生于明泰昌元年,卒于清康熙二十六年(一六二〇至一六八七,见其季子孙匡《溉堂后集叙》。匡谓生于万历庚申,考庚申为光宗泰昌元年,因改正之),据《迦陵文集·溉堂诗叙》云:

> 甲申,李自成作乱,孙子结同里恶少年数十人杀贼,天阴月黑,失足堕土坑中,追者垂及,属有天幸,得不死。绕身走广陵(即扬州),学小贾,则已倾广陵诸中贾,稍学中贾,则又倾广陵诸大贾。孙子学中贾之三年,三置千金,诸大贾日以肥肉大酒啖孙子,孙子益饮啖自若,旦日出扬州北郭门,而鸣筝踥屣之相随者,踵相接也。一日,忽自悔且恨曰:"丈夫处世,既不能舞马稍,取金印如斗大,则当读数十万卷书耳,何至龌龊学富家为?"于是自秦迎其妇来,僦居于扬州之董相祠旁,闭户日读书,间为诗,而自曼声以歌。孙子既歌诗而家渐落,诗益工,歌益甚,而家乃大落。人或咎孙子,孙子益行歌不辍也,曰:"尔曹何为者?"

又曰:

> 孙子诗数十卷,名《溉堂集》。溉堂者,即董相祠旁,孙子僦居处也。《诗》不云乎:"谁能烹鱼,溉之釜鬵?(《陈风》)"孙子以是名其堂也,其犹秦人之志也?(《迦陵集》卷一)

又据李次青（元度）《先正事略》：

先生年六十举博学鸿词，（康熙十八年己未，即一六七八）时有奔竞执政之门者，先生耻焉，求罢不允，促入试，不终幅而去。会一特诏，布衣处世有文学素著、老不任事者，授京衔以宠其行，及格者八人，先生与焉……予中书舍人。初吏部集验于庭，独卧不起，旋被敦促，乃逡巡入。主爵者见其须眉皓白，引使前曰："君老矣。"先生正色曰："未也，我年四十时，即如此。且我前以老求免试，公必以我为壮；今我不欲以老得官，公又以我为老，殊可怪也。"当事愕谢，卒以老官之。

又谓："世为大贾，业盐策，甲申之乱，年二十有五，散家财，求壮士，起义不果。"又谓："先生性伉直，以世乱，好谈兵，家毁于贼。"（卷三十八，文苑类）《三原县志》《陕西通志》所记同此，《先正事略》当即取材于志书。王泓泽《溉堂后集叙》谓："先生于癸亥间（康熙二十二年）依武昌制军董某幕，是时先生年已六十四，由京归来已四年矣，由是南游衡湘。"颇可补他书记载之不及。

此寥寥记载，又多避忌，实不足以窥见先生，并不足以窥见其诗，今幸《溉堂全集》具在，试略由诗中考之，则先生之行谊，光如日星，而诗之精髓，亦可得而概见。

甲申为明崇祯十七年，亦即清顺治元年（一六四四），《集》中五言古诗有《避乱杂诗》，惜版多挖去，当因有忌讳语。次年乙酉，即顺治二年，有《览古》十首，颇类魏徵之感遇诗，殆先生有志恢复中原之始。又有《与客二十人夜发三原赴张果老崖》三首，即是当时先生举兵之确证。此时李自成与张献忠皆走死，南京之小朝廷①亦陷，唐王隆武帝新立福州，而先生忽于此时高竖义旗，讨闯乎？抑响应隆武乎？固不待问而知，后来因新朝忌讳，殆不得不掩饰之，谓其为欲讨流贼也。其第三首，有句云：

　　山后两头领，部伍不相连。
　　借问彼何人？同袍戒勿言。
　　此辈实大盗，劫掠已十年。
　　昨慕郭君义，勉强效周旋。
　　豪杰起草泽，不复择愚贤。

---

① "廷"，稿本作"庭"，误，径改。

由此可知先生所号招者，实当时之流贼，所以陈迦陵谓之曰"恶少年"，岂有欲讨灭流贼，而反招致流贼之理？"豪杰起草泽，不复择愚贤"，其意尤为明显。卒以：

> 入山无所食，阴雨何绵绵。
> 打粮五十里，近山皆石田。
> 此地久用兵，人家遭播迁。

而未得成就其越石、幼安之志，惜哉！惟第二首，所谓：

> 郭君建义旗，尽室离泾阳。
> ……………
> 哀哉无王命，布衣念封疆。

则此为首领之郭君，其名竟湮没而不彰矣。又有：

> 与国雪大耻，何用恤杀伤。

此联绝不是愤激语，确有破釜沉①舟之概。丙戌（顺治三年），有《怨别》《行子吟》《乱后初抵广陵喜见家兄伯发》诸作，因举事不成，不堪家居，乃远之扬州，隐于盐策。是年又有《读郑所南作文丞相叙》一诗，则以所南翁（郑思肖）自况矣。从此流寓维扬，虽事渔盐，实不满意于商贾，所以庚寅（顺治七年）有《久雨》云：

> 邗水非黄河，亦从天上来，
> 滚滚鱼与鳖，走上凌风台。
> 何处有仙鹤，骑去不复回。

不但戟指而骂尽扬州商贾，实发泄其满腹牢骚，王阮亭谓此首为"嵚崎历落"，则仅就格调言也。至壬辰（顺治九年），始葺溉堂于董相祠畔，有《溉堂诗》二首，其第一云：

---

① "沉"，稿本作"沈"，误，径改。

> 溉釜待烹鱼，怀音俟西归。
> 古之伤心人，立言婉且微。
> 我本西京民，遭乱失所依。
> 田园久乖别，结网羡渔矶。
> 幸赖同心友，相过饱蕨薇。
> 闲则坐我园，谈说旧郊畿。
> 因而名我堂，风诗旨不违。
> 却思千载上，宗国事夷狄（此二字原版挖去，今补入）。
> 对酒不能饮，涕泪相与挥。
> 家人或未察，私笑在房帏。
> 春月方娟娟，春花亦菲菲。
> 何为客与主？愁叹非寒饥。

满腔心事，跃跃如现，曰"相过饱蕨薇"，则以首阳自拟；曰"宗国事夷狄"，此所谓"夷狄"，非指满清而何？"对酒不饮，涕泪相挥"，诚哉其为"古之伤心人"也！七言长诗，有《辞墓》《留别里中诸友》，亦当是赴扬州时所作。但题下注明乙酉，恐属丙戌之误。有句云：

> 身不能采首阳之薇，复不能进圯桥之履。
> 年二十外称游子，冲寒面发葡萄紫。
> …………
> 请听我一言，欲言声复吞。
> 豺狼满野虎在门，慎无轻生丧其元。
> 归来寻汝桃花源，但问坿上之鸡栅中豚。

其意亦明显。五律有《潼关》《闻败军已破县城》《除夕》《为农》《不得大兄消息》《村居》，皆癸未、甲申间感时伤乱之作。《昨有》一首，则为弘光而出，有句云：

> 朝廷忧四镇，宫女盛千人。

所谓四镇，即黄得功、高杰、刘良佐、刘泽清。仅十字，已将南京之主庸将骄，活跃画出。《与客宿古庙》《读兵书》《慕容庑》《无灯》《北山》诸首，皆乙酉起兵时作。所谓"北山"，当即张果老崖。七律有《甲申述忧》《眼前》《甲申春日记事》，亦皆国变时所作，惜原版挖去不少。其《拜王葵心先生墓中作》，有句云：

> 宋朝还有叠山在，
> 王莽其如龚胜何！

仍是自况。《村夕》四首，有句云：

> 谁知两党皆亡国，
> 敢恨边臣久失机。

则于明季所谓清流，不无微词，此皆重要篇什。他若：

> 盗贼翻能除蠹吏，公卿枉自学财奴。（《甲申记事》第二首）
> 杀戮眼中半名士，君今安稳到黄泉。（《挽胡彦远》）

皆纪实语，亦最沉①痛语，以上皆先生四十岁以前作，载于《溉堂前集》。其《续集》中重要作品，五律有《部议初授布衣及生员、贡监生年老者六人，为司经局正字。疏上，特进内阁中书舍人，复未与试者二人同授是官。再纪二诗》《出处》《久客都门旁观知警而作》，七律有《归兴》四首、《六十纪事》，六言绝句有《出京》三首，七言绝句有《处士三人被召不至美之以诗》三首，皆己未年（康熙十八年）作，即开博学鸿词特科之年，时先生年已六十。其诗小序足补他书之所未及者，则授中书之六人，为王方谷、吴锺仁、申维翰、邓汉仪、王嗣槐与先生；后增二人，即傅山与杜越。此八人中，惟先生与青主（傅山）最知名。三处士为魏凝叔（即魏禧，或称冰叔、叔子）、李中孚（即李颙）与应嗣寅。

在诗之技术方面，其阅历富，读书多，仿佛入百宝之室，取之不竭，造意迥不犹人，章法更脱尽恒蹊，以气胜，以骨胜，其篇章皆生平记事之作，并非苦吟而刻意为之，故能信手拈来，皆成妙谛。无论当时举国宗为盟主之王阮亭，专在清新处着眼，气魄不足以敌之；即吴骏公之称为一代诗史，亦殊嫌其卑靡无力也。溉堂之人之诗，皆不可以常法绳之，尤不能以庸眼视之，其生平忽而杀贼，忽而经商，

---

① "沉"，稿本作"沈"，误，径改。

忽而读书，忽而却聘，固其诗亦变化万状，莫可端倪，人杰也哉！诗伯也哉！诗似李太白，而骨力尤胜，人似刘越石，而处身更坚苦。阮亭每谓其诗似陶、似杜，魏叔子谓其似储、似韦、似柳、似青田、似青丘，皆就一斑而论，未及全豹也。其近体之行气，亦同古诗，更不易到，如《江上遇张坦公先生》云：

先生昔宰三原日，贱子尚为童子年。
白首相逢大江上，青山欲哭夕阳边。
难言易水图秦事，却授香山宦浙篇。
袖去篷窗长展读，愁风飒飒起炎天。

真如河出龙门，一泻千里，然对仗却甚工，大手笔也。阮亭首唱《冶春绝句》，当时和者数十家，先生亦有和作二十四首，又有后二十四首，其词多抑郁悲凉，不似他家之哀感顽艳，所谓"伤心人别有怀抱"。今举其三：

九十春光去如鸟，三十宫女化为云。
酒旗飘扬琵琶急，那识邻家哭上坟。

韦杜人家花正飞，春风何处少渔矶。
多情却胜子规鸟，劝我他乡不劝归。

玉钩斜畔鬼迷人，怨魄逢春未识春。
借问前山诸老衲，钟声能忏几歌唇。

试以阮亭《枣花廉子》诸首比拟，则一如青苍老兵，一如裙屐少年。无怪迦陵谓："尝喜读《秦风》以自豪。而吴中诸里儿，第能歌《西曲》《寻阳》诸乐府，其声靡靡不足听也，即向者绵驹、王豹，所骂为不值一钱矣。"（见《迦陵文集》卷一）

至先生家世，仅于《癸未十月十日》一诗中，知其父亡于此时。又于他诗中知家有继母，有长兄伯发商于扬州，有五兄官于屯留，有十三、十四两弟，有妹，五子，季者名匡。有数女，有孙，有姬人。先生足迹既广，尤喜交游。关中三李，中孚、雪木皆未谋面，故有句云"生平不识李中孚"。天生似亦少往还，王无异亦于诗中未见。乡人中情谊最笃者，为李叔则、王幼华、张稚恭、李屺瞻、韩圣秋诸先生。海内名辈，如龚孝升、李太虚、魏叔子、阎百诗、龚半千、王子一、吴梅村、尤展成、杜茶村、黄九烟、吴天章、周栎园、汪苕文、施愚山、陈其年、冒青若、洪昉思、姜如农、如须、汪舟次、季角、梅耦长、邓孝威、查尔瞻、吴兰次、姜西溟、彭羡门、孙无言、程穆倩、方尔止……皆有唱和之作，尤以与西樵、阮亭兄弟为执友。

《溉堂前集》九卷，《续集》六卷，《文集》五卷，《诗余》二卷，康熙十八年初刻于北京，其后季子匡与其侄孙居真再刻于三原。又有《溉堂隅说》四卷、《经书广义》四卷、《古今称谓汇编》若干卷，未梓行。其稿亦不知散佚何所。

二

清康熙十八年（一六七九），开博学鸿词特科，关中以鸿词荐者有李天生、李屺瞻（屺瞻未第），以处士征者有李中孚，以布衣文学召者有溉堂。乾隆元年（一七三六），复开鸿词科，荐举者有屈悔翁。悔翁视溉堂为后进，其年龄约小于溉堂四十岁（溉堂生于明泰昌元年，悔翁生于清康熙六年）。溉堂殁时，悔翁当已二十余岁，两家集中，未见往还痕迹，想因溉堂久客扬州，及悔翁远游时，则溉堂恐已归道山矣。今《弱水集》中，有《谒李子德太史》（即天生）及《过贞贤里》（即李中孚故里）诸作，是悔翁犹及瞻仰二李，二李与溉堂并世，悔翁未及见者，则机会为之耳。李次青编《先正事略》，附悔翁于《溉堂传》中，则以两家皆以诗鸣故。

有清初叶，王阮亭以尚书尊位，主持坛坫者数十年，其论诗标"唐贤三昧"，专主"神韵"，所谓"香象渡河，羚羊挂角"者是。从此举国风靡，无不效颦于"渔洋体"，然而前有溉堂，虽与阮亭友善，其诗自成一家；后有悔翁，亦不屑依傍王氏门墙。《弱水集》中，虽有和王《秋柳》七律四首，其风格正自不同。悔翁论诗，于赋、比、兴之外，专以寄托为主，谓"陶之饮酒，郭之游山，谢之登仙①，左之咏史，彼自有所伤心，而借题发挥，未可刻舟以求剑也。"（见《同州府志》）其集中咏物、怀古之七律，当即悔翁之所寄托，惜今日对于当时史实，多不明了，竟成玉溪《药转》之什，独恨无人为之作郑笺也。

屈复，字见心，别号悔翁，陕西蒲城人。《蒲城县志》《同州府志》皆有传，然过简略，《先正事略》即取材于两志。诗集以体分类，由少自老，依次排列，然非编年，仅于题目下，偶尔自注甲子。在此极少之证据中，勉为寻释，知其生于康熙六年，卒于乾隆十三年（一六六七至一七四八）。集中有《乾隆丁巳，予年七十，宗族选嗣侄曾孙泰来为后，戊午书至，喜而有作》五言长诗。丁巳，为乾隆二年（一七三七），悔翁年七十，从上推之，当生于康熙六年，无可致疑。又有《送家文瀚之任》一诗，小序云"辛酉三月"，以后再有四诗，皆未

---

① "仙"，稿本作"山"，据剪贴本改。

注年月，当是绝笔。辛酉为乾隆十三年，此时悔翁年已八十有一，或其卒年也？由《私怀》一诗中，知其三岁丧母，十四丧未婚妻王，仅有一老父在，其后出游时，有《别草堂》《别姊》《别病妇》《别邻人》《别先君墓》诸诗，知其已娶而其老父亦殁矣。据《县志》，谓"年十九试童子第一，忽弃去，走京师，学诗者多从之游"。其实由诗集中考之，则先至襄阳、洛阳各地，若关辅诸邑，则少时足迹已至，其后始经太行山而入北京。在京师时，怡亲王慕其名，欲延致门下，闭户不纳，赋《贞女吟》以见志，其词云：

  女萝虽小草，不愿附松柏。平原赠千金，仲连笑一掷。
  妾身非仲连，妾心亦非石。修竹倚天寒，织锦秉刀尺。
  餐英饮兰露，聊度风雨夕。细微鸿鹄志，愿终此清白。
  感君风云意，千金非所惜。荔枝生东粤，橘柚生南国。
  荔枝不知西，柚橘不知北。物性固虽移，谢君丘山力。

其后浪游大江南北及浙东西。张尚书廷枢上章屡荐，力辞不出。乾隆元年，杨尚书超曾以鸿词科荐，仍坚不试。赋《感遇》三十首，亦《贞女吟》之意。无子，妻死不再娶，集中有《伤逝》三首，当是悼亡之作。晚年卒于扬州。著《弱水集》二十二卷，其诗二千二百一十七首，删去者尚不计。古今诗人，除陆放翁外，恐无此数量之富。诗集刻于乾隆十七年，同县贺克章助其成。（见马《叙》）又有《楚诗新注》，乾隆三年刻于北京；《玉溪生诗意》，乾隆四年刻于扬州，道光十年其后人重刻于蒲城。先生之诗，即由《楚词》与《玉溪诗》中得来，故二书为其毕生精力所寄之作。

关中理学，自有壁垒，关中文学亦自树一帜，如溉堂之瑰奇，悔翁之哀感，尤其能自振拔者。悔翁五言古诗，简静明洁，一本汉魏，其《枞阳姚烈妇》一首，两千三百余字，殊不亚于《孔雀东南飞》。七言古诗，用笔婉转，夭娇生姿，其《流曲川》《红芝驿》数篇，可作稗史读。古乐府，嬉笑怒骂，无非文章。其含蓄蕴藉，寄托遥远，为生平独到者，则七言律诗。《书中干蝴蝶》二十首，确属自传；《雁字》四十首，亦即王船山之意。其他《黄牡丹》《红梅》《瓶梅》《落叶》《秋草》《秋柳》（除和渔洋四首外，又有八首），以及《洛阳》《金陵》《杭州》诸诗，表面似乎为咏物怀古，然而内涵者皆当时史实，所以马授畴评《黄牡丹》云："吊古诗，赋体且难之，出于寄托更难。二十首，首首花，首首事，无一字无来历，无一字不切实，其难何如哉？雄浑壮丽，情致缠绵，又难之难者。"以私意忖度，其诗大半为慨吊亡明，亦"眷怀宗国"之意也。《书中干蝴蝶》，流传最广，当时和者亦最多，兹录其二：

几番相见百花丛，何事飞来汗简中。
金谷枝枝如昨日，银笺叶叶起春风。
铭先瘗玉魂难化，定后翻经色未空。
谁识霓裳羽衣曲，乌丝栏是紫深宫。

花开花落已堪悲，况复生花梦别离。
无可奈何青草路，不如归去绛纱帷。
松烟映月明残粉，竹素薰香洗艳思。
比似飘零桃李下，翻教风雅笑情痴。

悔翁生于关辅，其诗音节不焦杀而缠绵，类乎《离骚》，又似玉溪，或亦身世使之然也？生平不喜渔洋，所以《论诗三十四绝句》云：

文章生死判升沉①，忆奉渔洋迈古今。
此日尽讥好声调，披沙那肯拣黄金。

于明人中亦不喜李空同，所以又有：

先知兵马备辽东，撼树蚍蜉恐未公。
俊逸终怜何大复，粗豪不美李空同。

由此可知先生之旨趣。

溉堂流寓扬州多年，悔翁亦流寓而且卒于扬州，其他关中人士，如叔则、幼华、稚恭、屺瞻、圣秋，亦多往还于扬州，想此时维扬商业，必与陕人关系极多，不然，何如斯之夥也？背景如斯，故附及之。

我非项斯，也来说诗，世有知音，幸勿以"盲人谈象"见讥也可。

民国二十四年四月三日②脱稿

---

① "沉"，稿本作"沈"，误，径改。
② "三日"二字据剪贴本补。

卷三　双山学案①

十八世纪中国之个人主义（individualism）者

——杨双山先生

一、杨双山在学术界之地位

三百年来，关中学者：中孚（李颙）既建立"反身"哲学的体系，丰川（王心敬）增以"性敬同归"，益光大之。天生（李因笃）与丰川尤能致力于"事功之学"（农田水利等），泾阳王氏（徵）又早启迪"力艺之学"（即近代物理学）。在这样氛围之中，于是有杨双山的学术思想产生。后来一脉相承者，则有李时斋（元春）、柏子俊（景伟）、刘古愚（光蕡②），此实为清代关学之正宗。（当然有宗教色彩者，只限于杨氏一人）其仍蹈袭宋明性理学之糟粕者，则有王仲复（建常）、孙酉峰（景烈）以及于杨仁甫（树椿）、贺复斋（瑞麟）。若其专攻文史，则又有王山史（宏撰）、郭胤伯（宗昌）、孙豹人（枝蔚）、李叔则（楷）、康太乙（乃心）、屈见心（复）、路闰生（德）、张乾伯（佑）、岳一山（震川），亦自成为风气。

杨双山的学术思想，不仅在清代关学中，为其重镇；在十八世纪的中国，实亦居于重要地位。当乾、嘉之际举世训诂考据的浓厚空气中，杨氏独能提倡"自为之实功"（见所著《知本提纲·弁言》），人人要"分职""互济"，结论是"上帝为人类之共父"。（均见上书）其思想出发于经济学上"个人主义"，完成其哲学上的"个人主义"，能不说是前清一代思想界中的异彩吗？综合杨氏著作中的思想，完全与欧洲十六七世纪以来的学说相合，此实晚明西洋学术输入的影响，亦由明人"心学"过于空疏之弊，生出来的反动，更是当时的时代所要求。

自"文艺复兴"（Renaissance）和"宗教改革"（Reformation），"个人主义"风靡于欧洲思想界者，有三世纪之久。所谓"人"在"自然"状态中，是平等的；"神"给予"人"的权利，亦是平等的；人生是为幸福的；组织社会，也是为达幸福的目的的。杨氏谓人类的"形性"均统属于上帝，上帝是人类的共父，所以人人要"为己"。（"为己"二字，见《兴平县士女续志·杨传》）为己，才能得到"良富，良贵"。（见杨著《修齐直指》）其说无不与欧洲的"个

---

① 此标题为编者所加。
② "蕡"，稿本作"蕡"，误，径改。

人主义"相合。此种学说的发生，仿佛是资本主义社会将要临到的前驱。无如封建制度，在中国已有两千年根深蒂固的历史，在政治上、社会上一时不易颠覆，加上外力逐渐渗入，（杨氏卒后仅四十年，即有鸦片之战）遂使杨氏学术，不免昙花一现。然杨氏学说，影响于当时及后世者，亦殊至深且巨，决非寻常学者，所可望其项背也！

二、杨氏的生平、著书及其思想

杨屾，字双山，兴平县南乡桑家镇人。少出李中孚之门，中孚许为命世才，遂潜心"圣学"，自性命之原，以逮农桑礼乐，靡不洞究，教人以"为己"为宗。疾女子缠足，先行于家。善医，尤善疗治动物，多奇效。亲身从事农业、蚕桑、畜牧，十有三年，岁岁有收。邻邑效慕，来学者日众。其门弟子以郑世铎、齐倬、刘梦维为著。生于清康熙二十六年，卒于乾隆五十年，年九十八（一六八七至一七八五）。道光间，陕西巡抚杨名扬奏请入乡贤祠。（见光绪二年王权撰《兴平县士女续志》，又见杨著《豳风广义》卷首）

杨氏著书：

（一）《豳风广义》，四卷，论蚕桑、畜牧，成于乾隆六年，今本三卷。

（二）《知本提纲》，十卷，"明五本三序，为政教伦业之统宗"，成于乾隆十二年，郑世铎注解。

（三）《经国五政纲目》，八卷，"论治法而本之五政，五政者，农、工、礼、乐、学也"，今佚。

（四）《燮和直指》，若干卷，论医术，今佚。

上四种，为《兴平县士女续志》所载。又有：

（五）《修齐直指》，一卷，齐倬注解，成于乾隆四十一年。据齐倬叙，谓"即为《知本提纲》之要括"。后来刘古愚加评。

《豳风广义》，首载杨氏《陈桑蚕实效》一呈奏文。凡杨氏的经济学说，皆具于此，极为重要。此当为杨氏学术上"为己"的出发点，亦即经济学上的"个人主义"。凡"生产""交易"，皆有详细说明，纯注意于家庭工业及农业的副业。杨氏很了解"生产力"与"生产关系"的相互作用。《志》称四卷，今本三卷。一、栽桑，二、养蚕，三、畜牧、纺织。尤详于饲养猪、羊、鸡、鸭各法，对于各种动物的生理、病理及治疗，皆有研究。至于择种、食料、铰毛、抱卵，亦皆由亲身阅历而得到效验。

因当时的社会状况，不能脱离农业和"家内作业"的范围，倘以改良方法，增加生产，亦可做到自足自给（即杨氏所谓"良富""良贵"）。其提倡农桑，如曰："秦人岁岁衣被冠履，皆取给于外省，而卖谷以易之。谷卖之于远方，是输谷于外省矣；丝帛麻葛之属，买之于江、浙、两广、四川、河南，是银又输于外省矣。"注意本省与外省贸易之不均衡。如曰:"壤接三边,首称要地,兼之水路不通,挽运维艰,积蓄之道,所当更重。"注意交通,因交通不便而注意储蓄。如曰:"女废职于内,男(仅)力耕于外,一岁畎亩之入,不足一岁之用。"注意于家内"分工"及家庭"消费"。如曰:"树桑者不过一夫之力,树成之后,可享数十年之利。采后复生,不劳再种,又无耕牛子种之费,不虑水旱风虫之灾。"更注意于"生产手段"及"再生产"。凡此皆合于近代经济学原理。

《知本提纲》,是杨氏哲学上"个人主义"的中心学说。首载杨氏撰《弁言》《源流》二文。有曰:"惟一上帝,肇造天地,建极生人,为出命之①君,分性之父,造化之总枢纽,万有之本根,知帝则知本矣。知此一本,则知吾人降衷分形,乃自帝生,本诸一身,征诸事物,自见万殊之理,赋受有定则。"又谓:"国之元首,深明上有帝在,为出命大君,分性共父(二字极堪注意),造化之主,万有之原,显示人道自来之本,始至于农桑学校,设职分理,躬导身先,遍布寰区,复使人知有'自为之实功'。"以为上帝是人类的共父,给予人类的权利是一律平等的,所以人在社会中,亦是一律平等的。只要"父子同仁,兄弟协力,夫妇合德,主仆同心",做到"分职""互济",才"是自为之实功",(所引皆杨氏书中语)由此而才能"天人符应",得到"良富良贵"。换言之,即是人类要生活,所以凡人须要生产,由此而认识凡人皆隶属于上帝。杨氏的思想,是由经济上的"个人主义"出发,完成其哲学上的"个人主义"。其经济学说,深同于亚丹斯密(Adam Smith)、里嘉图(Ricardo)"分工"之说。②(亚丹与杨氏同时而年龄较小。)其哲学,亦多合于斯宾诺莎③(Spinoza)诸氏。所言五行为天、火、地、水、气,为"生人生物之材",是客观的"纯体"(即实质),其说合于亚里士多德(Aristotle),而非中国的五行"生克制化"旧说。其言天体④经纬度,则又是牛顿(Newton)以后的学说。

此书纲领:一,本帅元章。二上,事帝章。二下,顺命章。三上,帅形章。三下,调摄章。四,分统率著章。五、六,修业章。七、帅家章。八,明伦章。九一,帅学章。九二,全仁章。九三,复命章。十,感应章。又有详目,条理井然。由帝道统御,降衷生人,历史进化而有家庭团体、社会团体、国家团体,均以"分职互济"为其生活方式。国家有"四政",家庭有"四典",社会有"四

---

① 稿本此处衍一"之"字,据剪贴本删。
② "亚丹斯密(Adam Smith)、里嘉图(Ricardo)'分工'之说",剪贴本作"亚丹斯密(Adam Smith)、里卡图(Ricardo)一派"。
③ "斯宾诺莎",稿本与剪贴本均作"斯宾挪莎",与下文所译不同。当以"斯宾诺莎"为正,径改。
④ "天体",稿本作"天地",据剪贴本改。

规"，以为人与人关系的契约；以农桑、牧畜为主要生产，副之以手工业。其学说纯粹建立于"为己"的观点上，而成立其"个人主义"的形而上学。此书实为杨氏惟一重要著作。

《经国五政纲目》，当系谈政治之作。以农工礼乐学为五政，已打破中国旧日"士农工商"之观念，惜其已不传。

《燮和直指》，为杨氏医药著作。《士女续志》谓："邻牛误吞铁钉，与一方，仅常品，钉应时下。"《豳风广义》刘芳叙："尝针里人肠胃之疮，预诊友人三年之死，疗久弃之痿症，起数载之沈痛。"是杨氏对医学，必深有心得。此书中当有不少价值，惜亦不传。

《修齐直指》，与《知本提纲》中思想初无转变。不过将自己所谓的上帝，笼罩上孔子六经中所谓的上帝，这或者是为对付环境，抑晚年思想，不免出于调和？但杨氏所谓的上帝，是切切实实有的（见刘古愚说），六经中的上帝，是至高无上的真理（或言天、天道、天理），实在是不一样的。

三、杨氏学术思想发生的原因

（甲）西洋学术的输入——在两种不同型的文化触接若干年后，经过咀嚼消融，势必要产生出一种新的文化。地域又是大陆，固然不容易感受外来文化，然磨荡的久了，自然会起"同化作用"。迨到感受以后，尤必深切而能取为自身的营养，决不至喜新厌故的随取随弃。

据《大秦景教流行碑》及《册府元龟》《酉阳杂俎》各记载：景教，一名祆教，所立寺，名大秦寺，又名波斯寺，已于唐贞观间传入中国。其势力之盛，偏于两京及诸州郡。明季，意大利人艾儒略（Giulio Aleni）①著《西学凡》一书，附录唐《大秦景教流行中国碑》一篇。《四库书目提要》："艾氏作此书，援唐碑以自证其为祆教。"西洋，即所谓波斯人；天主，即所谓祆教。迨明万历、天启间，有利玛窦（Matteo Ricci，意大利人）、汤若望（Johann Adam Schall von Bell，日耳曼人）等，清顺治、康熙间，又有南怀仁（Ferdinand Verbiest，比利时人）、徐日昇（Thomas Pereira，葡萄牙人）等，相继航海东来，谓一以传西方之宗教；一以传西方之学术。既贡地志、时钟，又自述其制器观象之能。（见利氏《上明神宗疏》）及利氏入北京，不四五年，信徒至二百余人，名士如李之藻、杨廷筠、徐光启，皆依归之。其后来者益众，明季迄于清初，西洋人在中国之耶稣②教士及著述者，凡六十五人。（见《清史稿》）百余年来，译述之书，约分四类：一、天文历算，二、舆地测绘，三、力艺之学，四、农田水利。其重要著

---

① "Giulio Aleni"，稿本、剪贴本均作"Juleo Alenio"，误，径改。
② "稣"，稿本作"苏"，误，径改。

作，多收入《四库全书》。余如守山阁龙威秘书、海山仙馆各丛书内，亦收罗不少。康熙间，分遣西人入内地及蒙古测量，其后又得自由传教，益有触接的机会。

杨氏生此时期，当然易受影响。所以刘古愚评杨氏《修齐直指》，有曰："此书多言上帝，且谓上帝是的的确确实有其名，不是空谈，直类今日西人之说。固是本之六经，实心体验，见得如此，亦由耶教自万历时，利氏入中国，专敬上帝，训及妇女。中国论学，不敢及上帝；释道之徒，遂假鬼神以惑愚氓。张角之玉皇，乡间人人知之，孔子六经、四书所言上帝，则无人知。是耶氏之教，出于天，而孔子之教，乃人为也。中国儒教，将为耶教屈，先生于百余年前，已见及矣。"刘氏对于杨氏的思想，已有相当认识，微惜其杨氏既以孔子为面幕，刘氏之批评，亦不免袭宋明人禅里儒表，而又要辟佛之故说。

（乙）明学之反动——晚明王学之末流，侈谈性命，其弊滋甚，势不能不发生反动。所以顾亭林（炎武）谓："古今安得有理学耶？经学即理学也。"（见全谢①山：《亭林先生神道表引》）又谓："孔子删六经，即太公、伊尹救民水火之心，故曰载诸空言，不如见诸行事。愚不揣，有见于此，凡文之不关于六经之旨、当世之务者，一切不为。"（见《亭林文集·与人书二》）同时有颜习斋（元），尤为澈底，专以"躬行实践"为学。其言曰："养身莫善于习勤，夙兴夜寐，振起精神，寻事去做。"（见《言行录》）又曰："生存一日，当为民生办事一日。"（见《年谱》）此所谓做事，即是学问。舍做事外，别无学问。对宋明儒攻击，尤不遗余力。此皆当时所谓"致用"之学。

杨氏值此举世反动明学之际，而况亭林是中孚的至友，杨氏是承受中孚"反身"的衣钵者，能不感受亲切吗？

（丙）社会的要求——自周秦迄于前清，中国的社会，停滞在"封建制度"中两三千年。中间虽有几度"商业资本"的抬头，终以政治上、社会上的封建势力，摧残而无余。②追清中叶，封建制度亦发展到顶点。又以外族入主，一切政令森严，尤多兴文字之狱。在政治上保守着固有观念，以领导人民；在社会上保守着固有观念，以苟延生活。西学之遭摈弃，又由于耶稣教会士，参与雍正夺嫡之政争。（见梁启超《清代学术概论·蒋序》）然以封建制度的经济基础，是建筑在农业的自给自足。究以生产不足，分配不公，西北方面，又有天灾人祸的重

---

① "谢"，稿本作"榭"，误，径改。
② 剪贴本此处有一自注，曰："如《史记·货殖传》：'及秦文孝缪，居雍隙，陇蜀之货物而多贾。献孝公徙栎邑，栎邑北却戎翟，东通三晋，亦多大贾。'至汉初，即生反响。如《平准书》：'高祖令贾人不得衣丝乘车，重租税以困辱之。高后时，复弘商贾之律。'历史上此类颇多。"稿本亦有此注，但为作者删去。

重压迫。（如王辅臣之乱——见魏源《圣武记》；如康熙乾隆的数次大旱灾——见《丰川续集》）多数人的生活皆不安定。杨氏好学深思，感觉敏捷，是以其学即从经济方面出发。发展经济的方式，杨氏以为先要"分职、互济"，技术即可进步，以增加"生产力"。如此人人的生活，皆可臻于安定。这又是社会状况使然，此层更为主要因素。

四、杨氏与中孚、天生及丰川

亭林言"经即理"，是从外攻击王学；中孚言"身不言心"，是从内攻击王学，同是姚江学派之大反动。《士女续志》谓："杨氏出中孚之门。"刘古愚谓："杨氏之说，近于李著《学髓》。"其实杨氏"为己"之说，即是中孚"反身"之说的发展。所以刘古愚又谓："明学末流之弊，或流于空虚，国初诸儒，俱矫之读书穷理而讳言心，则终流于记诵词章，高者亦不过训诂考据而已。二曲先生（即中孚）不言心而言身，从日用实习之际，实见天人精微之理，则无一毫空虚影响之谈；亦不流于词章记诵。此书（《修齐直指》）纯发此旨。二曲之学，双山为得其精也。"二曲《反身录》为丰川所传述，其能用之实际，则又在双山。

天生《受祺堂集》，多言漕运、田赋、兵政……丰川《续集》，亦详言农田、水利，要不外中国传统的"通经致用"之说。但李、王二氏，所致力于实用，则着眼于国家社会全体，殊忽略了个人。杨氏学说，纯从个人生产与生活着眼，由个人而及于家庭、社会、国家。此在哲学上的观点不同，实亦杨氏对于当时社会状况，更能认识清楚的原故。从上层着眼，仍不脱离儒家"致君泽民"的传统学说。如果没有机会，本身没有地位，仍不免等于空谈。从下层着眼，则毫不凭借他人，可以步步做去。所以同为致用之学，价值殊有不同，效果亦自各异。

五、杨氏与王了一

杨氏感觉当时社会需要加增生产，其实在杨氏百余年前，一般先觉之士，亦即感觉此种需要，所以当举世正在讲"心性理气"之际，西洋人利玛窦、汤若望诸氏之学说，得以应时而输入，中国明哲之士，从之风靡，如徐光启诸家，皆有极大收获。同时在西北上，实有令人不能忘记的王徵先生。王氏为承受西洋学术最力、最有成就，尤其是西北上之惟一人。据《四库书目提要·子部·杂家类》，收有《奇器图说》《诸器图说》二书，略云："徵字了一，泾阳人，天启壬戌进士，官扬州府推官。尝询西洋奇器之法于邓玉函，玉函因以其国所传文字，口授徵，徵译为是书。（按：玉函系日耳曼人，所传其国文字必日耳曼文字，王氏既能译书，当已通其文字。）其术能以小运大，故名曰'重'，又谓之'力艺'（即今日物理学中的力学）。大旨谓天地生物，有数，有度，有重。数为算法，度为测量，重则即此力艺之学，皆相资而成。故先论重之本体，以明立法之所以重要，凡六十一条。次论各色器具之法，凡九十二条。次起重十一图，转重二图，取水九图，转磨十五图……图皆有说而于农器水法，尤为详备。"今观《豳风广义》中所绘脚踏纺车图、纲床图、纬车图等，对于结构、尺度、重心，皆有极详细的说明。知道用小轮运大轮，用滑车，实为用人工作"原动力"的一种简单的立体机械，是杨氏对于力学，确有研究，所绘的图，能透视而有焦点，非吾国古籍中所能见到。与天生、丰川各家书中只论及致用之原理者，精粗确有不同。《丰川续集》，有《区田图》，疏而不密，与杨氏书中图说，绝对不侔。杨氏距王氏之时，仅百年，兴平距泾阳，不过百里，此种学术，能不谓私淑王氏以成就吗？其他讲解动植物的生理、病理，亦非中国旧说。在《知本提纲》中，对于天体的叙述，以及两极、度数、三道、五带，皆西洋学说，当亦间接得之王徵及徐光启各家者。

六、杨氏与倍根（Bacon）、笛卡儿（Descartes）、斯宾诺莎（Spinoza）

"个人主义"在欧洲横绝三世纪之久，兹举几位代表此主义的学者，以与杨氏的学术思想相比较。

英之倍根，从"认识即是力"而建立了"经验哲学"。杨氏自言其书："但从造化定理靠实推来，并非无本之谈。"非所谓认识与经验吗？文明是由人类役使自然而成立的。役使自然，由于认识。先顺从自然，才能役使自然。役使自然的方法，就是发明。倍根在哲学上的努力，就是建设了发明术。所以要排除偏见的"偶像"（Idol），而要有经验的确实的手段。杨氏在学术上的努力，无不一一符合。其"矫偏之功""纠过之功"（见《知本提纲》），非亦即排除偶像吗？

倍根只不过发明新的研究法，而成立了英国的经验派。追法之笛卡儿，始认"神为万有之根源"。笛氏的思想，出发于怀疑，由怀疑而自觉，所以说"我思故我在"（Cogito ergo sum）。我是具有思考性的实体，内界的一切作用，没有一种不具思考性。外界的一切事物，又没有一种不具扩充性。具思考性的叫做"心"，具扩充性的叫做"物"。由这样心物对立，造成天地万物而起无穷的变化、无穷的现象。神为万有的本原，万有不过是神之力的表现。所以一切的性质，皆属于神。神具有无限的属性。思考，扩充，皆有神的属性的一部分。杨氏的"形性同原"论，所谓形，非即物吗？所谓性，非即心吗？形性同隶属于上帝之神，才建立了他的"一本帅元"的形而上学，（均见《知本提纲》）无一不与笛氏相合。

荷兰的斯宾诺莎，所谓的"实体"（Substantial）亦与杨氏之说相合。斯氏说实体是无限，其数也无限，这就是"神"，就是"自然"。实体、自然、神，同是无限，不过由观点上相异而已。实体是无限，所以包容一切物体精神于其中。

人们所见为物体、为精神之东西，其实不外是"实体"的无限属性中，为人们所认识的各一方面，即是无限延长和无限思维，被限于有限状态中的差别。这样又岂不是杨氏的"形性同原"吗？所谓"实体"，又岂不是上帝吗？

二元论虽已为辩证唯物论所克服，但不能以此衡量十八世纪之学说。由经济学古典派的策动，而有英国的工业革命。由各家（即倍根诸人）学说的发展，而有黑格尔（Hegel）唯心论之集大成。马克斯即取黑格尔哲学之体系，以建立辩证唯物论。惜乎杨氏学说在中国不能继续发展，所以百余年来，文化依然落后，未得解除封建残余与帝国主义的锁链。

七、杨氏学术的精神与社会所受的影响

吾人所服膺杨氏的，尤在于杨氏的"实验"与"反对复古"的精神。刘芳谓："先生博访维殷，尽得其法。其种植灌溉缫解经织之务，悉躬亲而履蹈之。数年之间，大获其益。"（见《豳风广义·叙》）杨氏亦自谓："余斟酌去取诸法，皆已亲经实验，见者勿视为空谈。"（见上书《凡例》）可见杨氏的学问，决不是专靠书本子的。理论与实践一致，这是杨氏学术的真精神。在《知本提纲》中，杨氏谓："制度因时。"郑世铎注解，推广其说："制度随乎时制，礼德在乎力行。力行不借助于古人，时制岂需赖于古典。理本易明，无容过泥。乃后人力行甚少，往往浅视时制，徒怨秦火，焚毁礼书。不思秦火所焚者，书也，岂并吾人之形性，与时王之制作，及天象物则之至理而一概焚之乎？"这又是杨氏学术反对复古的精神。

杨氏的学术，影响于当时及后世甚大，尤其是人格的感化力。所谓"化行一乡，乡人有事谋焉，有争决焉。"（见《士女续志》）其遗训传之至今而不替，如"教子婴孩，教妇初来"之类颇多。

又因杨氏学术的宗教色彩浓厚，所以有许多神话传述。如乡间谓杨氏卒后成神。谓杨氏能预知百年后四川人杨宜瀚来做兴平县知事，谓宜瀚是杨氏的转世后身。固然是些野话，然由此足以证明杨氏影响于社会之巨且久。

民国二十四年，六月九日

卷四　莘野学案

康太乙先生之著作及其遗迹[①]

"关中二李，不如一康"，这是王阮亭（士正）的话。（见《居易录》二九卷，第二页）所谓二李，当然是二曲（颙，盩厔）与天生（因笃，富平）。二曲先生纯在"力行"上用功夫，毫不留意词章。天生先生《受祺堂集》，真有几篇大作，如田赋、漕运、兵制等，皆是以经济与政治做骨子，尤其是《乞终养疏》，李次青许为前清一代第一篇大文章。其诗尤佳，近体更胜。不过在抒情方面，似乎不如太乙，风格也不是当时风靡一世之"渔洋体"。若孙豹人（枝蔚，三原）先生，自是海内鼎鼎大名诗人，但其骨格崛强，风调古拙，更不合于渔洋口味。所以渔洋在京师时，对于海内诗人，最心折的是王幼华（又旦，邻阳）。王先生《黄湄集》，佳构甚多，名句如"绝巘连云出，秋风隔水多"，置之《渔洋集》中，亦属上乘。其后渔洋祭告西岳，一到陕西，在荐福寺小雁塔壁上看见康太乙先生截句，更倾倒不已。康题壁诗，是《咏秦庄襄王墓》，据《居易录》说三首，只载一首，《莘野集》上也只载两首。

　　庄襄冢并白云齐，
　　俯视长安万井低。
　　谁把韩生传古墓，
　　教人错认灞陵西。

　　园（《居易录》作"原"）庙衣冠此内藏，
　　野花岁岁上陵香。
　　邯郸鼓瑟应如旧，
　　赢得佳儿毕六王。

两诗，就是康先生成名作品，也是流播最广之名作。他《上渔洋书》中："拙句遍传都人士口矣。"实在是事实。因为有明一代，自青田、青丘，一直数到前后七子，都是摹仿汉魏，后来弄得只像古人躯壳，全无一点生气。入清以

[①] "合阳中学丛书"之一《太乙子》（中华民国二十三年四月印行）中题名为《康太乙先生的著作及其故宅》，剪贴本、稿本改为《康太乙先生之著作及其遗迹》。

后，一般诗人，力返其习，专在"清新俊逸"处着眼。王阮亭以尚书尊位，主盟骚坛，渔洋派遂风靡一世。太乙之诗，在此时期，最当行出色。

康熙间，清帝西巡，驻跸潼关，以关中"经明行修"之士，询于给事中刘荫枢。刘以康对。太乙闻之，毫无所动于中，①乃独于阮亭之一语激赏，不惮殷殷上书。在彼则故国之思，不免横梗胸中；在此则文人结习，翻恨其相见之晚。然为二百年来，后人所景仰思慕者，亦即在此。其与阮亭缔交，尤属一段韵事。据阮亭《居易录》云：

> 康生字太乙。予丙子（清康熙三十五年）以祭告西岳至长安，偶游荐福寺小雁塔，见壁上题词诗三首，记其一……极赏其佳。从游门人武进龚胜玉（节孙）曰："康，邰阳名士也。时人语曰：'关中二李，不如一康。'"会予匆匆入蜀，未及物色之。比归而灞渭水涨，阻西安两日，水落遂行。至京师，时道其诗于公卿交游。陆郎中俨庭（德元）往提调陕西学政，为言关中知名，无逾康生者。明年七月，康以书及所著《莘野集》来。偶笔于此，知'文章有神交有道'，少陵不诬也。（二十五卷，第二页）

即此百余字，王之热情，已大可于字里行间见之。太乙上王书，亦情文并茂，颇似《湖海楼集》中书牍文字。本然康在当时，文名堪与陈迦陵（维崧）相颉颃，且与髯翁最莫逆，固宜其气息相通，情境吻合。此书亦载《居易录》中。

> 邰阳民康乃心，奉书新城老先生阁下：往二十年前，曾于朋好处，读先生近体数首，玉振金声，仰止深切；而以云泥势异，请教无由。岁月蹉跎，不学面墙，老作咸阳布衣，亦复何恨？不意前秋偶客长安，雁塔雅涂，谬为海内大君子所见赏。尔时伏首山谷，一字弗知，竟未获负笈追随。久之，友人有书来，具言始末，而拙句遍传都人士口矣。秋中应试青门，敏之上人，始谆谆为语，乃知枫落吴江，流播信不虚也。私念老先生海岳宗工，握风雅之权者，已数十年，十五国内外高士鸿文，光焰万丈，收之囊中，为龙为光，亦复何限。胡取于穷乡鄙壤，贫贱落拓，孤陋寡闻，庸庸鹿鹿之一腐儒下士乎？古人云"天下有一

---

① "太乙闻之，毫无所动于中"数字，"合阳中学丛书"之一《太乙子》作"专车征召，辞不获已，入华山避之"，剪贴本、稿本删改为今句。

知己，可以不恨"，此言诚非敢居，然当吾世而不能相知，后世谁实相知，定吾文者？悲夫，又何其言之痛也。徘徊于中，已将经岁，乃敢忘其愚贱，奉上一函，庶人之分，引嫌固宜，然载四夕丁，非名非利、无请无托，或以斯文未丧，吾道犹存，风雨晦明，亮为先生所不弃绝也？旧刻数纸，自惭庸陋，前有千古，后有万年，得失之故，知在寸心。倘邀灵溟岱，蒙先生进而辱训之，真所云"十日饥得太牢"也。先曾王父旧仕黎丘，家有遗文，在故箧中，似为太先生大司马公所赠者，敬书一通，奉览。临启悚栗，伏维鉴在。

才气横溢，确是诗人文字。其用意，则取之魏文帝《典论·论文》与杜甫"得失寸心知"。又能将文人"一语知己，没齿不忘"这种心事，曲曲道出，真是能手。实在比较李白《上韩荆州书》、韩愈《上宰相书》，那种汲汲富贵、戚戚贫贱的可怜样儿，就高尚得多了。

他又与二曲的母亲做了一篇《贤母祠记》，乃是精刻严谨，尽量发挥儒家"孝的哲学"。二曲感激之至，覆了两封谢信，也说的恳切极了。（二曲两函真迹，现藏郃阳杨风晴君家。）综太乙先生一生学问，少年泛滥词章，与迦陵（陈维崧）、玉樵（钮琇）诸词人相驰逐。中年考核金石文字，精研经史志乘，致力于训诂考据之学，间亦傍及诸子百家，与亭林（顾炎武，昆山）、山史（王宏撰，华阴）多切磨。晚年才皈依宋明性理学，对于二曲，忽自侪于弟子之列。《学统辩》就是此时著作，《莘野集》又有《谒华山下云台观朱紫阳祠①》七截一首，即可见其志趣的转移。

太乙先生藏书很多，那是四五代积蓄。②前几年友人范清尘君搜寻得太乙藏书目录三册（原四册，短第二册，足有七八千卷），近又物色得两册，合在一起，总在万卷以上了；什么时候散轶，现在已不可知。不过常在西安、同州各旧书肆中，可以看见极精的版本，有"太乙""耻斋""河山"等样藏章。他亲手校勘批评的也不少，（去岁，在西安竹笆市瀛记书局看见太乙批校的一部明版《史记》，丹铅灿然，语多精研，书法更宏肆可爱。索百余元，因价昂，未购。）又有碑帖收藏目录，亦为范君搜罗所得。最可惜的，就是他故宅中，珍藏

---

① "祠"，稿本、剪贴本作"词"，据《莘野集》改。
② "合阳中学丛书"之一《太乙子》中《康太乙先生的著作及其故宅》一文该句下有一括注，内容是："自他的曾祖康惠民在山东做县知事，即以学术著，后来代代传承，至太乙而光大之。他儿子康无疾，也是一位大名家。关于他的世系，他日当别为文考之。"剪贴本、稿本均删去。

秦汉玺印近千方，一直到了清季光绪年间，有同县曹某、何某，①由他的后裔手上巧取来，转卖于古董商人，真是文献上一次莫大损失。听说十三字汉残石②、十八字黄初残石几方，旧日均藏在康氏祠堂，如今也不知流落到什么地方。

太乙先生著作宏富，真可谓之"等身"。但《陕西通志》《郃阳县志》皆只收载了五种。由范君数十年的精力，寻获四十多种。③

太乙先生著书表（已刻者范君均有藏本，未刻者稿多存范君家中）

名称	卷数	序跋者	著书年龄	附记
心书笺注	一		十四岁	
四书黄河录	二		二十岁	
李贤母祠记	一		三十四岁	已刊
李卫公祠记	一			
三千里集	一	路一麟、姚亮采序	三十五岁成	已刊
书目日程	一	顾炎武订	三十六岁成	
华游杂记	一	钮琇、王宏撰订	同上	
莘野集	一	李因笃序	同上	
莘野续集	一	顾炎武序	三十七岁成	
终天遗哀记	一	李颙序	三十九岁	
和李柏述怀诗	一	路一麟序	同上	已刊
相谱	三	李颙参订	四十七岁成	
太乙子	三	王源序	四十九岁成	
居易堂家祭私议	二	王宏撰较	同上	
八高士传	一		五十岁	
河山兵法	二		五十一岁	稿毁于澹园之火
五台山记	一		同上	
卧龙论	一		五十三岁	
雷园记	一		同上	
枕中杂记	三		同上	
续丧礼钞	一	王宏撰订	同上	
学录	二		五十五岁	

---

① "有同县曹某、何某"，剪贴本作"才教同县的曹子明、何在镐两位"。
② "听说十三字汉残石"，剪贴本作"听说郃阳的十三字汉残石"。
③ "合阳中学丛书"之一《太乙子》中《康太乙先生的著作及其故宅》一文本段下有"这又不能不算是文献上的大收获"。剪贴本、稿本均删去。

续表

名称	卷数	序跋者	著书年龄	附记
客中杂记	一		同上	
金台旅史	一		同上	
莘野诗集	一	徐嘉炎等叙	五十六岁	
订顽集	一	王士禛评定	五十七岁	
临潼县志			同上	已刊
华清志	一		同上	已刊
河山诗话	二		五十八岁	
耻斋别笈	二		五十八岁	
韩城县志	八	陕西巡抚鄂海等序	五十九岁	已刊
王文贞遗事述	一		六十岁	文贞为王山史先生私谥
好我篇	五		六十一岁	
毛诗笺	三		六十二岁成	
平遥县志	八		六十三岁成	已刊
对联无益录	二		六十四岁	
对联片玉录	二		同上	
学统辩	四		自三十八岁至六十四岁凡六易稿	
河山耕牧录	二		同上	
耻斋十友记	一		同上	
莘野农谚	一			
关中名贤像记	一			
莘野全集	八	李因笃序		
居易草堂约	十则		相传弱岁所作	
年谱	一	太乙之弟伟述		
河山耕牧录续	一			
太乙遗事述	一			
对联无益录续	一			
对联片玉录续	一	上四种皆范君所辑		

以上共四十八种，已刊行的只十一种。去年春天，范君来长安，约鄙人编辑校订，①拟合刻为《太乙遗书》。然以人事槦樬，未能如愿以偿。表彰先贤，责在我辈，每一念及，能不惭恚？

由其逐年著述中，深可以看出他的学问所由的路程。其最重要著作，就是《学统辩》四卷，完全是阐明宋明性理学，大概是晚年的定论。经类有《毛诗笺》《四书黄河录》《续丧礼钞》《学录》等，史志类有《平遥县志》、《韩城县志》、《临潼县志》（只存《祀典门》）、《华清志》、《华游杂记》、《五台山记》、《八高士传》、《关中名贤像记》、《雷园记》等，子类有《太乙子》、《河山兵法》（已佚）、《订顽录》、《相谱》、《枕中杂记》等，集类有《三千里集》《莘野集》《莘野续集》《莘野诗集》《莘野全集》《河山耕牧录》等，其他杂著颇多。真可云洋洋大观，如海如潮。自宋明以来，关中学者，多致力于"实践"，横渠（张载）、石渠（王恕）、泾野（吕柟）、少墟（冯从吾）、谿田（马理）、苑洛（韩邦奇）一直到了二曲、丰川，皆是一脉相承。黄梨洲先生《明儒学案》所谓"风土之厚，而又加之以学问者"，诚非溢词。但前有对山（康海）、渼陂（王九思）沉浸音律，填词度曲，后又有雪木（李柏）、豹人（孙枝蔚）、幼华（王又旦）、太乙，皆能抉扬风雅，以诗横绝海内。不过李、孙之诗，以骨胜，犹是明人的结习；王、康之诗，以韵胜，则已转入清初风尚。曾记晚清词人通州顾晴谷（曾烜）《合阳杂咏》，有："手提掩雅障秦风，莘野黄湄角两雄。太乙才高三李（二曲、天生、雪木）上，幼华名在二王（新城与郃阳）中。谏垣抗疏孚清议（王有《黄湄奏议》），帏幄咨谋达圣听（指刘荫枢荐太乙事），此日楹书零落尽，空余心血委榛荆。"这是何等崇拜！

各县志书，皆是杜撰许多胜迹，以为地方光荣，就如《郃阳县志》（孙酉峰撰），有伊尹的莘野、太姒的洽阳、子夏的石室、汉武帝的望仙宫等，然皆代远年湮，寻不出一定所在地。其实在郃阳足以称得起名胜的，是宋元勋雷令公（德骧）故里，有园林一所，擅亭台花木之胜，牡丹多本，有人臂壮，相传宋时所植。雷氏为鄙人外家，曾记韶龄时，随先母屡居园中，近年为兵匪破坏无余，鞠为茂草了。有华云台，是明叶龙塘先生讲学之所。台上有寺，寺有佛像，像高五丈余，不惟奇观，在艺术上，实有莫大价值。有太清观，旧为大丛林，今改为郃阳中学。有张氏府第，是清漕督张文敬公（大有）家宅，多藏碑贴书画，近亦散轶。尤足景慕流连的乃是康太乙先生故宅。

二十年前，鄙人十余龄时，正在郃阳县城中古莘书院上学。偶于初秋假期，

---

① "合阳中学丛书"之一《太乙子》中《康太乙先生的著作及其故宅》一文该句下有"又由先生的裔孙康朴筹资购纸"一句，剪贴本、稿本删去。"校订"，稿本作"较订"，误，改。

同学约赴康宅游览。书院在东大街，出大门，向东走几十步，即太清观巷，转而之北，巷尽处，向西有大街，颜曰"康衢"，又名"槐里"，即康氏聚族而居的地方。街衢甚宽绰，约阔十丈，两傍排列古槐，绿叶荫翳，别有天地。槐之大者，其树身周围在两三丈以上，可合抱的，比比皆是，参天匝地，雄伟异常，《县志》称为唐时物。太乙宅在西端路北，一高大门楼，气象壤垲，惟多年失修，已为风雨剥蚀。门前悬一大匾，白地黑字，楷书"关西夫子"，下款署"陕西巡抚鄂海题赠"。门上横额，红地黑字，隶书"耕牧河山之阳"，王山史书。门傍砖刻对联，篆书"礼乐诗书门第""乡贤名宦人家"，张曾庆书。再进为二门，上有红地黑字楷书"关中文献世家"，是王阮亭手笔。再进为东西厢，半已倾圮，上房三楹，①悬有木联，狂草，宏肆劲密，令人观之窒息，"浩歌行文横海内""经伟学术贯天人"，傅青主书。又有长木联，惜其文已不能忆及。窗棂间黏有②诗笺，虫蠹蚀余，犹约略可识。③一聋媪应客，问其近况，曰惟余此身。问太乙先生遗书及著作，瞠目不知所对。低徊凭吊者久之，兴辞而退。

太乙茔墓，在距郃阳县城东二十五里之小伏六村，暇日亦曾往谒，无树木，无碑碣，惟荒土一丘，尤令人感慨系之！

【附注】 合阳有伏蒙、伏六两村名，《县志》附会其说，颇觉可笑。案：伏六、伏蒙，皆为六朝时姓氏。隋即姓伏六。伏蒙姓见于广武将军碑阴。

民国二十二年八月十八日甘霖新霁，晚凉爽适，灯下撰此

---

① "合阳中学丛书"之一《太乙子》中《康太乙先生的著作及其故宅》一文此句下有"中悬'光连云霞'四字大匾，傅青主（山，山西人）书"数字，剪贴本、稿本删去。

② "合阳中学丛书"之一《太乙子》中《康太乙先生的著作及其故宅》一文此处有"钮琇、徐纨、张大有各家"数字，剪贴本、稿本删去。

③ "虫蠹蚀余，犹约略可识"一句，"合阳中学丛书"之一《太乙子》中《康太乙先生的著作及其故宅》一文作"二百年来，纸色如新"，剪贴本、稿本删改如今句。

第二辑 关学与陕西乡贤事略文献

陕西乡贤事略

撰稿
王儒卿　祁伯文　刘依仁
程石军　侯佩苍　梁午峰

校订
吴廷锡　景莘农　冯光裕

辑校说明

20世纪前期,全国出现了不少以省、县为单位独立成书的乡贤志。这些著作,对我们更系统、更便利、更全面地了解各地的乡贤事迹,以及当时编撰志书的思想倾向、学术观点具有一定参考价值。而由陕西省教育厅编审室组织编撰的《陕西乡贤事略》就是其中重要的一部。这部著作出自当时知名学者、文人之手,在乡贤人物谱系建构的视野下收入了不少关学人物,体现了当时学人重新建构陕西文化传统、彰显陕西精神的自觉意识和学术倾向,对我们了解当时学人在突破理学藩篱之后,如何建构地方乡贤谱系及重构关学人物形象、凸显关学人物精神具有重要参考价值。因此,很有必要将这部著作收入"关学与陕西乡贤事略文献"。下面对本书的版本情况、主要内容和整理点校的基本原则予以简要说明。①

一、两个版本的体式特点和先后关系

在一些公家或私人的藏书目录中,《陕西乡贤事略》的版本有"民国时出版""民国排印本""民国石印本""民国刻本""1935年西安印本""1936年出版"等多种说法,但根据陕西省图书馆姜妮女士与作者研究、搜求,可知此书实际上主要有两个版本,其一是民国无名铅印本,其二是民国二十四年(1935)陕西省教育厅编审室铅印本(西安克兴印书馆承印)。下面对两个版本的情况略做考述。

(一)民国无名铅印本

此本系铅印,平装,长25.5厘米,宽17.5厘米,机制纸印制。封面书名为阴文,左下署"陕西省教育厅印行"。因此书无扉页、版权页,不署编者姓名、印刷时间和机构等,为了指称方便,暂称其为"无名铅印本"。本书共138页,字小行密,依次为目录、《陕西乡贤论略》、正文、补遗和勘误表。

此本究竟系何机构印刷出版?书籍本身并没有任何出版信息,查阅资料,仅有两条线索:一是《三秦历史文化辞典》明确称此书"有民国间陕西通志馆铅印本"。二是西北大学姚远先生曾著录此书为民国年间陕西通志馆出版。但陕西通志馆出版一说缺乏直接证据,有待可靠资料的佐证。

---

① 本书关于《陕西乡贤事略》的辑校说明,重点参考了陕西省图书馆历史文献部副研究馆员姜妮女士的《民国〈陕西乡贤事略〉述略》(载《当代图书馆》2015年第3期)一文。姜妮女士对本书《陕西乡贤事略》的整理亦提供了不少帮助,特此致谢。

（二）民国二十四年（1935）陕西省教育厅编审室铅印本

此本系铅印，有线装和平装两种装帧形式。线装尺寸较大（长26.8厘米，宽15.7厘米），竹纸印制；平装尺寸较小（长23.0厘米，宽15.5厘米），机制纸印制。二者在版权页上有一个细小差别，即：线装本在书名左侧印有"非卖品"，而平装本则印有"定价大洋五角"。值得注意的是，两书虽然在装帧形式和开本上有所差别，但书名均由时任陕西省主席邵力子题写，扉页均为"陕西乡贤事略编辑人员一览"，下列撰稿者和校订者姓名也完全一致，即由王儒卿、祁伯文、刘依仁、程石军、侯佩苍、梁午峰6人分别撰稿，吴廷锡、景莘农、冯光裕3人校订。随后为"陕西乡贤事略目次"，共4页。该本目次和正文均没有无名铅印本中的《陕西乡贤论略》部分。正文乡贤事略共34条，每人事略均在书眉标有段落标题，以提示主要内容。全书正文共186页。正文末页倒印一只展翅飞翔的仙鹤，似为防伪标识。封底内页为版权页，标明该书印刷于民国二十四年（1935）九月，出版于当年十月，出版者和发行者为陕西省教育厅编审室，印刷者为西安克兴印书馆，代售处为西安各书局。此页于醒目处还印有"版权所有，不准翻印"字样，体现了一定的现代版权意识。

通过对以上两个版本的比较，可以确定无名铅印本的出版早于民国二十四年（1935）西安克兴印书馆铅印本。主要理由是：（1）前者于正文首页书名下有"初稿"小字。（2）前者所附勘误表中的纰漏，后者均予以纠正。比如：克什来尔（克什米尔）、人十万（八十万）、化阴为夷（化险为夷）、仲有尼（有仲尼）、廷安（延安）、清王徵（明王徵）等。（3）前者目录及正文末均有补遗一则，系原应附于李淳风事略后的蜀汉之人马钧。这则补遗，后者已直接补入李淳风事略后。因此，可将前者称为初稿本，后者称为定稿本。

二、两个版本在收录人物和具体内容上的差别

更值得注意的是，以上两个版本在收录人物和具体内容上也存在一定差异。这些差异直接体现了编撰者前后观点的变化。

（一）收录人物的差别

两者虽然都列为34条事略，但在收录人物上存在一个明显的差别。初稿本所收第一则事略为"秦王翦事略"，而定稿本则替换为"周公姬旦事略"。分析其中的原因，大略是受司马迁曾指责王翦"不能辅秦建德，固其根本，偷合取容，以至殁身"的影响，认为其虽战功显赫而仁德稍逊，最终得出"尺有所短、寸有所长"的结论。定稿本将秦代的王翦替换成了更为久远的"周公"，这是一位被尊为"元圣"和儒学先驱的几乎没有道德瑕疵的完人。从初稿到定稿的变化及只取其一的立场，可以看到两种思想的交锋。一种是尚武的刚性，另一种是尚德的柔性。"秦王

蕲事略"末语："方今国难日亟，处处有铜驼将陷之叹，山西出将，健男子其共勉旃哉！"而"周公姬旦事略"一开始则说："人类历史演进之迹，其新陈递嬗之属于一事一物一部分者，曰改良。而其系于全局全体者，则曰革命。……无论其为全部局部，要必环境之条件具备，而后施工乃可得就，亦必各部分之改良有效，而后全部之革命乃成。夫岂武力夺取政权于一旦者，所能冒其名哉？"可以看出，在当时中华民族内忧外患的非常时期，虽然五四新文化运动后马克思主义已得到广泛的传播，但是，传统儒家思想对人们的影响依然深远，在统一和治理国家上，很多文士首先看重的仍是德政、礼治和仁治。

（二）具体内容的差别

在具体的内容上，两者也存在不少差别。比如：

1.初稿本于"汉班昭事略"中专门列出"女诫七章"一条，详列"七诫"内容，末尾还说："七诫既成，马融善之。令其妻女从昭学习。"此事源出《后汉书·列女传》。而定稿本却对"七诫"内容只字未提，只在"班昭学品"条末尾保留了马融令妻女学习"七诫"一事。同时，在结语中删掉了称赞班昭"宜为大儒后妃师也"这样的话。

2.初稿本于"唐孙思邈事略"中"立言大要"条下有卢照邻问疾于孙思邈一事。孙有一长段回答："吾闻善言天者必质之于人，善言人者，亦本之于天。天有四时、五行，寒暑迭代。其转运也，和而为雨，怒而为风，凝而为霜雪，张而为虹霓，此天之常数也。……故五纬盈缩，星辰错行，日月薄蚀，孛彗飞流，此天地之危诊也。寒暑不时，天地之蒸否也。石立土踊，天地之瘤赘也。山崩土陷，天地之痈疽也。奔风暴雨，天地之喘乏也……"此段论述，源出《旧唐书·孙思邈传》，在《新唐书》中也有大部分保留。但这番言论在定稿本中则删去不录。

3.初稿本于"唐李淳风事略"中，有一段源出《旧唐书·李淳风传》的唐太宗与李淳风的对话，大意是太宗曾密诏李淳风，询问如何应对"唐三世之后，则女主武王，代有天下"这样一个预言。初稿本原封不动地抄录了此段文字，在最后还点评道："观其创作与遗著，乃我国最著名之天文算术与律历家。诚学术上之先进，天文、算术上之导师。预知武氏篡唐，史家有'能知女主革命而不知其人，则所未喻矣'之论。隐寓不可信之旨，不可偏废，殆存而不论之意。"而定稿本则将此悉数删去。

4.初稿本"明王徵事略"有"生而颖异，立志落落，不与世伍"这样带有神秘色彩的描述，定稿本亦删去不录。

由以上可以看出，这一时期，虽然传统文化对人们的影响依然深远，但在传统妇德与个性解放、迷信与科学之间，人们已经有了非常明确的价值取向，即：提倡新道德，反对旧礼教；崇尚科学，反对迷信。这也是人们勇于向封建传统宣战的体现。

三、本书收录乡贤人物与关学的关系

通过《陕西乡贤事略》所收录乡贤人物及其表述，可以看出此书具有一些新的特点。

（一）该书收录的乡贤人物

通过对该书两个版本的对比，可见其中收入西周至民国的乡贤事略共34则，分别为：

周代1人：周公姬旦事略（初稿为秦王翦事略）。

汉代6人，附4人：汉张骞事略（附班超），汉苏武事略，汉司马迁事略，汉马援事略，汉杨震事略，汉班昭事略（附孟光、韦宣文、苏蕙）。

晋代1人，附2人：晋杜预事略（附贾逵、徐遵明）。

西魏1人：西魏苏绰事略。

隋代1人：隋牛弘事略。

唐代8人，附2人：唐李靖事略，唐颜师古事略，唐颜真卿事略，唐杜如晦事略，唐郭子仪事略，唐杜佑事略，唐孙思邈事略（附韩康），唐李淳风事略（附马钧）。

宋代4人，附2人：宋寇准事略，宋张载事略，宋吕大防事略（附吕柟），宋韩世忠事略（附梁夫人）。

元代1人：元郭侃事略。

明代3人，附1人：明王恕事略，明冯从吾事略，明王徵事略（附杨㟌）。

清代4人，附2人：清李颙事略（附李柏、李因笃），清王鼎事略，清阎敬铭事略，清刘光蕡事略。

民国4人：民国井勿幕事略，民国胡景翼事略，民国郭希仁事略，民国朱先照事略。

从周代到民国，《陕西乡贤事略》共收录34人，附13人，计47人，提纲挈领地反映了陕西历代杰出人物在中华民族发展史上的卓越贡献，加之撰修者皆为博学有识之士，可称得上是一部严谨的、有价值的地方乡贤文献。

（二）该书收录乡贤人物与关学的关系

《陕西乡贤事略》虽然是一部以"事略"为体现形式、以"乡贤"为主题的地方人物志书，但与《关学编》等记载关学人物的文献仍有一定渊源，即两者都是基于特定标准和时代需要，所建构的具有明显思想倾向的、以人物传记为体裁的文献。就此而言，两者并不是简单的历史类著作，而是以历史人物传记形态体现的、具有思想价值导向性的著作。不过由于时代和立场的不同，两者所持的基本立

场和观念也不同：《关学编》以"理学"为学人选择的基本学术标准，而《陕西乡贤事略》则突破了"理学"的界限，以"乡贤"作为学术标准和入选原则。同时，在地域上，《关学编》并不局限于陕西，而是囊括了陕西、甘肃两地的理学学人；而《陕西乡贤事略》则局限于陕西，陕西之外的学人概不收录。基于入选标准的不同，两者录入学人的历史范围也存在着很大的差异，《关学编》主要体现的是张载以来宋元明清时期的关中理学学人，《陕西乡贤事略》则收入了自古以来能代表陕西精神的重要历史人物。

还要注意的是，本书所选人物，除民国个别乡贤外，均于正史中有传。但编者并非简单照搬、堆砌史料，而能于纷繁庞杂的文字中，择取切要之处加以重新审视、整理，往往还会补充一些新的史料。此外，在很多事略前都有概说，一般是对人物所处时代背景的论述，其中有很多独到的见解。结论则多是对人物的评价，有时还会同当下社会联系起来，引人思考。如"唐李淳风事略"一开始就说：

> 唐代学术外荣内枯，繁琐矛盾，科举束缚，驱全国士大夫思想于一目标，明经为猎官之具，百家思想，既被压抑，格物致知，尤遭鄙视；吾民族创造发明能力，渐以衰落。独淳风不为时尚转移，戛戛独造，擅长数术，于天文历算多发明创作，固一代之秀杰也。

在最后又有一番针砭时弊的总结：

> 晚近以来，谈玄幽默，益趋空虚，腐败颓唐，民志日卑，不知发扬，不能创造。今值文化复兴之际，当以增加我民族之创造力，发挥光大固有之优秀文化为先。顾吾东方文化，如忠孝仁爱、信义和平、礼义廉耻等，放之四海而皆准，亟应发挥光大者也，如社会上所流行之五行阴阳等，乃汉人纬书之流毒，在在与科学相矛盾，诚进步之障碍。

在"宋吕大防事略"的末尾说：

> 当宋明时，崇尚官权，而《吕氏乡约》独提倡自治，以行使民权。吕氏兄弟，大防为横渠同调，整洁简朴，兄弟同受横渠教诲，同为"关学"中之健者。同以礼义廉耻相劝勉，"秦人不党"，于此可见。宜其他邑仿行，关中化之也。方今以新生活诏示国人，以发展西北为急务，闻吕氏之风，有不奋然兴起者乎？

此书从陕西乡贤的角度彰显了陕西精神，又包含了关学重要人物张载、吕大防、吕柟、王徵、杨屾、刘古愚等人的史料，彰显了关学的时代价值，因此对理学之后的关学研究和陕西文化研究具有重要价值。这是我们这次将此书收入《二十世纪前期关学研究文献辑要·关学与陕西历史文化》的重要原因。

四、本次整理点校的基本原则

基于以上对《陕西乡贤事略》版本的考证，本次整理以《陕西乡贤事略》民国二十四年（1935）陕西省教育厅编审室铅印本为底本，而以较早的民国无名铅印本为主校本。在整理点校中遵循以下原则：

1. 底本的封面题字、正文末页作为防伪标识的仙鹤、封底的版权页，因为难以展现，且与正文内容关系不大，故删去。

2. 为便于读者对比底本和校本在内容和表述上的差别，以"编者按"或者脚注的方式，补入校本中的《陕西乡贤论略》和《秦王翦事略》，以备学者参考。校本《唐孙思邈事略》《唐李淳风事略》《明王徵事略》中的相关表述，前面已作引述，不再补录。

3. 底本为繁体竖排，为了阅读方便，改为简体横排；底本书眉铅印的标题移入正文相应位置。

4. 底本标点为旧式标点，不甚规范，今以现代标点符号规范为依据，重新标点。

5. 底本明显错误的字，予以改正出校；校本错而底本改正过的字，不出校。

由于辑校者学识有限，其中错讹之处，敬请学者予以指正。

魏　冬
2021年7月于西北大学关学研究院

《陕西乡贤事略》目次

陕西乡贤论略[①]

周公姬旦事略

秦王翦事略[②]

汉张骞事略（附班超）

汉苏武事略

汉司马迁事略

汉马援事略

汉杨震事略

汉班昭[③]事略（附孟光、韦宣文、苏蕙）

晋杜预事略（附贾逵、徐遵明）

西魏苏绰事略

隋牛弘事略

唐李靖事略

唐颜师古事略

唐颜真卿事略

唐杜如晦事略

唐郭子仪事略

唐杜佑事略

唐孙思邈事略（附韩康）

唐李淳风事略（附马钧）

宋寇准事略

宋张载事略

宋吕大防事略（附吕柟）

宋韩世忠事略（附梁夫人）

元郭侃事略

[①] 此条目录据初稿本补入。
[②] 此条目录据初稿本补入。
[③] "班昭"，底本作"班超"，与正文内容不一致，据正文改为"班昭"。

明王恕事略

明冯从吾事略

明王徵事略（附杨𠜱）

清李颙事略（附李柏、李因笃）

清王鼎事略

清阎敬铭事略

清刘光蕡事略

民国井勿幕事略

民国胡景翼事略

民国郭希仁事略

民国朱先照事略

陕西乡贤论略

编者按：《陕西乡贤事略》初稿本有此篇，定稿本无。但通过这一篇可看出编者选择乡贤人物的基本依据以及对选入乡贤的评价，对了解本书内容不无价值，故据初稿本重新补入。

秦　王翦

按：清《一统志》，列王翦于西安府人物之首，盖以其夷六国，称宿将，为始皇所师。然《史记》本传有"翦征百越之君"一语，则其开辟疆土之功，及于今之海澨矣。班书赵充国等传赞，谓"山西出将"，首举王翦，则其武勇又实为雍部先，尤足增国防之重。至其以言不用，即谢病归老，屡请美田宅，以释始皇之疑，去就之间，经权互用，初不以始皇之强暴而稍有所徇，国家思想之深，益彰较明著矣。《御批通鉴》谓"兵在精不在多"，固属正论，然当战国时，争地攻城，不恤人命，长平、新安之坑降卒，率数十万，翦之索六十万兵以去就争之而后可，当时亦实有其事。《御批》斥为浮夸之辞，是盖未悉事实之论也。周兴嗣文有"起、翦、颇，牧，用兵最精"之语。而唐人诗亦云"肯令王翦老频阳"，则翦之姓名流传于社会间者，三千年如一日矣。他如吴氏卓信所云："余尝过频水，出频山，微甚，出山二里即涸，山前有通川，名锦川，王翦求美田即其地。"事关征求古迹，于所谓乡贤者无关，固琐琐不足道也。

汉　张骞

按：张骞在历史上，实为崇尚交通第一家，《史记·大宛传》指明三事。一曰于是汉以求大夏道，始通滇国。二曰于是西北国始通于汉。三曰于是置益州、越嶲、牂牁、沈犁、汶山郡，欲地接以前通大夏。《大宛传》之首即曰："欲通使道。"又曰："大宛闻汉之饶财，欲通不得，其末也，卒通乌孙，而达其通大夏之旨。至其冒险，即出陇西后为匈奴所得，亡月氏，而走至宛，又从月氏至大夏，又从羌中归，复羁匈奴，旋亡归汉，去年十三岁，仅二人得还。"且明言曰："今使大夏从羌中险。"其为探险家亦昭著无疑矣。若夫骞涉西域数十国，而为武帝言之最详者，则为大宛、乌孙、康居、奄蔡、安息、大夏、于阗诸国。此番邦者分明为今中亚细亚之地，注重西北，厥志尤远，足为今日发展西北之导师，事亦奇矣。王而农先生《通鉴论》，斥骞恃其才力，强通西域，谓玉门以西，水西流，而不可合于中国。然又谓天欲开穷荒之域，则假手于时君及智力之士，以启其渐，则又未尝不有羡于骞也。《资治通鉴》载骞事最悉，《纲目》亦绝无贬辞。后人有诗曰"张骞槎上载蒲桃"。赵云松《廿二史札记》，盛称其出使不挠之节，有逾苏属国之艰险。是其民族之思想，亦超越十载矣。（《宛传地理今释》，见黎刻《古文辞类纂》。）

汉　苏武

按：《苏武本传》，表彰已至，不待博征旁书。使于四方，不辱君命，班氏之赞，厥有明征。《纲目发明》曰："武帝天汉元年，书遣苏武使匈奴，至是凡十九年矣。"□还自匈奴，则其全节可知。然无优美之辞，何哉？盖亦臣子当为之事故尔。此又《纲目》之深意也。对于国家思想可谓入细矣。然尊重民意，保持人格之谓何？《纲目》之论，殆失之苛刻焉。

汉　司马迁

按：司马迁非独为汉代名臣，亦宇宙间不世出之人杰。当最少年时，为游历之学，足迹遍天下，见《西京杂记》及《史记·河渠书赞》。中年时，建议行太初历，为星历之学，持论坚定，开数千年行夏时之政治。晚年时，修太史公之书，为今文家之学。本《春秋》法以序事，不虚美，不隐恶，且以中书令兼太史职。天下遗闻轶事，罔弗搜罗，卒成一代之良史。其没以昭帝之初，而太史公官亦实武帝置，以尊子长。他说皆非，见《汉书·律历志》《昭明文选》《玉海》《两汉刊误补遗》等书。其撰史始末，《廿二史札记》考之綦详，然亦未尽□也。他若水利学、财政学、兵学、医学，靡不研求实际，加以表彰，集科学之大成。极提倡乎文化，而经史学尤独造精纯，论世知人，诚当首屈一指者矣。

汉　马援

按：马援在东汉，边功甚著。不独平西羌之功，见于《西羌传》。平交趾之功，见于《水经注》，即其阻止弃金城破羌以西之议，虑患极深，其注国防有非当时诸臣所及者。至于开畜牧于北地，求屯田于上林，导水田于狄道，奏铸钱于陇西，皆于财政有远大之经画。诚东都时讲求经济之第一人也。《后汉书集解》载王补之论，于事实颇悉，深叹光武待伏波之不终。而《御批通鉴》谓其于鞠躬尽瘁之义，实为无愧。援亦百代上之完人哉！援之行事，散见于《东观汉记》及《后汉纪》、《水经注》、崔豹《古今注》、顾祖禹《方舆纪要》，粤、湘、皖、陇地志者尚多，兹不赘述。

汉　杨震

按：杨震清廉伉直，卓绝东京。其上安帝诸疏，于伦理政治之学，精研博辩，洞彻渊微，推厥本原，实由明经博览，无不穷究。惠栋《后汉书补注》引杨太尉碑云"公明《尚书》欧阳，河洛纬度，穷神知变，与圣同符"，此可知其经学之精熟也。《唐诗纪事》吴融诗自注："阿对是杨伯起家僮，尝引泉灌蔬，至今阿对泉尚在。"而《续汉志》亦云"假地种植，以给供养，诸生常有助种蓝者，震辄拔，更以距其后"，此可知其农学之通明也。所疏上多引《毛诗小序》，汉人文字，宋郑樵谓"无以《小序》立言者，而震独历历陈之"，此可知其古学之深造也。至于教授二十余年，孤贫独与母居，疾奸发愤，中道竟以身殉。《通鉴辑览》谓胡寅以震自取杀身，在于不能决去，其说非是。明哲保身，在小臣不预国政者，或以借口，震即欲去，亦当在未为太尉时。否则国之三公，犹不知"謇謇匪躬"之义，可乎？故谓震有不能弥变之才则可，谓震不能有引身之志则不可，此公论也。然而清畏人知，策褒身后，震之孤忠，千载懔懔，可谓特立独行者矣。

汉　班昭

按：班昭之学，出于班婕妤。班氏之家庭学，征诸《后汉书》之序传，已可了然在目矣。至孟光之敬，韦宣文之礼，苏蕙之艺，其渊源皆自婕妤《捣素》《自伤》等赋来。雍郡女学，殆有一脉相传之绪焉。此西州家庭学之所以胜于他郡者也。

晋　杜预

按：杜预武功，以平吴为最，然其推阐古文经学，实有绝大本领。《释例》一书，《四库提要》极为推重。晋元帝修学校，首立《春秋左传》杜氏博士一人，自此《春秋》学遂独存《左传》，而《公》《穀》皆衰微矣。夷考史传，预所建言，皆深明政治之体，虽间有借经义以附和时事之嫌，然其通贯古今，组织完密，实不愧称左癖。所谓"孔门称四，则仰止其三；《春秋》有五，而独擅其一"，古人所云，不我欺矣！公家之事，知无不为，智名勇功，孰如杜翁。以言政治专家，预亦晋代之伊、吕矣。东汉提倡古文学，实惟贾景伯，左氏、穀梁《春秋》，古文《尚书》，《毛诗》，四经遂行于世。迨有大力。范史云："学者宗之，后世称为通儒。"此蔚宗特别提重之语。徐遵明在北朝为大儒，史有明文。赵翼《二十二史札记》有《北朝经学》一篇，极端推重，有曰："元魏时经学以徐遵明为大宗。"皮鹿门《经学历史》以《公羊解诂疏》之徐彦，谓即北史之徐遵明，以其文气似六朝人，不似唐人所为。虽在疑似之间，特其为一代大师，正无疑义。又按，《四库总目提要》云："《左传》为《春秋》之根本，杜解为《左传》之门径，而《释例》又为《集解》之门径，由此以求笔削之旨，亦可谓考古之津梁，穷经之渊薮。"故曰："杜注与孔疏，皆有功于《春秋》。"《文献通考》载："预上疏决坏堤防，以纾水患。"其讲水利也，又别有办法，自非精研政治者曷能识此！

六朝　苏绰

按：苏绰以六条诏书，赞成周太祖之治。本传称其名冠当时，庆流后嗣，其为政治专家，厥有定论。顾其综核名实，筹划度支，减官员，置二长，并置屯田以资军国，盖经济学实亦探求有素，故能坐言起行。其在周朝，始终不离度支之职，绰能尽职，而太祖能始终信任，真千古美谈也。王夫之《通鉴论》谓："绰之制治法，非道也，而近乎道。言政而及于教，绰实开之先。文章之体，裁以六经之文，绰亦实开之先。"有识之言，足资警省，非异论也。王氏《困学纪闻》论《周礼》曰："人君知此经者，唐太宗而已。刘歆始用之，苏绰再用之，王安石三用之，经之蠹也。"何义门纠正之云："唐之立法皆本苏绰，不得目为经之蠹。又系《后周书》本纪，大统中，命苏绰、卢辩，依周制，置六卿官，魏恭帝乃命行之，是实行周官制者，惟绰而已。韶、安石多托空言，以之提倡文化，绰固亦有开先之功，岂国师公暨介甫平章，所能企及哉！"

隋　牛弘

按：牛弘好学博闻，深于《礼经》，故其建议，主立明堂，主定雅乐，主除期练之制，其意盖欲以礼学修天下之政治。以较后儒若秦文恭、曾文正，皆谓"礼为国本，物耻足振，国耻足兴"，观于《圣哲画像记》之言，知牛弘之学即曾文正之学，牛弘之志亦即曾文正之志也。若夫秦文恭之论郊祀、宗庙、乐律、历算，更与奇章公先后同符。实足以窥见天人之原，总覆中外之故，岂可以其事短祚之朝而少之哉！五厄论书，亦声先德，政治之家，断推巨擘。其问刘炫以"《周礼》士多府史少而事治，后世令史多而不济"，盖将取法西周，易吏以士，俾一变而成民族思想之天下。惜乎炫之对弘，仅以文之烦简为言，得其一于末，而失其一于本。王而农以故讥之欤，隋唐数百年之文化，要自奇章开之，厥功伟矣！

唐　李靖

按：李靖及李勣两人，武功俱超轶一代，《旧唐书》称其白首平戎，贤哉英卫。古来英主，任用大臣，多注重于皤皤黄发。今之东邻，政枢之地，率擢置七八十岁者，即专阃之师，耄耋尤夥，阅历深而韬略益远，故往往奏奇辟之功效。太宗谓南平吴会，北清沙漠，西定慕容，惟东有高丽未服，乃靖不从行，而太宗遂有安市城之挫。靖之勋相国家，其思想诚有加人一等者矣。《三原县志》谓靖所著书三十余种，然多不见。今《武经七书》，有《问对》三卷，可知其兵学之大概，《唐语林》载"红拂奔靖"一事，语多附会，毫不足信。然就所识拔与所交契而言，男女才杰，奔凑其门者，正不可以方域计。草泽英雄，收录汲汲，靖之明识敏略，宁独在国家一方面哉，呜呼，异已！

唐　颜师古

按：颜师古在唐为一代著述大家，所注《前汉书》，《四库总目提要》称其条理精密，实为独到，疏通证明，究不愧班固功臣之目。所著《匡谬正俗》，《四库提要》称其考据极为精密，又谓古人考辨《小学》之书，今皆失传，自颜之推训《音证篇》外，实莫古于是书。其邱区禹宇之论，韩愈《讳辨》引之，知唐人已绝重之矣。且复受命于秘书省，考定五经，援据详明，皆出意表，是于伦理文化，皆有绝代提倡，绝大阐发。尤可异者，后王每以《汉书》为教太子之编，自晋时即命刘宝侍皇太子讲《汉书》，而太宗以承乾在东宫，命师古注《汉书》，解释详明，承乾上之。又章怀太子亦注《后汉书》，乃悟历代以来，《汉书》为教导皇嗣之专册，古人为子渊源，即教胄一端，已博瞻若此，他可知矣。有民族思想者，可勿念诸。又按王先谦《汉书补注》曰："自颜监注行，而班书义显，卓然号为功臣。"又曰："颜监于杂家传记，择取甚严。"是师古之道德高尚，礼法通明，于斯益见。推为伦理学家，当之曷愧。

唐　杜如晦　郭子仪　颜真卿

按：杜、郭、颜三人事迹，见于《通鉴》暨本传者，盖已备哉灿烂，无俟博陈。杜公之以裁断称，汾阳王之以威怀著，鲁公之以节义终，炳炳千秋，国家民族，两俱增重。至其遗闻轶事，见于唐代丛书，如《唐诗林》及《太平广记》等编者，曷可偻叹。亦博征而约取焉可耳。

唐　杜佑

按：杜佑为李唐名相，《通鉴》《唐书》事迹极详。然其绝大事业，实以所著之《通典》一书，为千古讲求政治学者之圭臬。重规叠矩，昭示方来，《郑志》《马考》，举从此编脱卸而出，详博或过之，而精要竟无有能及之者。书中礼类一门，辑至百卷之多，广载古制古议，是乃特具眼光，与汉之马迁，晋之贺循，隋之牛弘，暨清之秦蕙田、曾国藩，所主张有如出一辙者，深识卓见，岂号为暧暧妹妹者，所可同日语哉！礼学昌明，中外合一，所谓政治文化，一以贯之矣。张文襄谓："学者当读《通典》，以多存古书古礼，于经学甚有益。"《四库提要》谓其"详而不繁，简而有要，原原本本，皆为有用之实学"。即其书以核其人，尤窥政治之本原。诸所建设，主于省用，谓省用则省官，盖亦擅经济之学者也。然其提倡文化之功，则超越千祀矣。

唐　孙思邈

按：孙思邈，历隋、唐两代皆不仕，固富有民族之思想者也。学通百家，善谈《庄》《老》，不独以医学名。然《四库提要》列其所著《千金要方》于医家内，且考其生卒，定为自开皇辛丑至唐高宗永淳元年，实一百二岁。《太平广记》及叶梦得《避暑录话》等书，多载其事迹，顾亦有可信有不可信者，要亦千古之异人矣。又《提要》载有《银海精微》一书，亦题思邈名，目为《银海》见于道书，其法补泻兼施，寒温互用，无偏主一格之弊。眼科近尤称专门之学，济世济人，民生攸关。《提要》云"此书疗目之方，较为可取"，学者或其留意焉尔。

唐　李淳风

按：李淳风在唐时久任太史令，有如司马迁之在汉朝，顾迁学宏博，淳风学精密。治历明时，大易所许。迁专史学，其为《儒林传》，表彰汉代今文之学家，实独具只眼。淳风则不免谈休咎，辨阴阳。所著《乙巳占》，见称于《四库提要》；所制浑天仪，见述于《通鉴辑览》；而《唐书·艺文志》亦载其所注《周髀算经》二卷，西人间有辩论及之者。"钦若昊天，敬授民时"，今文家此文作"民时"，不作"人时"，今文家之为民学于此可见。淳风之念念在于民族，有非宋元以后历学专家所能跂及者。王氏《玉海》云："近代精数者，皆以淳风之法，千古无差。"所载淳风定历事綦详，固有足资参考者。

宋　寇准

按：寇准为北宋名相，生平大事，自以澶渊一役，为北宋存亡关键。事迹载于李焘《通鉴长编》者，较《宋史》为详。《通鉴长编纪事本末》一书，并可备考。王夫之《宋论》，于莱公御寇情形，勘入深际，必如此而后可以知人论世，必如此而后可以尊王攘夷，必如此而后可以应付古之天下，亦可以应付今之天下。《大雅》云"訏谟定命，远猷辰告"，谢安石深识此旨，举以为言，无须臾之去于心者，无俄顷之眩于目，其密也，所以暇也，其暇也，所以奋起而无所惴也。而农先生之论莱公，而不独论莱公，洵所谓诲人不倦者矣。

宋　张载

按：张载为北宋关中大儒，实开洛闽之学派，近刻有《张子全书》足资考证。《四部丛刊》目列有《张子语录》三卷、《后录》二卷，为宋刊本，《四库全书》未曾收入。如取而观之，或于前言往行尚有可以为订坠搜遗之助者。河海不择细流，太山不让土壤，正此意也。

宋　吕大防

按：吕大防清风大节，本传具详。《通鉴长编》中于其言论行事，叙述尤悉。所谓政治之学，实出元祐诸贤之上。至其礼学，见于《吕氏乡约》，近人有推阐乡约之义，著论凡数千百言，博学而详说之，尤足开人智慧，如能取阅而酌择之，于吕氏礼学可以熟思而得其故，可以知古而通乎今矣。

宋　韩世忠

按：韩世忠号南宋三上将之一，为今陕西肤施县人。苗刘之变，世忠首发平江，遂弭大乱；黄天荡之役，世忠复大败兀术，而南渡之局乃定。迹其始终抵御金人，不少挠屈，可谓能伸民族之志气者矣。考李埴《十朝纲要》，载其绍兴四年，破金人于大仪镇鸦口场及承州北门，凡三十战，皆克。《纲目发明》于"江中之胜"，谓世忠以八千人破兀术十万之众，金酋自是不敢复渡长江，世忠之功岂不伟哉！《纲目广义》谓世忠此役虽先胜后挫，不能成功于一时，而自是之后，兀术卒不敢窥江，延南宋一百五十年之祚，巩固国防，保守疆土，世忠固南渡诸将中第一人也。梁夫人于苗刘之乱，驰会世忠；于黄天荡之役，援桴助战，屡受大国夫人之封，其事具于《建炎系年要录》中，较《宋史》为备。别史又载其江中之战，尝上疏劾世忠失机，诚中兴女界中之英杰。罗大经《鹤林玉露》述其为京口娼，未足深信。盖其习鞍马，娴鼓鼙，非南方柔弱所能，虑亦西州妇女，勇于赴敌，如朱子所云者哉。

元　郭侃

按：郭侃在元，以将家子从征西域，其兵锋所及，遍于今之布哈尔、克什米尔、亚喇伯，并直抵兀林，即今俄罗斯，可称不世之伟烈。且其人为今华邑人，功名轶其父若祖而上，孰谓古郑一隅之地，而七百年前已有此英杰之才，扬旌万里之外哉，此最动吾民族之感想者也。何秋涛《朔方备乘》列之于历代北征用兵将帅传中，而论之曰："传□得人，战无前敌，前事不忘，后事之师，山川域堡之形势，攻取屯戍之事迹，具在方策，于以为辟地之资，于以增国防之重，汾阳遗教，不亦远哉！"

明　王恕

按：王恕为有明中叶刚正清严之臣，事迹详本传。《四库提要》载有《王端毅文集》九卷，称其平实浅显，无所雕饰，如其为人。其《玩易意见》二卷，亦著录于经部，为说颇出新意。讲求政治寓于学说之中，崇俭黜奢，始终贯彻，就《明史》全编中论之，实为关辅第一流人物。夏燮《明通鉴》于恕"致仕"条下，载王世贞云："刘文泰之举，出自邱公，然三原止合，略陈其事，力求归休，不当疏诸廷鞫，又以老学阴谋，肆加诋斥，盖公北人伉直少文之故。"然三原立朝耿耿，大节昭彰，区区小节，何损日月之明？世贞之言，亦似不无偏袒琼山，野史之谈，存而不论可也。

明　吕柟

按：吕柟著述极多，为明代儒林之冠，《明史》本传叙述较略。所著有《四子抄释》，删繁举要，独得心源，《四库提要》称其为学在格物以穷理，先知而后行，践履最为笃实。尝斥王守仁言良知之非，以为圣人教人未尝规三方，今不论资禀诣，刻数字以必人之从，不亦偏乎。观于所言，可谓不失河津之渊源矣。盖所学本乎程朱，得谈□理学之正派。近人所刊《惜阴轩丛书》，举《四子抄释》一并刻之，关中文化，泾野子实启之，饮水知源，固当百世以祀矣。

明　冯从吾

按：冯从吾在明代提倡讲学，始终不怠，可谓一大教育家。《四库提要》于其《少墟集》下，谓从吾初为御史，拒绝阉人，劾罢胡汝宁，禁大计苞苴，又上疏谏神宗不亲政事，几遭厄祸，后廷议二案，亦持正不阿，卓然不愧为名臣。惟其争论京师讲学两疏，说颇固执云云。似《提要》亦属有激之言，不为笃论。《大易》有言："君子以讲习居业。"此君子非专指在野者，古有明训伦理文化之提倡，正赖登高一呼，始足收风虎云龙之感应。若云居田里始可讲学，居朝市即不可讲学，则古来稷下淹中，及张留侯学礼淮阳，桓次公论经关右，何一非都会之地？纪文达所云，或避时忌而发此议欤？近日有重刊《冯恭定全书》，足称该括，而《正觉楼丛书刻》，载《东林党人榜》及《东林点将录》，从吾皆高列前名，益可识当时声望之卓著矣。

清　李颙

按：李颙及李柏、李因笃，皆不仕逊清，风节高尚，谓有民族思想，洵属不诬。而立说著书，本身作则，推阐文化，道柄关中，三峰鼎立，号为大儒。近人吴怀清新著《三李年谱》一书，搜讨精宏，良足表彰三先生于百世，似可取资考证，无俟赘陈。

清 王鼎

按：王鼎在逊清道光时，正色立朝，终以尸谏，清风亮节，炳耀千秋。其奏疏见《续陕西通志·文征》，其行事见《清史列传》及《耆献类征》。其死事情形，见薛福成《庸庵笔记》。至于保荐林则徐，至以去就争，面斥穆彰阿为秦桧、严嵩，则固中国攘夷狄之真忱，有坦然可白于万世者。宜乎改革以来，五洲人士犹津津称道不置也。

清 杨屾

按：杨屾著有《知本提纲》《豳风广义》等篇，学主有裨实用，而不尚空浮之谈。《烟霞遗书》中，极端推重，海内讲求实业者，多以重价购求其书，尤为雍郡以西人物之冠。其行事载于《续通志》及县志者，卓然可纪，农桑畜牧，研究极深，今之主办实业者，倘能取其书熟读深思之，富强之计，思过半矣。

清 阎敬铭

按：阎敬铭在逊清朝，有三大计画，一则拟练北方之军，以矫偏重湘、皖两师之弊；一则规画新疆建置，以消兵骄饷匮之忧；一则统计全国岁出岁入，呈进会计总册，以立度支根本之规摹。其经济、政治诸学，超出于同治中兴人才上。至讲学尤力求实际，不分汉宋门户。刊书至十数种之多，率皆切于实用。新修《陕西续通志稿·文征》中，载其奏稿约二十余篇之夥，胥关经国大谟，非精通财政学者，不能如文介之知无不言，言无不尽也。

清 刘光蕡

按：刘光蕡，学者称古愚先生，在逊清末年，教人务为实学，刊书务求实用，谈及国家天下之故，每叹实心任事之才，至为难得。所成就人材甚众，高足弟子，多能辅世长民，达情宣德，无不思振兴民族，强我中华，诚赤县神州中，第一提倡文化之家也。晚年著论，谓泰西机器之必行于中国，以为天欲合五大洲为一，气运之所趋，不惟中国不能阻，即西人亦不能秘其术，不令入中国也。今者飞机遍于寰中，铁道通乎陕右，未三十年而科学大明，汽机弥广，《中庸》云"至诚之道，可以前知"，先生之谓矣。先生撤瑟后，著述颇散佚，弟子王典章辛苦搜辑，刊《烟霞遗书》若干种，暨《文集》十卷，关中学派之大变。他日西北发达，富强有资，先生指导之功，千载不朽矣。

周公姬旦事略

人类历史演进之迹，其新陈递嬗之属于一事一物一部分者，曰改良。而其系于全局全体者，则曰革命。子夏说《诗》之五情六际，致详于"上则革令（厉王革典即是革令），下则革命"之分；孔子讲《易》之鼎革，致严于时必应大义，必顺人之大。无论其为全部、局部，要必环境之条件具备，而后施工乃可得就，亦必各部分之改良有效，而后全部之革命乃成。夫岂武力夺取政权于一旦者，所能冒其名哉？我国四五千年历史，有足以当革命典型而无忝者，则周公其人也。

家世

周文公姬旦者，王季之孙，文王之第四子，武王之弟，成王之叔父，而鲁公伯禽之父也。王季家庭教育，由胎教以至训育成人，故姬姓父子兄弟，德慧术智迈出常人，而旦尤圣。书册所纪，多述其孝友、礼法、文学、政治、材能艺事；以今考之，则知其度越前古，牖启后来，为人所难能者，不仅一己之德慧术智成功而已。

革命事业

社会进化之公例，皆由母系，而半母系，而父系。远古文史佚略，难判其经历者几何年。商代甲乙为名，父子同号，固犹是女生为姓之俗也。成周革命，始立建号别氏之制，以官以地以王父之字命氏别族，男以氏系父，女以姓纪母，而社会全部改进矣。周之创制显庸，始自公旦，旦佐武王革命，辅成王立政数十年，一洗前代旧染之俗。社会革命，成于制礼，因氏族而起宗法，则尤较为显著。且周之宗法社会，重在承统，标示所系，非如后来之必立长立嫡也。文王舍伯邑考而立武王，《檀弓》述之；伯禽于鲁庙祖周公，而旦之少子仍于周京嗣为周公，《春秋》著之。是可证知两系社会不同之故也。上古游牧部落，本为茹毛饮血之社会，周祖后稷明农教稼，乃为粒食之社会。其时所谓"万国"禹会（万国于涂山），至周犹千八百国者，乃因各部落酋长所居之地而号之耳。成周革命始大封同姓异姓，别爵惟五，分土为三，建官惟贤，任事惟能，而社会始确然完成其为封建矣。

上古以祭祀、兵戎为两大事，刑、赏为两大政，皆行之于社。（见《尚书》）周公始改于学校，释奠献馘，《鲁颂》泮宫秉行周礼可证也。文事武备，皆教育于学校，训练于田野，畎浍道路之修以时，兵车卒伍之出以制，朝聘会同之供亿，工农虞牧之官司，皆前世所未见，而周公因革损益，以完成其为政典也。

至于民间，即因成革之迹，察俗观礼，更可见其协时。合葬非古，周公为之，孔子循之，至今不改也。昏必亲迎，必庙见，始成为妇。郑忽先配而后祖，君子以为非周礼。郊以后稷配天，明堂以文王配帝。周公之孝祀虽分阶级，而三年服丧则无贵贱士庶。各祭其先，尤极人情，与支子不告于宗子不得祭庙之制，原于族氏者大异其旨。由平等故祖先教遂行于社会，而男冠女笄独三加之礼通乎上下，妇人无主祔于其夫之主，即从其夫之谥。谥法，周公作也。此于风俗上成其为母系社会之革命也。

当时社会市场，因物品直接交换，而渐有货币兴起，《周书》"贸迁有货居"之语可证也。瓦器、竹器、木器、石器之用已久，商代铜器甚少，至周而用铜器极多，且渐开用铁之风。商代文字极简单，多刻于骨角，至周而文字大备，多为长篇纪述。刻铜之外，竹木板册帛书之用始繁，此等文化进步，原非一二人所能为，而革命一成，商、周截然分界，固不能肇端于周公也。

个人才德

至其个人才德，散见于《戴记》及鲁世家，于周秦诸子书甚多。当国数十年，而富不如鲁之季氏，则其个人享用之俭可知。今但征于诛逐管叔、蔡叔之事，可证管、蔡奉行商政为不革命，而不仅为叛周。但征于吐哺握发，日见白屋之士七十人，可证其革命成功，全在博访民意，适应社会条件。更可知"礼不下庶人，刑不上大夫"者，汉人之谈，在周公固无此阶级之见也。

又其多才多艺，如作指南以济越裳，验土中以卜瀍、涧，世皆称之。而《周髀算经》所记，周公与弦高讨论数理，"圆出于方，方出于矩""仰矩测高，俯矩测深"之说，遂立天算九章之基。以孔子之多能而愿学周公，形诸梦寐，非无故也。

结论

孟子称周公"思兼三王"，称孔子为"时中之圣"，而孔子师周公，愿为东周，其论殷周改革，乃曰因于旧礼，损益可知。诚以因革相成，必当其可，始不仅为枝节之改良也。齐太公与鲁伯禽皆报政于周京，周公即知他日之齐当霸而先亡，鲁当弱而后灭。盖改革之初，命令发动，趋向所在，即伏后来盛衰之根。是以孟子云"名世之兴，必可于时"，与子夏论全民革命，同一意义。自周公以后，凡革命者，大率政治上朝代兴亡，制度变易，无顺应社会需要，以作全局之革故鼎新者，而周公独努力于三千年以前，此其所以为圣欤！

秦王翦事略

编者按：《陕西乡贤事略》初稿本所收第一则事略为《秦王翦事略》，而定稿本则替换为《周公姬旦事略》。其或受司马迁指责王翦"不能辅秦建德，固其根本，偷合取容，以至圽身"的影响。王翦是否可为乡贤姑置不论，然《秦王翦事略》于陕西乡贤文献不可谓无补。故补录于此，以备学者参考。

翦之身世

战国之末，为秦将而勇武善战著者，前则白起，后则王翦。然起不能救患于应侯，而翦以秦宿将夷灭六国，促成统一，始皇至以师事之。太史公作《史记》，亦称秦并天下，王氏之功为多。名施于后，岂不以战胜攻取之外，尚有大过人者乎！

王翦，秦频阳人。幼而好兵，事秦始皇帝，继白起为将属。攻赵，岁余遂拔赵。其王降，尽定赵地而郡县之。会燕太子丹使荆轲刺秦王，秦王使翦攻燕。燕王喜出奔辽东，翦遂定燕蓟而还。秦王使翦子贲击楚，楚兵败，还击魏，降魏王，遂定魏地。始皇既灭三晋，定燕蓟，且数破楚师。彼时天下诸侯[①]之存者，惟齐与楚。以始皇雄才大略，其统一宇内之期待心理，固已达于极点，且势必先大举以击楚矣。

翦议伐楚与谢归

秦将李信者，年少壮勇。尝以兵数千，逐燕太子丹于衍水中，卒破得丹。始皇以信为贤勇，于是问信曰："吾欲攻楚，度用几何人而足？"信曰："不过用二十万人。"又以问翦。翦曰："非六十万人不可。"始皇曰："王将军老矣，何怯也！李将军果新壮勇，其言是也。"遂舍翦，而使信及蒙恬将兵二十万南伐楚。翦因谢病归老于频阳东乡矣。或谓"兵贵精而不贵多"，固属正论。然当战国时，杀人至盈野盈城，长平、新安之坑，率数十万。翦之索兵六十万，以去就争之而后可，亦当时事实之需要。斥为浮夸，诚非笃论。

李信军败与翦之再起

信与恬入楚境，大破楚军，于是又引兵而西，攻鄢陵。楚大将项燕，随之三日夜，不顿舍。大破李信军，入两壁，杀七都尉，秦军走。始皇闻之大怒。自

[①] "诸侯"，底本作"侯诸"，误，径改。

驰入频阳，谢翦曰："寡人悔不用将军计，李信果辱秦军。今闻楚兵日进日西，将军虽病，独忍弃寡人乎？"翦谢曰："臣老病悖乱，惟大王更择贤将。"始皇谢曰："已矣，将军勿复言。"翦曰："大王必不得已用臣，仍非六十万人不可。"始皇曰："听将军为之。"于是乃使翦将六十万人行，始皇亲送至灞上。翦拜辞，请美田宅园池甚众。始皇曰："将军行矣，何忧贫乎！"翦曰："为大王将，有功终不得封侯，故及大王之向臣，臣亦及时以请田池为子孙业耳。"及行至关，又使使还请美田者五辈。或曰："将军之请，亦已甚矣！"翦曰："不然。夫秦王，很而不信人。今空全国甲士而专委于我。我所以多请田宅为子孙者，以自坚而销王之忌耳。顾令秦王坐而疑我耶？"

王翦以言不见用则谢病归老；及再用，屡请美田宅池，以释人主之疑。初不以始皇之强暴而稍有所徇，继不以始皇之悟而或有所隐，去就之间，经权互用，要其国家思想之深，固已彰明较著矣。

翦之破楚

王翦东代李信击楚。楚闻翦益兵而来，乃悉发国中兵以拒秦。翦至军，坚壁自守，不肯战。荆兵数挑之，亦不出。但日休士洗浴，而饮食抚循之，与士卒同甘苦。久之，使人问："军中戏乎？"对曰："方投石超距。"于是翦喜曰："士可用矣！"楚将军项燕见秦师仍不出，稍引兵而东。翦因悉锐卒追之，至蕲南，纵兵奋击，大破楚军，杀项燕，楚师走。

秦之统一

秦遂乘胜略定楚地城邑。岁余，虏楚王负刍，竟平楚地为郡县。于是南凿五岭，以征百越之君。而翦子贲与李信破定燕齐地。果于始皇二十六年，尽并天下而郡县之，以结束上古封建之局，而开公天下之端焉。

结论①

纂辑王翦事略既竟，见《史记》本传有"南征百越之君"一语，则其开疆拓土之功，及于今之海澨矣。班书《赵充国传赞》，首举王翦，则其武勇又实足为雍部先，尤足国增防之重。梁人为文，有"起、翦、颇、牧，用兵最精"之语，唐人诗云"肯令王翦老频阳"，则翦之姓名，流传于社会间者，三千年如一日矣。宁可以秦祚短促，而忽此伟事伟人乎？方今国难日亟，处处有铜驼将陷之叹，"山西出将"，健男子其共勉旃哉！

---

① "结论"，底本作"论结"，误，径改。

汉张骞事略（附班超）

自秦之亡，匈奴有单于曰冒顿，东灭东胡，西击月氏，南并楼烦、白羊，侵燕、代而内犯，以汉高祖之雄才大略，三十万众困于平城。及吕后朝，犹有嫚书之辱；孝宗时侵暴至甘泉，乃屈节和亲。孝武不忍华胄之凌夷，于是议通西域——即今新、青、藏、中亚、小亚细亚及地中海、古罗马属地——以制匈奴。亚洲各民族之相接，起于中国与匈奴，而实源于华族之自强，其成始终竟功烈者，则张博望、班定远是已。

张骞之身世与初使

张骞，汉中城固人也。建元中为郎。时匈奴降者言，匈奴破月氏王，以其头为饮器，月氏遁而怨匈奴。（月氏先居甘肃西境，后遁走阿母河旁。）汉方有事匈奴，闻之，欲通使月氏。然必道经匈奴地乃能达，于是募能使者。

骞以郎应募，率百余人，与堂邑氏之奴名甘父者，俱出陇西。经匈奴，匈奴得之，传诣单于。单于曰："月氏在吾北，汉何以得往使？吾欲使越，汉肯听我乎？"留骞十余年，予之妻而有子，然骞持节不失也。既而与其属亡向月氏。西走数十日，至大宛（今费尔干地）。大宛闻汉之饶财，欲通不得，见骞喜，问欲何之。骞曰："为汉使月氏，而为匈奴所闭，道脱亡，惟王使人道送我，诚得至，反汉，汉之赂遗王财物，不可胜言。"大宛以为然，遣骞为发译导，抵康居（今比利亚顿里颉思），传致大月氏。大月氏王已为胡所杀，立其夫人太子为王。既臣大夏（阿母河布哈尔）而君之，地肥饶，少寇，志安乐。又自以远汉，殊无报胡心。骞留岁余，竟不能得月氏要领，还。

傍南山，欲从羌中归，复为匈奴所得，留岁余。单于死，国内乱，骞与胡妻及堂邑父俱亡归，所属惟余二人耳。汉拜骞大中大夫，堂邑父为奉使君。自骞之出也，前后凡十三年，跋涉于冰天雪碛之中，困顿于酪食毳衣之俗，往往数日或数十日不得食。备历艰险困苦，所至宣汉威德，西域诸国，始知有汉，骎骎谋内属矣。史称骞为人，力宽大信人，蛮夷爱之。噫！此非坚忍磊落、不屈不挠之慨，其孰能排万难、犯万险，以卒达其所志者耶？

张骞所通西域诸国

骞既亲至大宛、大月氏、大夏、康居，而传闻其旁大国五六，俱考其地势物产，归而奏之。且曰："臣在大夏时，见邛（邛来山）竹杖、蜀布，问安得此。大夏国人曰：'吾贾之往市之身毒国（印度）。'身毒国在大夏东南，可数千里，其俗土著与大夏同，而卑湿暑热，其民以象战，其国临大水。以骞度之，大夏去汉，万二千里，居西南。今身毒又居大夏东南数千里，有蜀物，此其去蜀不远矣。"天子既闻大宛、大夏、安息（大月氏以西）之属，皆大国，多奇物，土著颇与中国同俗而兵弱，贵汉财物；其北则有大月氏、康居之属，兵强，可以赂遗设利朝也。诚得不用兵革而以义属之，则地广万里，重九译，致殊俗，威德遍于四海。武帝欣然，遂使骞从大将军卫青击匈奴。以熟谙地形，知水草在处，军食得以不乏。乃封骞为博望侯。骞因献结乌孙（今伊犁）断匈奴右臂之策。乃拜骞中郎将，使实行之。并西招大夏之属为外臣。乃将三百人，人各马二匹，牛羊以万数，赍币帛直数千巨万。道中得便，骞即可遣人遗之旁国。骞既至乌孙，致赐谕旨，未能得其决。会汉已得匈奴右地，置河西四郡，地接西域。而贰师将军，讨破大宛，得名马以归，西域震惊。骞即分遣副使通大宛、康居、月氏、大夏等国。乌孙发驿道送骞与乌孙使者数十人，马数十匹报谢。因令窥汉。骞还，拜为大行。岁余，骞卒。后岁余，其所遣副使，通大夏之属，皆颇与其人俱来。自敦煌以西，至于盐泽。往往起亭障，而轮台渠犁（在轮台东南）皆有田卒数百人，以给使外国者。于是西北诸国始通于汉矣。自骞开通西域孔道，其后使者皆称"博望侯"，以取信于外国，外国由是信之。其后乌孙竟与汉通婚。汉之声威，远被西北。匈奴失援，不自安矣。

张骞通西域之关系

（一）杀匈奴猾夏之势

自秦末至汉初，匈奴西结西域，南侵中原，故欲制匈奴，不可不通西域。张骞首倡通月氏、结乌孙之议，卒以断匈奴右臂，隔绝南羌，斩其羽翼。及孝武末世，幕南无王庭。宣帝时，受呼韩邪之降，为中国千古以来，制御外夷一大胜利；元城以后，仍世称臣，常为藩属。此数千载华夏之光荣也。

（二）开亚欧交通之机

秦汉之间，东西民族皆务伸权力于域外。罗马帝国将兴，而阿利安族文明，将驰骤于地中海沿岸，顾不能越葱岭以求通于我国。据史家言，大宛即大希腊之一部，盖此地早为帕德利亚之希腊人所蔓延。《史记》所载土俗多与泰西古代相类，如"葡萄""苜蓿"等，即希腊语Bobrus、medlkai等之译音。且今世之核桃、胡瓜等果，均称来自西域，盖中国、希腊两种文明之相接，即起于是。

（三）完成中国一统之业

当时滇、黔诸地皆未内属，汉武初，虽尝从事西南夷，然以费多罢之。其后感博望"蜀布邛杖"之言，始知有身毒国，卒再使王然于、柏始昌、吕越人等十余辈，往求乌毒国，于是置益州、越嶲、牂牁、沈犁、汶山等郡，更进而遂开滇池，达交趾，卒使三千年为国屏藩，虽其事不专成于骞，而实创始于骞焉。

[附班超]

后汉之定西域

汉武既通西域，设官屯守，使问不绝，匈奴之势寖衰。中国震威于域外者，莫此为盛。既而新莽改制，匈奴大怨，东连乌桓、鲜卑，西诱西域诸国，频犯北塞。光武初定天下，西域十八国，遣子入侍，请设都护，光武弗许，诸国乃附匈奴，匈奴益骄，迭侵山、陕边鄙。未几内乱，分为南北，南匈奴通款内附，如元成故事，居于黄河之南。而北匈奴方极盛，反覆无常，累寇河西。此时汉与西域绝者六十余年矣，其形势甚似武帝时。汉廷亦知西域不定，匈奴之患终不可弭，于是又有一人杰焉，曰班超。

班超之身世

班超字仲升。扶风平陵（今咸阳东北）人。生于后汉建武间。父彪，为徐令。兄固，以文学闻。超少有大志，轻细节，然居家常执勤苦，不耻劳辱。有口辩而涉猎书传。幼随兄至洛阳，佣书于官以养母。久劳苦，尝辍业，投笔叹曰："大丈夫无他志略，犹当效傅介子、张骞立功异域，以取封侯，安能久事笔砚间乎！"久之，被除为兰台令史。复坐事免官。永平十六年，奉车都尉窦固出击匈奴，以超为假司马，将兵别击伊吾（今哈密），战于蒲类海（今天山南路之巴尔库勒），多斩首虏而还。超之冒险事业，惊世伟烈，自此始矣。

班超所定西域诸国

（一）鄯善

超既从窦固击匈奴有功，遂命以假司马，部三十六人，使西域。首至鄯善（今新疆鄯善县），其王广奉超礼敬甚备，后忽疏懈。超谓其属曰："宁觉广礼意薄乎？此必有北虏使来，狐疑未知所从也。明者睹未萌，况已著也。"乃召侍胡诈之曰："匈奴使来数日，今安在？"侍胡惶恐，具道其状。超乃闭侍胡，悉会其所部三十六人酣饮，因激之曰："卿曹与我，俱在绝域，欲立大功、报国家。今虏使到才数日，而王广礼敬即废，如收吾属送匈奴，骸骨长为豺狼食矣！不入虎穴，不得虎子。惟乘夜火攻，彼不知我多少，必大震怖，可尽殄也。"众曰："死生从司马。"初夜，超将吏士，往袭虏营。会天大风，令十人持鼓，藏虏舍后，约曰："见火燃则鸣鼓大呼。"余悉令持弩，夹门伏，顺风纵火，前后鼓噪，虏众惊乱。超手格杀三人，吏兵斩三十余级，余众百许人悉烧死。翌晨，召王广，以虏使首示之，一国震怖。超晓谕，告汉威令，纳子为质。

鄯善既定，西域之孔道通矣。还，奏书窦固，固善，上超功，请选使往镇西域。帝曰："吏如班超而不用，何故不遣而更选使乎？"遂以超为军司马，使遂前功，固欲益其兵。超辞曰："顾得前所从三十六人，足矣！如有不虞，多益为累耳。"

（二）于阗

时于阗（今新疆和阗、于阗两县）王广德新破莎车（今莎车县），雄霸南道，而匈奴遣使监护其国。超既至，广德礼义甚疏。且其俗信巫，巫使请超所乘马以享神。超佯许之。巫至，斩其首，以送广德，因责让之。广德知超在鄯善前事，惶恐。攻杀匈奴使而降，超重赐其王以下而镇抚之。

（三）疏勒

时龟兹（今新疆库车县）王建，倚匈奴威，据有北道。攻杀疏勒（今新疆疏勒县）故王成，而代以龟兹左侯兜题。超深察疏勒人之不甘也，乃从间道至疏勒，去其都九十里。遣从吏田虑往敕兜题降。且敕虑曰："兜题本非疏勒人，疏勒人必不用兜题命，若不即降，便可执之。"吏如命。超乃悉召疏勒将吏，暴龟兹无道状，因立成兄子忠为王，国人大悦，请杀兜题。超释而遣之，以示威信。焉耆（今新疆焉耆县）乘明帝之崩，攻没都护陈睦，而龟兹姑墨（今新疆拜城县）亦数发兵攻疏勒。超与忠婴守孤城，赌万死以争国威。卒不少挫，章帝恐超单危，下诏征还，疏勒举国忧恐，其都尉黎弇自刎乞留。超还至于阗，王侯以下皆号泣曰："依汉使如父母，安忍弃之？"抱马脚不使东。超亦欲遂本志，乃更还疏勒。疏勒两城，自超去后，复降龟兹。超至，捕斩反者，疏勒复安。

超以三十六人，用区区疏勒，当数国之冲以婴守者，既五年矣。呜呼，自非坚忍沉毅之资，安能当此？且超之用疏勒者，以其居西域之冲，不定不足以示威信。而疏勒亦非真向汉，慑于超之威与谋耳。故自兹役后，疏勒尚叛三次，均经超击平之。于是天山南北尽为汉有，盖自超始。以至大定，凡十四年。超经营西域之根据，皆在于是，而心力亦已瘁矣。

（四）尉头

尉头（今新疆乌什县）于超征还时，与疏勒连兵叛汉。超复至，击破之。杀六百余人，乃定。

（五）姑墨

龟兹属国姑墨（今拜城），屡从龟兹攻疏勒。建初三年，超代疏勒、康居、于阗、拘弥兵万余，破姑墨石城，斩首七百级，姑墨大衰。至此役前，超从汉兵仍仅三十六人，而手定者已五国，袭从者已有拘弥、莎车、月氏、乌孙、康居等十国。超因此遂欲平诸国。乃上疏陈"以夷狄攻夷狄之法"。以为若平龟兹，西域未服者仅百之一耳，则右臂可复断，而中国边患可永弭。且云莎车、疏勒田地肥广，草木饶衍，不比敦煌、鄯善间也，兵可不劳中国而粮食自足。书奏，帝知其功可成，乃以徐干为假司马，将义勇千人就超，超由是益有所借以行其志矣。

（六）乌孙

超欲因乌孙（今新疆温宿、伊宁两县间）强兵攻龟兹。乃上言："乌孙大国，控弦十万，故武帝妻以公主，孝宣卒得其用。今可遣使招慰，与共合力。"帝纳之。拜超为将兵长史，假鼓吹幢麾，遂定乌孙。

（七）莎车

元和元年，超发疏勒、于阗兵击莎车。莎车阴嗾疏勒王忠叛，超更立成大为王，旋召斩疏勒王忠，疏勒大定。乃益发于阗诸国兵二万五千击莎车，而龟兹王遣左将军军合温宿、姑墨、尉头兵五万救之。超以众寡不敌，乃与于阗王佯遁，龟兹王大喜，将万骑于西道遮超。温宿王以八千骑邀于阗。超知二虏已出，密召诸部勒兵，鸡鸣驰赴莎车营，胡大惊乱，追斩五千余级，大获其马畜财物，莎车遂降，龟兹等因各退散，自是威振西域。

（八）月氏

月氏以尝助汉击车师（今新疆吐鲁番等处）功，贡珍宝，求汉公主，超还其使，由是怨恨。俄遣其副王谢，将兵七万攻超。超众大恐，超誓之曰："月氏兵虽多，然数千里逾葱岭来，非有运输，何足忧耶？但当收谷坚守，彼饥穷自降，不过数十日决矣。"谢前攻不下，粮将尽，抄掠无所得，遣骑赍龟兹求降。超乃遣兵要于东界，尽杀之。持其使首示谢，谢大惊，遣使请罪，超纵遣之，月氏由是大震。

（九）龟兹

当时西域诸国，独龟兹最倔强，以通匈奴属诸国，敢与汉抗。超既定诸国，通匈奴之路既绝，复无爪牙以相从属，乃率姑墨、温宿降。报闻，拜超为都护，以徐干为长史。超胁龟兹废其王尤利多，而立汉廷侍子白霸，又自驻节龟兹它乾城，而使徐干别屯疏勒，至是西域诸国悉定。唯焉耆、危须、尉犁，以前曾攻没都尉陈睦，怀贰心。

（十）焉耆及危须、尉犁

六年秋，超合龟兹、鄯善等八国兵七万，及吏士贾客千四百，讨焉耆。遣使谕之曰："都护来，为镇抚三国，即欲改过向善，宜遣大人来迎，当赏赐。"焉耆王广，遣其左将北鞬支奉牛酒迎超，赐而遣之。广阴绝其苇桥之险，不欲令汉军入国。超更从他道潜渡，至焉耆营城外二十里之大泽中。广大恐，欲倾城入山保。焉耆左侯元孟，先尝质京师，密遣使。超斩使，示不信。乃期大会诸国王，扬言重加赏赐，于是焉耆王广、尉犁王泛，及北鞬支等三十人，相率诣超，而其相及危须王等不至。既坐定,超怒诘广,数其罪,遂叱吏士收广、泛等,于陈睦故城斩之。传首京师,以雪国耻,伸士愤。更立元孟为焉耆王,超留抚焉耆半岁,于是西域五十余国,悉皆纳贡内属。

永元七年,封超为定远侯。诏书有曰:"超安集于阗以西,逾葱岭,迄县度,出入二十二年,莫不宾从,改立其王,而绥其人。不动中国,不烦戎士,得远夷之和,同异俗之心。而致天诛,蠲宿耻,以报将士之仇。"信哉!

班超平定西域之关系

考是时,罗马方用兵西亚。两大文明,几相接触。《后汉书·西域传》所谓大秦,即罗马也。西域全定后四年,超又遣部将甘英西使大秦。抵条支,临大海(地中海),欲度而安息西界船人谓英曰:"海水广大,往来者逢善风,三月乃得度;若逢迟风,亦有二岁者,故入海人皆赍三岁粮。海中善使人思土恋慕,数有死亡者。"英闻之乃止。是时超年且七十矣。其妹曹大家上书谓其"衰老被病,头发无黑,两手不仁,耳目不聪明,扶杖乃能行"。帝乃诏超还,五年而卒。安帝初立,西域背叛,以其险远难定,竟罢都护,北匈奴再役属诸国,共为边患,不得已,使超子勇再定西域,然岭西者不至矣。

结论

西域既定,北匈奴之势顿衰。南匈奴伐其前,丁零寇其后,鲜卑击其左,西域犄其右,汉遂率大军北伐,降其二十余万人,至燕然山(今外蒙古杭爱山)泐石而还。越三年,复再举大破之,单于率余众,遁于今里海北岸,北匈奴之地遂空,其留者皆臣服鲜卑,自是匈奴不复能为边患。论者或以此为卫、霍、窦宪诸人功,而不知皆张、班之谋勇有以启之。汉代震威于域外而不烦大兵者,先后惟博望、定远耳,实我民族之绝好模范也。

[附]西域大势

战国末,马其顿东来,灭波斯,征印度。其部将流喀立旋统治所服亚洲地,称条支。后国衰,其属地帕德利亚独立,占阿谟河两岸地,即大夏,事在秦之统一前四年。同时帕其亚亦背条支独立,为安息,汉初破大夏,势大张。未几,图伯特族月氏东来,遂王大夏地。因月氏于汉、秦间,奄有河西,陵轹匈奴,冒顿出,屡败,乃西走伊犁,南攘塞种而据其地,且以尝苦乌孙,乌孙亦乘机复国。月氏遂南移于妫水之旁,臣服大夏,建大月氏,同时塞种又南略罽宾地。罽宾者,北印度之克什米尔也。计当时葱岭西之大国,条支最西,东为安息,更东为大月氏,东南为罽宾,大月氏之北为大宛(今费尔干地),更北为康居(今比利亚頡里頡思）。康居之东南，大宛之东，即乌孙国（今伊犁）。乌孙之东南，当匈奴之西边，小国凡三十余。其较大为疏勒（喀什噶尔附近）、于阗（和阗）、温宿（阿克苏）、龟兹（库车附近）、焉耆（喀喇沙尔附近）、姑师（吐鲁番附近）、楼兰（罗卜淖尔附近）诸国。以前皆服属于匈奴，置僮仆都尉统监之。

汉苏武事略

胡马寇边,在周、秦间已数百年。汉高开国雄主,尚有白登之围;嗣以吕后之枭鸷,犹有嫚书之辱,则其视汉族,固若无人矣。为汉使者,非持以不屈不挠之精神,何能将事?苏武之所以慷慨誓死,历十九年而不渝也,岂独一己之大节已哉!

苏武之家世

苏武字子卿,汉扶风郡(今陕西武功县)人。其父建,从大将军卫青击匈奴,以军功封平陵侯。后为代郡太守,卒于官。有三子,中子武最知名。

初始匈奴之原故

时汉胡相伐,数通使相窥观,匈奴留郭吉、路充国等前后十余辈。匈奴使来,汉亦留之以相当。

天汉元年,匈奴且鞮单于新嗣立,恐汉袭之,尽归汉使路充国等。武帝乃遣中郎将苏武,使持节送匈奴使留在汉者,因厚单于,答其善意。武与其副中郎将张胜及兼吏常惠等,募同行士卒,及侦探敌情者百余人俱。

欲自杀不愿负汉

武至匈奴,置币遗单于,单于益骄。方欲发使送武等,会缑王与虞常等谋反,(缑王者,昆邪王姊子也。与昆邪王俱投汉,后随赵破奴击匈奴。先后与卫律、虞常等降,没胡中。)欲劫单于母阏氏归汉。私候胜,曰①:"闻汉天子甚怨卫律,常能为汉伏弩射杀之。吾母与弟在汉,幸蒙赏赐。"张胜与常夙相友善,遂许之,以货物与常。

后月余,单于出猎,独阏氏子弟在。虞常等七十余人欲发难,其一人夜亡以告单于,单于子弟发兵与战,杀缑王等,生得虞常,单于使卫律治其事。张胜恐前语发,以状语武,武曰:"事已如此,此必及我,见犯乃死,重负国。"欲自杀,胜、惠共止之。

屈节辱命无颜归汉告常惠

虞常果引张胜,单于召诸贵人议,欲杀汉使者。胡王号左伊秩訾者谓:"今谋卫律而当杀。若谋单于,将何以复加?宜皆降之。"单于使卫律召武等听令,

---

① "曰",据《汉书·苏武传》补。

武谓惠曰:"屈节辱命,虽生,何面目以归汉!"即引佩刀自刺。卫律惊,自抱持武。驰召医救护,武气色半日复息,惠等哭与归营,单于壮其节,朝夕遣人候问武,而收系张胜。

义折卫律被置大窖中吃雪吞毡以明志

武渐愈,单于使使说武令降,虞常狱论定,欲因此时迫武。剑斩虞常已,卫律曰:"汉使张胜谋杀单于近臣,当死,单于令降者得赦其罪。"举剑欲击,胜请降。律谓武曰:"副有罪,当相坐。"武曰:"本无谋,又非亲属,何谓相坐?"复举剑拟武,武不动。律曰:"苏君,律前负汉归匈奴大幸,赐号称王,拥众数万,马畜弥山,蒙恩如此。苏君今日降,明日即富贵。空以身膏草野,谁复知之?"武不应。律曰:"苏君因我降,我与君为兄弟,今不听吾计,后虽欲复见我,尚可得乎?"武骂律曰:"汝为臣子,不顾恩义,叛主背亲,为降虏于蛮夷,吾何以见汝为?且单于信汝,使决人死生,不平心持正,反欲斗两主,观祸败!南越杀汉使者,屠为九郡;宛王杀汉使者,头悬北阙;朝鲜杀汉使者,即时诛灭,独匈奴未耳。汝知我不降明矣,乃欲令两国相攻,匈奴之祸,从我始矣!"

卫律知武终不可胁,以白单于。单于愈益欲降之,乃幽武置大窖中,绝不饮食;天雨雪,武卧,啮雪与毡毛并咽之,数日不死,匈奴以为神。乃徙武北海上无人处,使牧羝(牡羊)。若羝生羔,乃得归。别其官属常惠等,各置他所。

掘鼠将实杖节牧羊于北海

武既至海上,廪食不给,掘野鼠、将草实以为食,杖汉节牧羊,卧起操持,节旄尽落。积五六年,单于弟於靬王弋射海上。武能结网纺缴,檠弓弩,於靬王爱之,给其衣食。三岁余,王病,赐武以马畜服匿穹庐。王死,人众徙去,其冬丁令盗武牛羊,武复穷厄。时汉降虏臣卫律为丁令王,故使人盗之,欲以困武也。

李陵劝降

初,武与李陵俱为汉侍中,相善也。武使匈奴之明年,陵降匈奴,愧见武,不敢求访。久之,单于知二人之相善也,使陵至海上,为武置酒设乐,因谓武曰:"单于虚心欲相待,闻陵与子卿素厚,故使陵来说足下。足下终不得归汉,空自苦无人之地,信义安所见乎?前长君为奉车,(长君谓武兄嘉)从帝至雍棫阳宫,扶辇下阶,触柱折辕,被劾大不敬,伏剑自刎,赐钱二百万以葬;孺卿(武弟贤字)从帝河东祀后土,宦骑与黄门驸马争船,推堕驸马河中溺死,宦骑逃亡,孺卿奉诏逐捕,不得,惶恐饮药而死。来时太夫人已不幸,陵送葬至阳陵，子卿妇年少，闻已更嫁矣，独有女弟二人，两女一男，今复十余年，存亡不可知。人生如朝露，何久自苦如此？陵始降时，忽忽如狂，自痛负汉，老母被诛，子卿不欲降，何以过陵？且帝春秋高，法令无常，大臣无罪而夷灭者数十家，安危不可知，子卿尚复谁为乎？愿听陵计，勿复有云！"武曰："武父子无功德，皆为陛下所成就，位列将，爵通侯，兄弟亲近，常愿肝脑涂地；今得杀身自效，虽斧钺汤镬，诚甘乐之！臣事君，犹子之事父也，子为父死，无所恨，愿勿复再言！"陵与武饮数日，复曰："子卿壹听陵言。"武曰："自分已死久矣，必欲降武，请毕今日之欢，效死于前！"陵见其至诚，喟然叹曰："嗟呼，义士！陵与卫律之罪上通于天！"因泣下沾衿，与武决别去。陵不欲自赐武，使其妻赐武牛羊数十头。

归汉之底蕴

后陵复至北海上，语武曰："边际捕得云中俘，言太守以下吏民皆白服，曰上崩。"武闻之，南向号哭呕血，旦夕临者数月。昭帝即位数年，匈奴与汉和亲，汉求武等，匈奴诡言武死。后汉使复至匈奴，常惠请其守者与俱，得夜见汉使，具自陈道，隐教使者谓单于，言天子射上林中，得雁足有系帛书，云武等在荒泽中。使者大喜，如惠语以让单于，单于视左右而惊，谢汉使曰："武等实在。"

归汉时之李陵话别

于是李陵置酒贺武曰："今足下归还，扬名于匈奴，功显于汉室，虽古竹帛所载，丹青所画，何以过此。子卿！陵虽驽怯，倘汉当时姑少缓陵罪，赦全其老母，使陵得奋大辱之积志，庶几乎曹、柯之盟，此诚日夜所不忘也。乃收陵家属族诛，为世大戮，陵尚复何顾乎？已矣，今独子卿知吾心耳！异域之人，一别长绝！"遂起舞，歌曰："径万里兮度沙幕，为君将兮奋匈奴。路穷绝兮矢刃摧，士众灭兮名已隤：老母已死，虽欲报恩将安归！"因泣下数行，与武决别。

全节归国

武以始元六年春至京师，官属随武者九人。诏武以太牢，谒武帝园庙，拜为典属国，秩中二千石，赐钱二百万，公田一顷，宅一区。常惠等皆拜为中郎，赐帛各二百匹。其余六人，年老归家，赐钱八十万，复终身。武留匈奴凡十九岁，始以强壮出，及还，须发尽白。

家不余财之可风

后武因事免官。昭帝崩，以故二千石，与定策立宣帝，赐爵关内侯，食邑三百户。久之，卫将军张安世荐武明习故事，奉使不辱命，先帝以为遗言。宣帝即时召武待诏宦者署，数进见，复为右曹典属国。以武著节老臣，会朝朔望，号称祭酒，甚优宠之。武所得赏赐，尽以施于昆弟故人，家不余财。皇后父平恩侯，帝舅平昌侯、乐昌侯，车马将军韩增，丞相魏相，御史大夫丙吉皆敬重武。

终寿

武年老，前妻所生子久死，宣帝悯之，问左右：“武在匈奴，岂有子乎？”武因平恩侯自白：“前发匈奴时，胡妇适产一子通国，有声问来，愿因使者致金帛赎之。”后通国随使者至，帝以为郎，又以武①弟子为右曹。武年八十余，神爵二年，病卒。甘露中，单于始入庙，帝思股肱之美，乃图画其像于麒麟阁。

结论

班孟坚赞曰：“志士仁人，有杀身以成仁，无求生以害仁。使于四方，不辱君命，苏武有之矣。”此其精神所自出，实由整个之民族思想。今者国难当前，诚吾人所应奉为楷模也。

---

① "以武"，底本作"武以"，据《汉书·苏武传》改。

汉司马迁事略

吾国远古文化，所谓"三坟""五典""八索""九邱"之书，徒有其名。成周柱下所藏，与孔子所据百二十国宝书，虽不可悉知其为何等，然以左丘明之《春秋传》与《国语》《战国策》等推拟，其记载之义例，要亦不过编年属地类事，断代各成一家之言判。而诸子异学，合而六经皆史（章学诚说），从未有融会贯串，陶铸网罗，总胪故实，使揽者见仁见智而不失其为通者。独太史公书创成之，至今二千余年，竟无能为之继，此其人学识才行为何如哉？

身世

司马迁字子长，左冯翊郡人，生于龙门（今韩城县地），长游郡国，名山大川，备知河渠水利、民生习俗。从齐、鲁儒先分受《易》《书》《诗》《春秋》诸经大义，历见名德通人，明习天官、历算、律吕、文艺、政术。父谈为汉太史令，尝欲纂述古书。迁于汉武帝时，继其父官，后又兼中书令。武帝锡以"太史公"称号。（见《汉书·律历志》及《两汉刊误补遗》等）著书百三十篇，自序成父所志，实则抒其怀抱蕴蓄也。世称其书为《史记》。为人敦品节，尚义气，重视社会文章之美，至为史家一大宗。

创立史例

迁所为书，准据古今，参酌创制，发凡起例，定规立体，后来修史者，未能越其范围。盖吾国为史书者，惟编年、纪事本末与纪传三体耳。迁所为通史，三体毕赅，纪以包举大端，传以委曲详细，表以谱叙事次，书以总括典章，而以编年本末，随类分系，故文简而事无不见，后之为别史，及断代画疆之书，皆踵循其制。汉之刘向、扬雄称迁有良史之才，谓其"善叙事理，辨而不华，质而不俚，其文直，其事核，不虚美，不隐恶"，信知言也！

尚论诸子

汉初挟书之禁未除，诸子之学晦焉莫彰。文帝诏使求书，学术渐腾。武帝尊崇儒术，罢除百家，诸子之学，大遭摈斥。迁独不偏不倚，承受家学，伸述六家要旨，谓："阴阳、儒、墨、名、法、道德，皆务为治者也。阴阳序四时之大顺，儒者叙君臣父子之礼、列夫妇长幼之别，墨者强本节用，法家正君臣上下之分，名家以正名实。道家使人精神专一，动合无期，瞻足万物，其实易行。"盖欲统治术于道，委职群工，使君主恭己南面无为，百司所职，各以其学为用，而非独任专制之主张矣。

阐述六经

迁既身习儒业，明教化，通于治术之故，而当时经师各自专家，后生学者，各守师说。乃统述六经之旨，谓："《易》著天地阴阳四时五行，故专于变。《礼》纲纪人伦，故专于行。《书》记先王之事，故专政。《诗》记山川溪谷禽兽草木牝牡雌雄，故专于风。《乐》乐所以立，故专于和。《春秋》辨是非，故长于治人。是故《礼》以节人，《乐》以发和，《书》以道事，《诗》以达意，《易》以道化，《春秋》以道义。"特著其用如此，即以祛其墨守师说之蔽，盖欲观其会通，以成修己治人之教也。

改正历数

吾国古历，为法疏阔，但以三百六旬有六日为岁，分四时十二月，记昏旦中星日月薄蚀以相检校。恒数十年百年，而有失闰、当蚀不蚀等显见之过差。历算家必随时立法纠正，故正朔为时王政令所重，为其与农业民生之关系也。三统之说，夏以建寅（即斗柄指寅方），商以建丑，周以建子之月为岁首（正月），秦独以建亥（十月）为正，汉兴未之有改。武帝元封七年，太史令司马迁等，言历纪坏废，宜改正朔，以元封七年为太初元年。诏迁等议造汉历，乃立晷仪、下漏刻，以定朔晦分至，躔离弦望。其推算法，先籍半日名曰"阳历"，不籍名曰"阴历"。迁卒于昭帝时，继任太史令张寿王欲兴异议，改太初历迄不可能。此非汉廷之信迁，实迁所定历算之法，在当时无过失可发见。由此夏正以行，历代虽有修订，而岁正不改，则迁之学识为之也。

论世知人

迁与李陵趣舍异路，素不相善，以其有国士风，遂极荐之。及陵败，武帝震怒，迁又极言陵忠，乃至囚囹圄，下蚕室，受腐刑，而犹信守如一。至此遂隐忍含垢，以成一家之书，表见于后世。其气节之卓绝，与书并寿不朽。及其被刑之后，乃不敢自等于士夫而发愤于著作，读其《报任安书》，懦夫有立志矣。

博学特识

迁两为通史，志《河渠》以言水利，书《平准》以重衣食，著《货殖》以见经济之权力，叙《游侠》以申草野之义风。怵君威之莫敢或逆，乃传《滑稽》以导匡正；痛积恶之势难惩戒，乃显《刺客》以示警惧。《八书》先记礼乐，深明教化之本；《世家》首书太伯，式遏争夺之萌。项羽非天子而特为《本纪》，孔子非王侯而移入《世家》。其目光洞烛于整个民族社会，自有文字以来至于当时，据事直纪，不因一姓一家一人为曲直，后人不悉其旨，囿于一代君主专制之局，乃目迁以乱例，失之远矣。

结论

迁既成不朽杰作，世莫与比。及至东汉，扶风班固借鉴①其体例而作《汉书》。一则古今通贯，一则断代为纪，《史》《汉》并称，久有定论。两汉史才，皆在雍州，实千古史家之祖也。

---

① "借鉴"二字，底本无，为辑校者所补。

汉马援事略

后汉永平中，图画前世功臣三十二人于南宫云台，独有雍容儒雅，外建殊勋，内笃行谊，如马援者可谓完人，顾以椒房之亲（援女为显帝皇后）而不与也。

马援之身世

马援字子渊，东汉扶风茂陵（今兴平县）人也。兄弟四人，长曰况，次曰余，三曰员，并有才能。援最少，年十二而孤。少有大志，诸兄奇之。受《齐诗》不守章句，别有会心。归汉后，累著战绩，拜伏波将军，封新息侯。其靖边之功，生产之策，识见之高，言行之谨，无不堪为世法。

至性孝友

援少时，以家用不足，且耗兄财，欲辞况，欲就边郡田牧。况曰："汝大当晚成，良工不示人以朴，且从所好。"会况卒，不果行。服期年，不离墓所，敬事寡嫂，不冠不入庐。

特识明达

新莽时，隗嚣据天水（今甘肃通渭县），自称"西州上将军"，三辅士大夫避乱者多归之。嚣甚敬援。使援往蜀，视公孙述。援见述妄自尊大，乃归，谓当专意东方。建武四年冬，嚣使援奉书洛阳。援至，世祖笑迎，与援倾诚相谈。援归陇右，谓帝同符高祖，劝嚣归汉。嚣不从，援遂携家属适洛阳。

屡感隗嚣

援屡劝隗嚣归汉，嚣惑于王元之说，意更狐疑。援数以书记责譬。嚣怒，遂发兵拒汉。援又与嚣将杨广书，反复伸述利害，谓："广与嚣外有君臣之义，内有朋友之道。言君臣耶，固当谏争；语朋友耶，应有切磋。岂有知其无成，而但咋舌叉手从族乎？"援雅善笔札，冀其醒悟，免于自毙，惜不得报。

聚米画策

嚣既拒抗汉，乃决计用兵。建武八年，帝自西征至漆，诸军多以王师之重，不宜深入险阻，计犹豫未决。会召援夜至，帝大喜，引入，具以群议质之。援于帝前聚米为山谷，指画形势，开示众军所从前径往来，分析曲折，昭然可晓。帝曰："虏在吾目中矣。"明日遂进军，嚣众大溃。嚣病，恚愤而死。

平定西羌

王莽末，西羌入居塞内。建武十一年，拜援为陇西（今甘肃狄道县）太守，援发步骑三千人，击破先零羌于临洮，守塞诸羌八千余人，诣援降。余羌虏诸杂种数万人移阻于允吾谷。援乃潜行间道，掩赴其营。羌大惊溃，引精兵聚北山上。援陈军向山而分，遣数百骑绕袭其后，乘夜放火，击鼓叫噪，虏遂大溃。援以少数之兵，出奇制胜，奋不顾身，中矢贯腓胫。上闻，以玺书劳之，赐牛羊数千头。援尽散诸宾客。

阻弃边疆

西羌既平，朝臣以金城、破羌之西（今湟水以西）途远多寇，议欲弃之。上疏言："破羌以西，城多完牢，易可依固。其田土肥壤，灌溉流通，如令羌在湟中，则为害不休，不可弃也。"帝然之，且谓援论兵多合己意，所谋未尝不用。乃令金城客民在武威者三千余口，悉还旧邑。援奏为置官，教以生产。于是塞外诸羌，皆来和亲。建武十三年，援又将四千余人，击武都参狼羌与塞外诸种之为寇者，援夺其水草不与战，豪帅亡出塞，诸种万余人悉降。自是陇右清静。

立柱交趾

交趾女子徵侧及其女弟徵贰反，九真、日南、合浦蛮夷皆应之，寇略岭外六十余城。侧自立为王，都麊泠（安南都护府峰州）。寇乱连年，世祖召援伐之。援率诸军，缘海而进，随山刊道千余里。十八年春，至浪泊（今安南国交州府东关县）上，与侧战，破之，降者万余人，徵侧奔入禁豁穴中，数败之。侧众散走。十九年正月，斩徵侧、徵贰，余党都洋等据九真，势甚盛。援将楼船大小二千余艘，战士二万余人击之，贼渠降，进入余发（今安南境）。渠帅朱伯弃郡亡，援入无功，至居风（无功、居风二县并属九真郡），并斩级数十百，九真乃清，峤南悉平。援在交趾铸立铜柱，为汉界。铭曰："汉建武十八年，平徵侧于龙编，树铜柱于象浦。其铭曰：'金人汗出，铁马蹄坚，子孙相连，九九百年。'"今其柱犹在广东西旧太平府镇南关外，安南境也。

铜马垂相

援好骑，善别名马。与交趾得铜，铸为马式，表上之，诏置宣德殿下。援又制铜马相法，著名马之骨骼、部位、皮毛、色泽，而别马之骐骥驽骀。

牧畜屯田

援少时即欲就边郡田牧，未果。嗣游北地，乐其畜牧，不即返里，尝谓宾客曰："丈夫为志，穷当益坚，老当益壮。"因其处为田牧，至有牛马数千头，谷数万斛。既而叹曰："凡殖货财，贵其能施赈也，否则守钱虏耳。"乃尽散与昆弟故旧，身惟衣羊裘皮裤。见三辅地旷土沃，而所将宾客猥多，空糜官食，乃上书屯田上林苑中，以资生计。后征西羌，阻弃金城，并奏为置长吏，缮城郭，起坞候，开导水田，劝以耕牧，氐人闻之，亦背公孙述来降。援在交趾，凡所过，辄为郡县治城郭，穿河渠灌溉，以利其民。是援之所至，悉以生产教化为本，非徒力建安边之策已也。

从容大雅

援征交趾时，军书旁午，羽石当前，而有是正文字之奏。谓其所佩"伏波将军"印，"伏"字犬外向，"成皋县令丞尉"各印，"皋"字均异形，文皆不正。可谓好整以暇者矣。援在西羌时，务开宽信，恩以待下，任吏以职，但总大体而已。交趾既平，击牛酾酒以劳飨军士，从容归功于众。

蓄志靖边

援自交趾还，见匈奴、乌桓尚扰北边，欲自请击之，曰："男儿要当死于边野，以马革裹尸还葬耳。何能卧床上，在儿女手中耶！"会匈奴、乌桓寇扶风，援以三辅侵扰，园陵危逼，因请行，出屯襄国。次年，至雁门、代郡、上谷障塞，乌桓候者见汉军至，遂散去。后刘尚击武陵、五溪蛮夷，深入军没，援因复请行。时年已六十二矣。帝愍其老未许。援自请曰："臣尚能披甲上马。"帝令试之。援据鞍顾盼，以示可用。帝笑曰："矍铄哉，是翁也！"

清风亮节

初，援在交趾，常饵薏苡实，以胜瘴气。南方薏苡实大，援欲用以为种，军还，载之一车。时人诬为南土珍怪，援时方有宠，故莫以闻。及卒，有上书谮之者，以为前所载还皆明珠文犀，几因此罹罪。

识微垂训

援勉故人子黄门郎梁松，谓："当居贵思贱。"并戒其兄子婿王盘及盘子肃以不可交接时贵。后松与王盘父子果均招祸。援次兄余之子曰严、曰敦，并喜讥议，通侠客。援在交趾遗书诫之，谓："闻人过失，如闻父母名。耳可得闻，口不可得言也。好议论人长短，妄是非正法，为吾之所大恶，愿汝曹学龙伯高之敦厚周慎，不愿学杜季良之豪侠好义。"

清乾隆帝批《通鉴》谓："伏波于鞠躬尽瘁之义，实为无愧。"的为确论。

援诚百代上之完人哉！其立身行事，无一不足以昭示来兹也。后汉中叶，羌胡徙之内地，西北方域，渐自削缩，昔也远征不庭，今也蹙国千里，读《伏波传》，宁不痛心疾首，振臂而兴起乎！

汉杨震事略

三代而后，身为宰辅，行牟圣贤者，其惟后汉之杨伯起乎！盖伯起少即好学，受欧阳《尚书》于太常桓郁，明经博览，无不穷究。教授二十余年，不答州郡礼命，有请召者，辄称病不就。故诸儒为之语曰："关西孔子杨伯起。"

家世与内行

杨震，字伯起，东汉华阴人。父宝，习欧阳《尚书》。哀、平之世，隐居教授，与龚胜、龚舍、蒋诩俱征，遂逃遁不知所处。光武高其节，公车特征，老病不到。震未仕时，一如其父。

震少孤贫，独与母居，假地种植，以给供养，乡里称孝。有家僮阿对尝引泉灌蔬，后世称其泉为"阿对泉"。

暮夜却金

震年五十始仕州郡。大将军邓骘，邓太后兄也，闻其贤而辟之，举茂才。四迁荆州刺史、东莱太守。当之郡，道经昌邑，故所举荆州茂才王密为昌邑令，谒见至夜，怀金十斤以遗震。震曰："故人知君，君不知故人，何也？"密曰："暮夜无知者。"震曰："天知、神知、我知、子知，何谓无知？"密愧而出。

震性公廉，不受私谒。子孙常蔬食步行，故旧长者或欲为开产业。震不肯，曰："使后世称为清白吏子孙，以此名遗之，不亦厚乎！"

弹劾权幸

安帝乳母王圣者，憸人也。与宦者李润、江京共毁短邓氏。太后崩，邓氏坐废，杀邓骘。圣及女伯荣与京、润、樊丰等用事于中。伯荣出入宫掖，传通奸赂。震上疏谓："阿母王圣，出自贱微，无厌之心，不知纪极。外交属托，扰乱天下，损辱清朝，尘点日月。宜速出阿母，令居外舍，断绝伯荣，莫使往来。惟陛下绝婉娈之私，割不忍之心。"帝以示阿母等。内幸皆怀忿恚，而伯荣骄淫愈甚。

伯荣与故朝阳侯刘护从兄瑰交通，瑰遂以为妻，得袭护爵，位至侍中。震深疾之，复诣阙上疏曰："臣闻高祖与群臣约，非功臣不得封。故经制父死子继，兄亡弟及，以防篡也。伏见诏书封故朝阳侯刘护，再从兄瑰袭护爵为侯。护同产弟威，今犹见在。今瑰无他功行，但以配阿母女，一时之间，既位侍中，又至封侯，不稽旧制，不合经义，行人喧哗，百姓不安。陛下宜览镜既往，顺帝之则。"书奏不省。

安帝诏遣使者，大为阿母修第。中常侍樊丰及侍中周广、谢恽等，更相扇动，倾摇朝廷。震复上疏谓："百姓空虚，大司农帑藏匮乏，而为阿母兴起津城门内第舍，合两为一，连里竟街，雕修缮饰，穷极巧伎。周广、谢恽兄弟，与国无肺腑枝叶之属，依倚近幸奸佞之人，与樊丰、王永等分威共权，属托州郡，倾动大臣，为朝结讥。"震连切谏，帝俱不从。

扶持善类

先是博士选举，多不以实。震为太常时，举荐明经名士杨伦等，显传学业，诸儒称之。丰、恽等见帝抑震疏，愈无所顾忌。遂诈作诏书，调发司农钱谷大匠见徒材木，各起家舍，园池庐观，役费无数。震又因地震而疏诤之。樊丰等侧目愤怨，俱以其名儒，未敢加害。寻有河间男子赵腾，诣阙上书，指陈得失。收考诏狱，诘以罔上不道。震复上疏救之，帝不省。腾竟伏尸都市。

拒绝宵小

震为太尉时，帝舅大鸿胪耿宝荐中常侍李润兄于震，震不从。宝乃往候震曰："李常侍国家所重，欲令公辟其兄，宝唯传上意耳。"震曰："如朝廷欲令三府辟召，故宜有尚书敕。"遂拒不许。宝大恨而去。又皇后兄执金吾阎显，亦荐所亲厚于震，震又不从。司空刘授闻之，即辟此二人，旬日中皆见拔擢。由是震益见怨。

腹诽蒙冤

永宁三年春，帝东巡岱宗，樊丰等因乘舆在外，竞修第宅。震部掾高舒召大匠令史考校之。得丰等所诈下诏书，具奏，须行还上之。丰等恐怖，遂共谮震，谓："自赵腾死后，深用怨怼，且震初为邓骘所辟，自邓太后崩后，邓氏故吏有恚恨之心。"车驾还。帝怒，夜遣使者策收震太尉印绶。于是杜柴门，绝宾客。丰等使大将军耿宝奏震不服罪，怀恚望。遂下诏遣归本郡。震行至洛阳城西夕阳亭，慷慨谓其诸子门人曰："死者，士之常分。吾蒙恩居上司，疾奸臣狡猾而不能诛，恶嬖女倾乱而不能禁，何面目复见日月！身死之日，以杂木为棺，布单被裁足盖形，勿归冢次，勿设祭祠。"遂饮鸩而卒。震死后，群小盖无忌惮，朝事遂不堪问。外戚侍宦，互相倾轧，汉室遂衰。

结论

震以清廉伉直而遭昏暗之君，外戚阉宦窃权弄柄，侍妇淫女出入宫帏，疏不间亲，势固然也。震居太尉，斥恶发奸，乃其职责，岂可律以明哲保身之义，如天下中庸胡公者哉！夫震之孤忠，固已堪悲，而汉祚自兹凌替，则更堪深痛也！

汉班昭事略（附孟光、韦宣文、苏蕙）

吾国女子教育，古无普及事迹，然其家私造就学行，有后世不可及者，尤以关中为盛。班昭学品俱至，孟光之举案齐眉，宣文之讲帏说礼，苏蕙之织锦回文，皆堪永世矜式者已。

班昭学品

班昭，字惠姬，扶风班彪女也。适同郡曹世叔。世叔早卒。昭有节行法度，兄固著《汉书》，其八表及《天文志》未竟而卒。和帝诏昭就东观藏书阁踵成之。数召入宫，命皇后诸贵人师事之。号曰"大家"（即大姑）。每有贡献异物，辄诏昭作赋颂。时《汉书》始出，多未能通。同郡马融伏阁下，从昭受读，昭作《女诫》七章，马融善之，令其妻女从昭学习。

孟光举案齐眉

班昭因世叔早卒，相夫之礼弗彰。其时以敬夫名者，有同郡孟光，字德曜，择对不嫁，至年三十，谓贤如梁伯鸾者。伯鸾，梁鸿字也。鸿家贫，尚节介，博览无所不通，闻光贤，遂聘之。光与鸿居霸陵山中，耕织以供衣食，吟咏以娱性情。后至会稽，依皋伯通庑下。鸿为人赁舂，光为鸿具食，举案（即盛食物之木盘）齐眉，相敬如宾，世并称之。

韦宣文绛帐说礼

昭东阁著书，为后妃所师事。又授马融以《汉书》句读，已开女师设教之先。至前秦（苻坚）时，有以女师讲礼学关中者，则韦逞母宋氏也。宋氏家世以儒学称。幼丧母，其父躬自教养，授以《周官》音义。谓曰："吾家世学《周官》，传业相继。此周公所制，经记典诰，百官品物备矣。吾今无男可传，汝受此学，勿令绝世。"宋讽诵不辍。教子逞，仕为太常。秦主苻坚立太学，召名儒讲授，诸经粗具，惟《周官礼注》未得其师，时宋年已八十，视听无阙，坚闻其世业《周官》音义，乃就宋氏家立讲堂，置生员百二十人。于绛纱幔中讲习所业，号宋氏为宣文君。自此《周官》之学，复行于世。

苏蕙织锦回文

昭之博学大节，世人尽知，其文章辞赋，几为所掩。流风递于前秦，宣文君既绵其授学之绪，而同郡苏蕙又振其辞赋之风。苏蕙，字若兰，才识精明，仪容秀丽，默然自守，不求显扬。归窦滔。苻坚以滔为安南将军，滔偕宠姬赵阳台往，留镇襄阳。苏氏不肯行，竟断音问。后苏氏因织锦为回文诗，纵广八寸，计八百余言，纵横反覆，皆成文章，以寄滔。滔感其意，遂遣阳台返关中，而具礼迎蕙。蕙所著文词五千余言，隋乱不传，而锦字回文因武则天赞赏，盛传于世。回文横斜宛转，各成三四五六七言诗，后人推广，可读法至七千九百余首。前无师承，后难追续，才思之巧，古今一人。

结论

妇女才德，或以行著，或以学称，或以文传。如孟光之敬，韦宣文之礼，苏蕙之艺，有一于此，已为难能，而曹大家节行文学独备于一身，后世才女媲其美者，何人乎？关中女学之盛，殆有一脉相传之绪。班昭之学，出自家庭，源本于其祖姑班婕妤，而孟光、韦宣文、苏蕙等之学行渊源，盖皆自婕妤《捣素》《自伤》等赋来也。

晋杜预事略（附贾逵、徐遵明）

自古闻人擅政治者或不悉韬略，闲武备者或不习文翰，求其文武兼备，而能推阐经学，则更鲜矣。有以儒林而兼将相才者，其惟晋杜预乎！

平生政绩

预，字元凯，京兆杜陵（今陕西长安县）人。博学通达，明于兴废之道。曾定律令，文约而例直，听省而禁简。例直易见，人知所避；禁简难犯，几于刑厝。泰始中，受诏订考核之法，谓简书愈繁，官方愈伪，严立六载考绩之制，芫度支时，奏立藉田。又兴常平仓，定谷价，较盐运制课，凡所陈述，皆切时要。在内七年，损益万机，不可胜数。

制造欹器

周庙欹器至汉东京犹在御座。汉末丧乱，原器不存，形制遂绝。预创意成奏上，故朝野称美，号曰"杜武库"，言其无所不有也。

开通水利

当预镇守汉江时，引滍、淯诸水，灌田万余顷，分疆刊石，使有定分，公私同利，众庶赖之，号曰"杜父"。旧水道惟沔、汉达江陵千数百里，北无通路，又巴丘湖、沅湘之会，表里山川，实为险固。预乃开杨口，起夏水，达巴陵千余里，内泻长江之险，外通零、桂之漕。南士歌之曰："后世无叛由杜翁，孰识智名与勇功。"预于公家之事，知无不为，凡所兴造，必考度始终，鲜有败事。或讥其意碎者，预曰："禹、稷之功，期于济世，所庶几也。"

建策灭吴

预欲灭吴而统一海内，庸碌之徒多违其说，唯预与羊祜、张华深合武帝之意。故祜临终举预代为镇南大将军，都督荆州诸军事。预初至，即缮甲兵，袭破吴名将张政。用反间计，使吴将帅移易，以成倾荡之势。处分既定，乃连上表请伐吴，谓吴都空虚，机不可失，若待来年，则孙皓怖而生要，是纵敌也。朝士因其计不同策、功不在己而阻之。适张华与帝围棋，见预所奏，华极称赞，帝乃许之。预遂以太康元年正月陈兵江陵，遣将出师，旬日之间，累克城邑，皆如预策。又遣管定、周旨等泛舟夜渡，以袭乐乡，多张旗帜，自大巴山击吴要害。吴都督孙歆震恐，降者万余口。旨等伏兵乐乡城外，歆遣军距晋，败还。旨等以伏兵，随歆军而入，直至帐下，虏歆。军中为之谣曰："以计代战一当万。"攻克江陵，上流既平，于是沅、湘以南，至于交、广，吴之州郡皆望风归命，奉送印绶。又因兵威，徙将士屯戍之家，以实江北南郡故地，各树之长吏，荆土肃然。预又指授群帅，径造秣陵，所过束手，遂平吴。

精研《左传》

预既立功，从容无事，乃耽思经籍，精研《春秋左氏传》。成《春秋左氏经传集解》《春秋释例》。其大旨以《左氏发凡》五十为根，与公、穀之例迥异。《左氏传》大行于世。盖自刘歆移书责让太常博士，经学古文之争弥烈。东汉以还，虽古文经说颇盛，而今文经说犹据正统。及《集解》《释例》出，晋元帝修学校，首立《春秋左传》杜氏博士一人，自此《春秋》学遂独尚《左传》，而今文之公、穀皆衰微矣。故《四库提要》谓："《左传》为《春秋》之根本，杜解为《左传》之门径，而《释例》又为《集解》之门径，由此以求孔子笔削之旨，可谓考古之津梁，穷经之渊薮。"故曰："杜注与孔疏，皆有功于《春秋》。"

贾逵经学

古、今文经学，其家法、师法各皆师承相继，宗派不紊。预《左传序》谓："贾景伯父子、许惠卿，皆先儒之美者。"则预之学亦本源于东都。按：东汉提倡古文学者，实以贾景伯为巨擘。景伯，名逵，扶风平陵人也。父徽，从刘歆受《左氏春秋》，兼习《国语》《周官》，又受古文《尚书》于涂恽，学《毛诗》于谢曼卿。逵悉传父业，弱冠能诵《左氏传》及五经本文，以大小夏侯《尚书》教授，虽为古学，兼通五家穀梁之说。逵幼在太学，不问人间事。诸儒为之语曰："问事不休贾长头。"为《左氏传解诂》三十篇，《国语解诂》二十一篇。章帝立，降意儒术，特好古文《尚书左氏传》。诏逵入讲北宫白虎观、南宫云台。帝善逵说，使出《左氏传》大义，逵摘出三十事奏之，又诏令逵撰欧阳、大小夏侯《尚书》古文同异，及齐、鲁、韩《诗》与《毛诗》异同，并作《周官解故》。乃诏诸儒各选高才生，受左氏、穀梁《春秋》，古文《尚书》，《毛诗》，由是四经行于世。故范蔚宗特志之曰："学者宗之。"后世称为通儒。杜预序《左氏》，称逵父子为"先儒之美者"，盖以此也。

徐氏经学

自郑氏学兴，而两汉古、今文经学分门别户之风稍息。历魏晋以至六朝，经师固多而所学最博，传授最广，且有系统可寻者，实以元魏时徐遵明为大宗。遵明，字子判，华阴人。幼孤，性好学。诣山东、上党、燕赵、范阳、平原各地，求明师习《毛诗》《尚书》《礼记》《孝经》《论语》《三礼》等。其在平原时，居蚕舍，终日读经不出门院者六年，时弹筝吹笛以自娱。闻阳平赵氏有服氏《春秋》，是永嘉旧藏本，乃往读之。撰《春秋义章》三十卷。其教授门徒，每临讲坐，必持经执疏，然后敷陈，学徒效之，浸以成俗。

徐氏学派，就其大者，传《三礼》于李弦、李业兴等，以至于贾公彦辈；传郑氏《易》于卢景裕、崔瑾者；传郑氏古文《尚书》于李周仁、张文敬、李弦等；传服虔《左氏春秋》于张买奴、马敬德等；传《毛诗》于马敬德、马元熙等。遵明经学传授，几遍海内。故《北史》《魏书》，均称"遵明讲学于外，二十余年，海内莫不宗仰"，赵翼《廿二史札记》亦谓"元魏时经学以徐遵明为大宗"。皮锡瑞《经学历史》疑《公羊解诂疏》之徐彦即系遵明。遵明之为后世推重，岂偶然哉！

结论

按：杜预武功，以平吴为最。然其推阐经学，实有推倒一切之概，自称"《左》癖"。盖元凯之于左氏，实上接贾景伯之绪，而下开徐遵明之先。关中《左氏春秋》学，殆似有一脉相传者。经传洽熟，遂以造成其智名勇功，东汉以降，勋业学术，一人而已。

西魏苏绰事略

永嘉乱后,膻裘之酉长南来。至宇文泰专制西魏,始崇儒术,政治设施,专拟古制,其遗法遂为隋唐所本。此其维系种族、保存文化之功,则苏绰为冠首焉。

家世与力学

苏绰,字令绰,武功人。少好学,博览群书,尤善算术。从兄让为刺史。宇文泰饯于都门外,询其子弟之可任用者,让以绰对。泰召为行台郎中。岁余未见知,然诸曹疑事,皆询之而后定。所行公文,绰又为之条式,台中咸称其能。仆射周惠达与泰论事,不能对,请出外议之,召绰为之量定。俄入呈,泰称善,谓:"谁与为此议者?"惠达以绰对,因称其有王佐才。泰曰:"吾亦闻之久矣。"寻除著作佐郎。

文案程式创作

泰与公卿往昆明池观渔。行至城西汉故仓地,顾问左右,莫有知者。或曰:"苏绰博物多通,请问之。"泰乃召绰问,具以状对,泰大悦。因问天地造化之始,历代兴亡之迹,应对如流。与并马徐行,至池不设纲罟而还。遂留绰至夜,问以政道,卧而听之。于是绰尽陈帝王之道,并述申、韩之要,语遂达旦。泰喜谓周惠达曰:"苏绰真天下奇才,吾方任之以政。"即令专典机密,自是宠遇日隆。绰始制文案程式,朱出墨入,及计账(课役之大数)、户籍(户口图籍)之法,后以赞助拒齐功,封美阳县伯。

六条诏书与大诰

宇文泰方欲革易时政,务宏强国富民之道,绰得尽其智能,赞成其事。减官员、置二长,并置屯田,以资军国。为六条诏书,其一曰修心身,其二曰敦风化,其三曰尽地利,其四曰擢贤良,其五曰恤刑狱,其六曰均赋役,皆药时要方,而省官均役,尤为犯众难、冒大不韪者。奏请施行,泰甚重之。常置诸座右,又令百官习诵之,其牧守令长,非通六条及计账者,不得居官。复以前后所定二十四条及十二条,定为中兴永式,命绰更损益之,总为五卷,颁于天下。于是搜简贤才为牧令,习新制而遣焉。数年间,百姓便之。

依周礼以建六官

自魏末乱离,孝武西还,朝章礼度,湮坠咸尽。宇文泰以汉魏官繁,思革前弊，以行周官，命苏绰专掌其事。于是与卢辩依《周礼》之文，改建六官之职。曰天官府、地官府、春官府、夏官府、秋官府、冬官府，遂为后世六部制度之所本。绰死后，辩又本其意，置公卿、大夫、士，寻又于六卿之外置三公、三孤云。

破除阶级制度

自魏行九品中正之制，其弊至上品无寒门，下品无世族，阶级之制益严。惩魏、齐之失，破除门资，察举精谨，广收遗逸。诏令州县，举明经干理者，县各四人至六人。选举之法为之一变，平民子弟始有进身之阶。

确立府兵制度

魏孝文时行均田法，户口始有可稽，渐复征兵之制。至东、西魏对峙，战争剧烈，乃实行征兵。至泰厉行六条诏书，户口既理，乃用苏绰言，定制编练六籍、六军之民，择魁健材力之士为之首。尽蠲租调，而刺史以农隙教之，合为百府。于是府兵制度，遂以发生。

文振六朝浮靡

自晋季，文章浮华成风，泰欲革其弊，乃命绰仿《尚书》体，作《大诰》以宣示群臣，自是文笔依以为制。

泰之信任与绰之尽瘁

绰性俭素谦退，不事产业，家无余财，常以天下为己任。博求贤俊，共宏治道。凡所荐达，皆为重官，泰亦推心委任，无间言。或出游，常预书空纸以授绰。如有处分，随事施行，还则启知而已。绰又常谓："为国之道，当爱人如慈父，训人如师。"故与公卿议论，自昼达夜，事无巨细，皆指诸掌。积思劳倦，遂成气疾，大统十二年卒于同州，时年四十九。泰痛惜之，哀动左右。及归葬武功，欲全其素志，载以布车一乘。与群公步送城外，酹酒举声痛哭，不觉爵坠于手。葬之日，又亲为文，以太牢祭之。后周明帝二年，以绰配享宇文泰庙廷。

结论

宇文泰以马上英雄，提三尺剑，草创百度，施约法之制于竞逐之辰，修太平之礼于鼎峙之际，终能斫雕为朴，变奢从俭，风化既被，而下肃上导。疆场屡动，而内安外附，斯盖绰之力也。

隋牛弘事略

自五胡乱华,二百余年,礼乐崩坏,典籍荡然。至隋代始成统一之局,承祚虽短,犹能振文化之绪,兴礼乐之制者,牛弘实有力焉。

牛弘之身世

牛弘,字里仁,安定鹑觚(今长武县)人也。隋开皇初,授散骑常侍秘书监。后进爵奇章公,拜礼部尚书。大业二年,进位上大将军。越一年,改右光禄大夫。弘笃志于学,虽职务繁杂而书不释手,尤深于《礼经》。故其议政,悉以礼为归,宽宏识体。

奏请献书

弘以典籍遗逸,备论书之五厄,谓:秦皇焚书,为书之一厄;新莽之末,篇籍焚烬,为书之二厄;献帝移都,东观图书取作帷囊,西京大乱,燔荡无遗,为书之三厄;五胡之乱,藏书失坠,为书之四厄;周师入郢,焚书城外,为书之五厄。请下诏献书,兼开购赏,果一二年间,篇籍大备。

修正典礼

弘在礼部时,奉敕修撰五礼,勒成百卷,行于当代。其在吏部,与诸儒论新礼,降杀轻重,弘所提议,众咸推服。献皇后崩,王公以下,不能定其仪注。杨素谓弘曰:"公旧学,时贤所仰,今日之事,决在于公。"弘了不辞让,斯须之间,仪注悉备,皆有故实。素叹曰:"衣冠礼乐,尽在此矣,非吾所及也。"弘又以三年之丧,祥禫俱有降杀,期服十一月而练者无所象法,以闻于高祖。下诏除期练之礼,自弘始也。弘问刘炫以"周礼士多府史少而事治,后世令史多而不济"之故,盖将易吏以士。惜乎炫仅以文案之烦简为言,非其本也。

考定乐章

开皇九年,诏弘定雅乐,作乐府歌词。撰定圆丘五帝凯乐,并议乐事。弘证以《礼经》,考定五声六律十二管,旋相为宫之义。谓其时所用,不取其正而先用其上,于礼未通,故须改之。遂诏弘与姚察、许善心等,正定新乐。

结论

综计弘之言行,无不本于礼者。曾国藩曰:"先王之道,所谓修己治人、经纬万汇者，亦惟归乎礼而已矣。"盖礼为国本，物耻足振，国耻足兴。今欲恢复国本，改正民习，问有博通礼乐、考正无遗如弘者哉？至其开隋、唐数百年之文化，显明国于天地必有与立之为礼，则奇章之功，殆与苏绰并著。

唐李靖事略

唐以前二百余年，中国内乱不已，外患乘虚而入，蹂躏视为固然。李靖以杰出之才，辅英明之主，安内攘外，雪耻开疆，卫、霍而后，为中国吐气者，其斯人欤！

身世

李靖，字药师，三原县人。姿貌魁秀，少有壮志。其舅韩擒虎与论兵，辄叹奇之，曰："可与论孙、吴者，惟斯人耳。"仕隋，为殿内直。左仆射杨素、吏部尚书牛弘，皆称许之。唐高祖定京师后，入秦王幕府，从平王世充，以功授开府。

宣抚岭表

萧铣据荆州，靖陈图铣十策，高祖从之。授靖行军总管，兼摄江夏王李孝恭行军长史，集兵夔州。时值江水泛涨，诸将皆请停兵，靖曰："兵贵神速，机不可失。今乘水涨，倏忽至城下，所谓迅雷不及掩耳，必成擒也。"孝恭从之。帅战舰二千东下，拔荆门、宜都，进至夷陵。

初，铣罢兵营农，才留宿卫数千人。及闻唐兵至，大惧，仓卒征兵，道途阻远，不能遽集，乃悉出精锐拒战。孝恭将击，靖止之曰："彼救败之师，恐不可当。待其气衰，然后奋击，破之必矣。"孝恭不从，自率师迎战，果败。铣众恃胜大掠，人皆负重。靖见其众乱，纵兵奋击，遂大破之。乘胜直抵江陵，入其外郭，又攻城拔之。大获舟舰，靖使散之江中，诸将皆曰："破敌所获，当借其用，奈何弃以资敌？"靖曰："铣地南出岭表，东距洞庭，吾悬兵深入，若攻城未拔，援兵四集，表里受敌，进退不获。虽有舟楫，将安用之？今弃舟舰，使塞江而下，援兵见之，必谓江陵已破，未敢轻进，往来觇视，动淹旬日，取之必矣。"铣援兵见舟舰，果迟进。铣内外阻绝，乃开门出降。

孝恭入据其城，诸将言铣之将帅，与官军拒战，请籍没其家，以赏我将士。靖曰："王者之师，宜使义声先路。彼为其主战，岂可同叛逆之科，籍其家乎？"于是遂止。南方州郡闻之，莫不争下。度岭至桂州，分道招慰，南方悉定。得郡凡九十六，户六十余万。优诏劳勉，授岭南道抚慰大使。

平定江南

辅公祐于丹阳反，诏李孝①恭为元帅，靖为副以讨之。李勣、任瑰等七总管，

---

① "孝"，底本脱，据内容补。

并受节度。师次舒州,公祐遣将冯惠亮率舟师三万,屯当涂;陈正通、徐绍宗领步骑二万,屯青林山。仍于梁山连铁锁,以断江路。筑却月城,延袤十余里,与惠亮为犄角之势。孝恭集诸将会议,皆曰:"惠亮拥强兵水陆之险,攻之不可猝拔,不如直指丹阳,掩其巢穴。丹阳既溃,惠亮自降矣。"靖曰:"不然。公祐精锐,虽在此水陆二军,然其自统之兵,亦皆劲勇。惠亮等城栅,尚不可攻,公祐保据石头,应岂易拔?若我师进攻丹阳,旬月不下,惠亮等乘机蹑后,腹背受敌,恐非万全之计。且惠亮、正通,百战余贼,非怯野战,特为公祐立计,以老我师。若出其不意,排攻城栅,破之必矣。"孝恭听之。先遣羸兵诱攻,贼兵出追,行数里,遇精兵与战,大破之,惠亮等亡去。靖率精兵至丹阳,公祐出走,与惠亮相次擒获,江南悉平。

击破突厥

突厥寇边,靖屡建殊勋。及太宗嗣位,诸部离叛,乃以靖为代州道行军总管,率骁骑三千,自马邑直趋恶阳岭,以逼之。突利可汗,虞靖官军奄至,大惧。相谓曰:"唐兵若不倾国来,靖敢提孤军至此?"一日数警,靖候知之。更间离其心腹,进破定襄,可汗仅以身遁,遂封靖代国公。太宗尝谓曰:"卿以三千轻骑,深入虏廷,威掠北狄,古今所未有。"

拓疆雪耻

破定襄后,颉利可汗退保铁山,遣使请举国内附,外虽辞卑,潜怀犹豫。乃以靖为定襄道行营总管,往迎,又遣鸿胪卿唐俭、将军安修仁慰抚。靖揣知其意,谓将军张公谨曰:"诏使到彼,虏必自宽,宜率精骑一万,赍二十日粮,引兵自白道袭之,必得所欲。"公谨曰:"诏许其降,行人在彼,未宜。"靖曰:"此兵机也,时不可失。"督军疾进,遇其斥候,皆俘以随军,逼近牙帐十五里,颉利始觉,畏威先走,部众溃散。靖俘男女十余万,杀其妻隋义成公主,颉利将走吐谷浑,为西道行军总管张宝相所擒。于是斥地自阴山北至于大漠。太宗闻之,谓侍臣曰:"往者国家草创,以百姓故,称臣突厥,深为痛心。今暂动偏师,单于款塞,耻其雪乎!"于是大赦天下,酺五日,封靖卫国公。

白首从戎

靖以足疾在第摄养,值吐谷浑寇边。太宗谓侍臣曰:"得李靖为帅,岂非善也。"靖乃见房玄龄,曰:"靖虽年老,固堪一行。"太宗大悦,即以靖统率诸将往征,大破之。吐谷浑众杀其可汗来降。靖乃立大宁王慕容顺而还。

洎后太宗将伐辽东,召靖入阁计议,志犹不衰,太宗愍其羸老,令居后防。

薨年七十有九，陪葬昭陵，坟茔制度，依汉卫、霍故事，筑阙象突厥内铁山、吐谷浑内积石山形，以旌殊绩，谥曰"景武"。《三原志》载靖所著书三十余种，然多不传。惟《问对》三卷行于世。

结论

李卫公佐唐，勘定华夷，丰功伟业，亘古所罕。迹其老谋壮事，驾赵营平而上之，疑必喑呜叱咤，睥睨群伦者；而史乃称其沉厚，恂恂然，似不能言。观于太宗，南平吴会，北清沙漠，西靖慕容，独东伐高丽，而靖未偕行，竟有安市城之挫，益知其明识敏略，为不可及也。

唐颜师古事略

中原文物，自经五胡之乱，荡然罕存，虽有苏绰、牛弘等之委曲维护，然究偏重于政治伦理，而经籍训注，类多曲解；龙门王仲淹，门徒既众，相习成风，去圣久远，莫可究诘。求其家学渊源，足以论定经史，成一代著述大家者，于唐初当推颜师古。

颜师古字籀，唐京兆万年（今陕西长安县）人，齐黄门侍郎之推之孙也。初，高祖授为朝散大夫，拜敦煌公府文学，累迁中书舍人、中书侍郎，封琅琊县男，后拜秘书少监，进爵为子；又迁秘书监，弘文馆学士，从太宗征辽，道病卒，谥曰"戴"。以著述见称于世。

明练治体

师古父思鲁，以儒学显。武德初，为秦王府记室参军。师古少传家学，博览群书，且善属文。初，薛道衡为襄州总管，每作文章，辄令师古指摘疵短。高祖即位，拜为中书舍人，专典机秘密。而师古赋性敏给，明练治体。时方军国务多，诏令文移，一出其手，册奏之工，时无及者。

考定五经

太宗践祚，以经籍去圣久远，传习寖讹，诏师古于秘书省，考定五经。师古多所厘正。既成，悉诏诸儒重加计议。于时诸儒传习已久，皆共非之。师古辄引晋、宋以来古今本，随言晓答，援据详明，皆出意表，莫不叹服。乃颁其所定之书，令学者习焉。贞观七年，拜秘书少监，专典刊正，所有奇书难字，众所共惑者，随宜剖析，曲尽其源。又奉诏与博士等，撰定五礼。

精通小学

自汉以来，皆用《急就章》为文字学要籍，然古注或年远失传，或略而不详，颇难诵习。师古精于训诂，乃为之注，是后注者皆以颜注为本。师古又著《匡谬正俗》八卷，前四卷皆论诸经训诂音释，后四卷皆论诸书字义字音及俗语相承之异，考据极为精密。古人考辨《小学》之书多失传，师古祖之推《家训·音证篇》以外，首推是书。其中"邱区禹宇"之论，韩愈《讳辨》引之，则唐人已绝重之矣。

注释《汉书》

自晋以来，多以《汉书》为教太子之书。师古注班固《汉书》，以授太子承乾，其注条理精密独到，疏通证明，深为学者所重。承乾表上其书，太宗令编之秘阁。其时有曰："颜秘书为班孟坚忠臣。"盖自颜监注行，而《汉书》之义始显，方为一般人所能读云。

深明伦理

师古孝友，尤多可称。初，师古父母常不谐宜，师古每苦谏，至触父怒。师古又与其弟相时友爱綦笃，故师古卒，相时竟不胜悲哀而卒。

结论

颜师古渊博精核，有功于文化伦理。在唐初，盖莫之与比。推厥原本，盖师古之学，远绍其祖之推，近承其父思鲁之业，即注释《汉书》，亦颇采取其叔父游秦之《汉书决疑》。家风递衍，至杲卿、真卿，遂均以节烈著称。信乎，颜氏家学之源远流长也！

唐颜真卿事略

东汉以后，军阀割据之祸，至唐而最烈，亦最久。政府不能控驭，人民不能自卫，舆论正义不能制裁，经济、文化、武备皆为私党劫持利用者，实自玄宗启之。开元（玄宗年号）承平既久，府兵之制渐堕，禄山蓄逆数年，时人知之而不为备，一旦骤发，所过州县，望风瓦解，守令士夫，阿附忍死，蹂躏幸生，立国之精神垂垂尽矣。独有颜氏挺然于河北二十四郡中，特立独行，存天地正义，为古今完人，千载后有生气焉。

颜氏家世

颜真卿，字清臣，唐京兆万年（今陕西长安县）人。五世祖之推，北齐时以文学名，所著《家训》一书，极为世重。从高祖师古，博学显于唐初。从兄杲卿与真卿，俱以忠节著。真卿谥文忠，封鲁郡公，能文章，尤工书法，笔力遒婉，世所目为铁画银钩者也。

以孝事君

真卿少孤，母殷躬加训导，真卿事亲以孝闻。使河东时，劾奏朔方令郑延祚母死三十年不葬，延祚兄弟，坐废终身，闻者耸然。其在朝廷，亦常以孝诤君。两京既复，肃宗祭告宗庙，署祝文称嗣皇帝，真卿谓礼仪使崔器曰："上皇（玄宗）在蜀，可如是乎？"器遽奏改之，中旨宣劳，以为深达礼体。时太庙为安禄山所毁，真卿请用《春秋》新宫灾，鲁成公三日哭之例，肃宗不能从。刑部尚书李辅国矫诏迁上皇居西宫，真卿首率百僚请问起居，因此遭忌。

正色立朝

其立朝，正色直言，疾恶如仇，尤为人所难能。御史吉温以私怨构贬中丞宋浑，真卿斥之曰："奈何以一时之忿，危害忠臣（宋璟）后嗣乎？"武部侍郎崔漪醉酒入朝，谏议大夫李何忌在班不肃，真卿俱劾之。广平王俶总兵出征，陛辞之日，当阙不乘马，王府都虞候管崇嗣先骑而出，真卿劾之。肃宗曰："朕子每奉教戒，故不敢失礼。崇嗣老将，且有足疾，姑优容之。"于是百官肃然。宰相元载，多引私党，恐为所论奏，乃给代宗曰："群臣奏事，多挟谗毁，请每论事，皆先白长官，长官以白宰相，宰相详可否以闻。"真卿上疏，力诋元载变乱黑白，闭塞上聪，虽奸臣李林甫、杨国忠所不敢为者，载竟惟所欲为。其词激切，人争写此奏本腾布于外。未几，元载伏诛。

出守平原

当玄宗朝，宰相杨国忠恶真卿不已，出为平原太守。时安禄山逆节显露，真卿因以霖雨借口，修浚城池，潜行设备，料丁壮，储廪实，阳与宾客日游，纵酒赋诗。禄山以其为书生而不措意。及禄山反，河朔尽陷，独平原城守具备，遣人驰奏。玄宗初闻变，即叹曰："河北二十四郡，岂无一忠臣乎？"自得平原奏，大喜，顾左右曰："朕不识颜真卿是何形状，乃能为如此事！"

支持河北

真卿既守平原，河北兵以有主，声势遂振。禄山急驰，攻陷洛阳，杀留守李憕、御史中丞卢弈、判官蒋清，以三人头付段子光，使徇平原。真卿恐其惑众，佯告诸将曰："三人我识之，此头皆非也。"因斩子光。异日，乃取三人头，棺殓祭殡，为位痛哭，誓师，众心益附。是时，从兄杲卿为常山太守，斩逆将李钦凑等，同日十七郡皆来归，真卿与杲卿约共恢复。河北兵二十余万，共推真卿为帅。会清河、博平诸郡出师，大败贼兵，禄山闻之，急遣史思明等，袭攻河北诸郡，杀杲卿，诸郡复陷，虽平原、博平、清河三郡犹未破，然人心危散不可守，真卿谋于众，不得已，孑身还朝。

面斥卢杞

当德宗时，宰相卢杞专权，改真卿官为太子师，实则夺其政柄，复忌其在朝言事，遣人问真卿以欲居其州郡。真卿乃见杞曰："真卿性褊，为小人所憎，屡被窜逐。在平原日，见相公先中丞（杞父卢弈）忠血满面，吾不敢以衣拭，亲以舌舐之，今已老衰矣，相公忍不相容乎？"杞虽下拜，而恨真卿切骨。

临难大节

淮西节度使李希烈叛，陷汝州，杞因奏曰："颜真卿忠信才德，显于四方，使往谕希烈，必信服其言，此乱可不劳师而定。"德宗从之，百官皆失色。李勉以为朝中失一元老，贻国家羞，密表留真卿，德宗不听。真卿行至河南，河南尹郑叔则以希烈反兵已出，往无益，劝勿行。真卿答曰："君有命，岂可避危难乎？"既见希烈，宣诏旨。希烈养子千余人，汹汹漫骂，争前露刃拟颈，真卿色不变。希烈以身蔽之，挥退其众。使真卿就馆舍，再三胁迫奏表欺朝廷，又遣人说之，真卿怒不已。希烈召真卿大会其党，以倡优侮朝廷。真卿怒数斥之曰："公为人臣，何敢如此！"拂衣欲出。时谋为乱诸藩镇之使者皆在坐，谓希烈曰："吾辈久闻太师名德，公今欲建帝号，而太师适至，新宰相人选孰如太师者？"真卿叱之曰："若等闻吾名，亦闻颜常山名否？是吾兄也。首举义师拒禄山叛贼，临难不降，舌虽被断，骂贼不绝，吾年且八十，以君命来，有死而已，岂受汝辈诱胁邪！"诸贼失色。希烈乃使甲士拘真卿，掘方大坎于庭，云将坑之，真卿不顾。会贼党破张伯仪于安州，希烈使人持伯仪头及旌节诸物以示，真卿痛哭投地，希烈愈欲降之，乃拘送于蔡州。真卿因作遗表墓志祭文，自指寝室西壁下，曰："此吾殡所也。"希烈称帝，使问仪式。真卿曰："老夫所掌国礼，所记诸侯朝觐仪节耳。"希烈复遣人积柴真卿庭中，爎之以油，曰："不能屈节，宜自烧。"真卿即起赴火，贼党遽遮止之。既而希烈闻其弟希倩伏诛，遂缢杀真卿。

结论

真卿忠义贞信，节著千古，若非权奸挤陷，何至殒于贼手！浩然之气，由是弥显，信乎"小人之谋，无往不福君子"也。真卿与其兄杲卿，俱以儒生临大节，蹈大义，相因并著，而文学独重于艺林，天下不以姓名称，而曰"鲁公"。为世敬仰，非徒然矣！

唐杜如晦事略

唐太宗以雄才大略，乘隋末大乱之余，廓清宇内，济世安民，开疆拓土，慑服万国。吾国民族之伟大精神，彪炳史乘，而其计谋论断，赞翼辅弼，则房玄龄、杜如晦为之也。

杜如晦之身世

杜如晦，字克明，京兆杜陵（今陕西长安县）人。少英爽，内负大节，临机辄断。隋大业中，预吏部选，侍郎高崇基异之曰："君当为栋梁用，愿保令德。"补滏阳尉，寻弃官去。

参赞军机

高祖入长安，世民引如晦为府兵曹参军，徙陕州总管府长史。当时府属多外迁，世民患之。房玄龄曰："去者虽多，不足吝。如晦，王佐才也。大王若终守藩，无所事。必欲经营四方，舍如晦无共功者。"世民惊曰："非公言，我几失之。"因表留幕府，从征伐，先击破刘武周，降王世充，擒窦建德，定黄河流域之地，更遣将平梁楚，定朔方，遂统一。

献策平内乱

世民威名既盛，其兄建成及元吉嫉其功，协谋陷之。曲意事诸妃嫔，高祖曾为所蔽，谓左仆射裴寂曰："此儿久典兵外，为书生所蔽，非昔日子也。"尹德妃父阿鼠骄横。杜如晦过其门，阿鼠家僮数人，曳如晦坠马，殴之，折一指，曰："汝何人，敢过我门而不下马。"一日，建成谓元吉曰："秦府智略之士，可惮者独房玄龄、杜如晦耳。"阴谋日彰，并密请杀世民，秦府僚属皆忧惧不知所出，世民密召玄龄谋之。玄龄曰："大王功盖天地，当承大业。今日忧危，乃天赞也，愿大王勿疑。"乃与杜如晦共劝世民诛建成、元吉等，以安国家。世民乃先发难，旋受高祖禅而即位，是为太宗。

创制立法

太宗举房玄龄、杜如晦等总揽政治。玄龄明达吏事，辅以文学，夙夜尽心，常恐一物失所。用法宽平，闻人有善，若己有之，不以求备取人，不以己长格物。与如晦引拔士类，用贤退不肖，咸得其宜。时天下新定，一切典章制度，均待讨裁。每议事太宗处，玄龄必曰："非如晦莫筹之。"及如晦至，卒用玄龄之策。盖如晦长于断，而玄龄善谋，两人深相契结，故能同心济谋，忘身徇国，知无不为，以作成帝业。改官制，定选举法，革田税及兵刑之法规；盛起学校，奖励儒学、文学；置府兵，严武备，减轻刑辟、赋税，以抚士民。如是海内无事，德化及于四陲，而贞观之治，秦汉以后，首屈一指。故后之语良相者，必首推房、杜云。

贞观四年，如晦病笃，太宗遣皇太子就问，并亲至其家，抚之咽梗。薨年四十有六，赠司空，谥曰"成"。

结论

吾国文化武功之盛，汉唐媲美，太宗用兵如神，威服四方，虚己纳谏，化及远夷，制度典章，灿然毕备。开倭人来唐留学之风，典制东传，至今仍具旧观。房、杜创制之才，实有大过人者焉。

唐郭子仪事略

古人有立身于庸暗之朝，而独能成其盖世之功者，莫如唐郭忠武王子仪。其一生所遇，皆艰难困苦，顾能化险为夷，转危为安者，岂有他哉？亦惟恃忠诚而已。

首振唐室军威

郭子仪，华州人。身长七尺，体貌秀杰。少时以武举从军，犯法当斩，诗人李白游并州，奇其貌，特营救免死。迨为天德军使（今吴喇忒旗西北），兼九原太守（今鄂尔多斯右翼后旗西一百里）。其时已过中年，唐室太平日久，府兵骄惰不中用。安禄山（营州胡人）反，起贼兵不及四月，而玄宗即西入蜀，斯正子仪立功河北之日也。苟能稍缓须臾，岂不收拾较易，无如守土之官，率皆开门揖盗，朝命子仪为朔方节度使，率军东讨。子仪夙与李光弼不睦，至是，独荐光弼，使与仆固怀恩同引兵破贼于振武（唐军名，其地在今归化城南）。既而李光弼率蕃、汉步骑万余，破贼于常山，贼将史思明据九门、藁城以拒光弼，绝常山粮道。光弼遣使告急，子仪驰至，与光弼合军，大破思明于九门城南。禄山闻思明败，出精兵援之。子仪集将佐谋曰："彼恃有新兵，必轻我，宜奋勇战，必可克之。"遂进，殊死斗，杀贼四万余，于是河北十余郡，皆斩贼将迎王师，威名大振。

收复两京

子仪大破思明，即欲直捣范阳，以倾贼巢。未及行，而潼关不守，玄宗仓卒出亡。太子（肃宗）即位于灵武（今甘肃灵州西北），命招讨节度使房琯（琯字次律，河南人）将兵复两京，用车战，大败。是时子仪自河北率兵五万来勤王，中途受命复两京，乃先扫其四郊贼垒，克复潼关、蒲州，以阻寇锋。适回纥叶护将精兵四千余来会，子仪与叶护宴饮修好，约为兄弟，誓平国难，集朔方诸军与回纥及西域之兵共十五万，由凤翔至长安，子仪将中军，李嗣业为前军，王思礼为后军，阵于香积寺（长安城南滈水上）。贼将李归仁以十万兵阵于北，回纥以骑兵夹攻贼阵之后，归仁大败，官军遂收西京，百姓大欢。

禄山子庆绪悉发洛阳兵十五万西来，遇官军于新店（在陕州西），声势甚壮。子仪拥大军前行，使回纥登山乘贼之背，而贼伏兵山中，欲绝官军归路，众大惧，有戒心。子仪方挥众进战，遽令回纥从中发，于黄埃中骑射突出，贼惊顾曰："回纥来矣！"遂大溃。庆绪走，渡河踞相州（今河南淇县），官军遂复东京。子仪寻入朝，肃宗劳之曰："有唐国家，实卿再造。"

鱼朝恩之阻扼

唐室以禁军骄懦不堪平乱，诸藩将及外族新兵威武，收复两京，迎还上皇（玄宗），功高势重，遂生疑忌。时安庆绪在邺，犹据七郡；史思明在范阳，犹据十七郡；高秀严在河东，尚拥兵数万。乃命宦官鱼朝恩为观军容宣慰处置使，率九节度之师讨安庆绪。子仪与焉，而不置元帅。庆绪被围，求救于史思明，诸将谋先袭思明，子仪谋以安阳河水灌相州城。议不协，思明之兵，蓄锐骤发，诸军激战，指挥不一，战马甲仗十余万，溃弃殆尽。子仪乃退保东都，诏令诸军各还本镇。鱼朝恩乃独归罪于子仪，夺其兵柄，诏还京师，子仪受命，即日就道。

经营河东

既而史思明再陷河、洛，吐蕃①亦且南侵。始命子仪为诸道兵马都管使，鱼朝恩复潜阻之。未几，李光弼兵败，河阳失守，鱼朝恩退保陕州，河中、太原军又皆乱，朝廷甚忧其合纵连贼，肃宗信谗多疑，乃不能不起用子仪兼副元帅，节度河北诸州行营，进封汾阳王，出镇绛州（今山西平阳）。子仪在闲散之中闻命，即日赴召。京外强藩悍将，闻子仪出，莫不奉命。俄而肃宗崩，代宗嗣位，宦官程元振又有宠，忌功臣宿将，欲罢其副元帅。子仪内不自安，表进肃宗所赐手诏，因自陈诉。代宗为太子时，与子仪尝同患难，览奏，优诏褒慰，程元振之潜，遂不果行。

再复西京

时安庆绪、史思明虽死，思明子朝义，尚据洛阳。雍王适（即德宗）为元帅任，议以子仪为副，而鱼朝恩、程元振格之不行。洛阳甫下，而仆固怀恩兵起汾州，使回纥、吐蕃入寇。吐蕃至奉天（今陕西乾县），京师大震，急令子仪出御之。闲废日久，部曲离散，仓卒招募，得二十骑即行。甫到咸阳，吐蕃已过渭水，子仪请益兵，又为程元振所阻，吐蕃遂入长安，代宗出奔陕州，禁军逃散，四出暴掠，子仪遣使往抚谕之，诸将还集，军势稍振。子仪涕泣誓师，以共雪国耻，皆感激听命。会白孝德引兵赴难，合势进击，吐蕃引退，西京乃复。天下皆咎程元振，元振见子仪复立功，乃劝代宗居东都，勿还长安，以子仪为西京留守。子仪剀切上疏，论作都关中之宜，代宗乃还西京，劳子仪曰："朕用卿不早，故及于此。"

不战却敌

仆固怀恩本番人，尝偕李光弼从子仪收复两京，属立大功，为鱼朝恩谗构，

---

① "吐蕃"，底本作"蕃吐"，误，径改。

疑不能自明，遂举兵反。李抱真自邠州还京，对代宗曰："朔方将士，思郭子仪如父兄，诚以子仪镇朔方，彼诸叛卒皆不待召而来矣。"乃命子仪以副元帅为河中节度使，诸叛将士闻之皆曰："吾辈从怀恩为不义，何面目见汾阳王？"怀恩复诱吐蕃、回纥、党项等族数十万人入寇，京师又震。子仪谓："怀恩素失士心，今乃引思归之人为乱耳。其将士皆臣昔所部，颇有恩信，今闻臣至，必不忍以锋刃相向。"诸将皆请击贼，子仪不许，下令坚壁，果不战而退。

单骑见回纥

未几，吐蕃又以兵众趋奉天，党项之众趋同州，吐谷浑、奴剌各部趋鳌屋，而回纥继吐蕃以入。怀恩为主，以朔方兵继回纥为寇。子仪谓寇皆骑兵驰突，不可轻与敌，请使诸军节度，各出兵分途牵制，扼其冲要。会怀恩死，朔方兵马使浑瑊帅骁骑冲进，吐蕃引退至邠州，与回纥遇，复返入寇，合兵围泾阳。子仪命严备而不出战。侦知二寇闻怀恩死，争长不相睦，因遣牙将李光瓒说回纥，约与共击吐蕃。回纥闻子仪尚在，不信，谓光瓒曰："令公存乎？仆固怀恩言中国今已无主，故我辈相从俱来也。令公果在，可得见乎？"光瓒回报。子仪曰："今众寡不敌，难以力胜，吾昔与回纥相契甚厚，不若挺身说之，可不战而平。"诸将请选精骑五百为卫。子仪曰："此无益，适以滋害耳。"子郭晞扣马谏曰："大人，国之元帅，奈何轻身饵寇？"子仪曰："今战，则父子俱死，而国家危。往以至诚与之言，或幸而见从，则四海之福也。即不遂，则身虽殁而家可全。"遂与数骑出，使人传呼曰："令公来。"（子仪官中书令）回纥大惊，其帅药葛罗，执弓注矢。子仪免胄释甲，投戈而进。诸酋长相顾曰："是也。"皆下马罗拜。子仪面药葛罗而让之曰："汝回纥有大功于唐，唐之报汝不薄，奈何负约，深入吾地，弃前功，结后怨，背恩德而助叛臣乎？且怀恩叛君弃母，于汝何爱之有？"药葛罗曰："怀恩欺我，言天子宴驾，令公亦捐馆，中国无主，使我以来。今皆不然，怀恩又为天所杀，我曹岂肯与公战乎？"子仪因取酒与诸酋长共饮，指天为誓，因说以转攻吐蕃。回纥乃遣其首领入朝，而率全军进攻吐蕃，大破其众十余万于灵武台西原，所获牛羊驼马，三百里不绝，诸蕃寇遂退。当寇警之迭至也，代宗方与百官讲佛经于西明寺。无子仪，梁元帝之覆辙，必再见矣。

晚年威望

唐至肃宗时，强藩专权之势已成。西蕃之寇屡作，子仪虽以权术说退回纥，击败吐蕃，知此终非长久之计，每对代宗流涕陈词，顾念制敌必须练兵，然以连年荒乱，筹饷不易，乃于镇河中之日，先自耕百亩，为全军倡，由是军有余粮。

子仪年益高，功愈崇，位号且尊为"尚父"矣。史称其训兵如子，料敌如神，虽强藩悍将，无不畏之。降将田承嗣据魏州，最傲很，每见子仪所遣使者，辄西向拜问起居，指其膝谓使者曰："此膝久不拜跪，今为令公屈。"李灵曜据汴州，公私财赋经过皆被截留，子仪封币过其境，必遣兵卫送，其为悍逆小人所服如此。德宗建中二年，子仪卒，年八十五。史称其一身系国家安危者二十年，信哉！

结论

武功盛者多骄盈，而子仪特崇谨让。尝曰："兵乱以来，俗少廉隅，苟西戎即叙，怀恩就擒，当从留侯范蠡，以遂初志。"此其用心甚苦，非彼不学无术者所能知之。唐史臣赞曰："汾阳事上忠诚，临下宽厚，所至必得士心。前后遭逢幸臣程元振、鱼朝恩，潜毁百端。时方握强兵，或临敌阵，闻征未尝不即日应召，匪躬蹇蹇，不以危亡易虑，故谗谤卒不能行。麾下将吏，皆王侯重贵，子仪颐指进退，遇之如仆隶。权倾天下，而人不忌；功盖一代，而主不疑。富贵寿考，备全终始。"综子仪一生，此为定论矣。

唐杜佑事略

唐自肃、代以后，大患有二。内则阉宦专权，外则强藩擅命，内乱日炽，外族蠢动，度支浩繁，民力枯竭，忧国之士，莫能如何。杜佑承荫入仕，德、顺崩后，两摄冢宰，整理度支，物便而齐，优游林泉，贵盛无比，可不谓明哲之士哉！宪宗以子篡父，处天地之奇变，王叔文冤死，一时才俊如柳宗元等，贬斥殆尽。宪宗丧身阉竖后，天子举废操自中人，而唐祚随之倾覆矣。然后知佑之不尚皦察，掌计治民，一以富国安民为己任之苦心。盖擅政治学、经济学之要者，亦乱世之秀杰也。

杜佑家世

杜佑，字君卿，京兆万年（唐万年即隋之大兴县，为今长安县）人。曾祖行敏，荆、益二州都督府长史，南阳郡公。祖悫，右司员外郎。父希望，历鸿胪卿、恒州刺史、西河太守，赠右仆射。佑以荫入仕，补济南郡参军。

谳狱受知

佑为剡县丞时，润州刺史韦元甫尝受恩于希望，佑谒见，元甫未之知以故人子待之。他日元甫视事，有疑狱不能决，佑时在旁，元甫试讯于佑，佑口对响应，皆得其要。元甫奇之，乃奏为司法参军。元甫为浙西观察、淮南节度，皆辟为从事，深所委信。累官至检校主客员外郎，入为工部郎中，充江西青苗史，转抚州刺史，改御史中丞。

受知杨炎，才优馈运

杨炎入相，征入朝，历工部金部郎中，并充水陆转运使，兼和籴等使。时方军兴，馈运之务，悉委于佑，迁户部侍郎。

讨伐

贞元十六年，徐州节度使张建封卒，其子愔，为三军所立。诏佑以淮南节制检校左仆射，同平章事，兼徐、泗节度使，委以讨伐。佑乃大举舟舰，遣将孟准先当之，准渡淮而败，佑杖之。及诏以徐州受愔，加佑兼濠、泗等州观察使，乃于扬州开设营垒三十余所，士马修茸。

两摄冢宰

贞元十九年，入朝，拜检校司空同平章事。德宗崩，佑摄冢宰，寻进位检校司徒，充度支盐铁等使，依前平章事。旋又加弘文馆大学士。顺宗崩，佑复摄冢宰。

整理度支

先是，度支以制用惜费，渐权百司之职，广署吏员，繁而难理。佑始奏营缮归之将作，木炭归之司农，染练归之少府，纲条颇整，公议多之，朝廷允其议。元和元年，册拜司徒，同平章事，封岐国公。

致仕终老

宪宗时，河西党项潜道吐蕃入寇，边将邀功，亟请击之。佑上书弭兵，上深嘉纳。岁余，请致仕，诏不许，但令三五日一入中书平章政事。每入奏事，宪宗优礼不名，常呼"司徒佑"。元和七年，被疾，复乞骸骨，表四上，德宗不获已，许之。佑即于致仕之年十一月薨。寿七十八，册赠太傅，谥曰"安简"。

纂修《通典》

初开元（唐玄宗年号）末，刘秩采经史百家之言，取《周礼》六官所职，撰分门书三十五卷，号曰《政典》，大为时贤所赏。佑得其书，寻味厥旨，以为条目未尽，因而广之，加以开元礼乐，书成二百卷，号曰《通典》。其书载礼制未详，多存两汉、六朝之名论，为考容台著作者所必宜研究之编。贞元十七年，自淮南使人诣阙上之，蒙诏褒嘉，命藏书府，大传于世，为古今士君子之所称道。

勤读与博学

佑性嗜学，精吏职，博涉古今，以富国安人之术为己任。勤而无倦，虽位极将相，手不释卷，质明视事，接对宾客，夜则灯下读书，孜孜不怠。与宾佐谈论，人惮其辩，设有疑误亦能质正，始终言行无所玷。

结论

杜佑位极将相，手不释卷，灯下读书，孜孜不倦。所著《通典》，虽广刘秩《政典》而作，要亦宏才通识，度越前人。礼乐政刑之源，上下千载，有如指掌，《郑志》《马考》均从此书脱卸而出，洵为讲求中国政治学之所资。《四库提要》称其"详而不繁，简而有要，源源本本，足称有用之学"，对文化之贡献，有倾筐倒箧而出之者矣。史家赞其博古通今，称为始终言行无玷。我自爱爱国之有为青年，读其书而法其人，当知所以自勉。

唐孙思邈事略（附韩康）

思邈弱冠，善谈老庄，兼好释典，固为个性之所近，要亦时代所支配。自西晋末年五胡乱华起至隋之统一止，经三百余年之混战，论政治则篡夺相寻、暴君代作，论社会则百姓流离、经济破产，诚中国史上最长久之黑暗时期。王充、仲长统等首先排斥儒家，老、庄思想流行，发生晋代玄学，后进少年，自命谈士，知摆脱缠缚而无思想哲理上之建树，鄙薄营求而忽略苟且懒惰之弊，此裴頠《崇有论》、江惇《通道崇检论》之非难谈玄，范宁著论至谓何晏、王弼罪浮于桀、纣，而无法挽回风气也。杨坚开国，以玄学与文、史、儒并列为四学，思邈生值释理与佛学融合，儒教僵化之时，出世消极，不关世务，固为思邈所处时代之风气也。

孙思邈之身世

孙思邈，京兆华原（今陕西耀县）人。七岁就学，日诵千言。弱冠通老、庄及百家之说，兼好释典。洛州（今河南洛阳县）总管独孤信见而叹曰："此圣童也，但恨其器大难为用耳。"

周宣帝时，思邈以王室多故，隐居太白山。隋文帝辅政，乃征为国子博士，称疾不起，尝谓所亲曰："过五十年当有圣人出，吾方助之以济人。"及太宗即位，召诣京师，嗟其容色甚少，谓曰："故知有道者，诚可尊重，羡门广成，岂虚哉！"将授以爵位，固辞不受。显庆（唐高宗）四年，高宗召见，拜谏议大夫，又固辞，不受。上元（唐高宗）元年，辞疾请归，特赐良马及鄱阳公主邑司，以为其居。当时名士，宋令文、孟诜、卢照邻等，皆师事焉。

立言大要

照邻有恶疾，医所不能愈，乃问思邈："名医愈疾，其道何如？"思邈曰："物反其常则为病。良医导之以药石，救之以针剂，圣人和之以至德，辅之以人事，故形体有可愈之疾，天地有可消之灾。"又云："胆欲大而心欲小，智欲圆而行欲方，《诗》曰'如临深渊，如履薄冰'，谓小心也。'赳赳武夫，公侯干城'，谓大胆也。不为利回，不为义疚，行之方也。见机而作，不俟终日，智之圆也。"

史料之供献

思邈自云："开皇（隋高祖）辛酉岁生，庚申为开皇二十年，辛酉改元为仁寿一年，是公元六〇一年也。询之乡里，咸云：'近百岁人。'"话周、齐间事，历历如亲见，然犹视听不衰，神采甚茂，可谓古之聪明博达、善得摄生之术者也。初，魏徵等受诏修齐、梁、陈、周、隋五代史，恐有遗漏，屡访之，思邈口述以授，有如目睹。

结论

唐初名士卢照邻之论思邈也，谓："道合古今，学殚数术。高谈正一，则古之蒙庄子；深入不二，则今之维摩诘。其推步甲乙，度量乾坤，则洛下闳、安期先生之俦也。"隋唐迄今，千余年来，人孰不知国医之王，惟思邈足以当之，胆大心小，智圆行方。又言："武夫干城，不为利回，不为义疚，见机而作，不俟终日。"此其垂示刚毅发强、牺牲奋斗、独立创造之精神为何如耶？吾国今日，正坐士习萎靡，闻其言者，当亦顽廉懦立矣。

[附韩康]

韩康之诚实高洁

汉晋之间，有韩康者，字伯休，一名恬休。东汉霸陵（今陕西长安县东）人。常采药名山，卖于长安市。三十余年，口不二价。时有女子从康买药，康守价不移，女子怒曰："公是韩伯休耶？乃不二价乎？"康叹曰："我本欲避名，今小女子皆知我名，何用药为？"乃遁入霸陵山中。

博士公车连征，不至，桓帝乃备礼安车聘之，使者奉诏造康，康不得已，乃许诺。辞安车，自乘柴车，冒晨先使者发，至亭，亭长以韩征君当过，方发人牛修道桥，及见康柴车幅巾，以为田叟也。使夺其牛，康即释驾与之。有顷，使者至，夺牛翁乃征君也。使者欲奏杀亭长，康曰："此自老子与之，亭长何罪？"乃止，康因逃去，以寿终。

结论

东汉季世，宦官外戚，迭相水火，党锢狱兴，士类惨罹刑法，政治昏乱，官吏贪污，康盖隐于市而遁于药者欤？三十余年，口不二价，其行卓，其心苦，诚实之操，高洁之行，流风余韵，足以讽励现世者多矣！

唐李淳风事略（附马钧）

唐代学术，外荣内枯，繁琐矛盾，科举束缚，驱全国士大夫思想于一目标，明经为猎官之具，百家思想，既被压抑，格物致知，尤遭鄙视，吾民族创造发明能力，渐以衰落。独淳风不为时尚转移，戛戛独造，擅长数术，于天文历算多发明创作，固一代之秀杰也。

家世与幼年

李淳风，岐州雍（今陕西凤翔县南）人。其先徙自太原。父播，隋高唐尉，以秩卑不得志，弃官为道士。颇有文学，自号黄冠子，注《老子》，撰《方志图文集》十卷。淳风，幼俊爽，博涉群书，尤明天文历算阴阳之学。

上言改造黄道浑仪

贞观初，以驳傅仁均历议，授将仕郎，直太史局。寻又请改造黄道浑仪，有云："……汉孝武时，洛下闳复造浑天仪，事多疏阙，故贾逵、张衡各有营铸，陆绩、王蕃递加修补。或缀附经星，机应漏水；或孤张规郭，不依日行。其推验七曜，并循赤道，今验冬至极南，夏至极北，而赤道常定于中，全无南北之异，以测七曜，岂得其真？黄道浑仪之阙，至今千余载矣。"太宗因令造之。

创造三仪

贞观（唐太宗年号）七年，造成第一仪，名曰"六合仪"，有天经双规、浑纬规、金常规相结于四极之内，备二十八宿，十干、十二辰、经纬三百六十五度。第二名"三辰仪"，圆径八尺，有璇玑、规道、月游、天宿、矩度、七曜所行，并备于此，以转于六合仪之内。第三名"四游仪"，玄枢为轴，以连结玉衡游筒而实约规短，又以玄枢北树北辰，南距地轴，傍转于内，御玉衡于玄树之间而南北游。仰以观天之辰宿，下以识器之晷度，时称其妙。太宗置其仪于凝晖阁，加授承务郎。

寿终

贞观二十二年，迁太史令。显庆（高宗年号）元年，以修国史功，封乐昌县男。咸亨（唐高宗年号）初，年六十九卒。

著述

（一）《法象志》。淳风改作黄道浑仪后，又论前代浑仪得失之差，著书七卷，名为《法象志》以奏之，太宗称善。

（二）曾参预撰《晋书》及《五代史》。《晋书》《五代史》之天文、律历、五行志，皆淳风所作也。又参预撰《文思博要》。

（三）注五曹《算经》。书成，高祖令国学行用。

（四）撰《麟德历》。龙朔（唐高宗年号）二年，改授秘阁郎中，时戊寅历法渐差，淳风又增损刘焯《皇极历》，改撰《麟德历》，奏之，术者称其精密。

（五）其他著作。如所撰之《典章文物志》《乙巳占》《秘阁录》，并演《齐人要术》等凡十余部，多传于代。

结论

吾国学术，秦汉以降，主守斥进。魏晋以后，误于清谈。唐尚注疏，宋尚性理，明尚制义，清尚考证，晚近以来，谈玄幽默，益趋空虚，腐败颓唐，民志日卑，不知发扬，不能创造，今值文化复兴之际，当以增加我民族之创造力，发挥光大固有之优秀文化为先。顾吾东方文化，如忠孝仁爱信义和平礼义廉耻等，放之四海而皆准，亟应发挥光大者也；如社会上所流行之五行阴阳等，乃汉人纬书之流毒，在在与科学相矛盾，诚进步之障碍。至如淳风，其学之精博，则未可概以五行阴阳迷信少之也。

［附马钧］

马钧之制作发明

淳风以前有马钧者，陕西扶风人。巧思绝世，尝作指南车，反翻车，令儿童转之，而灌水自覆。见诸葛连弩曰："巧矣，未尽善矣！"改作之，可令力加五倍。有上百戏于魏明帝者，能设而不能动，乃改益雕构，其形若轮，平地施之，潜以水发焉。设为女乐舞象，至令木人跳丸、掷剑、缘绳倒立，出入自在，舂磨斗鸡，变巧百端。

结论

自黄帝作指南车，周公作欹器，已开施机自运之制。虽其器法，并已绝传，而马钧尚能追修改制，其创造之精神，固已超出于"艺成而下"之传统思想矣。

宋寇准事略

宋太祖代周后,厉行中央集权政策,革除唐代之藩镇。命文官典管州郡,而不能指挥驻兵,外族侵略,无法抗御。遂开二百年长被北方新兴民族蹂躏之局,其时能审机制敌氛、以战为和者,则寇准其人也。

寇准之身世

寇准字平仲,华州下邽(今陕西渭南县地)人。少通《春秋》三传,十九岁举进士,后任盐铁判官,应诏陈言,太宗器重之,擢尚书判吏部东铨。问时政得失,准对曰:"刑有不平。"太宗怒,召准问状,准请召二府至,始复对曰:"祖吉、王淮同侮法求赃,吉赃少而伏诛,淮为参政王沔之弟,盗财多至千万,罪止于杖仍复其官,非不平而何?"太宗即质问沔,沔谢,服罪受责。始知准可大用。拜左谏议大夫枢密副使。

准之入相

真宗即位,命准工部侍郎,寻改刑部,权开封府,又选兵部为三司使,时合盐铁、度支、户部为一使,命准裁定。乃以六判官分掌,繁简始适中。真宗久欲相准,患其刚直难独任,问毕士安孰可与同进。对曰:"准资兼忠义,善断大事,宰相才也。"真宗曰:"闻其好刚使气。"对曰:"准方正慷慨,有大节,忘身殉国,秉道疾邪,此其素所积蓄,固不为流俗所喜耳。"真宗乃命与士安同平章事。

准为相守正,小人常思所以倾之。布衣申中古告准通安南王元杰,几不能明,赖士安力辩诬,下中古狱,具得奸妄,准乃安。

力主亲征

时契丹南寇,掠深、祁间,小不利,辄引去。准知为虚声恐喝,曰:"是狃我也。"请练兵命将,简骁锐,据要害以备之。是冬,契丹统兵答揽奉其主隆绪及太后萧氏,大举入寇,陷德清,逼冀州,遂抵澶州,谋渡河而南。边书告急,一夕五至,准兼枢密使,谈笑自如,但命帅简骁锐,严设备而已。真宗闻警,召准问谋。对曰:"陛下欲了此,不过五日耳。"因请帝北幸澶州。真宗闻准奏,有难色,将还内,准曰:"陛下入,则臣不得见,大事去矣。"宰相毕士安力劝帝如准所奏。方议亲征,参政王钦若,江南人,密请幸金陵,枢密同金陈尧叟,四川人,请幸成都。真宗以问准,对曰:"孰为陛下画此谋者,可斩也。若车驾亲征，将帅协和，敌自当遁去，否则坚壁清野，劳逸之势，我得胜算矣，奈何轻弃宗社，远之吴蜀耶？"真宗乃止。二人由是怨准。准恐钦若多言乱上意，乃奏出钦若知天雄军。真宗始决意亲征，遣使之澶州宣慰诸军，已而车驾至澶州南城，众请驻跸，敌军势方盛，准固请幸北城，曰："陛下不过河，则人心未振，虏气未慑，非所以取威决胜也。且王超方领重兵屯中山以扼敌吭，李继隆、石保吉分大阵以当敌左右，四方镇兵赴援者日至，又何疑畏而不进乎？"真宗乃命渡河。既御北城门楼，张黄龙旗纛，诸军皆欢呼万岁，声闻数十里，敌军知我有备，气始沮。

澶渊订盟

有王继忠者，故中国将也，战败被掳，遂仕契丹。数为契丹主言和好之利，至是又因谍者奏表为真宗言和。真宗之亲征也，本不欲行，至澶州，益震敌势之强，惟惧和议之不成，乃遣曹利用议和，而悉以军事付准，准承制专决，号令明肃，士卒畏悦。迎击契丹数千骑于城外，斩获大半，真宗意始定，欲还宫，留准居北城，徐使人视其所为，准方与知制诰杨亿饮酒，歌谑欢呼，使者还报，真宗喜曰："准如是，吾何忧耶？"未几，契丹使者韩杞，果持其主国书与曹利用偕来，利用言契丹求返关南地。真宗曰："归地事极无名，若必邀求，朕惟有决战耳。若徒欲金帛，朝廷之体，固自无伤，允之可也。"准知契丹利在速和，固不欲与之岁币，且欲邀其献幽、燕地，因画策以进曰："如此则可保百年无事，不然数十年后，戎且生心矣。"真宗曰："数十年后，自有捍御之者，吾不忍生灵之重困，姑从其请可耳。"准尚不可，会有谗准拥敌以自重者，准不得已，乃许其成。复遣利用如契丹军议岁币。真宗曰："必不得已，虽百万亦所不惜。"准闻之，召利用至，谓曰："有敕旨，汝所许若过三十万，吾斩汝首矣。"利用至契丹军，竟以银十万两、绢二十万匹成约而归，两朝国书，中国为兄，契丹为弟，中国之纳贿外交，自是役始也。然由是两河民得安堵，西夏赵德明失牵制之谋，亦款塞内附，二方既定，西北略安三十余年。边无牧马，准之力也。

准之罢相

寇准在中书，喜进寒畯之士，每御吏缺，必择朝士之尚气敢言者。一日除官，同列命堂吏进例簿，准笑曰："宰相所以器百官，若稽例故守资格，一吏职耳，进贤退不肖之为何也？"同列多不平，王钦若尤深嫉之。真宗待准甚厚，会视朝，准先退，以目送之，钦若进曰："陛下所以敬准者，为其有功社稷耶？澶渊之役，陛下不以为耻，而以社稷臣目准，何也？"真宗愕然，问故。钦若曰："城下之盟，春秋耻之，今以万乘之尊，而听虏邀盟，是城下之盟也。何耻如之！陛下知博乎？博者输钱将尽，乃罄所有出之，谓之孤注。陛下，寇准之孤注，斯已危矣。"真宗愀然不乐，由是顾准少衰。未几，竟罢为刑部尚书，出知陕西，而以参政王旦为工部尚书同平章事。未几，诏准移知天雄军，会契丹使者来聘，过大名问准曰："相公功高望重，何故不在中书？"准曰："主上以天下无事，天雄为北门锁钥，非准莫与属耳。"于时钦若有宠，准所举丁谓为三司使，谓机敏有智略，在三司案牍繁，委吏久难解者，谓一言判之，莫不释然。真宗奇其才，骎骎向用，钦若与谓相比，群邪渐进。

准之贬窜

初，王旦继准为相。会天下无事，旦慎守法度，无所变更，真宗久而益信，言无不从。凡大臣有所论奏，必问王旦以为何如。旦与人寡言笑，及奏事上前，群臣争执异同，旦徐一言以定，莫不释然。封禅事起，旦不能力争，以年老多疾，请罢机务。真宗语旦曰："卿倘有不讳，天下事当付之何人？"旦曰："以臣之愚，莫若寇准。"曰："准性刚，更思其次。"旦曰："他人则非臣所知矣。"真宗久欲相王钦若，旦力言如钦若恐非其选，乃止。及旦罢，钦若始相，当语人曰："为王子明，迟我十年作相。"子明者，旦字也。久之，钦若以交术士免官，寇准乃复入为相。时丁谓已参政矣，阳为戚亲，伺人颜色，实则密图忌间之渐。一日，会食政事堂，准啜羹污须，谓起代为拂之，准笑曰："堂堂参政，乃为宰相拂须耶？"谓大惭，由是恨准刺骨。会帝有疯病，事多决于刘后，后故警敏有才智。准深以为忧。一日，准请间言于真宗曰："皇太子人所属望，愿陛下念社稷之重，传以神器，择方正大臣羽翼之，丁谓、钱惟演佞人也，不可以辅少主。"真宗颔之，准密令杨亿草表，请太子监国，且以亿刚正有守，欲援入府政，俾佐己，已而为谓所侦知，因谮准，时真宗疾已昏眊，不记与准有成言矣，竟罢准政事。准既罢，谓遂与皇后谋贬准岭外为雷州司户，真宗不知也。一日，忽问左右曰："吾目中何久不见寇准？"左右畏谓威，莫敢对。后准竟死于雷州。殁后十一年，复太子太傅，赠中书令、莱国公，后二十年，始赐谥"忠愍"。

结论

准疏通博裕，果敢沉毅，官居鼎鼐，宅无楼台。而澶渊一役，抗难犯之色；及其再相，闺闱亲政，猾险当道，准排邪斥奸，滨死不顾，而后知大正不可干，大奸不可肆，义在则死不足畏，义亡则生不足惜，势无以移其操，利无以疚其心，诗云："乐只君子，邦家之基。"其准之谓乎！

宋张载事略

印度学术思想，输入中国，历六朝迄宋，为心学之宗。终于儒家溶合而有宋代理学之崛兴。张载身逢其会，秉刚毅之质，陋居苦学，遂开洛、关学派之先声。

身世与幼年

张载，字子厚，郿（今陕西郿县）人。为人志气不群，少孤自立，无所不学。喜谈兵，至欲结客取洮西之地。年十八，以书谒范文正公（仲淹），一见知其远器，乃谓之曰："儒者名教中自有乐地，何事于兵！"因劝读《中庸》。载遂翻然志于道，既而以为未足，又访求诸释、老之书者累年，博览之后，复反于约，求之六经。尝坐虎皮讲《易》，听从者甚众。一夕，程颢、程颐二先生至，与论《易》。二程于载为外兄弟之子，卑行也，而载心服之。次日，语人曰："比见二程，深明《易》道，吾所弗及，汝辈可师之。"即撤坐辍讲，与二程论道学之要，涣然自信，曰："吾道自足，何事旁求！"于是尽弃异学。

应聘讲学

文潞公以故相判长安，闻载名行之美，以束帛聘，延居学宫，礼重之，命士子矜式焉。

云岩政绩

嘉祐二年（嘉祐，宋仁宗年号，时为公元一〇五七年）举进士，为祁州（今河北省安国县）司法参军，迁云岩（今宜川县西北）令。政事以"敦本善俗"为先，每月吉，具酒食，召父老高年者，会于县庭，亲劝酬之，使人知养老事长之义，因访民疾苦，及告所以训戒子弟之意，有所教告，常患文檄之出，不能尽达于民，每召乡长于庭，谆谆口谕，使往告其里。闾阎有民因事至庭或行遇于道，必问某时命告某事，闻否，闻即已，否则罪其受命者。故教命出，虽僻壤妇人孺子毕与闻，俗用翕然。

廷对治道

熙宁（宋神宗年号）初，迁著作佐郎，签书渭州军事判官。御史中丞吕晦叔（公著）荐载于朝，曰："张载学有本原，西方之学者皆宗之，可以召对访问。"上召见问治道，对曰："为治不法三代者，终苟道也。"上悦之，曰："卿宜日见二府议事，朕且将大用卿。"载谢曰："臣自外官赴召，未测朝廷新政所安，愿徐观旬月，继有所献。"他日见执政王安石，安石谓曰："新政之更，惧不能任事，求助于子何如？"载曰："朝廷将大有为，天下之士，愿与下风。若与人为善，则孰敢不尽，如教玉人追琢，则人亦故有不能。"安石默然，其所语多不合，寖不悦，既命校书崇文，辞，未得请，复命按狱浙东，程伯淳时官御史，争曰："张载以道德进，不宜使治狱。"安石曰："淑问如皋陶，犹且谳囚，此庸何伤！"命竟下，实疏之也，狱成还朝。

陋居横渠，修学明志

会弟御史天祺①及伯淳，并以言得罪，乃移疾西归，屏居横渠镇，至僻陋，仅田百亩，供岁计。人不堪其忧，载约而能足，处之裕如。终日危坐一室，左右简编，俯而读，仰而思，有妙契，虽中夜必取烛疾书。尝谓门人曰："吾学既得诸心，以修辞命，辞命无差，以断事，断事无失，吾乃沛然。"盖其志道精思，未始须臾息，亦未尝须臾忘也。凡学者有问，必告以"知礼成性，变化气质"之道，学必如圣人而后已。以为知人而不知天，求为贤人而不求为圣人，此秦汉以来学者之大弊也。故其学以《易》为宗，以《中庸》为体，以《礼》为的，以孔、孟为法。患丧祭无法，世于期丧以下未有衰麻之变，流俗祀先循节序祭不严，于是勉修古礼之意，以倡薄俗，为制期功而下之服，轻重如仪，实始行四时之荐，曲尽诚洁。教童子以洒扫应对给侍长者，女子未嫁，必使助祭祀，纳酒浆，以养逊弟而就成德。尝曰："事亲奉祭，岂可使人为之！"闻者始或疑笑，终乃信从相仿，关中风俗，为之大变。

二次应诏，倡礼之不遂

熙宁九年（时公元一〇七六年），吕微仲（微仲，大防字）大防荐之曰："张载之学，善发圣人之遗志，其术略可施措，宜还旧职，访以治体。"诏从之，召同知太常礼院；及至都，公卿闻风争造，然亦未有深知之者。诏下礼官议祭礼，礼官狃故常，以古今异俗为说，载力争之不能得。

复谒告归，终道病殁

知道之终不行也，复谒病告归。抵临潼卒，年五十八。贫无以敛，门人共买棺，奉其丧还。诏赐馆职及赙。

气质

载气质刚毅，望之俨然，与之取久而日亲。勇于自克，人未信，惟反躬自

---

① "天祺"，底本作"天祥"，据《宋史·张载传》改。

艾，即未喻，安行之无悔也。闻风者服义，不敢以私干之。

济贫及奖励后学

载居恒以天下为念，行道见饥殍，辄咨嗟对案不食者终日。闻人善辄喜，答学问者，虽多不倦。有不能者，未尝不开其端。行游所至，必访人才，有可语者，必丁宁申诲，惟耻其成就之晚。虽贫不能自给，而门人无资者，辄粗粝与共。

论治先务

载尝言三代之治无不以经界为急。经界不正，贫富不均，教养无法，虽欲言治，皆苟而已。方欲与学者买田一方，画为数井，上不失公家之赋役，退以其私正经界、分宅里，立敛法，广储蓄，兴学校，成礼俗，救灾恤患，敦本抑末，足以推先王之遗法，明当世之可行，有志未就而卒。

学贵蓄德

载始为学，亦颇秘之，不多以语人，曰："学者虽复多闻，不务蓄德，只益口耳，无为也。"程颢闻之曰："道之不明也久矣，人善其所习，自谓至足，必欲如孔门不愤不启，不悱不发，则师资势隔，而先王之道，或几乎熄矣。趋今之时，且当随其资而诱之，虽识有明暗，志有浅深，亦各有得，而尧舜之道庶可驯至也。"载用其言，故关中学者躬行之多，与洛人并，历数世不衰。

著述

载所著书曰《正蒙》。尝自言："吾为此书，譬之树株，根本枝叶，莫不悉备，充荣之者，其在人功而已。又如晬盘示儿，百物具在，顾取者何如耳。"书成，揭书中《乾称篇》首尾二章，置在左右，曰《订顽》，曰《砭愚》，程颐改曰《西铭》《东铭》。程颐谓："《西铭》明理一而分殊，自孟子后未尝有也。"

结论

载学古力行，笃志好礼，世称"横渠先生"，门人私谥曰"诚明"。朱文公赞曰："早悦孙吴，晚逃佛老，勇撤皋比，一变至道。精思力践，妙契疾书，《订顽》之训，示我广居。"不已概横渠之学耶？方今东西文化，共炉而冶，砥励创造，端赖出新，正如理学之崛出，孕育未来之文明，其所揭之"知礼成性，变化气质"，实教育之要纲，公民修养之准绳，未可忽也。

宋吕大防事略（附吕柟）

北宋朝官多君子，至蜀党、洛党、朔党鼎足峙立，而遂不能相谋，虽弃公理而不恤。筹西北则内外歧其策略，计内政则新旧逞其意见，间有独立不附党派，实事求是，处处以边计民生为心者，当首推吕大防焉。

吕大防之身世

蓝山吕蕡六子，其五登科。大忠，字进伯，登第后，条陈地方利害，主张以弓箭与义勇择一而用，可省兵屯。辽使求代北地，力持不可，其上生财养民十二事，教马涓以临政治民之要，言夏人戍守之宜，均有知彼知己之卓识。知渭州，筹秦渭边事，以关陕民未裕，欲取横山以巩固秦渭，不求近功。卒以与章惇、曾布不合，遂致仕。

大钧，字和叔，尝从张载游，能守其师说，居丧一本于礼，推行于冠昏饮食庆吊之间，关中化之。尤喜讲明井田、兵制，各列为图籍。《吕氏乡约》多出其手，而执行最力，载每观其勇为不可及。后因讨西夏为从事，代李稷请粮面折种谔①，士论多其胆识。

大临，字与叔，为程门四先生之一。每欲掇习三代遗制，令其可行。论选举，主张"立士规以养德励行，更学制以量才进艺，定试法以区别能否，修辟法以进能备用，严举法以核实得人，制考法以任考功"。颇中时弊。富弼致政学佛，贻书责其不应独善。

大防，字微仲，其内行与兄大忠、弟大钧大临相若，性以厚重蠢直。其学于礼乐、兵刑、河渠、农政、边防，均能讲求实用。第进士，累官至尚书左仆射兼门下侍郎。为相于母后垂帘之秋，虽以直道愠于群小，死于贬所；而能使当时之治，比隆嘉祐，其清风大节，实在元祐诸贤之上，故分次详之。

大防之水利农田

永寿县城无井，居人汲于涧，大防为令，行近境得二泉，欲引入县，城势高下，众疑无成理；大防用"考工水地置泉之法"以准之，不及旬日，果疏为渠，民赖之，号曰"吕公泉"。及知青城县，时圭田粟入以大斗，而出以公斗，获利三倍，民虽病不敢诉。大防乃均出纳以平其直，事闻，诏立法禁，命一路悉输租于官而概给之。

---

① "谔"，底本作"遏"，据冯从吾《关学编·大钧吕先生》改。

大防之筹边设防

青城外控汶川，与敌相接，大防据要置逻，密为之防，禁山之樵采，以严障蔽，韩绛镇蜀，称其有王佐之才。韩绛宣抚陕西，大防知延州，欲城河外荒堆寨，众谓不可守，大防独留戍兵修堡障，会环庆兵变，绛坐黜，大防亦落职，然其见事于先，已同是司马温公屈野河西筑堡之心也。知华州时，朝廷方用兵西夏，调度百出，有不便者，辄上闻，务在宽民。及罢，民力比他路为饶，而供亿军需无贻误，人叹其难云。

西夏使来，诏问大防以待遇之计，且曰："向所得边地，虽建立城堡，终虑孤绝难保，弃之则弱国，守之又后悔，为当奈何？"大防因言："夏本无能为，然屡遣使而不布诚款者，盖料我急于议和耳。今使者到关，宜令押伴臣僚，扣其不贺登极，以观其意，足以测情伪矣。新得土地，议者多言可弃，此虑之不熟也。至于守御之策，惟择将帅为先。"元祐元年，拜尚书右丞进中书侍郎，封汲郡公。

西方息兵，青唐羌以为中国怯，便大将鬼章青宜结犯边。大防命洮州诸将，乘间致讨，生擒之，惟其对边事无须臾之去于心，故能指挥若定也。

大防之切论时政

英宗即位，大防即首言"纪纲赏罚未厌四方之望者"五事，又上言"主威不立，臣权大盛，邪议干正，私恩害公，辽夏连谋，盗贼恣行，群情失职，刑罚失平"八事。

神宗即位，大防乃陈"九宜"之说，累数千言，其略曰："养民、教士、重谷，此治本之宜三也。治边、治兵，此绥末之宜二也。广受言之路，宽侵官之罚，恕诽谤之罪，容异同之论，此纳言之宜四也。"其先后条陈各事，均能扼举事实，切中时弊，故宣仁后留之京师，手扎密访，至于三四。

大防立朝丰采与贬窜

大防身长七尺，眉目秀发，声音如钟，自少持重，无嗜好，过市不左右游目，燕居如对宾客，朝会威仪翼如，神宗常目送之。其立朝挺挺，不植党朋，与范纯仁并进，同心戮力，以相王室，进退百官，不干以私，不市恩嫁怨，以邀声誉。前后凡八年，始终如一。恳乞避位未许，后为山陵使，寻以观文殿大学士，知永兴军，使便其乡社，哲宗慰之曰："卿暂归故乡，行即召矣。"会左右正言等先后攻其赞坏役法，夺学士，知随州，又有言修《神宗实录》，直书其事无诬诋，徙安州。时大忠入对，哲宗询大防安否，且慰之曰："执政欲迁诸岭南，朕独令处安陆。为朕寄声问之。大防朴直，为人所卖，三二年可复相见也。"事为章惇知，于是绳之愈力，遂贬舒州团练副使。安置循州，行至虔州而殁，年七十一。大忠请归葬，许之。徽宗即位，复其官，高宗又复大学士赠太师宣国公，谥"正敏"。

《吕氏乡约》与蓝田礼学

大防兄弟，互相切磋，关中言礼学者，推吕氏。尝为《乡约》曰："凡同约者，德业相劝，过失相规，礼俗相交，患难相恤，有善则书于籍，有过若违约者，亦书之，三犯而行罚，不悛者绝之。"关中化之。朱子增益为《吕氏乡约》，直合礼教、乡政而为一，为后世言乡约者所取法。近人称为《蓝田乡约》者，以蓝田学案著也。大忠每听人讲《论语》，必正襟敛容，其于诸弟，虽显如大防，亦严厉不假以颜色。大防为相，悟于群小，大忠劝其辞职，以避满盈之祸；大防连遭贬谪，又以所进官请为量移；大钧办理乡约，大忠劝其从宽，以免乡人解体。大防且劝其移改家仪，改为学规，免为外人讥刺，朝廷干涉，而为身家性命之保全。兄弟之间，怡怡切切，人称"蓝田四吕"。今蓝田县北有吕氏四献祠，岁时乡祭不衰。

［附吕柟］

吕柟之学行

大防后五百余年，有高陵人吕柟，字仲木，号泾野，少绝俊悟，有志圣贤之学，不妄语苟交。入正学书院，与章俊茂游。计偕不第，讲学京师，与友约曰："文必载道，行必顾言。毋徒举业，以要利禄。毋徒任重，弗克有终。"其入学仪式，京师传以为法。后登正德三年进士第一，刘瑾以同乡致贺，却之，瑾衔甚。在翰林，操介盖励，因西夏事，疏请帝亲政事，瑾恶其直，欲杀之，乃引去。未几，瑾败，祸延朝绅，人咸服之。壬申，应诏疏陈六事，皆武帝之荒德，人所不敢言。不报，引疾去，筑东郭别墅于邑东门外，四方来学者日集。与马理、韩邦奇、李孟阳称"关中四先生"。朝鲜国乞颁赐其文字以为本国式，其为中外敬慕如此。世宗嗣位，首召柟，会大礼议兴，甲申奉修省诏，复以十三事上言，下诏狱，一时直声震天下，有"真铁汉"之称。

吕柟之政教

谪判解州，恤茕独，减丁役，劝农桑，兴水利，筑堤护盐，善政犁然。学者益众，创解梁书院居之，行《吕氏乡约》法，择少而俊秀者歌诗，习小学诸仪，朔望令耆德者讲《会典》。廉访孝弟节义者，表其闾，求子夏后教之，建温公祠，正夷齐墓，政举化行，俗用丕变。后迁南京国子祭酒，先后几九载，海内学者大集，风动江南，环听者几千余人。犹日请益于甘泉湛若水，切琢于邹东廓，人呼为"真祭酒"。

初，王守仁讲习东南，当道某深嫉之，有士子对策，请将宗陆辨朱者，诛其人，火其书，柟以迎合主司，力争罢之。至是又有论湛若水为伪学，柟白诸当道，已其事。霍文敏为南宗伯，与夏贵溪有隙，时相聚诟夏，柟讽以"大臣谊当和衷规过，背憎非体"。霍疑其党夏。既而夏数短霍，柟对"霍虽少褊，固天下才，公为相当国家惜才"。夏亦疑其党霍。柟亦未尝自白，其忠信笃敬如此。会庙哭，自陈致仕，归与其徒吕愧轩，讲学以终。家无长物，著书极夥。卒年六十四，谥"文简"。卒之日，高陵人为之罢市，四方门人闻者为位而哭。

彼时天下言学者，不归王守仁，则归湛若水，独柟能恪守程朱家法，以立志为先，慎独为要，忠信为本，格致为功，而一准于礼。主先知后行，重躬行不重口耳，平居端严恪毅，接人则和易可亲，至义理所执，砭然竞烈，置死生利害于不顾，终身未见有惰容，教人因材造就，总以安贫改过为言，不为玄虚重远之论，故其徒多笃行之士云。

结论

当宋明时，崇尚官权，而《吕氏乡约》，独提倡自治，以行使民权。吕氏兄弟，大防为横渠同调，整洁简朴，兄弟同受横渠教诲，同为"关学"中之健者。同以礼义廉耻相劝勉，"秦人不党"，于此可见。宜其他邑仿行，关中化之也。方今以新生活诏示国人，以发展西北为急务，闻吕氏之风，有不奋然兴起者乎！

宋韩世忠事略（附梁夫人）

合群立国，有不可缺之最要原质，尚武精神是也。我国尚武之风消亡于宋，洎鸦片战后百年之间，国耻不绝于纪，其不竞也，所由来者渐矣。盖自北宋开国，太祖被拥立于诸将之手，以右文传为家法，子孙虽当丧败之余，犹复猜嫌武臣，致终宋之世，长为北方新兴民族所蹂躏。高宗天资阴刻，益不喜将帅之建大功，得民心，重以刘苗之变，几为周赧、汉献之续，复辟以还，痛定思痛，所刻刻以猜防者，惟武臣而已。岳飞功最高，则杀之；韩世忠次于飞，则废弃之；张俊之卒伍庸才，刘光世之遇敌奔溃，则始终恩眷勿替焉。秉国钧者之用心如此，而南渡志士、名将良臣，顾犹望神州之光复也，夫亦可伤也哉！

出身及幼年战功

韩世忠，字良臣，延安（今陕西肤施县）人。风骨伟岸，目瞬如电，少贫无产业，尝为省仓负米。年十八，以勇敢应募，隶乡军籍。崇宁（宋徽宗年号）四年，遣御西夏于银州，世忠斩关杀敌，诸军乘之，夏人乃以重兵退次蒿平岭，世忠率精锐奋战，夏兵解去，复由间道出，世忠所部敢死士殊死斗，顾敌有骑士锐甚，世忠问俘知为监军驸马兀移，即骤起跃马斩之，敌众以溃，勇绩渐彰。

擒方腊之勇略

宣和二年（宣和，宋徽宗年号），睦州淳化（今浙江淳安县）人方腊反，江浙震动，世忠为偏将，从王渊讨之。次杭州，势张甚，大将惶怖无策，诏令有能擒腊者，即授两镇节钺。世忠自以兵二千仗关堰，伺截追击，贼败而遁。世忠穷追至睦州（今严州）清溪峒，诸将继至，莫知所从入，世忠潜行溪谷，问野妇得径，即挺身直前度险，仗戈捣贼巢，格杀数千人，擒腊以出。其为民除害，勇往迈进之精神，非尽为功名心所促使也。他将领兵截峒口，掠以为己功，别帅杨维忠还朝奏其事，世忠擒腊之名始显。

滹沱河以少胜敌

幽冀云燕十六州，自五代石晋贿割与辽，而中原遂无屏障之地。宣和四年，金人强大，宋人乘辽之败，欲以恢复燕山，调诸军往，至则皆溃。世忠方与苏格等五十骑抵滹沱河，燕山溃卒已舟集，猝遇金兵二千余骑，格失措，世忠从容命舟卒舣河岸，约鼓噪助声势，使格等列高冈，戒勿先动。敌分二队据高阜，世忠出敌不意，突击其执旗者，格等因夹攻之，舟卒鼓噪，敌大败乱。夫以五十骑当二千强寇，须臾决策，化险为夷，镇定临机，非徒勇也。

雪夜捣营之忠义

真定陷于金，世忠知旧友王渊守赵，情势危急，亟往助之。被攻益急，粮尽援绝，弗去，会大雪，夜半，世忠以死士三百捣金营，敌出不意，自相惊乱，赵围遂解。世忠以渊有知遇之雅，故急人之危，临难不去也。

择都卓识

徽、钦二帝被掳北去，康王赵构以天下兵马元帅即皇帝位，是为高宗，世忠请移都长安，下兵收两河，以为恢复之资，时论不从。金人再渡河南，宋军士皆遁，世忠被矢，力战得免。改屯淮阳，合山东兵拒敌，金人分兵趋扬州，以大军迎战，世忠兵少不敌，夜引退。

建炎二年，高宗议移跸，张俊等请往湖南。世忠曰："淮浙富饶，根本重地，今若舍之，人心一怀疑退避，则不逞者思乱，重湖关岭之遥，安保道路无变乎？留兵守江淮，分兵卫车驾，今约十万人，分之止余五万，又安可保防守无患乎？"高宗乃已。世忠在阳城收合散亡，得数千人，闻高宗已往杭州，乃由海道赴行在。

苗刘之变，兴师靖难

高宗之扈从统制苗傅、刘正彦杀王渊及诸宦官，拥兵逼帝下诏逊位于皇子旉，而请隆祐太后垂帘听政，改元明受。张浚时在平江（今吴县）谋讨乱，以书招世忠相见，令率兵由秀州（今嘉兴）勤王。明受诏至，世忠曰："吾知有建炎，不知有明受。"取诏焚之，进兵益急。苗、刘震恐，始白太后还政于帝，复以建炎纪年。兵次临安，世忠瞋目大呼突战，贼众大溃，苗、刘以精兵二千夜遁。世忠驰入见帝，奏曰："贼拥精兵南行，距瓯、闽甚迩，倘成巢窟，即难遽灭，臣请速讨，当执俘以朝。"遂出，躬自追击，至渔梁驿与贼遇，即徒步挺戈而前，生擒正彦等送行在，果如其言。高宗手书"忠勇"二字，揭旗以旌功。

金山黄天荡之捷

金帅兀术南侵，移跸之议又起，张俊等复请由鄂岳幸长沙。世忠曰："国家已失河北、山东，若再弃江淮，更有何地？"高宗乃命世忠守镇江。金兵浮江而东，宋军皆败，建康失守，世忠退保江阴。寻闻高宗已幸浙东，乃亦前军驻青龙岭，中军驻江湾（吴淞江口之江湾），后军驻海口，欲以邀击金之归师。顷之，世忠留精兵防护镇江，兀术欲渡，先遣使约战期，世忠谓诸将曰："此间形势，金山龙王庙最高，虏必登以觇我。"因先遣兵分伏庙中及岸侧，以鼓声为号，敌骑果至，伏兵猝起，获其二骑，见一红袍者跳驰脱去，或云兀术也。

既而会战江中，世忠领舟师冲突，妻梁氏亲司鼓号，督进攻，俘获金兵甚众，兀术以不习水战，乃溯流缘南岸，且战且西行；孛堇太率援兵自淮东来则缘北岸，世忠亦缘北岸，拒二酋于黄天荡，密使舰泊金山下，预以铁缆贯大钩匿舰中。明旦，敌鼓噪而前，世忠兵与舰为两道，游出敌之后，辄以缆钩曳敌舟，沉之。兀术穷蹙，见世忠兵整暇，益沮气，先后相持四十八日，欲归不得，或献策曰："老鹳河故道虽堙，若凿之，可达秦淮。"兀术即连日夜凿渠，长仅三千余里，水遂通舟，趋建康，世忠亟麾军追击，乘风使篷，舟师往来如飞。兀术谓其将曰："南军使船如使马，我不习水，将若之何？"有闽人王姓者，教金兵以土镇舟中使定，以浆穴板出，使棹，俟风息出江上，以火箭射南军箬篷，使战则胜。兀术从之，明旦天霁无声，宋军帆弱，不便，金人引兵浮江，以舟纵火箭注射，宋军惊乱，兀术从容北去。

黄天荡之役，世忠仅八千人，扼兀术兵十万于江上，每战必克，金自南侵从无如是之败者，乃世忠竟以两汉奸而功不成，甚可惜也。

大仪之捷

刘豫出兵会合金军南下，破楚州，世忠受诏，自镇江济师，而使统制解元守高邮，当金步卒。亲提骑兵驻大仪，当金骑兵。伐木为栅，自断归路，示士卒以必死。

朝使魏良臣如金议和，道出大仪，世忠置酒与别，杯一再行，邮报旗牌沓至，良臣问故，世忠曰："有诏移军退守江南。"即命撤爨，班师，世忠度良臣行已出境，乃令移军，疾趋大仪，分勒五阵，设伏二十余所，授以密计。金帅已见良臣，闻世忠军已南渡，即拥兵追至江口，距大仪五里，伏兵四起，宋旗与金旗色号错杂，时久雨初霁，世忠令背嵬军各持长斧入金阵，上揕人胸，下斫马足，金兵多陷泥淖中，不得出，死伤无算，俘官长二百余人。高宗得其捷报，喜曰："朕知世忠勇，必能成功。"论者谓为建炎以来武功第一。金人自经此役，始有允和之意。

镇守楚州

绍兴六年（公元一一三六年），奉命移屯楚州（今淮安县），以撼山东。即日举军渡江，披草莱、立军府，与士卒同力役，将士有临敌怯战者，则遗以巾帼，故咸争自奋厉，抚集流散，通商惠工，兵争残敝之区，经其措置，遂为重镇。

世忠在楚州，恒伺隙出侵山东，前后十余年，兵仅三万，而金人不敢犯，岳武穆尤深敬之。在楚计所积军储钱百万贯，米九十万石，酒库十五，足食足兵为恢复谋。会和议事起，金使萧哲之来，以诏谕为名。世忠先后上疏，愿举兵决战，兵势最重处，愿以身当之。又言金人欲以刘豫相待，使我举国士大人，尽为陪臣，恐人心一离散，士气即不可用，复请驰驿面奏，均不许。世忠愤极，欲伏兵洪泽劫金所遣使，破坏和议，事未果行。秦桧恨忌世忠，召之入朝，罢其兵权。

世忠遗事

世忠天性戇直，勇于任事，岳飞入狱，举朝无敢出一语，世忠独力争之。生平嗜义轻财，奉公守法，功高势盛，绝不骄矜，受赐官田独如民例，岁纳租赋（唐宋功臣食实封田不税）。军行所遇，农人皆荷锄而观。知人善任，所引如成闵、解元等，均起自行伍，立功秉节。解兵罢政，家居十年，澹然自如，骑驴载酒，遨游湖上，口不言战功。及寝疾，旧将吏往问，世忠语之曰："吾以布衣百战，不得恢复中原，今乃保首领殁于家，诸君尚哀其死耶？"遗戒家人曰："吾名世忠，子孙毋以忠字为讳，讳忠不言，是忘忠也。"卒谥忠武，孝宗朝追封蕲王。

对于军用品之贡献

武器不利，不能捍卫国家，保护人民。世忠平时于器仗之良窳，甚为留意，凡所规画，精虑过人，后世相传之克敌弓、连锁甲、狻猊鍪、掠阵斧、跳涧习骑，洞贯习射，皆世忠遗法也。其在淮东时，即以克敌弓取胜，后上其制于朝，诏下军器监依式选工精制，颁行各军，当时赖以御敌。

结论

南渡诸将，世以张、韩、刘、岳并称，世忠虽时见失利，而战功可指数。他如张俊仅削平内地群盗耳，与金遇辄望风鼠窜，楚州之失，俊则畏缩乱避；刘光世则五奉御札，讫不发兵，苟且泄沓，国之不亡仅矣。

［附梁夫人］

苗刘兵变时之梁夫人

苗、刘明受之变，世忠妻梁氏及子亮，为苗等所质，防守严密，世忠勤王不顾其私，兵至秀州，苗等始惧而谋诸宰相朱胜非，胜非绐苗等以招徕诸将士，安反侧之心，宜白太后，遣二人抚慰世忠，于是召梁氏入，封安国夫人，俾往宣谕。梁氏疾驱一日夜，会世忠于秀州，遂成反正之功。

枹鼓助战之梁夫人

黄天荡之战，梁夫人于舟中亲执枹鼓，以励众致死，始克捷，其事具载《建炎系年要录》中，别史又载梁夫人于江中之战，曾上书劾世忠失机，此诚女界中之英雄也。

镇楚州时之梁夫人

楚州当刘豫残破之后，世忠初至，遣人结山东豪杰，约其乘机遥应，宿州马奏及太行群盗，多奉约束，金将赵荣、王威又以宿、亳二州来归，虽事前设策效之，亦梁夫人躬亲劳苦，同心协助，有以致之。观夫人在楚州时，手织芦薄为屋，佐世忠立军府，夫妇为国，努力忘身，尊卑一体，人心感奋，兵民激厉，流亡还集，故能成事。夫人忠勤勇武，异乎南方之强，朱子（元晦）谓其为西州妇女之秀。在贫贱时寄迹京口娼家，如罗大经《鹤林玉露》纪述不诬，则女间之中，贤豪奋发以自立，其垂范劝惩于后世女界者，不尤大哉！

元郭侃事略

蒙古自太祖成吉思汗先后七十年间，不仅统一中国，且屡次西征，深入欧洲腹地。纪元一二一七年，太祖亲征中亚各国，一二二四年命将由钦察攻入欧洲、俄罗斯，败其联军，是为第一次西征。一二三七年，太宗窝阔台又遣将征讨钦察，深入欧洲，虏俄王，西至波兰，西南至匈牙利、奥地利境，直沿多瑙河东岸，是为第二次西征。一二五八年，宪宗蒙哥命弟旭烈兀为将，攻灭报达，进兵叙利亚，与东罗马帝国接壤，是为第三次西征。建立蒙古大帝国，跨有欧、亚二洲，版图之广迈越前史。在第三次西征时，从之驰骋万里，建立殊勋者，则有郭侃其人焉。

家世及初立功

郭侃，字仲和，华州（陕西华县）人，唐贤郭子仪之远孙。祖宝玉，善骑射。父德海，资貌奇伟，亦通兵法。侃幼奇异，丞相史天泽爱重，留养之。弱冠为百户（百户，元代兵制中之指挥官），骛勇善谋，金人都汴，设戍卫州（今河南之汲县），镇汴都之北门，为元所夺，金将伯撒谋反攻，侃击破其兵四万于卫州城下，因渡河袭金归德，又败金兵于阙伯台，复从攻汴，再破金兵，累功授把总，屯太原，以下德安功为千户（千户辖十百户）。

木乃奚立功

宪宗遣其弟旭烈兀率师西征，侃送兵仗至和林，旭烈兀留之为助。侃从攻木乃奚，破其兵五万，下一百二十八城，斩其将忽都答尔兀朱算滩（算滩、苏丹，皆译音，犹华言王也），进至乞都卜城，城在担寒山上，悬梯上下，守兵精悍，环围以攻，莫能克，侃乃架大炮击之，守将卜者纳失儿降。

报达立功

旭烈兀遣侃往说兀鲁兀乃算滩来降，其父阿力据西城拒，侃破之，走据东城，复攻破，杀阿力，西行至兀里儿城，将诱敌战，先设伏令曰："闻钲则起。"敌至伏发，又尽杀之，海牙算滩降。又西至阿剌汀，破其兵三万，祃拶答而算滩降。

大食，西戎大国也，地方八千里，父子相传历四十二世，丁壮胜数千万，侃从旭烈兀攻其都报达，破其兵七万，屠西城，又以大炮破东城，城中殿宇皆沉檀木，焚之，香闻百里。得七十二弦琵琶，五尺珊瑚灯擎。此两城并夹体格力斯河，西城外挟市廛，内筑子城，东城尤竣厚，上列防守台百余。侃进攻时，度其旦夕难下，预造浮桥横断河道，城破，其王木司塔辛（或称穆斯太沁）已登舟，见浮桥知不可脱，自缚诣军降，侃纵万马践毙之，其将纣答儿率兵遁走，侃追之至暮。诸军欲就地营宿，侃不可，前行十余里乃止。夜中暴雨，先欲宿舍处积水甚深，众始服。明日追及获斩纣答儿，遂拔三百余城。

天方立功

又西行三千里，至天方（回教国）。其将柱石致书求降，众信其无他，欲不为备。侃曰："欺敌者亡，古有明训。"乃严备以待。柱石果率兵来袭，侃击败之，下其城百八十五，自是葱岭以西暨里海，元兵所及，皆无与敌。又西行至密昔儿（红海东岸），会日暮已休营，留居病卒，复起军西行十余里始宿顿，下令衔枚转箭，使敌无所闻。其夜密昔儿兵来潜袭，杀病卒，乃可算滩四出侦不见大军，惊侃为神人，遂降。

富浪立功

旭烈兀命侃西渡红海，收富浪（Frank，又名佛郎，阿剌伯人对西欧之公称。此时之富浪，即西欧之骑士团，或言为埃及别部），侃喻译以祸福，兀都算滩亦来降。师还，道经石罗子（波斯湾东），有敌来拒战，侃直出掠阵，一鼓败之。换斯千阿答毕算滩降。至宝铁（在波斯湾东），侃以奇兵掩击，复大败敌，加叶算滩降，又破兀林（即俄罗斯）游兵四万，阿必丁算滩惧乃降，得城一百二十四，西南至乞里湾，忽都马丁算滩来降，西域平。捷至钓鱼山，闻宪宗病殁，乃还邓开屯田，立保障。侃征西域，前后七年，诛名王一，降国十余，得城以千计。十字军居留人惶恐求救，英、法震怖。罗马教皇谋欲重兴十字军，以出御蒙古。向非宪宗之丧，则蒙古西南略地，其兵锋当不止此矣。

上建国策

元世祖（忽必烈）继宪宗即位，侃请建国号，筑都城，立省台，兴学校等，条陈二十五事。寻擢江汉大都府理问官，益都李璮、徐州总管李杲哥反，世祖召问计，侃对曰："群盗窃发，犹柙中虎，内无资粮，外无救援，筑城之坐待其困，计日可擒也。"赐以尚衣弓矢出征，即驰至徐，斩杲哥，赐金符，为徐、邳二州总管。杲哥之弟驴马复来扰，侃出载破之，得其战船二百。

屯田与军纪

至元三年，侃上言："淮北可立屯田三百六十所，每屯置牛三百六十具，计一屯所出，足供军旅一日之需。"四年至七年，先后讨平吴乞儿及道士胡王僧、臧罗汉等，帝以侃长于军务，擢为万户（一万户辖十千户）。复从军下襄阳，平江南，迁知宁海州。

结论

侃行军有纪律，野炊露宿，虽风雨不入民舍。勋绩以西征为最著。立功万里之外，不减于唐之李靖，亦无忝于尔祖矣。其所至兴学课农，吏民畏服，则固不仅以武略过人，抑亦马援、杜预之续也。

明王恕事略

明初君权过重，庸主御极，政权旁落。宪宗尤昏庸，宠任太监汪直，于东厂之外别设西厂，使直主其事，专司缉案，诬害正士，宇内骚然。迨宪宗崩，孝宗立，勤于政事，内治始修。其时有王恕者，独能以直声著。

初仕与治行

王恕，字宗贯，号介庵，陕西三原人。第进士，条刑罚不中者六事，皆议行。知扬州①，发粟赈饥②不待报，擢江西布政使，平赣寇。宪宗初，以恕代河南布政使，荆、襄之乱，恕与尚书白圭共平之，殪大盗千勒、刘通，及其党和尚石龙，严束所部不得滥杀，于是流民复业。父丧服除，以刑部右侍郎总督河道，浚高邮、邵伯诸湖，修雷公上下句城、陈公四塘水闸③，每因灾变，讲求对策，一以爱民为重。

抚滇与筹边

云南镇守中官钱能，贪恣甚，大学士商辂等以云南西控诸夷，南接安南，议遣大臣有威望者为巡镇抚之，改恕为右都御史以行。初能佯奏安南兵入云南境，遣指挥郭景遗安南王黎灏珍物，灏遂欲通云南，几酿边患，诸臣畏宦官党势，不敢奏。能又频遣郭景交通千崖孟密，纳其重宝无算，恕遣骑执景，没收其财输京师，因劾能私通外国，罪当死。能又献黄鹦鹉邀宠，恕请禁绝，一时勋臣世帅，皆敛迹。所役官军士民，皆还部业，使者奉差，皆不敢索贿，势家假驿传运私货者，皆自雇役。时安南纳江西叛人王某为谋主，遣谍入临安，又由蒙自市铜铸兵，将伺隙袭滇，恕请增二副使饬边备，其谋遂沮。恕居云南才九月，威行徼外，黔国公沐氏以下，咸惕息奉令，疏凡二十上，直声动天下，且尽发贪暴状；能大惧，急属近贵请召还恕，会商辂等以忤汪直罢，遂改恕掌南京都察院，参赞守备机务，能遂得无事。

南畿之政绩

恕还南京数月，迁兵部尚书，参赞如故，考选官属，严拒请托，抑侥幸，励名节，中贵无敢干谒。旧辅万安等，不能有所轩轾，同事既皆不悦，加以钱能诸

---

① "扬州"，底本作"杨州"，误，径改。
② "赈饥"，底本作"振讥"，误，径改。
③ "水闸"，底本作"水阐"，误，径改。

宦侍属潛，献宗亦恶其直言，改命恕巡抚南畿，恕乃兴利除弊，力阻权幸，先后陈建至六十，虽忤旨无少避，时有"两京十二部，独有一王恕"之谣。宪宗起用传奉官，恕谏尤切，宪宗愈不悦，因批落恕宫保，以尚书致仕，朝野大骇。

进用与倔直

恕于宪宗季年最负时望，而坎坷最甚，其归也，名益高，台省推荐无虚日。孝宗即位，首召恕为吏部尚书，同时降黜传奉官二千余人，恕于此时年且七十有三矣，力图报称，有愈于前。或言恕贤且老，不应任剧职，宜参大政。孝宗曰："恕有谋议，未尝不听，何必内阁也。"会汤鼐评恕请停经筵为失职，恕迭奏请还，优诏不许。

晚节与学派

泊致仕，年且九十，诸生秦伟①、马理、雒昂辈从之学，假僧舍以居，题曰"学道书堂"。尝集名臣奏议一百二十四卷，又取经书传注，再三体认，行不去者，以己意推之，名曰《石渠意见》。晚尤好《易》，有《玩易意见》。

武宗嗣位，遣行人存问，赉羊酒，益廪隶，且谕以说论无隐，恕陈国家大政数事报闻。平居食兼人，卒年九十三，进太师，谥端毅。子承裕，有父风，刘瑾专权，群臣多出其门，承裕独远之。致仕后，创宏道书院讲学，弟子多成名儒，树"三原学派"之高风焉。

结论

王恕扬历中外近六十年，刚正清严，忧勤惕励，始终一致，所荐耿裕、彭韶、何乔新、周经、李敏、张悦、倪岳、刘大夏、戴珊、章懋等，皆一时名臣，于贤才久废草泽者，尤访擢恐后。关辅士夫名宦，多视端毅为标的。弘治之政号为极盛者，皆恕力也。

---

① "秦伟"，底本作"秦讳"，误，径改。

明冯从吾事略

有明一代,以君权过重,大政遂为奸臣宦官所操纵,流毒最烈。东林君子之党,初以持名检,励风节,形成士大夫与宦官之斗争,重演汉、唐党锢之祸。其后仕宦以东林为捷径,彼此徒尚意气,置国难于不顾。外则异族坐强,内则流寇日炽,而明亡矣。当时力倡正学,皎皎铮铮者,则有冯从吾焉。

家世与立志

从吾,字仲好,学者称少墟先生。长安人。九岁时,父友手书王守仁"个个人心有仲尼"诗,命习字,并学其为人。弱冠,以恩选入太学,会许敬庵督学关中,开正学书院,拔志趣向上者讲明正学,闻从吾名,延之讲切关、洛宗旨,大为许重。

初出时之侃直

万历中,成进士,选庶吉士。尝以文人何如圣人,著《做人说》两篇,广励同志,其于一切翰苑浮华征逐,概谢绝不为。惟与同志诸人立会讲学。改御史,巡视中城,拒却阉人修谒,礼科给事中胡汝宁为政府私人,倾邪狡猾,前后累劾不去,从吾发其奸,列状劾之,得旨摘职调外。当时大计,或结首撰纲纪为属,从吾严逻侦。权贵敛迹,苞苴绝情。神宗中年,倦于朝讲,酒后数毙左右给侍,从吾斋心草疏抗谏,神宗大怒,传旨廷杖,会太后寿辰,阁臣赵志皋力解得免,一时直声震天下矣。命巡按宣、大,不拜。寻告归,与萧辉之等讲学宝庆寺,著《疑思录》。起,督长芦盐政,清国课,除积弊,洁己惠商,虽忤权要而不计,于是奸宄敛迹,所至必进讲诸生,著《订士篇》。既还朝,适神宗大黜言官,从吾削籍,犹以前疏故也。

关中讲学

从吾生而纯悫,既罢官,策蹇抵里,日事讲学,不关外事。著《学会约》《善利图说》。既而以怔忡处斗室者九年,借养病以谢绝亲知交游,一意探讨学术源流异同,取先正格,体验身心,造诣益邃。既出,仍讲学于宝庆寺,燕寝三楹,竟日危坐,惟问学者至,则肃入问难,坐久,碾麦剪葵韭为供,远近执经问业来日益众,当道于寺东创关中书院,为同志会讲之所,林居者凡二十年,非会讲则不轻入城市,至于牍干公府,则一字不屑也。

力持大狱

从吾讲学既久，誉望日隆，世推南邹北冯，前后疏荐者数十上。光宗即位，以太仆少卿召，适兄丧未终，不赴。次年，熹宗改元，与邹元标同应诏，为左都御史。适京师戒严，朝官争遣妻孥，从吾独尽室居京。是时内则旱荒盗贼，连绵纠结，外则辽左危急，祸且剥床及肤，士大夫一切不顾，日惟植利结党，有事则将帅弃城宵遁，不知有死绥之义；无事则文武各自结党相排，不知和衷共济之道。从吾之出，方冀以直道大义挽回颓运，而权所不属，势所不能，徒蒿目时艰，只手无以救济，遇有可言之时，则明目张胆，纠弹不避。力任大狱，确乎不为人言摇夺，于是与要人左而群小切齿矣。

首都讲学

从吾见士大夫不知节义，临事鼠窜者相望，深知欲唤起爱国死职之心，非讲学不可。因与邹元标集同志，相切劘，会讲首都城隍庙，发明"人性本善，尧舜可为"之旨。启斯人固有之良，冀作其报国之志，兼借以联络正人，同心济时也。缙绅士庶，环听者至庙不能容，或言："首都讲说，谣诼之囮也，顾国家内外多事，大义不可不明耳。"元标乃与十三道奏建首善书院。院甫成，而兵科给事中朱童蒙疏诋建坛讲学之非。给事中郭允厚、郭兴治复相继诋元标甚力，从吾与邹元标先后相继去。

权珰倾毁

从吾之告归也，时权珰尚欲收拾人望，次年即家，起少宰，不拜。又明年，起南京右都御史，仍不拜。寻拜工部尚书。会赵南星、高攀龙相继去国，正人不能立朝，连疏力辞，家居杜门著书。逆珰恚恨不已，党祸益烈，于是魏忠贤党张讷等疏诋从吾。削籍，毁天下书院。忠贤之党王绍徽（王媳妇）素衔从吾，乃作《东林点将录》，列从吾、邹元标同为守护中军大将。忠贤又使乔应甲①抚陕，应甲欲借从吾以媚逆珰，日以窘迫为事，抚撼百端无所得，乃毁关中书院，曳先师像掷之城隅。从吾不胜愤悒，正襟吁嗟，得疾，二百日不能寝，饮恨而卒，时年七十一。临终时，犹以讲学做人勉其子若孙。是岁逆珰诛，诏复原官，赠太子太保，谥恭定，复关中书院祀之。

结论

少墟之学，以性善为头脑，尽性为工夫，天地万物一体为度量，出处进退

---

① "乔应甲"，底本作"齐应甲"，误，径改。

一介不苟为气操。其秉性刚毅方严，既类伊川，又其经历深久，洞见前此讲学流弊，沦于空寂，故一归于正当切实，然所守虽严而秉心渊虚，初不执持成见。极服膺"致良知"三字，盖统程朱陆王而一之。生平自读书讲学、立朝建白之外，惟不废书法，余无所好。从学者至五千余，论者谓："关学自杨伯起、张横渠、吕泾野三人后，惟从吾一人。"信哉！

明王徵事略（附杨屾）

明季财政紊乱，骚扰搜括，无所不至，民生困苦，达于极点。王徵蒿目时艰，讲经时济变之略，农工水利之术，以期挽救危局，而大势已去，终不免赍志殉国。三百年前属意科学，上海徐元扈而外，北方一人而已。

身世与其事迹

王徵，字良甫，号了一，泾阳县人。少年读书，即以天下为己任。尝曰："范文正公所为，分内事耳。"天启年举进士，司理广平。白莲教兴，牵连无辜以千百计，悉为辩释之。浚清河水闸，溉田千顷。教民以阵图，曰："天下不可以无事之治治也，猝有变，何恃哉？"及魏阉构黄山狱，巨室数百人，牵连被害，徵曰："某在必不敢废法，以一官争之。"当事卒不能夺。徵与淮海道来阳伯（复）先生，力持不可建魏阉生祠，一时称为"关西二劲"。登抚孙初阳荐徵具边才，疏为山东按察司佥事①，监辽海军务。徵方规划进取金复、海盖诸道，擒叛将刘兴治等，甫抵任所，遇登莱之变，遂回籍。值流寇充斥，居乡练勇，策画防御，创为连弩、活桥、自飞炮诸器，泾、原严邑，卒得保全。

徵赋性纯笃，敦励大节，李闯踞西安，罗致荐绅大夫，徵惧不免，手题墓石曰"明进士了一道人之墓"，又书"全忠全孝"四大字，付子永春曰："吾且死，死岂为名？欲汝识吾志耳！"及闯徒来促，徵引佩刀自誓，所司系其子永春行，永春喜得代父，急赴贼所。徵嗣闻京师失守，遂七日不食而死，门人私谥曰"端节"，至清高宗追谥"忠节"。

著述梗概

所著有《两理略》《了心丹》《百子解》《学庸解》《山居咏》《士约》《兵约》《奇器图说》诸书。

《奇器图说》一书为西洋人邓玉函所口授，徵笔译之，大抵为力学及其应用。先论重之本体，以明立法之所以然；次论各色器具之制法，并附图以说明之。于农器、水法为详备，裨益民生至便至溥。当时士大夫蔽溺俗学，营结私党，独徵挺立不为所污，接受西方文化，以补我所不及，其书在今日虽寻常，而于我学术未辟以先，实戒旦之鸣鸡，而不谓其沉晦至今也。

---

① "佥事"，底本作"签事"，误，径改。

[附杨屾]

杨屾家世

杨屾，字双山，兴平县人。少就学于盩厔李二曲，二曲许为命世才。学务实际，不应科举，自性命之原以逮农工礼乐，靡不洞究。

著作要义

屾著有《知本提纲》十卷，以帝、性、君、亲、师为五本，分为五帅，帝以帅元，性以帅形，君以帅著，亲以帅家，师以帅学。全书之中，不独言农，而君居五者之中，所帅在养，趋注于农，意谓有农而事帝、全性以及亲师所帅，方有依借。因农而蚕桑，而畜牧，而种树，为全书之主旨，即一生之最得力者。而又恐其未详也，作《修齐直指》申言农，《豳风广义》专言桑。晚年又辟养素园，凡蚕桑、畜牧、粪田、灌溉各事，靡不精心研讨，躬亲实习，为治生之张本，作乡邦之表率。

创说与独见

自古言治理，皆为有位者言，未有下及庶人者。讲学术，皆为士人言，未有遍及农、工者。屾独曰："耕夫织女，治天下之人；耒耜机杼，治天下之具。虽残废之人，均须兼施讲教；即农工胥兵，并要使其向化。"又古称士、农、工、商为四民，而屾加兵、胥为六民；古以金、木、水、火、土为五行，而屾以天、地、水、火、气为五行；他如三序、四命、四规、四典、四功、四业各义，均自创造，不袭前古。

至在二百年前，辟婚姻论财之非，倡缠足宜禁之议，视豪杰兼并、田连阡陌终为社会之害，而拟有立限田、给官田之限制与救济办法，均为实际体察、独抒己见之一斑。

教育言论

屾尝曰："师物者圣，师圣者贤，师贤者士，无师者愚。"惟其师物，故学不为古人所限。又曰："明哲首务崇师，崇师然后道尊。"是殆又戒自作聪明者。其曰"格物穷理，道必自明而后人信；修业尽伦，功必自立而后人从；与化徒肖己贤愚，先察乎自身"云云，均为学不修己、好为人师者之鉴戒。至其对于教育效率之见解，则有曰："因材而教，世无废人；至爱而化，人无顽质。"其感化之方法，则有曰："爱恤如子侄，保存似骨肉。"又曰："关注推及父母，眷爱不遗妻子。斯教者学者，精神团结，不啻一体，宜其无废人、无顽质也。"其所谓因材而教者，如云："才不逮而莫强思，力不胜而莫强举。"又："身弱神衰，惟求一本之学；年富力强，广读经济之书。人各当材，世无废事矣。"

尽伦方法

尽伦之务，居家、居官二者可以概之。总是大旨，不外人为组合家国之个体，如能各尽责任，鉴谅他人，嫌怨不生，则自然彝伦攸叙，治化流行，而仍归结于律身严则畏敬自生，行检亏则怨尤即起。兹就所著，略举数则，以例其余。——官民各贸己功，男女明修厥职，集谋并力，共安天下之民，同心一德，互遂事畜之愿，盖谓男女官民既各尽则，非特民安，而各人事畜之愿亦遂矣。——既量能而尽职，尤尽诚而任事，惟恐己职之或旷，反致彼职之有累，是又视家庭与社会为一个体，如机械然，一人或不尽职所关虽小，而影响全体责任甚大，其垂戒为更深也。——忘己从政，果称其职，虽毕生繁剧而不以为劳，公家无私，苟富其能，即终世卑琐，不以为亵。视人之能，如己之能，以己之才，济彼之才，如子姓之佐亲，何分贵贱；若官骸之应性，奚论轻重？则又指示服务者，应以事业为前提，忘小我以存大我也。

怀抱与实践

礼、乐、农、工，谓之四业。峋尝曰："吾儒处而学，即储此四者；出而运才，即运此四者。"又曰："身居廊庙，莫忘耕读之志；身居耕读，亦怀廊庙之心。"可见先生实热衷于用世者，格于制度，不事举业，因未得位，遂以耕读终老焉。今之兴平桑镇，即以先生提倡蚕桑得名。纪文达称："四方往往有秦纱行销，殆先生讲求之力。"即至民国初元，每年春秋，恒见关中大道，有驹骡成群，驱赴山西、河南、山东等省。闻父老云，是均购自兴平、醴泉者，盖亦先生讲求畜牧之遗风。先生讲学，无所不包，无所不精，即调养摄生，亦讲论备至。终身健壮，老犹童年，卒于乾隆五十年，享年九十有八。

结论

古者学以致用，圣在利民，故大禹治水，后稷教稼，世皆崇之。成周以射、御、书、数为学校必习之艺，洎后农、工、商、贾均失其学，士居特殊地位，所学不甚关切国计民生，乃形成麻木不仁之社会。双山先生出而新古今讲学之面目，以体事物，分科考习，并教六民相倡率，而王端节公更早双山百年，已开其端绪，二人于宗教信仰不同，然其具卓识、违时尚，以图挽救民族国家之亡，则一也。顾三百年来，以为学杂西说，不纯师古，群相讥议，此所以有文艺复兴之萌芽，而终不免于沦胥衰落之原因欤？

清李颙事略（附李柏、李因笃）

明末政治腐败，风俗颓靡，达于极点，举数千年之神州禹域，几沦于夷狄。故瑰奇绝特、有血性之君子，咸惕然于天下兴亡，匹夫有责，崛起山林，奋然讲学。演至清初，学派大兴，北则孙夏峰，南则黄梨洲，西则李二曲，时论咸推为"海内三大儒"。论者谓"二曲山林隐逸，成德而未达材"，观其为少墟设俎豆，欲重振关学，继往开来之精神，诚不可概以隐逸目之。利害在民者，必力言于当事。二曲之与颜习斋，其致用实殊途而同归也。

家世与立志

李颙，字中孚，自署曰"二曲土室病夫"，盩厔（今陕西盩厔县）人，学者称"二曲先生"。先世无达者。父可从，字信吾，以壮武从军，为材官。崇祯壬午（崇祯十五年），督师汪公乔年，征李闯，可从从行。临发，抉一齿与其妇彭曰："战危事，不捷，当委骨沙场，子其善教儿矣。"亡何，督师死事，可从亦战死于河南之襄城。

彭闻报，欲身殉，以子幼制泪抚之。然家贫甚，无以为生，或谓彭曰："可命儿佣，取直以养，或令给事县庭。"彭不可，令从师学，以修脯不具，皆谢绝。彭曰："经书固在，何必师！"时颙年十六，粗解文艺，母日言忠孝节义事以督之，母子相依，或数日不举火，泊如也。

颙年十六，刻厉自学，逢人问字正句，以昌明关学为己任。家无书，从人借读，自经史百家及二氏之书，数年不贯穿，忽悟曰："学之道，吾心而已，岂他求哉！"

学主躬行实践，悔过①自新

由是，学一以躬行实践，悔过自新，反其性真为主。尝曰："天下大根本，人心而已矣。大肯綮，提醒天下之人心而已矣。是故天下治乱，视人心；人心邪正，视学术。凡学在反身，道在守约，功在悔过自新，而必自静坐观心始。静坐乃能知过，知乃能悔，悔乃能自新。""学者当先观象山、慈湖、阳明、白沙之书，阐明心性，直指本初，以洞斯道之大源，然后二程、朱子及康斋、敬轩、泾野、整庵之书，玩索以尽践履之功。否则醇谨者乏通慧，颖悟者杂异端，无论言朱言陆，皆于道未有得也。"于是关中士争向颙问学。关学自横渠后，三原、泾

---

① "悔过"，底本作"晦过"，误，径改。

野、少墟累作累替，自颞而复盛。

生平坎壈百端，志略不移。其始人多怪之，至不敢与近，久乃莫不信之，虽儿童亦称"李夫子"。当时慕其名，踵门求见，力辞不得，则一见之。终不报谒，曰："庶人不可入公门也。"再至，并不复见，有馈遗者，虽十反亦不受，或曰："交道接礼，孟子不却，唯何甚？"曰："我辈百不能学孟子。"生平足不及城市，虽达官贵人，造庐顾问，无答拜者。

讲学关中书院

当时请主关中书院，颙尝谋为冯恭定公设俎豆，勉就之。已而深悔，遂去之。陕抚欲荐诸朝，哀吁得免。督学议进其所著书，亦不可。然关中利害在民者，未尝不为当事力言也。少墟高弟隐沦，不为世所知者，言之当事，表其墓以传之。

孝行

初，母夫人葬信吾之齿，曰"齿冢"，以待身后合葬。二曲屡欲至襄城招魂，以母老，不敢远出。康熙乙巳（康熙四年）母弃养，哀毁骨立，勺饮不入口者五日。按：圣贤之道，孝弟而已，人能孝弟，即可圣贤。二曲幼孤，母子相依，备经窘迫，刻苦自学，母氏启蒙，母而兼师，患难相共，哀骨毁立，勺饮五日不入口，二曲之孝行可知矣。

母亡，服阕后，二曲于康熙庚戌（康熙九年）徒跣之襄城。遍觅父骨不得，乃为文祷于社，服斩衰，昼夜哭不绝声，泪尽，继以血。襄城令张允中出迎，请适馆，不可，乃亦为之祷。卒不得，二曲设招魂之祭，狂号，允中请立信吾祠，且造冢故战场以慰孝子心。

讲学南方

扬州守骆锺麟，前令盩厔时，师事二曲者也。闻二曲至襄城，谓祠事未能旦夕竟，请南下谒道南书院，发顾、高诸公书，且讲学以慰东林后学之望。二曲应之，从者集云，开讲于无锡、江阴、靖江、真兴，昼夜不获休。

襄城立祠，取冢土归附齿冢

二曲之讲学南方也，忽静中涕如下雨，捶胸自詈曰："不孝汝，此行为何事？竟喋喋于此间，尚为有心人者乎？虽得见高、顾诸公书，何益？"申旦不寐，即戒行。时祠事且毕，急诣襄城，宿祠下，夜分鬼声大作，凄怆悲凉，盖二曲祝于父祠，愿以五千国殇魂同返关中故也。

允中乃为二曲设祭，上祀督师汪公、监纪孙公，配以信吾，下设长筵，遍及死事者。二曲伏地大哭，观者皆哭。立碑曰"义林"。奉招魂之主，取冢土而归，告于母墓，附齿冢中，更持服如初丧。昆山顾宁人作《襄城纪异诗》，传写海内。按：学问本性情而出，有真性情必有真学问。二曲之父，从军毁齿，义勇可风；二曲崛起孤童，依母苦学，苟非真性情之人，孰能履艰如夷，无师自通？孰能徒跣数千里外，穷觅父骸？观其襄城祠下，愿五千国殇同返关中之至诚感应，非迷信可比也。

讲学志要

二曲性情，不求显闻，足迹鲜及城市。对于显贵，从不往答其拜，惟应同州诸耆儒请，至同；应前邑令骆锺麟守常州请，至常；应总制鄂善关中书院聘，至会城。其在同①也，李文伯、马仲足等年倍二曲，北面执弟子礼。党两一八十余，冒雪履冰，徒步就学，一时极人文之盛。问答载《东行述》。其在常也，讲学明伦堂，会者千人，郡人诧为江左百年来未有盛事，问答载《南行述》。于是邻郡争邀，仰若山斗。其在关中书院也，鼓荡磨厉，士习丕变，论者谓其力破天荒，默维人纪，视冯少墟功为尤巨。

抗旨不仕

康熙癸丑（康熙十二年），陕督鄂善以隐逸荐，二曲誓死辞，书八上，皆以病为解。得旨，俟病愈敦促入京。自是大吏岁岁来问起居，二曲称废疾，长卧不起。康熙戊午十七年，部臣以海内真儒荐，有旨召对，时词科荐章遍海内，二曲独被昌明绝学之目。中朝必欲致之，大吏趣行益急，二曲固称疾笃，舁其床至省城，大吏亲至榻前怂恿，二曲绝粒六日，至欲拔佩刀自刺，于是诸官属大骇，得予假治疾。二曲叹曰："生我名者杀我身，是皆生平洗心未密，不自能晦之所致也。"当道知其不可屈，姑置之。自是荆扉反锁，不复与人接，窍壁以通饮食，即家人亦多不见，惟顾宁人至，则款之。

已而康熙帝西巡，欲见之，命陕督传旨。二曲曰："吾其死矣。"辞以废疾不至，遣子慎言诣行在，进所著《四书反身录》《二曲集》，御书"操志高洁"四字以宠之，大令令表谢，亦终不肯。终身丧服，不剃发，盖其忠孝之思、种族之痛，难与外人言也。

晚年与著述

二曲学极博，四十以前，尝著《十三经纠缪》《廿一史纠缪》，以及象数之

---

① "同"，底本作"洞"，误，径改。

学，无不有述。既自以为近于口耳之学，不复示人，而门下士录其讲学语为《二曲集》。门人鄠县王心敬，又录其讲四子书反躬切己要语，为《四书反身录》，二曲惟以《反身录》示学者。

二曲晚年因避兵迁富平，学者日至，然或才士，著书满家，二曲竟扃户不纳，积数日怅然去；或出自市廛下户，二曲察其心之不杂，引而进之。与富平李因笃、郿县李柏，称"关中三李"。门人王心敬传二曲之学。

[附李柏]

家世

李柏，字雪木，郿县人。少孤贫，稍长读《小学》曰："道在斯矣。"遂尽焚帖括，而日诵古书。柏既鄙视帖括，薄功名，家人强之应试，遂出走，西逾汧，南入栈道，东登首阳，拜夷齐墓。

槲叶明志

后以母命就试，补诸生。旋弃巾服，入太白山读书十年，遂成大儒。柏名日彰，公卿多欲荐之，度不获行己志，卒辞谢。昕夕讴吟，拾山中槲叶书之，门人收其著作曰《槲叶集》。柏山居力耕，或半日一食粥，食无盐，意夷然不屑也。尝言："古之人有七日不火食者，有三旬九餐者，有食木字橡栗者，有屑榆者，有一日长坐者，有餐毡啮雪者。盖有主于中，不动于外，所谓不忘沟壑也。"其高寄绝俗类此。年六十六卒，子曰崧，女适二曲子慎言。

[附李因笃]

李因笃，字子德，号天生，陕西富平（今陕西富平县）人。长安冯恭定之外孙。

访求奇士

明季诸生，见世乱，走塞上，访求奇杰士与杀贼报国，无应者。归而键户读经史，贯穿注疏，负重名，因与盩厔李二曲友善。昆山顾亭林至关中，常主其家。康熙甲申（康熙四十三年）、乙酉间，相与冒锋刃，间关至燕京，两谒明庄烈帝攒宫。顾亭林在山左被诬陷，因笃走三千里，入都诉当事，脱其难。

应博学鸿词及归乞养母

康熙己未（十八年），因笃被荐博学鸿词，以母老辞。秉钧者闻其名，必欲致之。大吏承风旨，县令敦促，因笃将固拒，母劝之行，始涕泣就道。试受检讨，甫就职，以母老且病，且疏乞终养，格于通政司，因笃自斋疏，跪午门外三日，遂得旨许归养。论者谓"当时有两大文章"，即叶忠节公映榴之《绝命疏》与因笃乞养之《陈情表》，皆令读者油然生忠孝之心焉。因笃予告后，奉母家居。晨夕不离，遂不复出。

因笃之学

因笃之学，以朱子为宗。时李二曲提倡良知，晚年移家富平，与因笃过从甚密。然各尊所闻，不为苟同之说。博学，能强记，初入都，南人多易之。一日宴集，论杜诗，因笃应口诵，或谓偶然，诘其他，辄举全部无所遗。时阮亭、尧峰主盟坛坫，因笃与抗礼，萧山毛奇龄北面称弟子，因笃独序齿称之曰兄。亭林著《音学五书》，因笃与讨论，所著《诗说》，亭林称之曰："毛、郑有嗣音矣。"其《春秋说》，尧峰亦心折焉。著有《寿祺堂集》传世。

结论

二曲与孙夏峰、黄梨洲同被时誉为三大儒，而以二曲为尤难。然夏峰自明时已与杨、左诸公为金石交，其后孙高阳相国，折节致敬。易代后，声名益大。梨洲为忠端之子，蕺山之高弟，又从亡海上，资望皆素高。独二曲起自孤童，上接关学六百年之统，寒饥清苦，耿光四出，无所凭借，拔地倚天，视孙、黄二先生何如哉？

清王鼎事略

我国自清季鸦片战争以后，对外则弱迹暴露，启列强侵略之尝试；对内则烟禁令废弛，国穷民病，遗积重难返之毒害。论世者皆惜林公则徐之被遣，而詈穆彰阿、琦善之妨贤误国，而不知其时位中枢者，尚有怵惕外患、忧虑国防而尸谏以争之蒲城王鼎焉。

平生政绩

王鼎，字省厓，由翰林仕至东阁大学士，心地淳朴，办事认真，管刑部最久，多所平反，不畏权贵，厘革长芦、两淮盐政积弊，国课商运，两得其便。临塞祥符河决，劾河工员弁，分别夺职遣戍，刻期合龙，鼎之深识则徐，即在河工时也。

权奸误国

先是道光十八年冬，则徐以钦差大臣，驰赴广东，查办海口事件。次年春，强迫英商轮船，起获烟土二万二百八十三箱，每箱百二十斤，悉数焚于虎门。与英国兵舰相持海上。宣宗倚任甚至，既而中变，命直隶总督琦善驰往查办，则徐被劾落职，遣戍新疆。琦善力反则徐所为，尽撤守备，与英讲和，全国舆论哗然，皆痛琦善之媚外误国，及枢臣穆彰阿之妒贤忌能也。鼎于此时，惟急急以弭患防外为虑。

忧国荐贤

则徐遣戍之命既下，适鼎总理河务，思缓其行，俾效河防释罪再起。乃以林熟悉河情，深资得力入奏，得旨允留则徐督饬河员赶办工务，林至河干，鼎倾诚结纳，欲于还朝力荐之，及工合龙，忽奉廷寄，命林仍往新疆。鼎还朝，详奏疆吏颟顸失职，外交辱国各事状，因力荐林贤，宣宗不能听。

廷诤尸谏

鼎与穆彰阿同为军机大臣，琦善恃穆彰阿为援，开辱国通商之局，穆彰阿授意草立和约，王鼎坚持不可，宣宗召两人于御前议之，鼎既力陈草约不可用之故，因于帝前盛气诘责，斥穆为秦桧、严嵩，穆默然不与辩。宣宗笑视鼎曰："汝得毋醉乎？"命太监扶之出。明日，穆又面奏英兵炮火强盛之状，鼎复与廷诤甚苦，帝不耐其聒，拂衣而起。鼎跪地遮帝力陈，终不获用其说。帝携约稿退,其夕徘徊室中,良久书片纸使内侍付穆彰阿,且曰:"不必令王鼎知之。"次日,鼎闻其事,乃仿史鱼尸谏之义,退草遗疏,闭阁自缢。

遗表被抑

军机大臣早朝,惟鼎不到,又不请假,章京陈孚恩心知有故,急诣鼎宅。家人抢攘无措,尸犹未解下。旧例大臣自缢,必俟奏闻得旨,乃敢解也。孚恩即命急解之,索阅遗疏,大意皆言条约不可轻许,恶例不可轻开,穆不可任,林不可弃也。孚恩悚以危词,谓:"上意不可测,何遂不为诸子家人计,竟弃身后之恤典乎?"家属仓皇悲痛,听其所为。孚恩即代作奏,以暴疾闻。晋赠太保,谥文恪,饰终之礼隆焉。孚恩因易取遗疏原章送穆,不十年,遂擢兵部尚书。

结论

自鼎之薨,清廷始无人抗争外交,《南京条约》成,而五口通商,门户既失,外力深入,贻祸至今。美、法各国遂均援例以起,美缔约三十四款,法缔约三十五款,而英、法同盟之役继起,又迫订《北京条约》。俄、美亦纷纷要求缔约,遂致黑龙江失地五千里;琉球、安南、缅甸、暹罗诸藩属先后丧亡,新疆划界,失地弥多。中日战争,每况愈下,此鼎之所以死争,而非仅为荐林不用也。遗志厄于宵小,鼎死未几,林亦旋殁,兴言国耻,后死者其将何如?

清阎敬铭事略

清世军制、财政之因革,以太平军时代为关键。曾、左、胡、李之擢起,尤为满、汉人才消长之关会。数十年中,督抚形成藩镇,国势殆如晚唐,满清残局大有日趋没落之势。求其能统筹全局,讦谟定命,隐以消兵骄饷匮之忧,显以立度支根本之计,绸缪措拄于末流,而不顾一己一隅之私者,则阎敬铭一人而已。

奇特与知遇

阎敬铭,字丹初,陕西朝邑县人。以主事分户部。办事严整,为胥吏所畏。胡林翼巡抚湖北,兼筹东征事,闻其能,奏调总办粮台,兼理营务。敬铭力任艰巨,删节浮费,综核名实,岁可省钱十余万缗。林翼奏称:"公正廉明,实心任事,为湖北通省仅见之才,然无位无权,仅能节流,不能督率府县以开其源。"未几,超擢藩司,会丁父忧,总督官文奏请仍留办粮台,其依重如此。

军事上之建树

敬铭在湖北,即累参军功。时山东捻、幅、棍、教各匪纷乘,绕窜邹县、曲阜、阳谷、聊城。先后军务吏治,窳败已极,乃夺情用敬铭巡抚山东,敬铭于次年抵任,命将探踪截剿,并饬沿途州县严密防堵,而自督军规淄川,亲见山东募勇骄纵,不谙纪律,乃力求整顿,先将最不得力刻难姑容之勇,尽行遣撤。又见东省团练恃功抗官,积势已久,通檄郡县探其捻恶素著者,严缉正法,由是始知有官、团亦驯顺。于是法令严明,督调保德、丁宝桢历次剿捕宋景诗匪党三千余人,又会同僧格林沁,建练北方军之议,以矫专用南勇之弊,诏如所请。时捻匪势甚张,有以复团练之说奏者,敬铭抗疏有云:"敛乡里之财以为饷,集耕种之民以为团,于事有害无益。本籍之人,不宜再办团练,惟有严督地方官,严行坚壁清野之实,无再附会团练御匪之名,以挽颓风,而弭后患。"其事遂罢。会僧格林沁①战殁于曹州,匪将南犯省城,敬铭带病相度守御,增炮划,办炮船,赞助曾国藩分段扼守运河、黄河之议,率属露宿河堤,用兵多日,于是匪始失利西遁,东省乃定。

吏治与赈务

沂、兖、曹、济四府,遭匪损失太重,敬铭因奏请停止亩捐,以纾民力,从

---

① "格林沁",底本作"林格沁",误,径改。

之。捐纳之例，为清代末叶最大弊政，敬铭以道府州县以上寄托地方百姓，城池府库，钱粮征收，责任尤重，不宜准其捐纳，奏请严行限制。当时东省群吏，以诈伪轻捷为才，以期会弥缝为计，以谣诼诽谤为能，国计民生，罔知念及。敬铭乃严禁捏灾，督催交代，每见属吏则极口诰诫，禀牍则手自批答，贪猾之吏，渐知忌惮。

山东既定，敬铭乞病解组，值秦、晋大饥，率命会办晋赈，奏斩侵赈吉州牧段鼎燿以徇，诸官皆惕息，莫敢戢法，晋人歌颂之，以比包孝肃。又疏请申明种烟旧禁，又奏晋豫陕蜀各省，差徭苦累，及无名科派，自是过境流差，始不累民。

边疆建树

敬铭既办事实心，任劳任怨，遂于赈差竣后，与张之万同被召命长户部，知遇之隆，一时无二。奏罢广东布政使姚觐元，因前任户部司官时声名贪劣故也。寻长兵部，以饷款艰难，疏陈新疆南北路屯田事宜。又虑屯田抵饷，每年不过数十万金，难以为继，因筹全局疏陈三事。一曰定额饷，二曰定兵额，三曰一事权。于是勇有确饷，饷有的款，留兵四万，就左宗棠原议三百数十万之饷，量入为出，新疆经久之计乃立，兵骄饷匮之患以消。敬铭入军机，或请规复乌鲁木齐旧制，敬铭以新疆建郡县，左宗棠原有请设督抚之议，此时实难规复，其事遂罢。

越南事亟，高阳李鸿藻降黜，敬铭以户部尚书协办大学士，即奏停各省都统等官来京路费，时塔尔巴哈台大臣锡纶，私与俄人定议，奏请饬部垫拨俄商积欠银十二万两，敬铭请旨惩办锡纶，以昭炯戒。

呈进会计总册

初，全国赋兵总汇，皆户部档房司之，而北档房向无汉司员行走者，以故二百余年汉士大夫，无知全国财政盈绌之总数者。敬铭为户部司员时，夙知其弊，及为尚书，即首建以汉司员管理北档房之议，谓满员多不谙握算，事权半委胥吏，故吏权日张，财政日蓁，欲为根本清厘之计，非参用汉员不可。时满员无所可否，惟胥吏百计阻之，敬铭毅然不少动，竟从其请，于是邦计之赢绌，乃大暴于天下，先后疏陈开源节流数十条，均次第施行，有裨于清季之国计民生者不少。

末流之掊持与放逐

于时孝钦后方兴三海颐和园之役，敬铭以海军经费关系国本，蕲不与款。朝议整顿钱法，敬铭以不能仰体其所谓裕国便民之意忤旨，于是群小朋比倾之，所以龃龉者备至，敬铭以久疾得解机务，都下骇然。会赣藩李嘉乐、陕藩李用清皆一时廉吏被罢，敬铭力争不得，于是疏请开缺，得准，又请回籍，亦允之。卒后仅赠太子少保，谥文介。

结论

满清一代，陕西三相国，韩城王杰有其才与遇，故以富贵终；蒲城王鼎值国运交替之会，故以尸谏。惟朝邑丁多难之秋，适用人之际，故其任户部也，竭力整顿，日有起色。凡议覆陕西、甘肃、关内外、伊犁、乌鲁木齐、古城，收支军饷俸饷，及防勇口粮、杂支、章程，与各省制造、善后等局经费，有裁减者，有删除者，有归并者，有酌定额数者，有停止部垫者，有复额饷而符旧制者，无不力求撙节，以裕饷源。或各省藩司督催交代不力，委解饷项迟延，均请旨议处，以为通同徇隐者戒，起衰振弊，一时有救时宰相之目，可无愧矣。

清刘光蕡事略

有清末季,咸阳刘古愚倡实学于关中,力矫空疏之习,士风为之一变。先儒有言曰:"君子之道,莫大乎以热诚为天下倡。"迄今关中士风隐然有重心者,亦光蕡与其徒热诚之效也。

幼逢乱离之嗜读

刘光蕡,字焕堂,号古愚,咸阳县天阁村人。少失怙恃,倚诸兄居。嗜读书,同治间战乱,避寇兴、醴间,夜转磨屑麦,昼鬻饼于市,夹袋常挟书,不择时择地,暇即诵之,虽或睨笑,弗顾也。

师友渊源

战乱平,入府庠,肄业关中书院,为院长黄子寿所深器,开以学问之途,以《大学衍义》授之。由此益博极群书,究经史百家之要,探历代治乱之原,尤嗜王文成《传习录》,谓本良知以经世,其治有本,而收功甚速也。

举光绪乙亥(光绪元年,公元一八七五年)科乡试,一赴礼部不第,即绝意仕进,退居教授。当是时,长安柏举人景伟,同邑李编修寅,各讲理学,谈经济,负时望,得光蕡恨知晚。三人均人豪,均以天下士自命。日夕砥砺,互相勖勉,凡古今治乱,国家兴败,民生休戚,靡不一一深究之,尤注意地方利病,非特言之,必实行之,虽忤官府,触时忌,弗顾也。

历主泾干、味经、崇实各书院,三十载立倡实学

光蕡以陕士空虚,与景伟创求友斋,以天文、地理、掌故、算术等学课士。大吏学宪钦仰之,历聘主泾干、味经、崇实各书院。时外侮日炽,光蕡痛愤,镕中外旧新于一冶,以是为学,即以是为教,分课按时,躬亲督训。以性理、考证、词章,皆不克以救危亡,思以经世之学倡天下,使官兵农工商,各明其学,以捍国家,而其事则自乡学始。盖其道本诸良知,导诸经术,一贯以诚,而不矜古制,凡列国富强之术,天算、地舆、格致,经纬万端,靡不采纳。同光之世,制科既弊,关学多塞,光蕡主各书院先后三十年,首以致用为倡,从受业者千数百人,关学廓然一变。

创立刊书处,提倡校雠

光蕡又以陕士瞢陋,由于书籍少,怂恿柯逊庵学使,奏扩求友斋为刊书处,

仿阮仪征法，选高才生司校雠，而身为总校，以督校之。光绪中叶，味经流播文化之盛，在西北各行省中百年来所未有也。

建义仓、制碉堡、创义塾、谋汽机、开织业、创制蜡

关中古称"天府"，海通而后，灾寇迭侵，民生日蹙。光賁既劬躬教士，复恳恳为乡人改故习，计久远，赈灾御寇，乃建义仓，制碉堡于咸阳，防世变。久之，复创义塾于咸阳、醴泉、扶风，导之科学，余则练枪械寓兵，以风列县，要使一乡一邑，屹然立平治基址。乡邑既安，则益募金、谋汽机、开织业，以兴民利，纺织，制蜡，靡不殚心力为之。其认定救国必自经营乡村学校始，事虽因故中变，其识见固卓越也。

隐居烟霞洞讲学

烟霞洞者，九嵕山下，汉郑子真栖隐胜地也。戊戌政变，视新法若仇，光賁叹曰："国不可为矣。"诸弟子共筑烟霞草堂，讲学其中。万山岑寂，天地萧寥，痛党祸之蜩螗，忧宗邦之陨灭，悲歌痛饮，泣下沾襟，悲郁既深，目辄瞽，盖其身愈隐而志愈悲矣。

筹营关中为清室西迁准备

甲午败后，光賁尝慨京师滨大海，津沽有警，必徙关中。则东走潼关，察地形，谋战守，北顾河套，筹垦牧以扼蒙边，欲经营为西迁之备。闻者笑之。庚子联军陷京师，光賁言验。殁后不三十年，日人猖獗，东北失陷，河套震惊，岂光賁所及料哉！

任教兰州为国家经营西北

清末，开经营特科，被荐，辞不赴。继四川、甘肃大吏，均请往讲学。光賁私忖边地回、汉之争，关大局安危，宜以学化其犷悍。而河套肩背京师，屏藩关陇，经营西北，莫先治套，治套莫先屯田。欲说疆吏为之。辞蜀就陇，弟子难之，光賁叹曰："吾安忍去此土哉！顾念陇西之患，莫大于回、汉之争，祸且中于西土，诚得回、汉诸生，掖而导之，使相缔结，他日国事，其有豸乎！"

病终兰州

至皋兰，殚精讲授，旋病咯血。门人劝少休，曰："吾乐此，不疲也。"再请休，即厉声曰："国事至此，敢惜身乎？"光绪二十九年（公元一九〇三年）竟殁，年六十一，归葬咸阳奉政原。

遗著

光蕡生平言政主乡官，言学重乡学。其法见《烟霞草堂遗书》。光蕡尝遘疾卧烟霞草堂，因悟声音转注之奥，欲以声统义，成《蒙童识字捷诀》十余卷，书成而目渐复明。其遗书之《汉书食货志注》二卷，《前汉书艺文志注》一卷，现被采入开明版《二十五史》补编内。

轶事

一、"刚毅诚洁，乐知天命"。制行坚苦不欺，虽处困穷，一介不苟。与人谈不及家私，而忧国如焚。甲午败闻，绕床以泣，被发缨冠，竟遗宠辱。戊戌后，大府妒嫉，处之若素。久或悔其无状，聘使交欢，未尝一答。盖其刚毅诚洁、乐天知命之精神，实非寻常所能窥测。

二、"宅心律己，接物爱人"。光蕡一赴春官不第，即教授以终，而名乃重于天下，独其宅心之广，律己之严，接物爱人之诚挚，则有非亲炙莫能知者。粗衣恶食，处之泰然，冬不炉，暑不扇。自少至老，黎明即起。终日危坐读书，或批答诸生日记，至丙夜乃休。所言无非经世治民之道，饥寒贫窭，泊然相忘。晚年束脩所入，尽归诸轧机、制蜡及义塾之中，黠者或相侵蚀，亦置不言，或告之，则曰："吾以开风气也。"诸生贤者爱护推扬，靡微弗达，否则训斥必严，诸生敬献致酒米，则受之，金帛缗钱，未尝一纳，或怪之，则曰："吾已食官禄矣。"故弟子畏而敬之，亲如父母。

三、"大道为公，独忧乡国"。光蕡之讲学味经、泾干两书院也，某生问："何以不仕？"曰："余非不仕也，须仕之有道。若国家有令，指明某地方非刘某人不可，余即奉命而往。若使余学一般人，衣冠楚楚，日登当道门求官，余不为也。"

光蕡之赴兰州任教职也。适伊子瑞骧在兰州候差，光蕡面斥曰："余读书多年，对于作官，犹愧不能胜任。尔识几字，岂可存此奢念？宜速弃官就商，免为祖羞。"并谓该省各当道云："谁给吾子官位，委状朝发，余夕即东返长安，免得贻人口实，余为吾子作官而来。"观此，可知光蕡宅心之广，律己之严矣。

结论

关中自横渠倡道，名哲代兴，大都明体为宗，而时措或寡。晚近鹜名之士，号通时变，而行谊不忍言。光蕡慧积诚生，用归时措，孤寒特立，廓此闳抚，贫贱不移，威武不屈。呜呼，可谓百代真儒矣！

民国井勿幕事略

身世与志概

井勿幕,字勿幕,陕西蒲城县人,望族也。年十三即出游,展转东渡日本。性倜傥,能强记,沈毅有大志,慕班定远、傅介子之为人,娴于辩论,工拳棒等技,重然诺,尚义侠,士无贤不肖,皆以礼接之,虽礼貌非甚魁梧,而志则趯然远矣。

清季瓜分之祸日迫,勿幕每言及之,辄愤悲,奋然曰:"大丈夫生当斯世,宜效死于疆场,否则亦当轰轰烈烈,如荆卿剑、博浪椎诸伟举,事无成败,亦已寒祖龙之胆,壮河岳之色,为社会留生气,为国家延命脉,安肯伈伈伣伣,忍辱事仇,俯首于他人统治之下哉!"遨游于陇、蜀、江、汉,历沪、浙而粤、港,而东京,与海内诸英杰相交接,其见先总理时年才十七岁耳。

经营同盟会

当此时也,西学东渐,"民权""民约"之声,益喧腾于国人口中,如江河之流,浩然莫能之御。各省有志之士,奔走呼号,前仆后继,图山河之再造,以与列强共生存于竞争剧烈之场。其进行最速者,以西南诸省及长江一带为特甚。秦地僻处西陲,风气闭塞,交通阻梗,言械则接济为艰,筹饷更呼吁无门,又值党禁方密,人皆危言危行,勿幕受命于先总理,毅然归陕,筹设同盟分会,以相鼓呼,其时在下层社会之组织最广最普者,为哥老会,而其人才智不齐方竞逐于世俗之荣利,勿幕乃挺身入会,以巩固三十六兄弟之秘密团体,改而发挥同盟会旨,鼓舞其精神,开通其智识,联络其感情,潜移其势力于当时之新军,伏之以为我用,又罗致渭北刀侠,挽其仇杀之风,使归于正,相息相养,而渭北潜势以成,惟各部分涣散不一致,非有总机关统治驾驭,难收指臂之效,于是陕西同盟会以成立,勿幕其领袖也。

辛亥之功成身退

武昌首义,沿江虽摇动,黄河一带如故也。迨秦中于九月朔日暴发,晋、齐、新、迪,相继响应,始为清廷所惮。时勿幕以事前赴北山买马,归次三原,即在河北招集渭北健儿六七万人,号十余营,驻三原。旋受命安抚渭北兼北路招讨使,即分兵扼守要隘。继又援河东,下潞城,窥平陆,以扰毅军后路,解潼关之围。时钱玉琢率甘军南下,三、淳告急,又折军而西,命胡景翼往守张户原及醴泉，陆洪涛进攻咸阳，西安慌恐，人心危殆，三原亦同处于扰攘之境，又分兵守要口，窃遣石象仪、王守身诸人，暗渡潼、泾，直捣醴泉，克之。时当道多忌勿幕能，特以东路招讨使节钺假陈树藩，借分其权。及共和成，勿幕首倡减政主义，所部十余营之众，同时解散，以屯田于北山。旋被举为国民党陕西分部部长，后复子身赴沪，从事学业，习德意志文，日夜孜孜不倦，袁氏将帝制，亟由滇、黔而蜀，赞勷军务，甫归陕，袁氏暴卒，共和旗帜扬，而勿幕仍遂其浩然之志云。

民国以来之龃龉①赟志

秦民之困苦已极，勿幕慨然忧之，于民政教育各端，屡有陈献，冀当轴之觉悟，庶国事可以措手。然皆不果纳。六年春，李根源长陕，勿幕膺关中道尹，即以治绩显。值英员来陕会勘禁烟，遂亲往南、北山，督竟其事，遂告肃清。未几，复辟变起，宋相臣、樊灵山等与郭坚渡河作北伐，根源被留，勿幕亦陷入漩涡中，无由得脱，虽处困危中，而辞色自若，神采焕发，有不胜沧桑之概。尝言："予今形同俎上肉，任人分割矣！然不料同志者之昧于大义，竟至此极，陕局途曷堪设想乎！"七年九月，乘间奔三原，被举为总指挥官。十月朔，滇军克凤翔，勿幕驰驱西上，会商大计，靖国军将领胥听号令，意气之盛，西北不足平也。会李栋材背郭坚，驻陇不动，滇军至，力竭乞降。叶军长荃纳之，使攻兴平，勿幕职六路总指挥官，督师前敌。十月十七日，李栋材以柬招勿幕及董、李等五人，集南仁堡议军事，勿幕只身先往，遂于十一月二十八日遇害，年甫三十有一。勿幕以同盟始，以靖国终，盖始终忠于国家者也。

结论

慨自满清之季，锢蔽方深，新机甫辟，民党信徒，落落如晨星。其时先总理呼为后起之英，黄克强引为指臂之助，以翼贯澈三民主义，蔚为西北革命之先觉，若井勿幕其人者，诚不多觏。鸿图未展，单骑陷贼，惜哉！然揆诸乡贤马革之志，勿幕亦无憾也已。

---

① "龃龉"，底本作"龉龃"，误，径改。

民国胡景翼事略（节取《事略》《墓志》）

身世与立志

景翼，字励生，姓胡氏，世居陕西富平西北陵怀村，后迁庄里镇。祖德鼎，以乡团御叛回，阵亡。祖母吴，节苦抚孤成立。父彦麟，商也。母侯氏，祷于耀州药王山（笠师佛），生景翼，故又号笠僧。幼而魁梧奇伟，受业于三原赵汝笃，闻鸦片中东诸役，则大愤，誓雪国耻，画鹰日形以射之。居恒大言自负，自镌印章曰"频阳将军是同乡"，人或非笑之，弗顾也。年十五，入西安健本学校，读孙、吴书及中外名人列传、鼓吹革命之杂志，或率同学作战阵部勒，以兵法为戏。读史慕中山王徐达驱元之功，每以自况，朋辈戏呼为"中山王"，因号"中山"，嗣因与孙公中山同，废不用。

宣统元年冬，风传列强有瓜分中国之议，景翼即印传单，警告西安各学校学生，主张青年救国。自是广交游，结死士，欲组织苗壮牧羊场于北山，效马伏波故事，未果。

加入同盟，结连豪杰

宣统二年春，景翼因井勿幕、于右任、宋元恺、杨铭源等之介绍，与同学尚武等入同盟会，是时陕西民党多文士，未能大有为，景翼倡议近结新军中哥老会党，远交渭北各县刀客，以期集事。刀客者，陕人称绿林豪杰之号也。适其友孙茂林等在新军中，景翼以为介，见会党崔俊杰、雷贵、刘复汉、余彦彪等，旋于同学之同志李仲三、冯毓东等，密盟于长安城南小雁塔寺，图大举。会暑假，旋里，与同志杨云龙、计超等计画联络刀客，复与李仲三、尚武等，游同州、蒲城、二华、潼、朝一带，运动盐枭王狮子部严飞龙及刀客王守身等，使准备异日在省外响应革命者。暑假后，景翼归省校，又与会党领袖张云山、万炳南等结交，且介井勿幕、李仲三、邹炎等入会，景翼以身周转其间，暇则习技击，恒对会党演说革命真谛，秦中革命军基础，由是巩固。

冒险潜行

辛亥春，景翼虑同志团体渐涣，贻误大计，遂约井勿幕、宋元恺、邹炎、李仲三及诸同志，与张云山、万炳南、王振海等复盟于雁塔寺，以坚其心。又于渭北约胡应文、杨云龙等，以耀州为中心，阴连马正德、胡彦海、石象仪等，相机举事。是时五月，以毕业于健本学堂，与同志约不升学，以奔走革命为职志。旋期于六月六日起义，因大吏已有所闻，防范甚严，且不发新军子弹，未敢轻动。景翼遂改计赴渭北，至耀州与宋元恺、胡应文、冯毓东会议，以邹庠、崔俊杰等为第一路，向陕北购枪买马，约期举事；以邹炎在耀州西北柳林子所创办之牧羊场为根据，集合渭北健儿，先省城举事，为第二路。又因准备未周，不果，复入省城，密有所图。

辛亥大举时之转战

会井勿幕得党本部消息，谓各省大举，在八九月间，陕吏亦侦知，事急，密探捕景翼，景翼乃潜渭北，欲在北山发难。俟省城新军子弹发后，即行响应，谋定。而八月十九日武昌起义，陕军亦于九月初一日起事，仓卒无主，推张凤翙为复汉军大统领，景翼遂率王守身、马正德、胡彦海等与所结各方豪杰，树帜于耀州之药王山，会井勿幕入西安，见张凤翙，张任勿幕为陕北安抚招讨使，驻三原。勿幕委景翼为第一标统带。景翼素重勿幕，应召，率部至三原，而同官、耀县为会党张南辉所据，部曲虽众，无纪律，人民相率吁使署求救，景翼奉令率四十骑往剿，从者皆四方英俊，直入耀县，与南辉会，使率部离城，张部数倍于景翼，皆震慑遵命，景翼归馆酣卧，闻张部离邑过半，乃突起率众登城截剿之，无不以一当百，乘胜追逐，百姓欢声雷动，妇孺皆知景翼矣。时山西民军失败，求援于陕，勿幕率众渡河援晋，而升允以甘军攻陕，进至三水、淳化一带，景翼率部应战，遇敌张户原，所部枪械无多，子弹尤少，无如何也，景翼血战终日，不遑饮食。旋入营，疾取饮，缶立尽，其激烈可想见。

首次解甲东渡

未几，共和告成。升允引去，勿幕自请解甲，陕北各部队，悉愿属景翼，景翼自谓学问不足，难肩大事，亦请解兵柄。民国元年秋，与张义安等日本求学，道上海，于右任等开会欢迎，景翼对众演说，以大无畏相勉，听者谓名下无虚士。抵日本，欲入陆军学校，格于例，不果，乃入成城学校。是时外蒙独立，留日党人，欲恢复主权，大会留学生，推景翼征蒙军司令，归至上海，知政府别有用意，拟入北京，资斧垂罄，或馈之五百元，景翼曰："嘻！若财不义，吾不愿以此自污！"峻却之，馈者惭而去。其后张勋入南京，大掠数日，陕西留学生在南京遇难者，乞助于景翼，立募二百元济之，生平慷慨赴义类如此。癸丑之役，黄克强有书约张凤翙、张钫以陕军响应，张不听，景翼闻而叹曰："陕军若出关驻洛、郑，则举足天下重轻，然后通电主和，民国事尚可为也。今不此之图，而苟安一时，助长袁氏帝制自为之心，天下从此多事矣。"

二次东渡之进修

民国三年一月,复游日本,时民党人群集于东京,设浩然庐,授党人以兵法。当是时,袁氏禁留日学生学陆军,景翼遂入浩然学社,同学皆一时失败英雄,景翼因得遍交之。数月毕业,将归国,因于右任介,谒见孙公中山,属以陕事,且曰:"俟经济裕时,多给数万元供用。"景翼答曰:"数万元无济于事,我有精神无不济也。"孙公大笑,奇之。景翼乃偕冯毓东归国,经津、京,与刘守中入山西,前后计画,多在此行。欲与续桐溪、弓富魁、史宗法等,缔交策画讨袁事,时白狼入陕,谋乘机举事,会乱平,未果,遂闭户,读书、习字、技击以为乐。

降志辱身与护国兴师

陆建章入陕,裁遣陕军略尽,惟陈树藩所部第四混成旅,以破白狼功仅存。或邀景翼诣陈,不合而归。继为田维勤强邀,入陈旅教导营军官连,与岳维峻、田玉洁等相友善。先是树藩闻景翼愿为学员,诧曰:"若曾充统带,此岂所能堪耶?速目审勿乱营规,使余难绳他人。"遂折节力学,规行矩步不少紊,陈乃深器景翼,后令代康振邦为备补连长,旋擢为游击营长,驻富平。洪宪改元,陆建章助逆尤力,是时各省民党多失根据,群集关中,谋由西北发难,出兵河南,直捣幽燕。建章知渭北为民党策源地,遂盛陈兵仗镇慑之,令其子承武率其精锐,号模范团者,至富平,声势大赫,观者震悚。景翼念陆氏不去,不足以寒袁胆,乃商之武观石、石象仪等,决议佯迎陆承武入县署,密布伏兵,夜半齐发,激战两日,尽歼其众,生擒承武,建护国之师。建章沮丧,卑辞求和,众欲推为司令,趋省城,景翼不可,曰:"有旅长在。"力让陈树藩为都督。陈令景翼为右翼,疾趋临潼,断建章归路,薄西安东关,兵行神速,如风扫箨,建章褫魄迎降,不半月而事定,陈树藩嘉景翼绩而忌景翼名,仅迁为第一旅第二团团长以抑之,使移住商州。乃练兵于龙驹寨,精整严肃,陕人所羡称为"十大连"者也。

树靖国军与遥为革命应策

民国六年,国会非法被散,南迁岭表,遂有护法之役。耿直等潜谋去陈,十月击陈不中,败退岐山、凤翔,陈令景翼率兵往讨,景翼念助陈助耿,皆非所愿,盖陈非救国者,欲会其将领而取之,未果。张义安知景翼意,又恶陈部营长严锡龙暴横不法,遂于十二月举兵夜袭,巷战三日,歼之,遂定三原。景翼驰至,树陕西靖国军帜,以为西南援应,群推景翼为总司令,陈军来围,大破之。令张义安提师围西安,陈督败退,婴城困守,求援于镇嵩军,入关,省城围解,张义安阵亡,景翼痛失良将,调兵渡渭,谋保境,而陈督自将渡渭,攻关山,鏖战数月,景翼令岳维峻等御之,敌不能进。于右任间道来陕,景翼联诸军推于为总司令,主持大计,而自任总指挥。会值麦秋,景翼念戎马倥偬,民皆艰食,下令前方停战,俾民收获。陈军亦感动,不相逼。是时两军久相持,战线南北亘百余里,崔苻乘机窃发,民生涂炭,景翼以为戚,单骑入固市,见姜宏谟商和议,为所绐,逮入西安,幽景翼于危楼中。景翼侃侃以死自誓,意气不少屈,陈念景翼破建章功,且重其为人,不忍加害,但使人监之而已。景翼以其间潜问学,奉宿儒毛俊臣为师,遍览经史百家,旁及金石,规摹汉、魏篆隶行草,无体不工。积二年,所学大进,陈尝欲纵景翼归会以所部降,景翼弗许,乃令并勿幕行。民国九年秋,直皖战起,始听景翼行,约以率部东,甫抵三原,战事平,乃一意整军理财,振兴教育,与民休息,军饷虽竭蹶万分,而学校林立,又创建立诚中学校于其里,其知所先务如此。

委蛇北洋之雄图

民国十年夏,直军入关,陈败退汉南,景翼闻冯玉祥为先锋,佩其纪律严明,深愿相结,乃助抚陈部余众,陕境以宁。由是信使往还,兵气渐消。景翼念五年苦战,以渭北八县民力,养数万之众,御九省之师,满目疮痍,深为悯恻,毅然取消靖国军,虽为党人疑,亦不为意。恒曰:"凡事当求我心之所安,不忍重苦吾民,以要誉也。"于右任以大义相责,且去三原,景翼夜半至于家,誓终扼图,乃受编为暂编陕西陆军第一师师长。十一年二月,直奉战起,冯玉祥率师东行,景翼念民党政革计画,以首都起义为最要,亦最难,欲达此目的,非倚附直系不能入穴以得虎子,且与冯交素深,义当往助,遂下令轻装出潼关,将领或骇疑,未敢遽前,景翼晓以大势,首先出发,水陆兼程,东下犹虞迟滞,焦灼至项疡声嘶,未旬日前锋已抵郑州,值豫军师长赵杰、宝德全等督兵攻郑州,守兵第八混成旅力不能支,城将陷,飞弹雨集车站,玉祥迭电告急,景翼令邓宝珊、李纪才、弓富魁诸将连战破之,城围遂解。十一年五月九日,景翼至郑州,令岳维峻、李云龙等进攻近郊敌军,士殊死战,肉搏奋击,连克多庄、八郎寨、金石子等处,俘获甚众,敌势大挫。十日再战,由鄂河攻上冈、杨村、姚庄等处坚垒,敌犹死抗,景翼出奇兵绕其后,敌大溃,追奔逐北,连下开封、归德,豫难大定,而畿辅战事亦解。吴佩孚素服景翼之用兵,欲资以为助,又惮其英武,出身民党,不敢委以腹心,遂置诸保、洛间,令防京汉中段,分兵驻正定、顺德、彰德一带。将士饥苦异常,直军将领亦为之不平。景翼委蛇曹、吴间,略无怨意,由是见重。十一年冬,豫南匪患大炽,靳云鹗剿之不能克,景翼命岳维峻助战,而自驻郑州策画,事平,乃归顺德。日必亲视操练,风雨罔间,兵士衣履垢敝，而精神振奋无懈容。

图穷匕现之国民军

十二年秋，赂选既成，景翼知乱之将至，与周耀武、李仲三密论其事曰："国家自此多事，吾辈当预为之备，不宜饱食终日，无所用心也。"逾年秋，齐燮元兴兵攻浙，吴佩孚亦集诸道之师，以攻奉天，征车索赋，全国骚然。景翼念大势已急，不容踌躇再计，乃密嘱李仲三、刘守中、张璧诸人往来南苑、大名、古北口等处，阴结冯玉祥、孙岳谋抗曹、吴，欲乘机除之，以谢天下。中秋夕，洛阳动员令下，景翼立率全部出发，至通州，按兵弗动。吴佩孚素惮景翼，疑其有他，一日数电，促景翼行。景翼以饷弹俱缺，尚待补充为辞，迟迟弗进。吴不敢离北京，以重兵东行，榆关守兵力弱，连战皆北，而奉天士气大振，吴不得已，遣使敦促景翼，乃留李云龙一旅于通州，沿途分布，直抵喜峰口。至热区之平泉，前锋报捷至京，曹、吴方复电嘉奖，而冯、孙两军已收北京，一夕事定，联名通电主和，成立国民一、二、三军，方议组织政府，而吴佩孚疾归天津，令旅长潘鸿钧等率南来新胜之师，扼杨村，窥京师，人心大震。景翼令岳维峻率部趋唐山，攻敌侧背，令旅长李纪才、李云龙为左右翼，助第一军攻敌于杨村。战方殷，李纪才乘夜袭敌，生擒潘鸿钧等，俘获甚众，敌军尽覆，吴佩孚不支，始弃天津，浮海南遁，直军之在榆关、滦州者，先后为奉军及岳师俘虏一空，近畿烽熄，乃与张、冯、孙共戴段祺瑞为执政，而吴佩孚已迁道回洛阳，欲令余烬乘隙北犯，中央重念豫事非景翼莫属，乃任景翼督办河南军务善后事宜。景翼至彰德，与敌遇，连战皆捷，直趋郑州，时刘镇华方遣憨玉琨图河南，扼黄河铁桥，情势叵测，景翼驰电诘责，憨始引退。

中州坐镇时之展布

其年十二月十二日入开封就职，网罗各方人才，邀集全国名流，日谋所以刷新国事者，京汉道中，冠盖相望，为前此所未有。对豫事首重剿匪，以岳维峻为剿匪总司令，董治戎兵。此外澄清吏治，恢复自治，教育基金独立，修汽车路、各要政次第设施，而豫西乱作，刘镇华倾全陕之师，以憨玉琨为前驱，进逼郑埠，景翼百计求全，冀免战祸，劳心焦虑，至忘眠食，恐河洛血战，终不能免。适刘、憨所部相率溃降，浃辰，而豫西事定。

赍志以殁

景翼方汲汲规画赈济，肃清余孽，午夜忧劳，不遑启处，俄而右臂生疔，初延西医疗治，连割两次，病势日笃，景翼自分不起，豫留遗嘱，谆谆以军国为念,语不及私。又电请中央以岳维峻代,对亲友视疾者叹曰:"劳人思息,吾殆将逝矣。"未几遂薨,年仅三十有四。宾客将吏来吊,莫不相顾失声,于以见景翼之遗爱在人也。

景翼生平敝屣富贵,自视欿然。而局量恢弘,海涵地负。知人善任,推心置腹,将士皆为效命。大计所关,当机立断,其将略殆天授也。自奉俭约,殁无余财,古今人殆难兼美,而志业未半,中道殂谢,尤为天下所痛惜云。

民国郭希仁事略

丰采性情

郭希仁，初名忠清，后以字行。临潼县田市镇人。清癯沉默，恂恂书生，而心豪万夫。其赴日本经关东有诗云："汉儿尽作倭儿种，延路皆呼买俾卢。"（日本人呼啤酒曰"俾卢"。）亦有感之作。生平砥廉隅，寡言笑，设施宏大，动备礼法，一毫不以自私，亦一毫不以自矜，素冠布袍，泊如也。

学行

希仁初入陕西高等学堂，从屠梅君学，因病其宋明理学之空疏，乃舍之去，后历练既深，其学以宋儒为鹄，汉学为辅，更以西学沐浴之，而大要归于经世。当咸阳刘古愚讲学于味经书院时，希仁从之游，故益以康济为志。晚年人多论其"学兼汉宋，旁及科学，淡泊宁静，学道有待，得明守定，善始善终"。时无异言。

举于乡后之东瀛考察与长谘议局

光绪二十九年癸卯乡荐后，偕邑人王敬如赴日本考察政法学务，归长谘议局，省垣政教，多所建白。会蒲令李某，忌校长常明卿与学生有革命色彩，毁学穷治，各校起响应，希仁则汲汲奔救，如饥渴之在于己，纷解难排，至师生上课乃止，盖斯役即关系陕西革命之蒲案也。

辛亥鼎新之殊勋

当辛亥改革时，希仁与井勿幕当内外策划之人物，井以事前赴北山，留希仁与李元鼎、党自新等在省。事亟，希仁与新军同志张钫、钱鼎等计，惟张凤翙有冷胆能做出，推为统领。而张亦凤钦希仁学行，置之左右，倾心听命，仓卒中一切用行人政，多就取决。当是时，新军初发难，民兵应之，群雄虎视，各树旗帜不相下，而市驵土豪杂厕其间，党会各首领意见复杂，时或至决裂，城内淘淘，炮声不绝，衣冠之士，皆相戒不敢出，而钱鼎又东出阵亡。希仁不避艰险，以全局安危自任，请于凤翙，兼收各派意见，并同时起用新旧绅耆，肃号令，戢奸宄，择尤悍戾者戮之。于是材官蹶张，徐就衔勒，而长安精华所萃，卒以保全，希仁之力为多也。尤以辛亥关中响应革命，和议未成清帝未退之间，处西安革命基础未固之际，清兵犯关，三陷三获，甘军深入，醴、咸危陷，长安震惊，时论咸主率三秦健儿出武关奔武汉者。希仁独奋然以关陇天下上游，与武汉首义同存同亡，并敦请王敬如出任团练大使，为民军声势奠安地方，卒赖其从容运筹，化险为夷，关陇定而国基固，清帝退而共和建；龙蛇起陆，力挽狂澜，戢兵禁暴，关辅宴然，希仁之对国家、对革命伟矣。

书生之功成身退

辛亥鼎革后，希仁与井勿幕等力主减政，以谋恢复。一时守旧者，诋希仁为驳杂，实力者则薄为迂疏，疑谤纷乘，事多尼沮，先后所举整顿财政之郭毓璋等，均未果用。希仁知不可留，遂称病以去。初，希仁慨清季积弊之深，举凡地方军民利病，悉心规划，思有以革新而树立之，使其久处帷幄，其赞功之益，宁有既极，而卒不克行其志，此希仁之所深痛也。

欧洲各国之游历

希仁既去，遂游历欧洲德、法、瑞士、荷兰各国，所至之地，举凡政治学务，农田水利，旁及风俗习惯，无不悉心考察，归国后，著有《欧洲游记》。

华山讲学

游欧归国后，知袁氏盗国之谋甚悉，极力宣传。旋聚徒讲学于华山北麓之曹印侯墓旁。印侯者，辛亥陕西敢死队领袖。一时四方有志之士，从之学者甚众。靖国军健将张养诚、董振五等，皆其亲手培植者也。帝制发生，希仁之鼓吹加厉，陕督陆建章附逆既力，搜捕益亟，希仁避地至华县，先在教育会，后移乡野，乞食祭余。陆氏不得希仁，至火烧雨金屯以訾之，并以泄愤焉。当时之危，可以想见。近年以来，凡游其门者，从事各界，多能砥励学行，洁身奉公，师道立则善人多，哲人亡而感化深，流风余韵足以潜化关辅士风多矣。

禁鸦片、兴水利、办林务

民国五年，出为禁烟局坐办。明年，充水利分局局长，兼林务专员。

长教育倡孔教会，重社会教育

寻长教育厅，兼水利林务如故。凡教育、水利、农林，皆研求有得。而综核名实，勇于为义，苟事之有裨于世，不必责任所在，辄竭心力以图之，以故历年长教育会、孔教会、红十字会，设音学研究所、国音传习所、国语传习所、通俗图书馆，修孔庙，暨选师资，审教规，推广教务，擘画奔走，日无暇晷，诸所措设，成效卓著。当长孔教会时，约同志从事讲演，凡经史大义，各国政法，兴学福民诸大端，于稠人广众中，反复讲演，以辅教育之不逮，虽至声嘶不知疲。

病殁

希仁既认定讲演为唤醒同志之良法，兴学福民为救国之要政，长夏盛暑，锲而不舍，操劳过度，寖以致病，犹伏枕著述，终致不起，卒年四十三，时民国十二年五月二十一日也。悲夫，人之云亡，邦国殄瘁，巩县刘镇华叙其墓志有云："镇华与希仁交久，余痛希仁，余又为人才消长忧也。"咸阳祁俊生诔曰："君以讲演伤生，犹恐未将人劝醒。"盖实录也。

清风亮节

希仁任教育厅长时，适陈树藩督陕，人以恶陈及希仁，希仁为联以自见曰："努力晓日惜春晖，关心晚节耐寒霜。"及靖国军兴，犹奔走于其间。十年后疾作，先后辞去本兼各职，而以廉俸三千余元，捐助教育及慈善事业。殁以无敛，友人赙金成之，乃归葬于县之田市镇郭村，清风亮节，皓皓尚矣。

著述

希仁生平著书颇多，版行者数十种，计有《春秋随笔》《说文部首》《水利谭》《从戎纪略》《欧洲游记》《平见》等。尝谓："秦人之病，在对于著述发表过于审慎，吾辈应力矫而奖励之，以收抛砖引玉之效。"此可见其志矣。

结论

夫一介书生，手无寸铁，挟其忠义奋发之气，奔走诸将帅间，危言曲譬，激其爱乡之心，隐消无穷之患，而恬憺自居，未尝以之矜襮，此非平生学道有得，知之明而守之定，未尝能善其始终者也。昔岳武穆谓："文官不爱钱，武将不怕死，则天下太平矣。"希仁以恂恂书生，心豪万夫，生砥廉隅，不避艰险，此其所谓能自传于后者也。尤有足以励士习而范人师者，为病痢弥留之际，家人亲友，环榻频请以鸦片止痢，希仁奋然拒之曰："余宁病痢而死，不以危国弱种，坏乡害家，败德丧检之物，沾唇而生。"其有所不为，即此可见矣。

民国朱先照事略

家世与幼年思想

朱先照,字漱芳,晚年改字佛光,陕西三原东乡朱家湾人。自谓明秦王之后裔,幼时受太夫人侯氏之教,即以种族革命为己任。年念余,设塾城中,学生遍一邑。语及清季曾、胡诸人,则曰:"文章虽佳,题目看差。"中式光绪癸巳科举人。

西北革命种子之散布

甲午以后,外患日深,先照遂究心经世之学,谓中国改革,非科学、经学并重不为功。乃与耶教徒西方人氏相往还,复与孙君芷沅发起设励学斋,广购科学书籍报纸,以劝导有志之士,而西北结社之风自此开,新学知识亦由是日起。是时康派学说风靡天下,先照乃著《康氏纠缪》,并指斥其政治主张之错误。右康者疾之,复尽力与之争。戊戌以后,自信益坚而导倡加励,清廷官吏及地方人士,排挤益力,先照龁不为动。及闻中国同盟会成立,见孙先生之演说,则劝学者加入,遵守盟约,待时而动,以响应于西北。对于"保皇""立宪"诸说,尤排斥不遗余力,随时随地,指斥其非,西北革命思潮遂萌动矣。

民初之且仕且教

辛亥起义,西北主持革命者多出先照门,陕西督府辟为顾问。先照仍以教授自给。嗣知袁氏将盗国,乃阴结同志,鼓吹救国不稍懈,而佯以东方曼倩自况。会袁氏常以命令代法律,先照则痛斥韩昌黎"君者出令"之说以讽刺学者。民五,为某中学教师,以气衰失足,折其一股,愈后仍扶杖以行。

坚苦一贯之发皇革命

民七,陕西靖国军起,先照仍为督署顾问,并教授省垣,窥陈树藩将为北方爪牙,不可救药,遂弃督署顾问而归。及于右任领靖国军总司令,与陈树藩相对抗,驻扎三原,请其每日至总部讲解经史与政治,为备肩舆则不愿乘。并任两中学教授,每日扶曳葵杖,蹒跚出入,颠顿街衢间。课毕,则在街头买一饼一粥以了一餐,而所事则时刻不少误,即风雨泥泞,亦不少避。某日,天大雨,于使人劝其少息,先照曰:"天雨能阻我乎?"其坚苦真挚之精神,当时军人学者多被感动。靖国军得为长期危难之支持,及革命文化之传播,实先照此种精神之所激励也。常曰:"昔人遇父言慈,遇子言孝,我则遇人言革命而已。"又言:"半生局蹐关内,研究经学,未能与海内经师一遇;提倡革命数十年,未得一见孙中山先生,此愿复何日偿?今欲以垂暮之年,跋出关门,而关内外战争又不已,为之奈何!"盖其时年几七十矣。

言论及风采

及于右任十一年出关,请其南游,而先照逝矣。先照容貌奇古,气宇轩昂,善谈说,通内典,得当头棒喝之诀。终其身从事于教育,为人讲解经史疑义、科学新知、革命原理,常数小时不少倦。遇听者沉闷,猝难领悟,则高唱大言,以悚易其心思耳目。而风发泉涌,诙谐杂作,愈久而趣味愈永,故闻者莫不绝倒,所至莫不喜悦。

学派与造诣

先照生平不喜著作,而好宣传讲解。每获新知,辄手抄,编录成帙,为学生讲论,穷日夜,讲毕即随手散去。少年时及见乡先辈贺复斋,闻程朱之说;中年出吴窭斋门下,以宋儒为空疏,弃去,专致力于经学、小学,以许、郑为归。于前清诸经师所述作,无不遍览博涉,尤能记忆无遗旨。而于朱氏《说文通训》定声,尤多所致力。当时长安毛俊丞先生,亦以经术受学者,先照与为昆弟交,故关内称"朱毛二大经师"。读书手抄笔记盈数尺,论古文辞不主张桐城,而独喜姚、曾,以为近古。晚乃尽弃经史词章,专心内典,与佛徒相往还,以为谈哲理者,舍乎此不足与言哲理矣。其学问之大者如此,其细者可略也。

终老牖下与酬庸大典

先照卒于民国十三年八月三十一日,寿七十有一。国民政府以先照之道德学问,而毕生致力革命,西北兴起者多从之游,乃令给治丧费二千元。门弟子发起公葬,购地数十亩,为园于邑之南郊,以志不忘云。

乡邦之光

刘安国 著

辑校说明

《乡邦之光》为《陕西乡贤事略》撰稿人之一刘安国（1895—1989，字依仁）所撰。关于编撰理由，如作者在开篇所言：

> 余客岁谬随同诸先生之后，编辑《陕西乡贤事略》，于正史列传记载之外，摭拾诸家说部中有关乡贤之轶事，辄为长编。今其役既竟，每一披览，觉未曾纂入者，即吉光片羽，亦足为乡邦生色，亟录出之，以为乡土教学之参考，非敢滥充篇幅也。

可见，《乡邦之光》是在《陕西乡贤事略》编成后，由刘安国所编而未入选的文稿组成。作者认为，这一部分内容虽然没有编入《陕西乡贤事略》，但"吉光片羽，亦足为乡邦生色"，所以将之录出，作为乡土教学的参考。因此，从某种意义上讲，《乡邦之光》可谓《陕西乡贤事略》的补篇或者参考，对进一步了解陕西乡贤文化具有一定参考价值。

值得注意的是，此篇作为《陕西乡贤事略》的补篇，继承了《陕西乡贤事略》的特点，即将关学作为陕西乡贤文化的重要构成部分。开篇部分所引用其师郭蕴生《续修陕西通志稿·艺文志》序言，即充分表明了这一点。作者认为，其师郭蕴生的这篇序言，"于陕西学风之关会处，颇为详确焉"。然而，作者并没有拘于"关中理学"的范围，而是以之为基础，从李二曲、李因笃等人推演到王杰、王鼎、张芾等人的气节，以及书画、金石、考证等领域，进而上溯西汉时期关中在科技文化领域的创造，这体现了作者新的文化视域和眼光。基于此，我们将此篇亦作为关学与陕西文化的重要文献收入，并附于《陕西乡贤事略》之后。

《乡邦之光》原文分为7个部分，分别题名为《乡邦之光》《乡邦之光（二）》《乡邦之光（三）》《乡邦之光（四）：死中求生之民族英雄》《乡邦之光（五）：砺岩粗沙投霸水！关中金石近如何？》《乡邦之光（五）》《乡邦之光（六）：两个草书大家》，先后刊载于《陕西教育月刊（西安1927）》1935年第2期第15—19页、第3期第1—4页、第4期第23—30页、第6期第1—5页，第7期第1—3页、第8期第1—2页、第9期第1—3页。考察其文本，可见其存在前后体例不一致、文字难以辨识等缺点，但整体而言，对了解当时陕西文化仍有一定文献价值，故不可以瑕污而弃之也。

为了阅读方便，现将《陕西教育月刊（西安1927）》中分为7个部分刊载的

《乡邦之光》合为一篇，总题为《乡邦之光》，并对其中文字、标点依照以下原则予以处理：

1.原稿中每一部分之标题不甚统一，今既合为一篇，则在脚注中注明原标题，而正文中仅以一、二、三、四等标题示之。

2.原稿因刊载于民国报刊，排版质量不佳，文中不少文字难以辨识，其中错讹甚多，故对可辨识文字中的错讹予以纠正；至于难以辨识的文字，则以□来标示。

3.原稿标点使用颇不规范，整理过程中按照当今标点符号规范重新加了标点。

由于整理者认知有限，其中错讹之处当不在少，亦请专家予以批评指正。

魏　冬

2021年7月于西北大学关学研究院

一

余客岁谬随同诸先生之后，编辑《陕西乡贤事略》，于正史列传记载之外，摭拾诸家说部中有关乡贤之轶事，辄为长编。今其役既竟，每一披览，觉未曾纂入者，即吉光片羽，亦足为乡邦生色，亟录出之，以为乡土教学之参考，非敢滥充篇幅也。

《陕西续通志·艺文志稿》共七卷，郭蕴生毓璋师编纂。其序曰：

昔昆山顾亭林先生，足迹半天下，常谓秦人尚经学，重处士。晚岁并拟筑室华下，与王山史为邻。近世武昌柯巽庵中丞，亦欲买田终南山。何秦人之犹存古道，令人钦迟不置也？然亭林熟精经史，留心经世，清国史《儒林传》衰然居首，其著《音学五书》，与富平李天生往复商榷；巽庵中丞辟上舍，日课诸生以郑注《三礼》、段注《说文》，诸生皆大笑之。而安溪李文贞公、湘乡曾文正公，至谓关中道脉久绝，文藻远逊江浙，朴学亦不数见，壹是姚姬传氏所谓义理之学、训诂之学、辞章之学，秦人几无与其列者。岂天地精英之气，尽泄于周秦汉唐而歇绝于南宋以后哉？

余常推求其故，颜习斋有言："一人倡之为学术，众人从之为风气。挠万物者，莫疾乎风，人之被于学也亦然。"陕西自横渠张子作《西铭》，由事亲之孝推事天之仁，以上接乎有子之传，蓝田三吕辅之。自是关中学者以礼为教，虽值洛党、蜀党、朔党角力争雄，而吕大防独戆直不立党，风气之开，有自来矣。明季阉祸滔天，韩城阎可升给谏奏称天下皆建生祠，惟陕西独无，以士皆守冯少墟廉耻之教也。清初李二曲征君，肥遁讲学，屡辟不起，传之鄠县王沣川，沣川传之武功孙酉峰，其时督部尹文端公、抚部陈文恭公、学使官公献瑶，莫不尊礼酉峰，多士翕然景徒，故孙门有十子之称。

嘉、道以还，学术亦多歧矣。盩厔路润生以一代著作才，归主讲席，然其教人，仍以不外求、不嗜利为治①心立身之本。回捻平后，书籍荡然，许仙屏学使创设味经书院，奏请城固史梦轩为之师，厥后长安柏沣西继之，咸阳刘古愚继之。而三原贺复斋讲学清麓，尤以恪守程朱，力斥阳儒阴释、似是而非之弊。士之达而在上者，若韩城王文端公、

---

① "治"，底本作"沼"，据《续修陕西通志稿》卷一百八十三《艺文志》郭蕴生序文改。

朝邑阎文介公，直节忠悃，名冠朝班，固皆由关中书院发迹。即穷而在下，授徒乡里，亦皆严义利之辨，审去就之分，挺然有不可易之操。至于著书立说，藏之名山，传之其人，则又欿然自下，不蹈标榜声华之习，盖其风气使然也。

惟是文章为天下公器，学术非一方可囿。太史公为文疏宕，颇有奇气，正以其行天下，周览四海名山大川，与燕赵间豪杰交游耳。且以文王之德，犹赖有人专为之疏附，先后奔走御侮。孔子之圣，有回而门人益亲，有师而前有辉后有光，有由而恶言不入耳，有赐而远方之士日至。韩昌黎为文起衰八代，尝作《龙说》以见志，诚虑夫莫为之前虽美弗彰，莫为之后虽盛不传矣。

乾隆朝诏开四库馆，旁求遗书，文澜、文汇、文宗之藏，均在东南，陕西僻处西北，士皆寒苦，无由远涉江湖，又无力自购书籍。虽关中书院主讲，叠聘名师如戴祖启、杨芳灿、蒋湘南、王家璧、黄鹏年，流寓如张澍、张裕钊、王闿运，而士或守一先生之说，媛媛姝姝，自以为得，充耳如不闻或闻焉而时过后学，艰苦难成。其成焉者，又无门生故吏、有气力者为之校刊遗书。即如蒲城王文恪公，死以尸谏，华阴李恭毅公出境剿捻，海内想望丰采，而章疏竟无从搜讨，其他穷愁著述湮没不彰者，何可胜道？

耳食者流，遂谓秦无人，此固由不党之节相习成风。而迭经兵戈水火，先正著作荡为冷风寒烟，致令斯文将丧，师道无传，亦后死者之大惧也。

云云，于陕西学风之关会处，颇为详确焉。

盩厔李二曲先生，自前清定鼎后，坚卧垩室不出，所著《反身录》，语语精萃，不愧程朱。后嗣式微，光绪间几不能举火，魏午庄中丞，为之置薄田数十亩，始免饥寒。按《郎潜纪闻》，国初孙征君讲学苏门，号为北学；余姚黄梨洲教授其乡，又往来胡越间，开塾讲肄，号为南学；关中之士，则群奉李二曲先生为人伦模楷，世称关学。康熙中，初以隐逸荐，后以鸿博征，皆称病力辞，自谓"不幸有此名，乃学道不醇，洗心不密，不能自暇所致"，遂杜门断交接，朋友诣之者绝不得见。一日，白昆山顾炎武、元和惠周惕至，倒屣迎之，谈谦极欢。一时门外瞻望颜色、伺候车骑者，骈肩累迹，几如荀、陈会坐，李、郭同舟，东汉风流，再见今日也。

富平李天生检讨性行伉爽，尚气概而急人患，一秉秦中雄直之气，生平与二曲交最密。天生宗朱子，二曲讲良知，各尊所闻，不为同异。亭林在山左被诬陷，天生走三千里，至日下，泣诉当路而脱其难。在都门尝与毛西河论古韵不合，西河利口强辩，天生气愤填膺不能答，遂拔剑砍之，西河骇走，当时传为快事云。

清乾隆元年，吾陕举博学鸿词科者四人，刑部右侍郎杨超曾举蒲城布衣屈复，陕西巡抚硕色举韩城廪生解含章、郃阳生员秦泾。户部尚书史贻直举富平廪生①田荃。

韩城王文端公杰，清乾隆二十六年进士。殿试进呈时，阅卷诸臣置公卷第三，高宗亲擢第一，盖公夙在尹文端幕中司奏折，高宗识其字体，尝蒙嘉奖也。前清吾陕人得鼎元自公始。公自通籍后至参政，握文衡者十二次，其间督浙学三任，督闽学两任，而丁未、己酉、庚戌四年之间，三充会试正总裁，尤为异数云。阮文达编公年谱，称公服官四十年，贫如为诸生时，有门生自外任归，馈金为寿，公曰："曩吾与若言何？如今受若馈，如所言何？"又海盐陈太守羡，精岐黄，官礼曹时，枢相和珅召令视疾，太守咨于座主韩城王文端公。公曰："此奸臣，必药杀之，否则毋见我。"太守谢不往。王方伯笃，文端孙也，清道光朝以翰林继起，出视蜀学，以伦理课其行，以经史文韵考其艺，而尤重默经一试，士之熟习十三经，皆得以自见，由是群力用于实学，盖本文端督浙学者节目也。任满，宣宗召对，以无忝尔祖勖之，天下咸谓文端有后。

蒲城王文恪公鼎，为清宣宗朝名宰相，长户部十年，综核出入，人莫能欺。管刑部，多所平反，先后谳狱九省，理重案三十余起，弹劾大吏，不少瞻徇，勘两淮盐务，奏上节浮费、革根窝等八条，并请裁盐务政由总督兼辖，淮纲为之一振。道光二十三年，河决开封，公奉命往治，驻工六阅月，糜帑少而成功速，皖豫之民，至今德之。还朝，值南京和议初成，公侃侃力争，忤枢相穆彰阿。（传当时争论正烈，公面斥穆为秦桧。宣宗曰："卿得毋醉乎？"公曰："臣不敢。"宣宗起入内。公摄上襟，上骤入□。）公退草疏置之怀，闭阁自缢，冀以尸谏回天听也。时军机章京领班陈孚恩方党穆相，就公家灭其疏，别撰遗折，以暴疾闻，事见《郎潜纪闻》。又云："余初入京，闻老辈言此事，犹以为未确，嗣见冯中允桂芬《显志堂集》，有公墓铭，称公自河上还养疴园邸，行愈矣，卒以不起，词意隐约，殆公后人讳言之？朱侍御琦记公事，亦言一夕暴卒，顷见孙方伯衣言所撰《张文毅芾神道碑铭》，首云：'子丑之间，海鲸波山，有臣一个，奋回其澜。'又云：'颙颙蒲城，深朕太息，闭阁草奏，忠奸别白，疏成在怀，遂缳一绝，或匿不闻，闻以暴疾。'则情事昭然矣。"

张文毅公芾，以咸丰甲寅罢江西巡抚，侨居玉山，著有《冰溪吟草》，首

---

① "廪生"，底本作"生廪"，误，径改。

列《广哀诗》四十三章，盖吊军兴以来，平生师友殒身寇难及江西死事。将吏之作，亦章皆以"呜呼"发端。首章云："呜呼！林文忠！"次章云："呜呼！李文恭！"诗虽止四十三章，然七章"呜呼！武昌城！"十五章"呜呼！石头城！"皆罗前多人，不限于一人一诗也。又七言古诗一篇，题曰："去年七月朔，予在南昌守城督战，奴子郑贵侍侧，与材官哈恩俱毙于炮，血洒予身，今一年矣。感而有作。"《郎潜纪闻》云："公力扼豫章，有功于东南者甚巨，是集表扬忠烈，激厉同仇，亦不朽千秋之鸿制也。其七古末段，人生忠孝数言，即异日以团练使身殉回氛之谶。"

有清一代，吾陕工绘事者，颇不乏人，然最著名者，泾阳李屺瞻氏念慈、三原张氏壶山，温恂纪堂氏仪，鳌屋路润生①氏德，其子小洲氏慎庄，皆以能画山水著。泾阳许子中氏时，以能画折枝闻，此外皆非绝技，偶一寄意而已。蒲城王注东氏沣厚，泾阳王星桥氏枢，长安石松岩氏寿贞、孔竹坪氏昭明，皆写花卉，为没骨法。其后起也，同治间三原有靳四宜氏通解，为倪、黄山水，醴泉宋芝田氏伯鲁，幼时尝从问六法焉。

许宫赞名时，字子中，号荔蔷，泾阳人，清咸丰庚申间，告归不出，以诗画自娱，写折枝秀逸天生，涉笔成趣，细至脂□指环，闺阁玩好，一经点染，香艳绝伦。生平矜惜笔墨，不轻为人著□。尝眠一妓，欲得公画者，必先赂妓，乃欣然赋色。褊急善怒，怒时必□动器，见人索画，不耐之，则益怒。或知其然也，先置窳者于几，令碎之，碎已，乃徐出精器，注五色，则欣然□毫挥洒，堵得天趣，其不羁类如此。吾秦自李屺瞻、张壶山、温可象，先后以山水得名，独许荔蔷以陈恽之笔，擅徐黄之胜，隐然与三先生树旗抗颜行，虽任伯年、张子祥辈蜚誉海上，工则工矣，其气韵不逮耳。

前记吾秦画家尚未备，兹又得八人焉。同州马贞之氏女吉，以画松著名，能为巨障，元气淋漓。富平翟平桥氏□著，写花卉竹石。（晚号平桥山，今西安东大街玉顺馆庄型闻有其画。）三原贺梅庵氏应祥，师温纪堂，又工指笔。临潼吕子玕氏申，渭南赵乾生氏元中，及其子稚乾氏保坪，长安龙云庵氏瑞，皆兼山水。云庵师温纪堂。蒲城苏子衡氏璇玑，善山水、花卉、禽鸟、草虫，又能用火笔于纸上作画，神气生动，亦绝技也。长安马冈千氏振，善花卉、白描人物，游京师成邸，雅爱重之。韩城张亦僧氏季繇，写松效马贞之，亦有苍郁之气。

醴泉宋重封，字晋卿，芝田父也，蚤岁蜚声庠序，其后□病，遂绝意进取。善画花卉，得恽草衣法，画法绝工，真书法率更，行书习王《圣教序》，得其神髓，一纸出，人争宝之。其时蒋小园氏若愚，亦工花卉翎毛，与重封相切劘，当

---

① "润生"，底本作"生润"，误，径改。

时吾秦写生家莫能尚也。时有武林一者，写折枝、人物，能写楼台界画，资以生活，其精能处，度越流辈，然殊乏士气矣。

吾陕汉唐故都，碑版林立，故京师贩石墨者，皆陕人。考核精详，耳食者不逮也。有杨华亭者，业此有年，熟于《金石萃编》《金石文跋尾》诸书，士大夫不能诘。郿县王仙舟、户部步瀛与之游，故仙舟所蓄诸石本，多可观者。

阚骃《十三州志》："秦长城，在蒲城东五十里，秦筑长城，是即堑洛也。"出《太平寰宇记》。张介侯澍曰："按高诱曰'桃林县西长城是也'，即此长城。长城起于临洮，止于辽东，东西万余里，燕赵岷兰，皆在其中，人知为蒙恬所筑，实其城不皆秦筑也，秦但补空使足耳。"《元和志》曰："开皇长城，自代之繁畤县北，经蔚州北十里入飞狐县。"又曰："开皇城起岚州合河县，经幽州，皆因古迹修筑，是前乎燕赵别有筑之者，史所不传。至章宗，又筑新长城，在静州之北，以唐古纠人戍之，则古昔之筑长城者，凡四矣。案，明代所筑，以限蒙古者曰边墙，自甘肃平凉县以上皆是，不曰长城也，今现存若长城，则半广为平地矣。"

赵武灵王筑长城，当在始皇帝之先。案，《史记》："赵武灵王北破林胡、楼烦，筑长城。自代傍阴山下，至高阙为塞，而置云中、雁门、代郡。"

二

宋代墨法

陆友《墨史》云：

> 苏澥，字浩然，武功人，自号支离居士，喜造墨，所制皆作松纹皴皮，而坚致如玉石。神宗朝，高丽人入贡，奏乞浩然墨。诏取其家，浩然止以十笏进，其自珍秘盖如此。人有获其寸许者，如断金碎玉，争相夸玩，黄鲁直所谓"廷珪宝墨出苏家"者，是浩然所作也。

据此，则秦中宋时已擅墨法。其后乃不传，而康浒《西邑志》亦不载澥名，故人无知者。又称：

> 沈存中括帅鄜延，界内有石油，然之，烟甚浓。其煤可为墨，墨光如漆，松烟不及，其识文为"延川石液"者是也。

据此则当时亦尝用石油以造墨矣，惜其法竟失传耳。

元代诗人

元代吾秦有诗人，而人不知。案，《困学斋杂录》云：

> 诗人撒举，字彦举，陕人。性嗜酒，工诗，客京师十余年，竟流落而死，有诗集行于世。今得逸诗数篇，信手录之。《无题》云："谁家金鸭暖梅魂，绣户春风半掩门。桃叶等闲留暮雨，梨花寂寞过黄昏。盘盘鸾髻堆云影，淡淡蛾眉扫月痕。常似谢家银烛底，凤凰钗影落瑶尊。"《记梦》云："千里崤函楚客行，关河西上铁牛城。申湖亭下月初上，召伯堂前草自生。十里杏园红雨暗，一条春水碧罗平。觉来半壁寒灯底，吹落风檐暮雪声。"《过沙井》云："沙沉石马废城秋，剑钺寒生古戍楼。平日只疑无蜀道，此行何处问荆州？山连海塞从西断，水界龙荒尽北流。一曲商歌才夜半，朔风吹雪满牛头。"《游香山》云："石栈天梯落日红，谁开青壁削芙蓉？扪参历井来何暮，佩玉鸣銮更不逢。僧去古潭云渡水，鹤吟清露月平松。世间骨相

谁潘阆？误打金陵半夜钟。"《送郭祐之》云："南口青山北口云，天涯何地又逢君。陌头杨柳西行马，画角三声不忍闻！"

按：撒举《省志》不载，亦不知何县人。

清季贤媛

秦中女教，自古昌明。姜嫄邑姜之助教翼政，皓乎不可尚矣，人莫能名，《三百篇》中二《南》以至《唐》《秦》，妇人之诗居多，固知女子之有姆训，师氏之自擅教法，洎乎班昭、孟光、韦宣文、苏若兰，或以学称，或以礼传，或以文艺为后世敬重。唐景龙间，上官昭容恒掌宸翰，至于幽求英俊，郁兴词藻，世称其能以大称量天下才，殆亦文人厄运之一拯挤也。五季以降，礼学大盛，女子以妇言不出为德，闺门之内，尽有工诗善读之才，恒不敢自标文名。有清末季，陕西创办女学，得富平贤媛仪光阁主为总教，继宣文之前辉，启今日之宏规，在当时实为不可多得，兹略述其梗概如次。

武淑，字怡鸿，亦号仪光阁主，陕西富平南舍村人，娴风雅，精绘事，工书能诗，适临潼吕子玕（申），清季任陕西省女子师范学堂监督兼教习三年，著有《仪光阁诗文集》及《诗画舫》等书。其八岁时《咏雪中梅》云："户外寒光逼，先生踏雪来。逡巡梅树下，咏絮愧无才。"盖当时即景命题，开口便佳。《咏史·梁夫人》有云："大敌当前偏自若，阵前合拜女之戎。"《郭汾阳祠墓》有云："缅想郭令公，身系安危重。拨乱反之平，实天挺梁栋。中兴恢宏业，单骑却虏众。功高主不嫌，保持自神用。"锤炼精警，风格老成，俨然须眉口吻，毫无巾帼气息。

《秋柳四首》云："条经霜信稷门深，如画秋容谱柳林。前度和风新燕语，只今斜日暮蝉吟。萧疏懒绾生离恨，憔悴难增起无心。欲问当时攀折客，一场春梦渺难寻。""秋光初泻泺源门，疏柳催人欲断魂。旧恨飘雪金粉地，新愁摇曳水烟痕。数声画角吹残照，一片寒鸦带远村。犹记深林莺转候，葱茏佳气换芳樽。""林角初添一味凉，顿惊秋意遍池塘。桥边浅黛含微雨，陌上新黄带晓霜。几日诗情留画舫，无多别绪转回肠。玉楼人醉今何在，独把垂条对夕阳。""韶华转盼易芳年，风致依依更可怜。醉眼慵开残照候，细腰还舞冷风前。几番幽怨传羌笛，一段离情付画船。来岁新恩沾雨露，自应呼醒汉宫眠。"幽思远韵，旖旎缠绵，神□之佳直欲上接新城矣。

《秋蝶四首》云："阅尽繁华色是空，秋芳犹胜几枝红。身轻怯□重阳雨，腰瘦难禁五雨风。旧梦犹寻金粉地，前身偏住绮罗丛。招毫欲赋祝英曲，惭愧诗才总未工。""秋深还著细罗衣，弱质娟娟侣伴稀。瘦逐狂蜂犹乱舞，轻随客燕尚斜飞。褪残薄粉腰念细,驮得余香翅觉肥。芳讯匆匆春易老,穿花拂柳镇忘归。""绰约霓裳百合薰,莫将倩影误朝云。滕王图上留真迹,谢客诗中忆旧文。雨冷犹寻三径菊,霜寒尚舞九霞裙。醉乡花事今留否,春色还应抵二分。""罗浮山上旧精魂,杨柳萧疏水上村。藏处欲迷芦叶溆,飞来犹傍菊花樽。轻身栩栩春初梦,舞态□□画里痕。一枕南华新睡觉,漆园风雨又黄昏。"雕镂精工颇饶神,使尤西堂为之,亦复何能独矣。

《为夫城南得吉壤》云:"四十年鸿案竟凄然,寻得牛眠别有天。韦杜风光收眼底,终南佳气荡胸前。一生文字萎黄土,半世功名散野烟。偕隐那知都是梦,好栽松柏望绵延。"景真而情挚,低徊无限。

其《尊经阁远眺》两首,大笔如椽,风格尤为高老。诗曰:"经毁阁犹在,声临无限愁。野云归大岭,秋色满高楼。一雨添山碧,双桥傍水流。语儿休浪咏,佳句要推求。楼影收天色,霜花与鬓同。秋高山更瘦,水浅润无穷。怀古留余恨,匡时愧此躬。瀛环千万里,谁识究苍穹。"

《过华清池》云:"云开绣岭望华清,旧苑林疏鸟自鸣。寂寂驱车山下路,晓风残月不胜情。"固有裴回无限之慨。而《题岳武穆传后》云:"填膺悲愤共难禁,机失中原寇已深。可惜长城终自怀,莫将半壁诿天心。"亦自不落凡尘。

又《咏四时田家乐》云:"谁谓田家苦,真乐充门间。邻翁告春及,耦耕同荷锄。青青麦苗好,一雨润如酥。昨夜鱼兆梦,今必饶菑畲。桃杏又新收,默缀真画图。人讶武陵源,岂意耕者居。""田家入长夏,千户侯不易。侵晨袖薰风,麦陇趋田事。卓午槐柳荫,坦腹卧平地。亩妇馌子嬉,忽道田畯至。明日宜登场,仓箱广储积。终岁不忧贫,乐天自得意。""秋光到田家,别有肃然趣。稻花当柴门,清香随水渡。晚饭罢吹玉,鼓腹话烟树。妇织儿扑萤,真乐即目遇。云阳会糕酒,莫患催租赋。国课已早输,共候报赛胙。""入冬田家息,既筑其场圃。妇子聚欣欣,一幅豳风谱。围炉笑话温,明日报田租。余乐洽比邻,羔酒不胜数。今年大作社,村巷阗然鼓。奚图利与名,此乐忘今古。"四首皆平淡直朴,叙次修洁,其佳处不减储太祝,令人不厌百读。

《文集》中《孟母》者及《西铭》诸解,理精词粹,援据确凿。史论各篇,皆深源立论,义正词严。知人论世,具有特识,论陈汤功罪处,亦复持平不相掩。《吕氏家塾书楼记》一篇,尤足见其胸襟,末段云:"关中初开女学校,吾忝膺师范,于今三载。浅陋之识,惧有不逮,将欲推贤自卸,归我家塾,集女子俊秀者,读书斯楼之下,朝夕研究,因才利导,务期实有心得,庶收效于万一。吾之素志也,尤愿巾帼之士,杰出者,同吾志焉,昌大吾学,于陕有光矣。"颇有尼山归欤之遗意,气息之厚,涵养之深,迥非流俗所能及也。

三

西汉时之机械

汉世崇尚工艺,少府有考工之室,随事又兴将作之官。故其制作,颇有极技巧机械之妙者,陵寝、舟车、宫室、天算之大者无论矣,即日用玩好,亦有奇巧可述。刘子骏(歆)《西京杂记》言:"初修上林苑,群臣远方各献名果异树……就上林令虞渊得朝臣所上草木二千余种。"仅其所记忆,李至十五种,桃至十种,所制美名,至于不可备悉。此虽为以天下供一人之特殊皇纲,然必可供世人繁殖之优种存乎其间。又言长安巧工丁谖者,为恒满灯,九龙五凤,杂以芙蓉莲藕之奇。又作卧褥香炉,一名被中香炉,本出房风,其法后绝,至谖始更为之。为机环转运四周,而炉体常平,可置之被褥,故以为名。又作九层博山香炉,镂为奇禽怪兽,穷诸灵异,皆自然运动。又于暑天作七轮大扇,连七轮皆径丈(《续博物志》作"尺"),相连续一人运之,满室寒颤。据此则二千年前已有巧于风扇,几于电扇之制作,先乎木牛流马之巧思。特用人力与用电力有别,且普遍与不普遍有不同耳。

千六百年前之制作家

《魏志·杜夔传》注:"时有扶风马钧,巧思绝世。傅玄序之曰:'马先生,天下之名巧也。为博士,居贫,乃思绫机之变。旧绫机五十综者五十蹑,六十综者六十蹑。先生患其丧功费日,乃皆易以十二蹑。其奇文异变,因感而作者,犹自然之成形,阴阳之无穷。居京都,城内有坡可为圃,患无水以灌之。先生作翻车,令儿童转之,而灌水自覆,更入更出。其巧百倍于常。其后人有上百戏者,能设而不能动也,先生受诏作之,以大木雕构,使其形若轮,平地施之,潜以水发焉。设为歌乐舞象,至令人击木鼓吹箫,作山岳,使木人跳丸掷剑,丝縆倒立,出入自在,百官行署,舂磨斗鸡,巧变百端。'先生见诸葛亮连弩,曰:'巧则巧矣,未尽善也。'言作之可令加五倍。"又患发石车敌人之于楼边,悬湿牛皮,中之则堕,不能连属而至,欲作一轮,悬大石数十,以机鼓轮为常,则以断悬石,飞击敌城,使首尾电至,尝试以车轮,悬瓴甓数十,飞之数百步矣。其机巧殆过于武侯之木牛流马。此虽间世一出,未足为普遍之征,然即史册所载,亦可知古人创造之能,无论何时,皆有所表现也。独惜古之帝王,仅资于游戏玩好之用,不能扩充使用于民生日用,故亦难乎为继耳。

三百年前之科学家

泾阳鲁桥镇，有所谓北堂者，王端节公葵心之故宅也。公殉国后，即葬于宅后，今俗呼为埋剑冢者也。光绪庚子，法天主教士侯思文，强指公宅为教堂，且指公宅上之铁十字为证。公后裔衰微，遂为霸占，常对南堂称北堂云。公生于明季，从其舅张湛川学，雅好奇器。十七入邑庠，读史见范文正公做秀才时便以天下为己任，辄慨然有意其为人。二十四领乡荐，入京师，得与徐文定、利玛窦等相友善，崇信耶稣教，学益深邃。值东事倥偬，广宁等处失守，即上"为奴氛日炽，人心动摇，敬请祈天固本，简要三事，以佐末议"疏，其国家民族思想，已溢于言表。故其殉国微旨，为清初著述家所讳言，以致湮没，仅以死闯了事。偶见《国粹学报》黄史氏所为公传，除推阐其奇器制作之外，又于殉国劲节，有所表章，爰亟录之，以备参考。其词曰：

  王徵，字良甫，又字葵心。陕西泾阳人，明天启壬戌进士。授广平推官。开清河闸，利济运输。起，复扬州推官。讲礼正乐，政刑清简，士民胥化，弗拜魏珰之祠。以边才荐，授登莱监军佥事，未阅月告归。米贼窜乱秦中，所过州县率被残掠。徵里居，倡立忠统营，屡出奇兵却贼，以故泾原一邑独全。自来中国多尚义理之学，而于制器尚象之旨，皆失其意，则以为奇技淫巧，而无与于形上之道。徵尝叹考工指南而后，宗工哲匠，弗传其术，而诸葛之木牛流马虽擅千古，后人亦弗克发明，乃制为虹吸、鹤饮、轮壶、代耕及自转磨、自行车诸器。未通籍时，每春夏播耕，多为木偶，以供驱策。或舂者，或簸者，或汲者，或炊者，或操瓶杖、抽风箱者。机关转捩，宛如生人。至收获时，辄用自行车束载以归。其所居室，窍一壁以通言语，每一人语于窍，虽前后相隔数十屋，悉闻之。（泰西德律风发明距今不及三十年，而徵时已解此理。）皆其心所发明者。及读艾儒略《职方外纪》，则慕乎多勒多城山巅运水之器，亚而几墨得一举手转运海舶之术，则爽然自失，曰："西儒所言，当不得妄，而何缘当吾世而一睹之也。"以是探赜索奇，思通其术。故当其未第也，就里中金四表者授泰西文字。既举进士第，补铨如都，则龙华民、邓玉函、汤若望泰西诸儒，方集都下，候旨修历。徵乃与诸儒游，举外纪所载质之，于是得窥西儒所著《制器图说》，而先从事于度数之学。尝述西儒之言曰："因度而生测量，因数而生计算，因测量计算而有比例，因比例而后可穷物之理，理得而后法可立也。"辛就邓玉函口授而译次之，其言曰：

"力艺,重学也。力如人力、马力、水力、风力之类;艺则用力之巧法,如用人力、用马力、用水力、风力之类,所以善用其力而轻省之也。盖此重学,其总司唯一曰运重,其分所有二,一本所在内,曰明悟;一借所在外,曰图籍。所正资而常不相离者,度数之学。(原释曰:造物主生物有数、有度、有重,物物皆然。数即算学,度乃测量学,重则此力艺之学。重有重之性理,以此重较彼重之多寡,则资算学;以此重之形体较彼重之形体大小,则资测量学,故数学、度学,正重学之所必须。盖三学均从性理而生,如兄弟内亲不可离者也。)所借资而间可相辅者,视学及律吕之学。(原释曰:夫重学,本用在手足,而视学则目司之,律吕学则耳司之,似若不甚关切者,然离视学则方圆平直不可作;离律吕学则轻重疾徐甘苦高下之节不易协,况夫生风生吹自鸣等器,皆借之律吕,故两学于重学实相辅而不可少也。)徵既发明重学之原理与支配其学之各科,又复演为图说,为"重解""器解""力解""动解"诸篇,而所最精者尤在"重解"一篇。曰:"重何物?每体直下必欲到地心者,是物之本重。(原释曰:本重者,如金重于银,银重于铁之类。)重之体,必定自有点线面形。(原释曰:内有容、外有限曰形。其中点为形心,有直线过心两边不出限者,为径线。形有二:一面形,一体形。)重之心,重系于心则不动。(原释曰:假如有重于此,以线系之,果在其心则不偏不动,倘不在心,则必偏且垂下矣。)每重各有其心,有直线过重心,不出两限者,为重之径;有重线过地心,交于地平作两直角者,为重之垂径。有重体不论正斜,皆有径线。从径线分破其侧面,即为重之径面。有三角形,从角至对线于中作一直线,直线内有重之心。有三角形,其重心与形心同所,求三角形重心。有三角形,每直线从过角重心到对线,其分不等,为二倍比例。有法四边形,其重心分两平分为径。有法多边形,其重心形心同所。平圆与鸡子圆形,其重心形心亦同所,求直线平形之重心。每多棱有法柱,其重心在内径中,每多棱有法体,其重心形心俱同所。有体求其重心。每重不在其所,则必下俯地心作正垂线。每体重之更重,必在重之心。重下坠,其心常在垂线。有重系空,或高或低,其重常等。每垂线相距,似常相等。(以上止明一重之理,以下又以两重相比言之。)每重径面,分两平分,有两体,其重等,其容亦等,为同类之重。同类之重,有重容之比例等。有两重,其容等,其重不等,为异类之重。重之类有二,曰干、曰湿。(原释曰:干如金石土木之类,不流者是;湿如水油酒浆或水银之类,能流者皆是。)

每干重系于直线，而想直线有两法，一无重，一不破。有重插于直线，或在上，或在下，但在垂线中者不动，否则必动而转下。水搏不得。水面平，有水在器，被迫则必旁去。天下水皆同类，有水之重，求其大。有定体，其本重与水重等，则其在水不浮不沉，上端与水面准。有定体，其本重轻于水，则其在水不全沉，一在水面之上，一在水面之下。有定体，其本重重于水，则其在水必沉至底而后止。有定体，本轻于水，其全体之重，与本体在水之内者所容水同重。有定体在水，即其沉入之大，求其全体之重。两水或重或轻，有两体同类相等。其重水与轻水之比例，即两体沉多沉少相反之比例。凝体在水，轻于在空，视所占之水多少，即其所减之轻多少。两体同类同重，但不同形，在水其重恒等。有两体，其大等，但一是凝体，一是流体，已有凝重求流重。有凝体、流体相等，已有流重求凝重。有凝、流两体之重相等，已有凝容求流容。有凝、流两体之重相等，已有流容求凝容。有两凝体相等，已有彼重求此重。两凝体重相等，已有彼容求此容。两流体相等，已有彼重求此重。两流体相等，已有彼容求此容。有两体容之比例，本重之比例，已有此重求彼重。有两体已有本重之比例，已有其重，已有此容求彼容。有两体已有其重，已有其大之比率，求本重之比率。其推论重心与夫凝体、流体之容重，皆吾国三百年上之创闻。要其所言，大率分静重学、动重学两类。其论制器十九条：曰度数尺，曰验地平尺，曰合用分方分圆尺，曰阖辟分方分圆各由一分起至十分尺，曰规矩，曰两足规矩，曰三足规矩，曰两螺丝转阖辟定用规矩，曰单螺丝转阖辟任用规矩，曰画铜铁规矩，曰画纸规矩，曰作鸡卵形规矩，曰作螺丝转形规矩，曰移远画近规矩，曰写字以大作小、以小作大规矩，曰螺丝转母，曰活锯，曰双翼钻，曰螺丝转铁钳。所用物六十六条：曰柱，曰长柱，曰短柱，曰梁，曰横梁，曰侧梁，曰架，曰高架，曰方架，曰短架，曰杠杆，曰轴，曰立轴，曰平轴，曰斜轴，曰舭轴，曰轮，曰立轮，曰搅轮，曰平轮，曰斜论，曰飞轮，曰行轮，曰星轮，曰鼓轮，曰齿轮，曰辐轮，曰舭轮，曰灯轮，曰水轮，曰风轮，曰十字立轮，曰十字平轮，曰半规斜轮，曰木板立轮，曰木板平轮，曰锯齿轮，曰半规锯齿轮，曰上下相错锯齿轮，曰左右相错锯齿轮，曰曲柄，曰左右对转曲柄，曰上下立转曲柄，曰单辘轳，曰双辘轳，曰滑车，曰推车，曰曳车，曰驾车，曰玉衡车，曰龙尾车，曰恒升车，曰索，曰曳索，曰垂索，曰转索，曰缠索，曰水庨，曰水杓，曰连珠庨，曰鹤膝转轴，曰风蓬，曰风扇，曰活辊木，曰活地平，曰活桔槔。

皆静重学一类。其论诸器所用二十九条：曰用器，曰用人，曰用马，曰用风，曰用水，曰用空，曰用重，曰用杠，曰用轮，曰用龙尾，曰用螺丝，曰用秤杆，曰用滑车，曰用搅，曰用转，曰用推，曰用曳，曰用揭，曰用坠，曰用荐，曰用提，曰用小力，曰用大力，曰用一器，曰用数器，曰用相等之器，曰用相胜之器，曰用相通之器，曰用相辅之器。诸器能力十一条：曰能以小力胜大重，曰能使重者升高，曰能使重者行远，曰能使在下者递上而不穷，曰能使不动者常动而不息，曰能使不鸣者自鸣，曰能使不吹者自吹，曰能使大者小，曰能使小者大，曰能使近者远，曰能使远者近。皆动重学一类。其妙乃至于用空，其神乃至于人飞，故其所言曰：省大力，免大势，解大苦，释大难，节大费，长大识，增大智，致一切难致之物，平易而无危险也。于戏！吾国言重学之源流，多导之墨子，曰：挈有力引无力也，动重学也。曰：翟之为车辖，须臾刻三寸之木，为任五十石之重，静重学也。《汉志》曰：权与物钧而生衡。衡运生规，规圆生矩，矩方生绳，绳直生准，是规矩准绳皆本于权衡，乃方圆平直之理。《九章》诸书言之綦详，而独不及于重学，岂久而失传邪？泰西重学，发明于亚而几墨得，殆即徵所向慕之人？然有亚而几墨得创之于前，而有千百如徵者求之于后，以故泰西近百年来，物质之进步，无一不资于重学。吾国则如徵其人者已不可多得，而当时以为曲艺，甚乃诋及西儒，以为仅资耳目而无与于君子不器。（见徵自叙）今有言徵者，举国将惊而疑之，且不知徵之为何人，大抵皆是也。悲夫！徵之言曰："学原不问精粗，总期有济于世；人亦不问中西，总期不违于天。"兹所录者，虽属技艺末务，而实有益于民生日用，国家兴作甚急也。于戏！若徵者，殆吾国之胡威立者尔。（胡威立，英人之精于重学者。著书十七卷，分静重学、动重学两大支。）徵又言曰："民生日用之常，渐有轻捷省便之法，使犹滞泥周通，似于千古尚象制器之旨，不无少拘，睹彼大圜轮，轮递转，匪一机以自辖，畴万象之更新，而顾为是拘拘者邪？"于戏！使后之人有如徵者，由重学而发明万汇物体物质之变，于此三百年间，吾国实业当不至痳败若是，而顾为是拘拘者邪？当是时，叶台山、徐元扈当国，以王佐才交章推荐，未获起用，而李自成陷西安，拘徵使效力，则佩刀自矢，不肯赴。闻京师失守，思陵殉社稷。李闯入关，据地而帝，乃设帝位哭于家，七日不食死。著有《两理略》《奇器图说》《诸器图说》《了心丹》《百子解》《学庸解》《天问辞》《士约》《兵约》《元真人传》《历代发蒙辨道说》《山居咏》诸集。学者私谥曰"端节先生"。

　　黄史氏曰：予读《明史》，于王徵仅一识其名而已。（附《祝万龄传》，只载殉国事，而他无所及）盖死节士也，然或以为死于癸未十月李自成之陷西安（《明季北略》亦云然），则徵之死，死闯耳。及读陕西志书，徵之死固在思陵殉国，李闯入关之后，徵犹得为位以哭故君。悲夫！徵以此才未尽其用，而乃不肯苟生，后之人不得闻其风，遂不能本其说而有所发明，则非徵之不幸，而中国之不幸也。后之人修史之罪也。当徵之时，唯物、唯心论未入中国，而徵之言曰"耳目有资，手足有资"，而心独无资乎哉。西儒资心之书，猝难究竟，其尚俟诸异日，悲夫！设徵不遇国变死，则其所以贻后世者，亦复何限！乃仅仅得此，而后之论之者，又谓其"荒诞恣肆不足究诘"（《四库全书总目》），诋之惟恐不力，悲夫！得之三百年上而不知宝贵，今始骇而求之，则晚矣，则晚矣！

　　相传徵里居时，以声学之理法，制奇器数事，置屋中，发其机，则突有千军万马声，自器生出，贼远来闻之，以为大军在此也，亟遁去。徵虽生与李之藻同时，而之藻专精算术，仅足为徐光启拾遗补缺，徵之所学，则在理化制造，所著各书，实有以挟力理之精而为利用前民之助，今之言新法制造未有以尚之，夫三百年前吾国有此绝技殊能，而绝学中淹，竟不能绍述而发明之，谓非后学之过也哉！

杨双山之生产教化

　　兴平杨双山，少从李二曲游。及长，益务实用之学，于身心性命、政刑工农、蚕桑畜牧、积仓祛盗，莫不穷竟本委以探究之。故陈义不甚高远，而多切于事情，简括而能见诸行故。所著《修齐直指》《豳风广义》即言农桑。晚年又自辟养素园，举蚕畜牧粪肥灌溉各事，躬亲实践以为乡人倡导。其《知本提纲》十卷，不独言农田，亦且言摄养言保卫，直与心身性命政刑合而为一。扩之可行于天下社会，约之可行于一国一家一身，均能执简要以驭繁细，大有"天下一家中国一人"之概。此种议论颇能注重合作精神。以今视之，即合教养卫合一之社会教育，固不仅一学人之讲学已也。言生产者，得其书而读之，当于足民富国之道，当有裨益。其《帅著章》中云："士则藏修储学待用，农则力田急公而四化。工商皆教职业，兵胥感尽其分。……官民各贸己功，男女顺修厥其，集谋并，共安天下之民，同心一得，互遂事畜之愿。或机理分司，或秉节剖符，或兴教化，或课农桑，或御外侮，或听内讼，或精稼于垄亩，或织任于机，或工作以备器用，或转运以通有无。……养政首辅乎教化，重计莫要于农桑。分性依形，衣食立生民之命，乘时利，农桑开衣食之原。……民心多观望而帅之则力，人情多因循而纵之则惰。劝课必立良法，专司宜委社长。……勤劳倍收者，奖赏以励之。周助睦邻者，题旌以醻之。重农抑末，区划总归务本。授时力作，督责不使失期。耗谷者勿许私造，妨田者莫听轻植。令甲限耕桑，明衣食不假外求。……驱游惰以归农，毋令滋犹。济衰残以官粟，感俾得所。拓土田时务开垦，厚民生豫筹积贮。……冰雹气发，即施震冲之机，虫灾初起，更严捕治之令。飞鸟野兽，均为民生之害。按期搜查，并加猎取之法。……城池堡寨，葺补毋令倾圮。舟桥道路，修理务便行旅。谨节用以理财，广树畜以厚生。虑农桑之失时，役使有节。防民力之不继，减征加恩。盖养民之善政，非言可述。惟守士之贤牧，相宜奏助。"

其《修业重农》有云："欲修四业（农工礼乐）之全，宜先知农务之要。……饥食寒衣，均关立命之重。男耕女织，并系复性之功。乃民生营营，各自谋其朝夕。即殊途纷纷，究同归于衣食。与其逐末于难必，何若返本于正途。返本莫要于王道，四农必务其大全。耕以供食，桑以供衣，树以所材木，畜以蕃生息。……倘生齿之日增，宜利源之大。……欲求足食之道，先明力耕之法。土脉异其宜，风气殊其致。……乘时力作，则食不困，失时胼胝，虽劳无功。人浮于田，短将之耕宜讲。家艰于食，掘区之功毋缓。此系耕道大法，要当随地斟酌。垦荒亦力耕之要，利器乃垦荒之本。……布种务欲其稠，立苗又欲其疏。……树肥毋过稠，稠则多秕。树硗毋过稀，稀则多枯。……雨湿莫用耨，草复生而地，日燥休停锄，土肥缓而苗长。……栽木须记南向，掘根最畏西风。……君知农，可以理天下；臣知农，可以佐治平；士知农，可以储经济；民知农，可以立身。"

其《工则》有云："民命非农不立，万事非工不成。……其目凡百，其纲惟四。身工有八，耕织针厨酿医商御。……物工有八，金木土石水火兽珠。……事工有四，书数兵刑。……色工有二，染彩绘画。……农工相资为用，养利各贸其功。……工有专学，不能尽举。爰述切要，惟凭自择。"绅绎其书内容与其门人郑世铎之注解，不但具体而详明，确乎非有科学常识不能，殆亦受西国人士布教中土者之传授。在当时虽未获申非廷，而在乡邑颇收景行模仿之效。清季杨宜瀚宰兴平时，曾为修葺专祠，印行其书，刘古愚先生又谓其书必获大用，惜迄今仍自皮架之用，可慨也夫！

四①

宋绍兴间,中兴宿将,世皆知张、韩、刘、岳矣。而于死中求生、百折不回之李显忠,则多不道及,盖皆受成败论人之暗示焉,呜呼!执此谬论,世将少奋起之士矣。今春视察至同州,偶游城南洛畔,忆李显忠计执撒里曷渡洛事,低徊流连于国难危急时志士英雄之处境也。因寻绎其本事,如次。

家世

李显忠,绥德青涧人,初名世辅,南归后赐显忠。年十七即随父永奇,出入行阵,金人犯鄜延,经略王庶命永奇募间者,得张琦。更求一人,显忠请行,永奇曰:"汝未涉历,行必累琦。"显忠曰:"显忠年小,胆气不小,必不累琦。"当与琦俱。有敌人夜宿陶穴,显忠縋穴中,得十七人,皆杀之,取首二级马二匹,余马悉折其足。庶大奇之,补承信郎,充队将。由是始知名,转武翼郎,充副将。

计擒兀术不成

金人陷延安(陕西肤施县),授显忠父子官。永奇聚泣曰:"我宋臣也,世袭国恩,乃为彼用邪?"会刘豫令显忠帅马军赴东京,永奇密戒之曰:"汝若得乘机,即归本朝,无以我故贰其志。事成,我亦不朽矣。"显忠至东京,刘麟喜之,授南路铃辖。乃密遣其客雷灿以蜡书赴行在,已而金人废刘豫,兀术以万骑驰猎淮上,与显忠独立马围间场。显忠戒吴俊往探淮水可度马处,欲执兀术归。俊还,显忠驰问之,为竹刺伤马而止。

谋归朝全家遇害

兀术授显忠承宣使知同州,显忠至鄜省侍。永奇教显忠曰:"同州入南山,乃金人往来驿路。汝可于此擒其酋,渡洛、渭(陕西地),由商、虢(河南地)归朝,第报我知,我当以兵取延安而归。"

显忠赴同州(陕西大荔),即遣黄士成等持书由蜀至吴,报归朝事。金元帅撒里曷来同州,显忠以计执之,驰出城,至洛河(大荔县南四里),舟船后期,不得渡。与追骑屡战皆胜。显忠憩高原,望追骑益多,乃与撒里曷折箭为誓曰:"不得杀同州人,不得害我骨肉。"

---

① 本标题原为"乡邦之光(四):死中求生之民族英雄"。

撒里曷皆许之。遂推之下山崖，追兵争救得免。显忠携老幼长驱而北，至鄜城县，急遣人告永奇，永奇即挈家出城，至马趐谷口，为金人追及，家属三百口，皆遇害。至死无一降者，一门忠义，固可以撑天立地。是日适天昏大雪，延安之人皆为泣下。

东奔西驰，不忘祖国

方显忠全家之被戮也，显忠仅以二十六人奔夏国。夏人问故，显忠泣，具言父母妻子之亡，切齿疾首，恨不即死。愿得二十万人，生擒撒里曷，取陕西五路归于夏，显忠亦得报不共戴天之仇。夏主曰："尔能为立功，则不靳借兵。"时有酋豪号"青面夜叉"者，久为夏国患，乃令显忠图之。请三千骑，昼夜疾驰，奄至其帐，擒之以归，夏主大悦。即出二十万骑，以文臣王枢、武将[①]啰讹为陕西招抚使，显忠为延安招抚使，时绍兴九年二月十四日也。

显忠引兵至延安，总管赵惟清大呼曰："鄜延路今复归宋矣，已有赦书。"显忠与官吏观赦书列拜，显忠大哭，众皆哭，百姓哭声不绝。乃以旧部八百余骑，往见王枢、啰讹，谕之曰："显忠已得延安府，见讲和赦书招抚，可以本部军归国。"啰讹不从，曰："初经略乞兵来取陕西，今既到此，乃令我归耶？"显忠知势不可，乃出刀斫啰，不及，擒王枢缚之，夏人以铁鹞子军来，显忠以所部拒之，驰挥双刀，所向披靡。夏兵大溃，杀死踩践，无虑万人，获马四万匹。西北男儿身手，迥不犹人。

高宗慰抚赐嘉名

绍兴九年，显忠揭榜招兵，为文书："每得一人，予马一匹。"旬日间得万人，皆骁勇少壮。又擒害其父母弟侄者，皆斩于东城之内。行至鄜州，已有马步军四百余。撒里曷在耀州，闻显忠来，一夕遁去。四州宣抚吴玠遣张振来抚谕，云："两国现议和好，不可生事。可量引军赴行在。"遂至河池县见玠，玠抚之，曰："忠义归朝，惟君第一。"从行使臣崔皋等六百余人，列拜庭下。玠又抚之，犒以银绢。诣行府，受告敕金带，除指挥使、承宣使。至行在，高宗召见，慰抚再三。赐名加赍，又赐田镇江。以崔皋辈充将佐。兀术犯河南，命显忠为招抚司前军都统制，与李贵同破灵璧县（安徽灵璧县）。兀术犯合肥，手诏以军与张俊会，显忠至孔城镇，与敌战，败之。兀术谓韩常曰："李世辅归宋，不曾立功，此人敢勇，宜且避之。"乃焚庐江而走。显忠欲追之，与死战，俊以奉旨监护，虑失显忠，遂各以军还。

[①] "将"，底本脱，径补。

志勇坚强，竟遭奸忌

太后至临安，显忠入觐，加保信军节度使、浙东副总管。显忠以熟悉西边山川险易，上恢复策，忤秦桧意。金使言显忠私遣人过界，遂降官奉祠台州居住。复宁国军节度使，升都统制。二十九年，金人渝盟，诏显忠以本部捍御。遣统制官韦永寿等以二百骑至安丰军，与金将小韩将军兵五千人，战于大人洲，败之。俄又增兵万余来，显忠率骑军出。自旦至午，气勇百倍，以大刀斫敌阵，敌不能支，杀获甚众。掩入淮者，不可胜计。

采石矶一捷，大摧虏锋

金主完颜亮犯淮西，朝廷命王权拒于合肥。权退保和州，又弃军渡江，和州遂失守。金主亲统细军驻和之鸡龙山，将济采石。诏以显忠代权，并命中书舍人虞允文趣显忠交权军，允文召诸将，勉以忠义，并宣布诏命。军中大喜，兴奋曰："今既有主，请死战。"于是有采石之捷。显忠退军沙上，得杨存中报，车驾至平江，可速进兵。显忠选锐士万人渡江，尽复淮西州郡。军至横山涧，与金射雕军战，统制顿遇重伤，韦永寿死之，敌兵败走。完颜亮乃切责诸将不用命。诸将弑之而还。是役也，显忠所将一万九千八百六人，行赏有差，以张振功为最。诏赐显忠五子金带，授显忠淮南制置使、京畿等处招讨使，擢太尉，宁国军节度使，主管侍卫马军司公事，赴行在。

不忘恢复，激发义勇

孝宗即位，赐显忠田百顷，兼权池州驻扎御前诸军都统制，节制军马。隆兴元年，兼淮西招抚使。时金主新立，山东、河北之豪杰蜂起。耶律诸种兵数十万，据数郡之地。太行山忠义耿京、王世隆辈，皆欲挈地还于朝。金惧，亟请和。显忠阴结金统军萧琦为内应，请出师自宿、亳趋汴，^①由汴京以通关陕，关陕既通，则鄜延一路，熟知显忠威名，必皆响应。且欲起其旧部曲，可得数万人，以取河东。时张浚开都督府，金人以书抵浚，欲修复旧约，且索海泗唐邓五州地。不然，请会兵相见。浚奏金人至秋必为边患，请及其未发制之。四月，乃命显忠渡江督战。出濠州（安徽凤阳）趋灵璧，命邵宏渊出泗州超虹县（泗县境）。显忠乃自濠梁渡淮，至陡沟（灵璧县南水），琦背约用拐子马来拒，与战，败之。琦复背城列阵，显忠躬率将士，力战，败之。遂复灵璧。王师入城，宣布朝廷德意，不戮一人。于是中原遗民，襁负归附者踵相接。

---

① 底本此处衍"由汴"二字，径删。

号令不遂致符离之溃

时邵宏渊围虹县未下，显忠遣灵璧降卒开谕祸福，金贵戚大周仁及蒲察徒穆皆出降。宏渊耻功不自己出也，又有降千户诉宏渊之卒夺其佩刀，显忠立斩之。由是宏渊与显忠盖不相能。六月，显忠兵傅宿州城，金人来拒，显忠败之，斩其左翼都统及首虏数千人，追奔二十余里。宏渊至，佯谓显忠曰："招抚，真关西将军也。"显忠信之，仍闭营休士，为攻城计，宏渊等不从。显忠引麾下杨椿上城，开北门，不逾时拔其城。宏渊等殿后，趣之，乃始渡濠登城。城中巷战，又斩首虏数千人，擒八十余人，遂复宿州。举寄居官刘时摄州事，捷闻，高宗手书劳张浚曰："近日边报，中外鼓舞，十年来无此克捷也。"授显忠开府仪同三司殿前都指挥使，宏渊益恶之。欲发仓库犒士卒，显忠不可，移军出城，止以见钱犒士。金帅孛撒自南京（开封）率步骑十万来，晨薄城列大阵。显忠亲帅军遇于城南，战数十合，孛撒大败，遂退走。统制李福、统领李保各以所部退避，皆斩以徇。翌日，敌益兵至。显忠谓宏渊并力夹击，宏渊按兵不动。显忠独与所部力战百余合，杀左翼都统及千户万户，斩首虏五千余人。俄增兵复来逼城，显忠用克敌弓射却之。宏渊顾众曰："当此盛夏摇扇于清凉，犹不堪，况烈日中被甲苦战乎！"人心遂摇，无斗志。至夜，中军统制周宏鸣鼓大噪，阳谓敌兵至，与邵世雍、刘侁各以所部兵遁。继而统制左士渊、统领李彦孚亦遁。显忠移军入城，殿司前军统制张训通、马司统制张师颜、池州统制荔泽、建康统制张渊各遁去。金人乘虚复来攻城。显忠竭力捍御，斩首虏二千余人，积尸与羊马墙平，城东北角敌兵二千余人，已上百余步，显忠取军所执斧斫之，敌始退却。显忠曰："若使诸军相与犄角，自城外掩击，则敌兵可尽，金帅可擒。河南之地，指日可复矣。"

宏渊又言："金添生兵二十万来，觇我军不返，恐变生不测。"显忠知宏渊无固志，势不可孤立，太息叹咤曰："天未欲平中原耶？何沮挠若此！"遂夜引军还，金人蹑之，至符离（今宿县）师遂大溃，是役所丧军资器械殆尽，幸而金世宗新立，无用兵之意，一胜而止，不复南侵，不然者殆矣。

善败不亡朝终不枉爱国之士

符离兵溃，显忠以军还见浚，纳印待罪。责授果州团练副使，潭州安置。后朝廷知其致之由，移抚州。乾道改元，乃还会稽，复防御使观察使、浙东副总管。赐银三万两，绢三万匹，绵一万两，提举台州崇道观。召除威武军节度使、左金吾卫上将军，赐第京师。上奇其状貌魁杰，命绘阁下，复太尉。乞祠，提举兴国宫，绍兴府居住。岁赐米二千石。淳熙四年，召赴行在，提举万寿观，奉请朝。入见，给真奉，赐内库金，再葺前所赐第赐之。七月卒，年六十九，赠开府仪同三司，予谥忠襄。

　　李显忠生于完颜亮大肆南侵之际，委曲立功，破家殉国，志复中原，颇为一时所属倚以成功者。而乃张浚、史浩既相竞于朝堂，宏渊又不服于关外，甚且中罹谗构，□遭废黜，此不待金兵之迫□□已有以早知大功之不能成。抑又有奇者，两将水火，始有符离之溃。然其事后安置，则显忠安置远州，宏渊仍为统制，罚失其平，固不闻浚之一语。离符一败，论者归咎于浚，固亦非深刻之论也。

五①

关中为汉唐故都，金石碑版，甲于天下，散见于乡邑者，固属不少，而碑林所藏，洵称美富，历代著录，如欧阳文忠公之《集古录》，赵明诚之《金石录》，毕秋帆之《关中金石记》，郭允伯之《金石史》，赵国屏之《石墨镌华》，褚峻之《金石经眼录》，孙星衍、邢树等之《寰宇访碑记》，王鲁泉之《关中汉唐存碑跋》，毛凤枝之《关中②金石文字存逸考》，总计无虑数十家。然皆代远年湮，按籍而稽，每苦不实，好古之士，往往望洋兴叹焉。且其书多为考伪订讹、搜辑目录之作，以之为专家研究参考则可，但未可以尽纵横包举、表示伟观、宣扬文化之能事，读之者不易兴奋。

会稽章实斋先生，有《观笔洞（即碑洞）歌》，不拘常格，古怪而奇，颇足为传播之资料。其词曰：

昔周文武开镐京，甲子昧爽观商兵。风旋雨洗一大定，告朝郊天作武成。王入成均祀先圣，文雍武肃交璜珩。锡范定鼎聚法物，重翻九译朝殊形。制兼三王乐六代，冠裳剑佩烂且盈。园池碧水香已远，岁久物化成精灵。影著四壁深入骨，变化离陆光怪腾。千形万状不可尽，揣见当日俨迫真。

或如大君当宁立，或如圣相司权衡，或如虎贲卫帐幄，或如槐序联公卿，或如傧相传玉帛，或如天上飘旗旌，或如祟鬼险恶露，或如妹妲妖艳呈，或如图训球玉贝，或如瑚琏与簠登，或如妖氛豁清靖，或如云物祥瑞升，或如开冕舞大武，发扬蹈厉奏九成。又如躬桓辑五瑞，明堂发令敕观听，千变万化势不定，左旋右转云霞生。

自汉历唐一千祀，都为太学居明经。藜照又昌相炳耀，更觉烟火离空青。迄今二千有余岁，日月愈久奇愈增。斗然一见诳不信，眩怪入目徒心惊。如梦古人不可诘，但从恍惚追神情。如见蛟龙不敢逼，苍茫直欲翻雷霆。春林花发游锦城，秋水沙净出断汀。雷轰电掣雨滂沱，斑驳诸谲气晦冥。宇宙大文不常著，璧府奏帝追六丁。顽锤大凿遭毒手，颉鬼夜哭蛟凤鸣。粗砂砾石投霸水，鱼龙骏战陂岸崩。至今宇宙留缺陷，地维南折天西倾。神奇臭腐相交化，厥理本不同坦恒。虹化黄玉星陨石，

---

① 本标题原为"乡邦之光（五）：砺岩粗沙投霸水！关中金石近如何？"。
② "关中"，底本作"陕西"，误，径改。

生舜又见流瑶瑛。剑化为龙人化剑，传说又化为列星。朝会明堂一散后，精气神怪留虚庭。本是烟云化堆垛，故应仍散为太清。

生既不获见当日，又值断削无文征。至今磊落相望者，恐是雷胎月孕凝。风雨中宵走雷电，惧亦鸿渐离高陵。为我致属深保护，即今文教方炽兴。

通篇五百二十五字，其造境造意，极恢诡之处，一能得汉谣风骨，画马神采，直可惊绝一切。其写石刻之古远，与摧毁之愤憾，颇有无限意味，好金石者，每有同情。

民国初年于右任先生有《赠李君春堂广武将军碑复出土歌》一首，亦颇肖之，其词曰：

宇内符秦碑，邓艾与广武。邓碑在蒲城。（邓太尉碑今在蒲城。）完如新出土。广武将军不复见，著录谓在宜君县，（《关中金石记》称在宜君。）碑版规模启六朝，寰宇声价迈二爨。僧毁化度鬼犹哭，雷轰荐福神应眷。七年跃马出山城，披荆斩棘搜求遍。老吏为言久无踪，前朝敝邑有悬案。窳斋学使驻征轺，雷霆万钧征邦宪。小民足茧山谷中，顽石无言留后患。又云上郡石理粗，日销月铄或漫漶。不然父老畏差徭，或埋或弃或掊断。自从改革兴兵戎，如毛群盗满关中。天荒地变文物烬，存者难保搜何功。我闻吏语增悲哽，仗剑归来结习屏。

李君忽出碑一通，部大酋大字完整。惊询名物何处来，为道新出白水境。（民国九年初，出土洛北古彭衙玉华宫。澄城雷君苇丞与赵子建移存纵目镇洛北高小学校。）出土复湮百余年，金石学者眼为穿。昔人误记后人觅，掘遍宜君郭外田。（余六年在宜君城外访寻一次。）

我与贤者离别久，持赠真如获琼玖。中夜绕屋起彷徨，疑似之际频搔首。世事新潮复后潮，知君身世恨难消。何堪回首添新泪，不尽伤心唱大招。凄其朋友余僧子，寂寞家山念鲁桥。吾闻至人在天下，入水不濡火不化。亦犹至宝藏山阿，千年出土光腾射。偶作无益遣有涯，莫抛心力务插架。松谈阁满学郭髯，敦物山高比赵大。君不见士礼居中宋一廛，拜经楼上元十驾。陶斋簠斋并散遗，天一结一近论价。云烟过眼有何常，出入半生我乃罢。老见异物复眼明，现身说法君休讶。

歌成为君更放歌，关中金石近如何？石马失群超海去，（昭陵六骏中之拳毛䯄、飒露紫，民国四年被盗，卖入美国费拉德亚博物院。）

宝鼎出现为贼讹。（王飞虎得巨鼎，与陆建章后不知去向。）慕容文重庾开府，（咸阳文陵复出土之《慕容恩碑》，庾信撰文，见《庾子山集》中。）道家像贵姚伯多，（耀县出土道家造像。）增以广武尤奇绝，夫蒙族人文化堪研磨。戎幕闻凄日色黄，西北秋老剑生霜。年荒时难人憔悴，岂徒掩卷悲流亡。珍藏半半楼中物，一一担挑换米粮。

两篇一虚写，一实写，比较之余，愈见实斋之议论，亦有匪夷所思处。而于歌则句句吐实，清澈无伦。末端之自说自解，与实斋之反复叮咛，又各自不同。

六①

武威张介侯澍，流寓长安，主持学术风会，考据词章，一时学者奉为圭臬，其诗中有《咏碑林》一篇，其历叙石刻品类同异、真广大小、存佚流传各节，虽推崇备至，而于学艺关会、指示后学处，亦丝毫不肯假借，其嗜好固异于他人，究亦学者之风度也。其诗曰：

三辅碑林天下闻，南人北客来纷纷。累月经年劳垂拓，不惜金钱买烟云。车载赢驮那知数，或藏或鬻或□分。何人穷搜鸠於兹，历代鸿生采遗文。

就中大者十三经，魏与汉体殊其形。唐宗孝经隶书媚，譬诸曹全尹与邢。大禹岣嵝字奇古，二杨解释孰蓝青。郭氏家庙多宝塔，鲁公笔力存典型。

凡百数十难更仆，光气常留日月星。我亦蹑步时追寻，参差磊落列如林。覆以长廊防剥蚀，是何人斯爱古心。小石椭庑嵌墙壁，论价何啻双南金。

所嗟近来赝本多，醴泉铭泐皇甫磨。描摹形似重镌刻，鱼目混珠谁辨讹。兼有大力偷之去，金海琳琅付逝波。

我欲更作金石录，赵郭（赵崡、郭允伯）二家勤披读。尚书（指毕秋帆）搜罗遍关中，遗漏二三有剩馥。车孝廉（月殿）补尤重恲，句脱字误盈行牍。迩者新出余三十，何尝一二手编续？

呜呼！好古之士世希逢，西平王碣邻河宗。（自注：西平王李晟三绝碑，在高陵城外，河流啮岸，碑将沉，余告于巡抚方保严师，移远二里许，覆以亭，碑赖以全。）濮阳令碑鹿原出，车挽到此留奇踪。（自注：隋濮阳令于君孝显墓碑，三原耕者于土中掘出，余属同年卢厚山抚军，移置碑林。）他日过此摩真迹，蛛网再扫看蛟龙。

长安杨种珊鼎昌，亦有《唐石经赋》一篇，其辨证开成石经与三体经石之渊源过程，均足为好学之士启其端绪，为耳食者痛下针砭。录其词以为参考。其词曰：

客有问于主人曰："夫未闻古今之秘者，不足以诩宏通也；未

---

① 本标题原为"乡邦之光（五）"，与上篇标题重复，笔者根据全书篇次改为"六"。

探经籍之源者，不足以资讲议也。仆尝过汉室之故都，考唐宗之旧治，访太学之规模，识郑草之载记，讵同岣嵝之碑，莫问崆峒之字。子亦尝睹近代之石经，而上溯开成之故事乎？昔唐文宗御极十一年，国家无事，海内时雍，君隆典籍，世笃元同，文风近古，经学斯崇，遂乃授儒臣之职，严考订之功，润色鸿业，宣扬皇风，垂一朝之巨典，羌道宏而化隆。于是郑覃乃申奏章、正学术，国子监壮其楷模，起居郎分其卷帙，文璀璨而瑰奇，势峻嶒而屹崒。既崭凿以周环，亦崒崿而特出。此石经之说，远宗乎汉庭；而石经之文，莫备于唐室也。"

主人闻之辗然而哈曰："嗜古徒肆其文，多闻而疑不阙也；读书不求其解，数典而祖已忘也。夫汉之石经，肇于中郎，备其法于三字体，纪其数于册六方。下逮梁魏，壤于冯张。崔光请修而未果，李郁受命而不遑，定武既迁于邺下，北周仍徙京洛阳，此其相去不知其几千万里者。夫何从因仍其旧，追逐其章？且子谓备于唐矣，然而辨字体者，讶其多乖；证旧闻者，讥其贻误。数十年来，名儒不顾，韩建筑城而后，委弃逾多；长安迁国以还。剥废无数。越宋代之迁流，赖大防之调护，刻小石于其旁，增后儒之补注。湮没者订其讹，残缺者完其固。斯时求其真面于庐山，盖半出近代之增修，夫岂属前朝之法度？子亦何穷经不化而未矢精心，泥古鲜通而徒循故步也哉？又或谓林甫所书，即其大略，不知彼之为经也，创于开天，留之秘阁。虽传十二篇章，未历更番雕凿。与开成兮何涉，将考证兮无著。兹则大学校之成规，经周墀之裁度，表以石碑，镌以镰锷，羌不辨而自明，更何须乎淹博？正不必扣盘以为钟，扪烛以为爚，误颜标于鲁公，洵无知而妄作也。"

主人之辞未终，客乃凛然意下，惧然情殷。盱衡而对曰："仆党清狂，无惑乎拘所见也；鄙人固陋，无惑乎囿所闻也。今闻吾子之言，行将研志邱索，悉心典坟。嵇帝王之纪，考金石之文。敢负通经之望，力祛俗语之纷。走虽不敏，庶几亲承乎匠石，而鼓舞于郢斤矣。"

七^①

近数十年来，秦中之工草书者，群推芝田老人宋伯鲁。一纸之出，人争宝之。其风裁峻整，修短纤秾，顿挫使转，抗坠疾徐，均能寓圆于方，并臻其妙②，左规右矩，精绝无方。唐文皇所称"烟霏雾结，状欲断而还连；凤③翥龙蟠，迹似奇而反正者"，于此老得意作中，可以见之。故说者以为能得二王神髓。然自命并不甚高，尝自称一生所作，不乖古人法度者，不过数种，对于王虚舟"右军而后无草书"之论，极端推崇，称为空前绝后。且与伊有针芥之投。尝云：

> 有清一代……多不善行草。其工篆隶，如孙、钱、邓、陈、张，皆极一时之选。然操笔为说帖，多不足观。由于不讲二王书法之故。或学问优长，点画之间有意致，然破体俗字，往往不免。此可以欺陋儒，而不可之慢书家也。翁北平行楷时叁分隶法，最古雅可爱。然偶尔作草，便多俗气，由习分隶而未尝究心于各种法帖也。王梦楼亦是以姿态胜，至行草则未能入室。董思白多野战，涉笔便俗。

此等议论，虽陈义嫌高，然能使写镇宅符篆之草书专家，瞠目不能下笔，亦可以稍式浮靡风气矣。惟生平评书持论，亦不尽如此。故又谓"赵吴兴为二王后一人"，以其能通六书之义也。尝云：

> 折卷盛行，执笔者竭平生精力而不能工，以木天名流，不能草一说帖。偶有好弄笔墨者，则满纸④破体（行草不遵古法，任意缠绕，亦谓之破体）。夫行草断连变化，（孙过庭去右军未远，颠师未兴格律，颇当严、徐。绳尺步趋，不失毫发。一波一磔，无不坚正。其书谱惟无变化，故不及右军。）皆有一定之法，赵吴兴谨守晋人规矩，不越累黍，乍视之，疑任意驰骤者，其实转换断续，丝丝入扣，特熟而化之耳。宋人苏、黄、米、蔡⑤中，独君谟于晋人为近。他虽能自出新意，不免去古愈远。试取吴兴书细审之，当憬然悟矣。

---

① 本标题原为"乡邦之光（六）：两个草书大家"，笔者根据全书篇次改为"七"。
② "妙"，底本作"抄"，误，径改。
③ "凤"，底本作"风"，误，径改。
④ "纸"，底本作"低"，误，径改。
⑤ "蔡"，底本作"菜"，误，径改。

近年汉中积铁老人王世镗（鲁生），既集前人汇诀，纠其谬而刻于南郑北四十里之宝峰山道院。详笔法之源流，辨体格之疑似，奇不失正，因必可宗。都计三十页，一千五百余字。读之者数日可记，习之者数月可通。既已为世竞传矣，后于二十二年仲春，又著文《论草书章今之故》，其分析对比立论之处，颇能指示后学认字门径，可与所集汇诀并寿艺林。爰亟录之，以供同好。其词曰：

草书之有章今，由于时代风气所致，其精神独到处，皆足冠绝群英，各适一途。谓互有短长则可，谓孰优孰劣则不可也。然今出于章，习今而不知章，是无规矩而强求方圆，未见其可也。石氏《草字汇》，搜罗虽富，不入章草一字，（见予所著《汇诀集字》，兹不赘）未免数典忘祖。盖不入汉儒之门，莫窥晋人之奥，此必经之阶段，其所由来者尚矣。

论者但以波磔章奏为言，未足尽其微妙。约而论之：初学宜章，既成宜今；今喜牵连，章贵区别；今喜流畅，章贵顿挫；今喜放宕，章贵谨饬；今喜风标，章贵骨格；今喜姿势，章贵严重；今喜难作，章贵易识；今如风云雷雨，变化无穷，章如日月江河，循环一致；今喜天然，天然必出于工夫，章贵工夫，工夫必不失天然。难作者如天马行空，虽险无怖；易识者如鸿爪印泥，至终不变。今适于大，章适于小；大适肘臂，小适指腕。今险而章逸，今奇而章偶。今欲速，速贵能留，留则罕失；章欲缓，缓贵能走，走则不滞。今收笔故抑，抑便就下；章收笔故扬，扬便截上。用意不同，取势自异。今多用之寻常酬答，章辄用之郑重文牍。所谓章草者，以草书用之章程奏事也。汉章帝诏章奏许用草书，上好下甚，遂成风气，观帝书是何修整，顾以下呈上而敢纵越耶？故其一种敬穆之气，流露行间，元非急遽可为。盖今草任笔兴所致，不害为佳；章奏必平心静气而为之，尚恐有失规矩而不易识，此根本上之殊点也。

《笔阵图》《书谱》疑之，然其言可借资考证。如羲之题后云："草书亦复须篆势，八分古隶相杂，亦不得急，令墨不入纸。若急作，意思浅薄，而笔即直过。唯有章草。"噫！此殆欲尊重今草波及章草耳。夫章虽欲急就，又岂得令墨不入纸耶？谓意思浅薄，笔即直过，亦非具体之论。抽象言之，浅近白事章程书，令人易晓，辄或有之，上奏可乎哉？或者谓汉时止有此体，《阁帖》《知汝》等书，在汉时不多见，为子敬、长史以虎贲作据，而张怀瓘《书断》乃云：章草之字区分，张芝变为今草，加其流速，上下牵连。则今草始于芝，而章草为古草矣。试观其一波三折，决非颠狂，一往直前之概可比，不唯长史不能到，子敬亦瞠乎望尘。不过此体书，不适于奏章尔。虽诏许用，必通行已久，人多能作易识，不则又岂可强致耶？晋人今草，虽不便章奏，然未有不本于章草者。假令彼时章奏许用，必不至于颠狂，盖祥金无能跃冶也。彼时已成为一种美术，人人矜重之，观止矣。至唐人止重晋书，少章草一层工夫，翻欲出奇制胜，故流于颠狂，不可矜式。有学识者，多致力于行书，唐则有颜真卿；开宋四家，而苏为冠，然偶作大草，每苦于无根底而失规模，少有能知其故者矣。

行书由唐至明清，亦云观止。欲外此三者，再别创一体，皆自困之道，不则野狐禅耳。故唐人有一种书，不章不今，意在兼取。字体一律，而不牵连；笔画一致，而无波磔。一字一笔，如绳盘旋，略无姿势。既非难作，又不易识，两失章今之旨。强欲自成一家，绝无精神可贵之处。类此者，皆由于不知其中层累曲折；稍用功力，便欲外古人，异前程，而奇觚一新。予虽不敏，思过半矣。不甘为时代所汩没，特感功力未至，乃病臂不任书，又因于时地，交通不便，少有同志供研究，而今老矣。尝有诗云："佉庐飞舞遍人间，片假亦从东海还。赴急原非无国字，汉章雅命令重颁。"意在斯乎！意在斯乎！既著《急就考正》，复为此论，非敢问世，聊示后昆，俾知所致力云尔。

此篇文字，不仅分别章今，鞭辟入里，且可使芝田老人之抽象议论，得以明白晓畅。合而观之，可以收益彰之效，宜乎一时争传，洛阳纸贵也。

选定陕西乡贤私议

薛祥绥 著

辑校说明

《陕西乡贤事略》和《乡邦之光》是民国时期陕西乡贤文化的重要文献，其提出了选定陕西乡贤的一种方案。此外，有学者对陕西乡贤的选定提出另外的看法，其中具有代表性的，是薛祥绥的《选定陕西乡贤私议》一文。

薛祥绥(1894—1940)，字伯安，又字博盦。陕西省西乡县柳树镇小丰村龙王沟人。1919年毕业于北京大学文学科，参加高等文官考试，以优异成绩入北京执政府国务院统计局任编辑，不久升任统计局秘书长。在任7年，先后被国立北京大学、私立辅仁大学和中国大学、平民大学等校聘为兼职教授，还担任陕南旅京同乡会兴办的宏文公学的校长。1928年北京执政府倒台后，应于右任之邀到南京，在法政学校任教。著有《修辞学》《中国文学史》《中国文学概论》。1931—1935年补充编纂《西乡县志》。薛祥绥厌恶世俗，嗜好读书、考证，尝穷究不舍，故一生心血尽消磨在故纸堆中。其诗文感情诚挚，韵味隽永，且长于剖理辩论，所著《论续修陕西省通志稿》(陕南旅京同乡会致陕西省政府主席邵力子书)，对通志指谬正误，无不切中要害，非精通史志的大手笔，是难以写成的。

《选定陕西乡贤私议》一文发表于《西北问题》1935年第2卷第15期第8—12页。为了展现当时学者对于陕西乡贤文化的不同观点，兹将该文选入本书并予以整理点校，以资学者参考。

魏　冬
2021年7月于西北大学关学研究院

民国二十三年夏，各省将有益于国家民族与人伦政治经济及有功国家之历代乡贤事略，照中学教科书体裁，择要编辑，以彰先哲芳烈。近阅报章，知江苏、安徽、河南等省，均已选定乡贤四十人。吾陕乡贤，是否举定，尚无所闻。爰就所知，选定六类乡贤，各加说明，列叙于次。

名德三人

（一）周公，姬氏，名旦①。邰（今武功县）人。
（二）郑朴，字子真，汉褒中（今褒城县）人。
（三）孟光，字德曜，汉平陵（今咸阳县）人。

（一）周公者，孔子向往之圣人。唐代以周公为先圣，孔子为先师，褒崇郅当。且周公有德有位，诚廊庙达官之典型也。
（二）郑朴，隐居谷口，乐道优游，硕德休名，朝②野钦慕。匪特独善其身，且能德化众庶，洵山林隐逸之良矩也。
（三）孟光，汉平陵高士梁鸿妻。择夫以德，不尚市道趋附势利，是其明也。庄敬守礼，不骄矜而奴其夫，是其贤也。荆钗布裙，怡然自得，不务奢华破家蠹国，是其俭也。偕隐山林，成夫之志，不徇俗猖披，丧夫清名，是其高也。五德具备，故能与梁鸿并传不朽。今当甫经国难、复兴民族之际，孟光实为摩登妇女之懿型。（摩登乃modern之译音，译义应为时宜。世俗所谓之摩登女子，则近似摩登迦矣。）今国妇女，胥应效法，不仅模范一省已也。

政治八人（附三人）

（一）窦融，字周公，汉平陵人。
（二）李固，字子坚，汉南郑人。案：李固墓及故里，均在今城固县境。
　　［附］韩休，唐长安人。
（三）苏绰，字令绰，北周武功人。
（四）李袭誉，字茂实，唐安康人。
　　［附］廉范，字叔度，汉杜陵（旧咸宁县，今并入长安县）人③。
（五）李泌，字长源，唐长安人。
（六）杨偕，字次公，宋中部人。

---

① "名旦"，底本作"旦名"，误，径改。
② "朝"，底本作"期"，误，径改。
③ "人"，底本脱，据本文行文补入。

[附]杨爵,字伯珍,号斛山,明富平人。

(七)阎敬铭,字丹初,清朝邑人。

(八)薛允升,字云阶,清长安人。

(一)窦融当天下大乱之时,独①能焕发雄略,保全河西,惠著边陲,民获安堵。见光武恢复汉业,即输忱来归,拥护中央,赞助统一,厥功甚伟。迨至入朝辅政,晚节无亏,体国公忠,卓尔千古也。

(二)李固以名相之子,负笈太学,刻苦自励,经明行修,名高海内。既而謇谔立朝,竭诚献替,登贤良,斥奸佞,政治几于澄清。后以奠安社稷,力争立贤,为梁冀所害。由是奸邪得志,君子道消,祸乱相寻,国祚遂斩。盖其身为当时之柱石,而系国家之兴亡。杨震、窦武诸公,未可同日而语也。

[附]韩休辅弼明主,躬当盛世,刺过格非,耿介特立。异夫巧宦庸流,堪称治世贤相。

(三)苏绰辅周文帝,经纬万端,革新政治,朝章教典,胥由厘定。风俗丕变,邦国以宁。

(四)李袭誉巡抚江南,懋著政绩。所得俸赐,分给宗亲,以余资写书。及归,惟载书数车。训诫子孙,致力耕读。廉明清正,教子有方,名宦准绳,俗气尽矣。

[附]廉范是孝子,亦善士。出守云中,匈奴不敢犯。迁蜀,郡民歌来暮。以之模楷循吏,执曰不宜。

(五)李泌具济世之仁心,富拨乱之才略,国难发生,慷慨趋赴。急流勇退,功成不居。忽然而来,飘然而去,气象博大,胸襟超旷,古今罕有其匹。

(六)杨偕为殿中侍御史,忠直敢言,不甘缄默,不惧贬窜,与孔道辅、范仲淹齐名。言官矩矱,贤哉斯人。

[附]杨爵与容城杨椒山齐名。嘉靖间,尽言尽职,不同仗马寒蝉。封事数千言,侃侃正论,不为危词矫激,如后生狂噪以要声誉。弹章谏草之正鹄,其在斯乎?

(七)阎敬铭崇尚俭朴,摈弃浮华。节不急之需,储巨量之财。欲以编练海军,争雄海上,保全金瓯,抵御外侮;远猷硕画,昭若日星。虽群小滋潜,功业未就,谓非国之先觉,夫岂可哉!至其综核度支,揭发底蕴,使国人明悉财政之利弊,尤足垂范后世焉。

(八)薛允升立身清正,节操凛然。好学覃思,精究法律。贯澈古今,浚发

---

① "独",底本作"烛",误,径改。

新意。著述繁富，非硕学通儒莫能窥其涯涘。奄有远西法学名家之风度，信乎政学兼擅之奇才也。

武功六人（附四人）

（一）张骞，汉成固（今城固县）人。

（二）班超，字仲升，汉安陵（今咸阳县）人。

（三）李靖，字药师，唐三原人。

（四）张仁愿，唐华州下邽（今渭南县）人。

[附] 张臣，明榆林卫人。

（五）郭子仪，唐华州（今华县）人。

[附] 戴休颜，唐夏州（今横山县）人。

（六）韩世忠，字良臣，宋延安（今肤施县）人。

[附] 刘绍能，字及之，宋保安军（今保安县）人。

李显忠，宋清涧人。

（一）张骞强力坚忍，勇于冒险，为汉武帝通西域，而经营大宛、康居、月氏、大夏、乌弋、山离、安息、罽宾、奄蔡诸国，骎骎乎直达身毒。以视哥伦布之发现新大陆，伋顿曲之开澳大利亚，立温斯敦之开阿非利加，未遑多让。综其事业，首建制服匈奴之策，创开欧亚交通之机，殊勋盖世，瑰异绝伦。论者称为中国古今第一奇男子，不亦宜乎？

（二）班超以书生投笔从戎，率三十六人横行西域，应机决策，以夷制夷。凡镇守西域三十一年，安集五十余国。又使部将甘英使大秦，直抵西海，绍张骞之徽烈，振汉族之声威，除千年之夷祸，雪屡世之国耻，懿欤盛哉！卫、霍勋名，不足道也。

（三）李靖娴习韬钤，步武孙吴。内则平萧铣，擒辅公祐；外则破突厥，取定襄，擒颉利。斥地自阴山北至大漠，雪当代之国耻；复勘定吐谷浑，肃清边患。暮年犹请从征高丽，气吞蛮夷，而忠正之节概，亦度越侪辈焉。

（四）张仁愿为洛州长史，盗不敢入境。继为朔方军总管，请乘虚取漠南地，筑三受降城，绝南寇路。城就，斥地三百余里，自是突厥不敢逾山牧马，朔方亦无寇，岁省费亿计，减镇兵数万。守边御夷之勋绩，不在李牧、蒙恬下也。

[附] 张臣由队长立功，累迁宁夏总兵，移蓟镇，进署都督同知，再历固原、甘肃。时诸部桀骜甚，经略郑洛不抵抗而主妥协。臣以为不足恃，上书陈八难五要，盖筹安边，不见纳，乞归。臣蹻捷，精搏战，好陷坚，徒不闻风先遁，以缩短战线自饰。善抚士卒，名著塞垣，为一时良将。

（五）郭子仪平安史之乱，再造唐室，继又破吐蕃，定京师，身系天下安危者二十年。功高天下而不矜，忠极人臣而不懈；富贵寿考，兼而有之。古今将帅，未有能及之者。

[附] 戴休颜，子仪部将，谕平党项羌以安河曲，封咸宁郡王，兼朔方节度副使，城邠州，功最，迁盐州刺史。朱泚反，率兵三千勤王，昼夜诣行在。德宗进狩梁洋，休颜留守奉天（今乾县）。拒李怀光，破泚偏师，斩首三千级。京师平，拜左龙武统军。尽瘁国难，足以风矣。

（六）韩世忠雄武超群，讨方腊，擒苗、刘，荡平内寇。及守镇江，以八千众与金师十万相持于黄天荡四十八日，兀术绝江遁去。后金兵结汉奸刘豫，分道入寇，世忠设伏突击，金兵大溃。中兴武功，推为第一。事关国家，流涕极言。锐意收复失地，抵排和议。诘奸相秦桧，明岳飞之冤。晚年退隐，雅有高致。模范军人，舍公其谁属哉！

[附]

刘绍能为保安军北巡检，击破夏兵于顺宁。夏人围大顺城，绍能为军锋，毁其栅至秦王川，邀击于长城岭。神宗熙宁中，又败夏人于破罗川，皆策，功最，累迁鄜延兵马都监。元丰中，又统两军进讨夏人。守边四十七年，大小五十战，神宗手诏称为"忠勇第一"云。

李显忠，父永奇，世袭苏尾九族巡检。显忠少有胆气，年十七，随父出入行阵。父为金兵所害，显忠奔夏，率号兵擒其害父母兄弟者，皆斩之。引军赴行伍，吴玠抚之曰："忠义归朝，惟君第一。"高宗劳赐再三，命为招抚司前军都统制。屡破金人，加保信军节度使，浙东副总管。每用兵，先计而后行，时称为真关西将军。

气节二人

（一）苏武，字子卿，汉杜陵人。

（二）颜真卿，字清臣，唐万年（清咸宁县，今并入长安县）人。

（一）苏武奉使绝域，患难迭遭，九死一生，含辛茹苦，历十九年而执节如故。全大汉之国体，致夷狄之钦崇。归居下位，执事靖恭，君子哉若人！卫律、李陵等之叛国徒，能不愧死耶？

（二）颜真卿天性严正，平生忤杨国忠、李辅国、元载、杨炎、卢杞诸奸党，拒安禄山、李希烈二叛逆。不降志，不辱身。数遭废斥，以至杀身而不悔。浩气充乎宇宙，劲节迈乎松筠，沧海横流，此其砥柱矣。

学术十人（附三人）

（一）程邈，秦下邽（今渭南县）人。
（二）司马迁，字子长，汉夏阳（今韩城县）人。
（三）班固，字孟坚，汉安陵人。
　　　　[附] 陈述，字申伯，季汉成固（今城固县）人。
　　　　　　 杜佑，字君卿，唐万年人。
（四）李育，字元春，汉扶风漆（今邠县）人。
　　　　[附] 台产，字国俊，晋上洛（今商县）人。
（五）智猛，晋新丰（今临潼县）沙门。
（六）何妥，字栖凤，隋西城（今安康县）人。
（七）王焘，唐郿人。
（八）吕柟，字仲木，号泾野，明高陵人。
（九）王徵，字葵心，明泾阳人。
（十）李颙，字中孚，号二曲、土室病夫，明盩厔人。

（一）程邈创作小篆隶书，于中国文字学卓有发明。而隶书趋于简易，其便利人群，裨益文化，尤非浅鲜也。
（二）司马迁创作通史，博大俊伟，牢笼百代，笔势疏宕，有奇逸之气，为散文之大宗。
（三）班固创作断代史，缜密谨严，沾溉无既。文词整炼，有渊懿之美，为骈文之大宗。

[附]

陈述博学多闻，撰《益部耆旧传》及志，为方域传记之名著，陈寿《蜀志》多资之。今轶文犹散见于群书，叙事肃括，论断明核，不愧良史才。陈寿亦有《益部耆旧传》，后世称引混淆。述之名遂不显，亟为表彰，庶几幽光永曜矣。

杜佑名德功业，亦甚崇隆。位尊年高，好学不倦。补刘秩《政典》，参益新礼为二百篇，蔚为体大思精之政治专史，后之《通考》《通志》诸书，皆望尘莫及也。

（四）李育拜博士，与诸儒论五经于白虎观。以《公羊》义难贾逵，往返皆有理证，最为通儒。

[附] 台产专京氏易，通天文数术，兼善经学。隐居商山，泛情教授，不交当世。

（五）智猛于晋恭帝元熙中，策杖西行，到华氏城，得《泥洹经》及《僧祇律》。东至高昌，译《泥洹》为二十卷，又撰《游行外国传》一卷。吾陕高僧众矣，若夫西游求法，宣教译经，则智猛实导夫先路。举之为宏扬佛法者之师表。

（六）何妥文才经术，名重当时。深通音律，辨析精微。隋文帝时，为国子博士。考定钟律，作清瑟调三声，又作八佾、鞞铎巾拂四舞。改定宗庙雅乐，绝学畴人，此其选也。

（七）王焘母有疾，弥年不解带视汤剂，数从高医游，遂穷其术。著《外台秘要方》四十卷，《外台要略》十卷。先论后方，讨论精明。古来专门传授之秘方，昔贤医药之著述，赖其搜集流传，至今可谓集古方书之大成者矣。

（八）吕柟于程朱派理学卓有心得，践履笃实，无讲学家务为高远转成空谈之习气。体用兼赅，巍然纯儒也。

（九）王徵神悟巧思，莫与伦比。撷取西法，多所发明。创制自行车、自行磨，已堪雁行诸葛武侯之木牛流马。至于虹吸、鹤饮之备旱潦，轮壶之传漏刻，水铳之灭火灾，连弩之御大敌，代耕之省牛马，因风趁水之不烦人力，其有裨于飞挽转运军旅农商，尤难备陈其利。所著《奇器图说》《诸器图说》，空前绝作也。如此奇侅之士，久经湮没，鲜有称道者，可不亟为表彰哉？

（十）李颙融合程朱陆王两派理学，极其精深，切于实际。折衷至当，客气一空。至其坚苦卓绝，肆射耿光，更能立懦起顽，针砭末俗焉。

有功国家一人

朱先照，字漱芳，号佛光，民国三原县人。

吾陕自清季以来，致力革命，有功国家者，后先辉映，难以数计。然求其言行并懿，群众景行，而无忝者，则朱佛光先生其著者也。且为于右任先生之师，近经国葬，公论允洽，故选之以慨其余云。

吾陕历代乡贤，济济称盛。今按旧制七府五州，依类抉择，务求谨严。（报载，江苏选乡贤，侧重江南，责难者已纷起。惟河南按旧制每府各列一人，较为平允。今师其意，亦按旧制府州分选，而人数则不限定，要以模范人物为标准。）必其堪作模范者，始为选列。凡选定乡贤三十人，附十人。（按旧制，西安府十九人，延安府二人，凤翔府一人，汉中府四人，榆林府二人，兴安府二人，同州府四人，商州一人，乾州二人，邠州一人，鄜州一人，德绥州一人。按民国初道制，关中道二十八人，汉中道六人，榆林道六人。）侨寓及籍贯难定者,俱不阑入。〔如蒙恬、萧望之、刘向、张奂、张载、吕大防等是也。报载,江苏选泰伯、仲雍(俱陕西乡贤),河南选史可法(河北乡贤),似于籍贯未加深考。〕古代帝王与夫微有瑕疵之士,亦所不取。(如王翦之赞助侵略,贾逵之不矜细行,马融、杜预之附权势,韦皋之骄纵酿乱,寇准之奢侈与不学无术,皆所从略。帝王如秦皇、汉武、唐太宗等,虽煊赫一时,然列为乡贤则不伦矣。报载江苏选朱元璋,未为得也。)以期名实允符,庶能表率乡里。且多列民族英雄,借以发扬复兴民族之精神。去取予夺,不无深意焉!惟是仓卒拟议,容有未妥,邃密商量,裁成定论,是所望于博雅君子矣。

第三辑 关学与陕西近代人物文献

陕西近代人物小志

曹冷泉 著

辑校说明

曹冷泉先生所著《陕西近代人物小志》，是有关陕西近代人物的一本极为重要的专著。曹冷泉（1901—1980），安徽颍上人，原名曹赞卿。1925年加入中国共产党，曾任东南大学党组织领导人。因被国民党通缉，易名冷泉到陕西任《中山日报》社社长及"西安各界讨蒋委员会"主任委员等职。后协助宋绮云创办《西北文化日报》。中华人民共和国成立后，先后任教于安徽大学、安徽师院、陕西师院、陕西师大。主要著作有：《关学概论》《陕西近代人物小志》《〈孙子兵法〉注》《楚辞研究》《〈文心雕龙〉浅注》《诗品通释》《文学教学法》《落英》。

《陕西近代人物小志》出版于1945年。关于《陕西近代人物小志》的编撰缘起，曹冷泉之子曹春芷说："据作者解放后讲，当时政治环境非常险恶，反动派要加害自己，同志们劝自己转移，迫于家庭经济一时难以行动，适值《大公报》西安分馆王淡如约他写一本书，他有意用古老的七言体特著此书，又用骈体文写了篇序言，写些国民政府政要人物以表示敬佩，把自己政治上装灰色些，企图暂时缓解冲突，但仍未起作用，第二年反动派即派特务来逮捕作者。"①

《陕西近代人物小志》于1945年由樊川出版社出版。原书包括自序、凡例、目录、正文、附录5个部分。正文分为理学（下有"烟霞学派"和"清麓学派"两类）、文艺、史学、事功、佛学5个门类，每个门类下面有小序，小序下面列入相应代表人物。附录部分收入曹冷泉所著《刘古愚哲学体系》及于右任所著《我的青年时期》（此次整理未收录附录文章）。书末有作者所著《卷后语》。目录与书中正文和附录略有不对应之处。

数年前，曹春芷收集父亲散见遗作并加以注释，编成《曹冷泉诗文集》，由当代中国出版社于2012年1月出版。其中收录有《陕西近代人物小志》中各个人物小志，但无分类，且题名为《咏陕西近代人物》，与原书相比，颇有不完之憾。故本次整理仍以樊川出版社1945年版《陕西近代人物小志》为依据，收入全文及相关附录，并对明显错讹做了校注，对旧式标点做了调整。因点校者学力有限，其中不妥之处，敬请方家批评指正。

---

① 曹冷泉：《曹冷泉诗文集》，当代中国出版社，2012，第25页。

自 序

渭水盆地为我国文化之故乡，今犹昔也。羲、文作《易》，爰启草昧，玄圣制礼，肇端文明。逮大汉之雄规，盛唐之伟业，巍巍长安，蔚为文化之天府。宋室继统，文化中心虽已东移，而横渠崛起渭上，遂立关学之宗。自是厥后，代有传人，踵武前征。沿丐来祀，迄今千载，而关学残膏剩馥，犹有存者，论者谓关辅一域，为中国理学最后残垒，岂不然欤？

海通以来，人竞新学，家宗欧化，东南各省得风气之先，始得突飞猛晋，灿然可观。关辅以僻处腹地，交通梗阻，欧式文化，未易感染，然古德绩学之士壁垒森严，保存固有文化于此古城僻野者，犹项背相望，未可以一二数也。

余来关辅，光阴荏苒，几已廿载，维时宋芝田、牛蓝川诸老犹健在，刘古愚、贺复斋诸先生谢世未久，因得饫闻其德音，或亲承其教泽，拳拳服膺之余，未尝不窃喜平生之有幸也。何图十数年来，诸前辈殂谢殆尽，余已苍然两鬓，垂垂老矣，闻道无期，益痛逝者！

嗟呼！时事反覆，戎马苍遑，乡邦文献，人已视为不急之务，诸老遗著行将化为野火荒烟，岂非憾事！今秋卧病樊川，每于夜午人静，缅怀诸古德风谊，辄寄悲吟，因得诗数十章，聊志祈向之私，非效汝南之月旦也。樊川诸友，劝附以诸老事迹及学说，以为来者知人论世之助，惟惧不贤识小蠡难测深，不足以隆诸古德也。且以作客斯乡，牵于俗务，见闻狭隘，缺遗实多，非有抑扬于其间也。尚望同好君子，踵事增华，庶于此邦文献不无小补云。

民国三十二年九月望日，于樊川寄庐

凡　例

一、本书原有传纪部分，于所叙人物生平行谊尚多记载，对于关辅文献，不无小补。惜以抗战期内，物质维艰，未能全部印出。

二、本书所志人物分理学、史学、文艺、事功、佛学诸门。非仿近年各省所辑乡贤志之体例也。

三、近代关辅人才虽未能远继汉唐，但亦极称盛焉。如刘古愚、贺复斋之于理学，张扶万之于史学，宋伯鲁之诗书画，陈伯澜之诗，李孟符之词，皆可传之奕世而不朽者，希望读者勿贵远贱近而轻之也。[①]

[①] 此句下原有"拙著《古愚哲学体系》已附录于后"。因不录该文，故删去此句。

目　录

一、理学

甲、烟霞学派

　　刘古愚　柏沣西　李敬恒

乙、清麓学派①

　　贺复斋　杨仁甫　王铁峰　白五斋　牛蓝川　张鸿山

二、文艺

宋芝田　王先洲　陈伯澜　李孟符　于右任　宋菊坞

李子逸　吴雨僧　王陆一　刘春谷　薛寿萱　冯友石

董佛丞　萧筱梅　王鲁生

三、史学

毛俊丞　张扶万　党晴梵

四、事功

井勿幕　胡笠僧　钱定三　郭希仁　朱佛光

刘允丞　王诚斋　王伯明　曹印侯　杨松轩

李仪祉　张季鸾　王幼农　王荫之　郭蕴生

五、佛学

印光大师

---

① "清麓学派"，底本作"青麓学派"，据《贺端麟文集》等改。全书如是，不再出注。

一、理学

关辅为理学昌明之区,自横渠开宗以来,世有渊源,迄未歇绝。至清季,演为清麓、烟霞两派。清麓学派远绍三原学派之余绪,其宗师为三原贺复斋先生,笃守考亭家法,最严门户之见。复斋先生曰:"三代以前,应折中于孔子;三代以后,应折中于朱子。"牛蓝川先生曰:"清麓学派,门户之学也。如拜客然,必认清门户,方不致误入别家。"其旨趣概可见矣。复斋受学于朝邑李桐阁,与芮城薛仁斋(名于瑛)、朝邑杨损斋称"李门三先生"。而复斋造诣尤深,其讲学清麓书院也,北方学者多从之游,或与之相通声气,如山西任安卿兄弟,山东孙仲玉兄弟,河南白寿庭、梁艮斋,朝鲜李习斋,其尤著也。在关辅从游最早者为谢景山、杨克斋、马杨村、王石城,世称"贺门四先生"。厥后有白悟斋、牛蓝川、寇立如及张晓山、张鸿山兄弟。今惟鸿山犹健在,传其衣钵。清麓之学,一本敬诚,笃守礼教,固有足多者,惟门户之见太严,且力反时代潮流,日持敬于所谓已发未发之间,不知今世是何年,而犹以身荷道统自任,可谓迂矣。闻近日清麓书院之师徒,皆古服古冠,日咕哔考亭遗言,诚不知其何说也。

烟霞学派以经世利民为宗,其宗师为咸阳刘古愚先生。古愚治学,力反门户之见,故于古今学派皆能博观约取,撷其英华,而自成体系。且能认识西洋科学文明之价值、时代潮流之趋势,更具满腔热诚,力行实践,以救时为己任,可谓一代之人豪矣。其讲友则为柏沣西、李敬恒两先生。敬恒天才横溢,惜享年未及四十,故影响于关辅学风者甚微。沣西学似永康,其笃实则未若古愚也。戊戌之际,康梁唱导维新,古愚亦遥为声援,惟维新失败之后,古愚高唱"民贵君轻"之旨,与康氏则殊异其趋,故古愚虽卒于辛亥之前,而西北革命之思想,实由古愚启迪之也。若其徒朱先照、郭希仁,皆为西北革命之巨子。惟古愚殁后,烟霞学派失却中心人物,其徒鲜能秉承其遗教,不无遗憾焉。

甲、烟霞学派 ①

刘古愚先生

古愚先生咸阳人,清举人,讲学关中各书院,于关中学风影响至巨。古愚之学体用兼备,巍然为清季之大儒。戊戌,康有为倡导维新,古愚亦为桴鼓之应,并信服康氏公羊之学。所著《尚书微》一书,亦公羊家之言也。时会移人,贤者不免,余曾戏题《尚书微》云:"维新政理演公羊,穿凿麟经肆诐张。咸阳总被

---

① 此标题原在"一、理学"之下,根据目录及全书体例调整于此。

南海误,《尚书》微旨细商量。"实则古愚学行之笃实,规模之远大,非康可比也。今虽不显于世,千秋后自有能识者。

皇皇大道体兼用,耿耿象尼时与中。
独截众流应世运,巍然百代振儒风。

柏沣西先生

沣西先生长安人,曾佐左文襄剿甘匪,旋归而讲学。沣西之学,外似陈同甫、王伯厚,而内以刘念台"慎独实践"为的。其教人极重事功,尝曰:"圣贤之学,以恕为本,以强为用,文章道德一以贯之。"又曰:"人有三大关,有一不能打破便非完人。三关者何?义利、毁誉、生死也。"

纵横意气陈同甫,莹澈心胸刘念台。
打破三关启妙悟,春风桃李烂漫开。

李敬恒先生

先生咸阳人,一捷南宫,即辞官归养,高风亮节,岂绝裾之士所可比哉!先生学极渊博,举凡天文、地舆、农田、方技、性理、经史、词章,无不研究。少与古愚同学,古愚之学,实由先生启之。其子孟符,以文学显于世。

绮年饱学惊词林,不慕青云慕白云。
莱眼斑斑归养母,萱堂春暖丽朝曛。

乙、清麓学派[①]

贺复斋先生

先生三原人,清季国内程朱学派,《清史》有传。先生生于中国巨变之际,唯闭门言心言性,无一语及于国计民生,富阳夏灵峰于此深致讥贬,诚非苛责贤者。但先生学行深醇,笃守礼教,俨然有圣者气概。其及门之士,亦咸能洁身自好,于此浊秽末世,诚有足多者。

复斋高节配前贤,笃守程朱壁垒坚。
寂寞空山谈性理,不知人世是何年。

杨仁甫先生

先生朝邑人,与三原贺复斋、芮城薛仁斋同学于朝邑李桐阁先生,时称"李门三先生"。少工诗文,见桐阁后乃潜心为性理之学。曾屏绝人事,读书于太华数载。嗣君克斋先生,亦能世其学。

杜门华麓事钻研,绕户白云对简编。
崷崪嗣君足济美,关西道统滋瓜绵。

[①] 此标题原缺"乙、",根据目录补入。

王铁峰先生

先生居朝邑铁镰山，因自号铁峰，又曾名其斋曰"祛疴"，以寓自砭之意。铁峰风度严肃，桐阁目为造道之器，盖亦李门之铮铮者。

为除沉疴痛自砭，诸缘就摄道心恬。

庄严贞固尘氛表，俯视浊流峙铁镰。

白五斋先生

先生高陵人，清翰林，官甘肃兵备道。清室既屋，解组归高陵，年七十自营生圹，九十始归道山。先生风度伟岸，而胸怀坦夷，为清麓门下高足。

此心已破死生网，世事一任牛马风。

生圹自营还自笑，抬头浩月正当空。

牛蓝川先生

先生蓝田人，为复斋弟子，而又师事白五斋。学行精粹渊懿，虽笃守考亭家法，其胸怀则似伊川，其天趣则似康节。先生诗极清丽，文则意态清穆，无语录家枯寂之弊。

蓝川气宇似伊川，清夷贞固复蔼然。

沂上春风汝南月，天机一片乐无边。

张鸿山先生

关学绵延千载，至今日已行将衰替矣。惟鸿山先生如灵光宝殿，巍然犹存，支撑清麓门户，但来学之士已寥如晨星。寄语先生，不应徒悲，道丧学绝，宜深思其故也。先生兴平人，现犹讲学清麓书院。

关西道统久式微，清麓弦歌声复稀。

怅望茂陵余一老，灵光仰企为依依。

二、文艺

关辅四十年来之文学，受青门萍社之影响者甚巨。该社巨子如谭西屏、万伯舒、方黝石、樊云门、李嘉绩、李勤伯诸人，率皆文宗六朝，诗学晚唐，更致力于金石书画，所谓文艺，雅士之学也。诸人于同、光之间，宦游此邦，杯酒论文，风流自赏，隐然为关辅文坛重心，一时舞笔弄墨之士，莫不仰声咳而钦余光。其时，如宋芝田诗文书画虽皆足表现其卓异天才，而其习尚及作风未能越乎青门萍社之畴范也。稍后陈伯澜诗宗遗山，李孟符词学梦窗，王仙洲参学唐宋，惟事清幽，于右任学放翁而参以新哲理，皆能不为青门萍社所囿，卓然有所树立。然斯时青门萍社之流风余韵，犹有存者。四十年来陕西画苑，秦子衡、司马绣谷，以客星争辉于前，其影响于画坛，不亚青门萍社之于文学，是后宋芝田、刘春谷二公继踵竞秀，芝田以神韵胜，春谷以骨力胜，蜚声艺林，国人共仰。至于书法，陕西以碑碣林立之故，观摩有自，故书法亦极称盛。若于右任之今草，王鲁生之章草，皆为国内圣手，有足以转移一世之风气者也。五四以还，陕西之新文艺，亦随全国潮流之振幅而涌进，新兴作家，自不乏人，吾将拭目以观其成也。

宋芝田先生

芝田先生醴泉人，清季官侍御，以同情戊戌新政，被谪戍新疆。诗宗中晚唐，以绵丽幽峭胜。字师雪松，画宗云林，澄淡秀逸，韵高意远，为晚清一大家。先生天赋极高，垂年八十，犹能作工楷，妩媚婉秀，无萧飒之态。尤精史学，所著《新疆建置志》，为乙部不朽之业。诗集名《海棠仙馆》，亦梓行。

　　　　海棠仙馆诗芊绵，花落平芜萦翠烟。
　　　　归老长安松菊冷，禅心诗意画中传。

陈伯澜先生

伯澜三原人，为烟霞草堂高足，才气纵横。维新失败后，意兴阑珊，胸中块垒，一寓之于诗。所著《审安集》，大抵远宗唐贤，风格略似元遗山。

　　　　审安风格嗣唐音，秾丽苍劲饶古芬。
　　　　哀怨声繁吐露少，郁如日暮数峰云。

王仙洲先生

仙洲先生郿县人，清进士，诗宗宋贤，幽峭清隽，颇似朱秀水，与清季盛行之江诗则有异也。

　　　　祧唐宗宋事清幽，模水范山纪盛游。
　　　　骨秀神寒真绝代，骚人遥在木兰舟。

李孟符先生①

孟符咸阳人,以参加戊戌新政被谪,落拓有年,晚归长安,寄食军幕。狄平子《平等阁诗话》,称其襟怀萧散,诗以俊伟博洽胜。孟符又工于词,为清季一大家。朱彊村所辑清季九家词,孟符《郢云词》亦列入焉。孟符并精史学,著有《春冰室野乘》及《国史读本》。

> 孟符才调何翩翩,乐府幽深诗丽妍。
> 百日维新温宿梦,春冰一卷记当年。

于右任先生

先生书法大气磅礴,秀韵天成,为当代第一枝笔。诗亦超脱尘寰,清新秀逸,更能融铸新哲理,而无生硬之弊。其风格在古人无可比拟之者,无已则略似放翁耳。吴雨僧《空轩诗话》云:"先生之诗以《民治园》二十首为最佳,以花草之色性喻英雄志士之怀抱,融合自然人事而又能表现自我。"

> 关辅骚坛久寂寞,髯公崛起振高歌。
> 淋漓大笔疑神助,慷慨风云呼渡河。

宋菊坞先生

先生长安人,民初曾一长陕政,颇有惠声。为人平易谦和,诗文逼肖其人。城南有别墅,颇饶花木之胜,为长安人士春秋佳日游宴之所,而先生岁时不一至也。

> 城南辟地结林亭,牡丹花丽翠竹青。
> 大好风光谁为主,闲愁园鹤自剔翎。

李子逸②先生

先生蒲城人,曾任陕参议会长。工诗,五律尤胜,沉郁悲壮,盖学杜而能得其神理者。今之参议,犹古之拾遗也,国破政乱正如天宝也。论者不能谓先生之诗,亦无病之呻吟也。先生卒于民国三十三年。

> 苦学杜陵五字诗,悲壮沉郁吐哀思。
> 拾遗何惯吞声哭,国破今如天宝时。

吴雨僧先生

雨僧先生泾阳人,少游学美国,于英美诗歌,造诣极深,今为海内此道威权。先生于中国旧诗好之甚笃,曾著《落花》二十首,以比兴之体,道天人之故,缠绵幽深,融哲理诗意于一炉,可称嘉构。

> 思密意周情更深,衷感缠绵说天人。
> 天人矛盾终难解,愁向落花问素因。

---

① "孟",底本作"梦",误,径改。下同。
② "逸",底本作"仪",误,径改。

王陆一先生

陆一先生三原人，才思绮丽，诗宗六朝晚唐，微嫌繁缛，亦才多为患也。不幸于今秋病逝，享年仅四十有七耳。

    才调风怀杜牧之，建安风骨六朝思。

    骖螭归去云天渺，玉宇琼楼合赋诗。

刘春谷先生

先生长安人，清孝廉，工诗文，尤精绘事。其山水确浑苍劲，如太华耸峙，骨力极胜。十五年西安围城，沪上艺术界纷传先生已饿死，湖社同人影印其作品，以为哀悼，不知是时先生尚在人间也。解围后，先生卒因饥饿困惫而云逝矣。先生为四十年陕西艺术泰斗，扶翼后进，尤具热忱。

    危城坐困日苍皇，涸辙枯鱼殉相将。

    难得西江一勺水，自磨残墨写潇湘。

薛寿萱先生

先生清官侍讲学士，民初曾主修《长安志》。诗文皆远宗六朝，尤工没骨花卉。家杜曲南，所居即杜牧之旧第也。殁亦葬牧之墓傍，九泉之下有芳邻矣。

    妙笔清才谁似君，万花纸上笑屫匀。

    九泉归去亦潇洒，长与牧之为比邻。

冯友石先生

先生长安人，少从日人松吕正登学画，尽得西洋绘画之法理，晚独嗜国画，尤心仪北宗大、小李将军。尝谓："吾国之画，南宗以情韵盛，平远山水，清幽林泉，固自可人。而画家之所贵者，在牢笼万态，岂能止寝馈于山水之中乎？未若北宗笔探自然之妙而无所回避者也。盖山水、人物、花卉、翎毛，皆造物灵态之所聚也，皆吾人绘画之材料也，故吾宁远师北宗，但吾不能囿于此也。盖图画为富有普遍性之艺术，最易受异国之感染，如吾国当六朝隋唐之时，印度之艺术随佛教而俱来，遂育成唐、宋画界之黄金时代。今西洋绘画亦堪为吾国画界之取法，吾人应欣然接取，以形成吾国画界之新作风。"友石今犹为五十壮汉，于西洋透视学及图案、油彩、水绘、素描等画，无不工习之，可谓好学矣。友石为人高赛淡恬，不慕声闻，执教各校，循循善诱，未曾以画干誉。显贵求画者，必拒于千里之外。吾亦病其惜墨如金，不能宏艺术之惠于斯世也。

    远师大小李将军，笔探自然奇妙文。

    邀我苦吟诗百首，纷纷挥洒作烟云。

董佛丞先生

先生名镇邻，字佛丞，家长安之杜曲。素贫，少学于薛太史寿萱，每于塾课之暇，辄背师榨花叶汁，用代丹青，学为绘事。一日太史见而谓之曰："图画之艺，可以怡情，可以见道。汝既爱好，可肆力习之。"盖太史亦精于丹青也。自是之后，太史即授以六法，日课无间。先生初学温纪堂，未有所获，继馆于咸阳李孟符家塾，李氏数世皆精鉴赏，收藏尤富。先生于教读之余，逐一摹临，工力遂进。后专学石谷，因得个中三昧，随意挥洒，皆饶有神趣矣。先生诗学晚唐，其幽丽处颇类宋之四灵，盖亦环境使然也。曾咏《孤鸿》二十八首，以寄身世之感，函吾家仲谦兄云："此诗神韵虽未足称，然皆吾胸中实感，或有古人未道之意、未遇之境，不知与屈悔翁四十首《干蝴蝶》为何如也。君许我为樊川老才子乎？"余因赠之诗云：

　　　　杜陵原下老诗翁，萧瑟柴门不禁风。
　　　　一段高情谁会得，苍茫独立吟孤鸿。①

萧筱梅先生

先生名之葆，栒邑人，清翰林，清季曾任云南考官，嗣官侍御，以劾弹宗室伊毂，其声震朝野。民国建立，即退隐三水之飞云洞，遂与决绝，不复出矣。刘镇华长陕时，曾竭诚备礼，敦其莅省，使者往返于道，迫不得已，始晋省一行。归时，刘赠之千金，却而不受，曰："吾山居，不须此阿堵物也。"刘赠以土布数匹，乃受之。盖先生平居不用外货也。

二十五年，某主陕，遣使至洞礼问，先生曰："吾前朝遗民，偷息人间，尚何有贡献于善变之君子乎？"使者固请，乃授之以《乐经》。据先生自谓："《乐经》久亡，此乃文平人先生得之于山岩者。"忆先生山居多暇，故为此伪经，聊以适意耳。吾闻三水多异人，在昔有文太清、文平人皆妙谈象数，孤高绝尘，先生可与之参矣。现先生年逾古稀，而矍铄犹昔。近闻陕北边区×××遣使聘先生为顾问，并厚贶贻。先生曰："某山居野人，不达政理，何堪备顾问乎？"先生所居之飞云洞，去栒邑北四十里，荒凉幽僻，下临三水，绝壁峭立，石蹬万级，幢洞盘互，盗匪多钦先生行谊，不相侵扰，闻先生不下山已十数年矣。

　　　　飞云洞闷绝嚣尘，泉石犹饶太古春。
　　　　中有前朝老太史，百端感喟寄哀吟。

王鲁生先生

先生原籍天津，晚年爱陕南山水之佳，隐居南郑者四十年，日以摹临碑帖为

---

① 此下原有一段文字："相见一笑，莫逆于心。先生老益贫，居杜曲东许王窑中，凄凉阴森，往往饔飧不继，非人之所堪者。而先生萧然自得，超然遐举，逍遥乎物外，曾无嗟老叹贫之态。迩来笃信净土，终日念佛，余尝与二三知好访晤先生，见其所畜猫犬摇尾献情，依依其侧，客来不警。先生亦爱抚之，如老牛之舐犊也。先生与客畅谈，品评古今，悠然意远，如魏晋间人，其衷情冲淡，天机清妙，又岂枯禅之徒所可比哉！先生现逾古稀，矍铄如四十许人。"

事，尤工章草，为当代书法之圣，而世人不知也。后于右任先生邀赴南京，相与研讨，遂于一朝闻名天下，今人竞习章草，皆先生之影响也。

石墨摩挲四十年，贯通神理忘鱼筌。

凌云健笔草书圣，惊鸾翔凤戏九天。

三、史学

清初顾亭林先生寄居华下，关辅之士，多从之游，其时若王山史、李天生，以考据之学相与切劘。惟自是以后，考据之学风虽披靡全国，而未尝一叩关门也。近四十年来，毛子林、毛俊丞父子，以经史小学教授关中，严守古文家法，壁垒森严，此一派也。清季刘古愚与康南海志同道合，刘门之士，多东学于南海，张扶万先生独传南海公羊之学，此又一派也。晚近新史学派喜以社会科学原理研究经史，邠阳党晴梵先生闻其风而悦之，因著《中国意识大纲》一书，此又一派也。

毛俊丞先生

先生之尊甫子林公精金石之学，其世父子静公工诗文，先生皆能传其学。先生祖籍江苏，至先生始著籍长安，老境萧条，言其所居曰"君子馆"。卒于民国二十一年。

　　西京硕彦称毛公，寝馈六经身困穷。
　　萧瑟蜗居君子馆，训诂不废旧家风。

张扶万先生

先生富平人，少从学古愚先生于味经书院七载，精史学，所著《司马迁年谱》及《鱼豢魏略补遗》二书，为史学巨著。所辑《关陇丛书》，于乡邦文献关系尤巨。晚从康南海治公羊学。先生为关辅四十年来最为博洽之士，不幸于昨年下世矣。

　　罗织旧闻补正史，搜求遗籍阐幽光。
　　先生自有千秋在，何事从人说公羊？

党晴梵先生

先生邠阳人，现犹健在，日埋首于寿世之著述。先生少富才华，慕稼轩、同甫之为人，关山戎马，历佐军幕，盾鼻磨墨，气吐风云，可谓先生之诗歌时期也。既而悔之，深自抑敛，读尽宋、明性理之书，著有《宋明儒学案补编》，以补梨洲①之遗。近年专攻社会科学，并以其原理著有《文字学》一书，以生产关系剖析文字发生之由，实为浺长梦想所不及，汇史学、字学于一编，诚不朽之著述也。近日更以科学之成果，铸金石甲骨之材料，著为《中国古代社会意识大纲》，此先生史学之时期也。其族兄天柱，历游南北，于船头驴背之暇，读尽二十四史，诗学韦、柳，清俊古淡，无愧古人。

　　承旨家风今尚传，关山戎马诗千篇。
　　华云百尺老堪卧，潇洒摩娑旧简编。

---

① "洲"，底本作"州"，误，径改。

四、事功

关辅四十年来,虽亦随全国局势日在巨变之中,而陕人所受痛苦,则较全国各省为尤巨也。盖陕西为西北革命基地,又当西北道孔,每有政变,必先波及。陕人对国家供献之血肉,诚多矣。如渭北各地革命运动于民初十余年间,始终与北洋势力相抗,遥为广东声援。其间如井勿幕、胡笠僧诸先烈,丰功伟绩,自足千古。而无名志士以血肉写成革命诗篇者,又何可胜纪也。至于社会事业,亦因诸先贤之努力,而在惨痛之中以迈进。如杨松轩之尽瘁教育,李仪祉之兴建水工,皆如古所谓以死勤事,以劳定国,能御大灾大祸而福国利民者,兹咸列于事功之门云。

井勿幕先生

先生少倜傥有大志,其见总理中山先生,年才十七耳。总理既以西北之党务相嘱,辛亥西都首义,实为先生领导之功。靖国军与先生任总指挥,不幸单骑误入贼窟,竟被残害,享寿仅三十有六,国人痛之!

　　头角峥嵘一少年,乘风破浪著先鞭。
　　奈何竟入豺狼窟,碧血千秋人共怜。

胡笠僧先生

先生气度宏伟,有远略。辛亥之役,不避险阻,运动新军,联络党会,奠植西北革命之基。首都革命,瓦解北洋,其功尤伟。传十三年,先生率师出关,与吴佩孚会于洛阳,吴拟加残害,先生行若无事,于坐上呼鼾就睡,吴轻视之,遂信而不疑。

　　气度深伟莫与俦,藐兹扰攘小诸侯。
　　森严戟剑洛浦会,垂首呼鼾轻敌酋。

钱定三先生

先生名鼎,白河人,少肄业陕西陆军中学,即矢志革命。尝自吟云:"顾瞻禹迹陆沉象,剑作龙吟眦欲裂。"激昂慷慨,不可一世。辛亥西都首义,先生实新军倡导人物。时同志拟推先生为大都督,先生为顾全大局,推张翔初以自代。西都光复,先生率军东征,到渭南,因部下与民团发生误会,遂及于难,年才二十有六耳。

　　首义西都壮古今,光芒一现将星沉。
　　荒江何处埋忠骨,常使英雄泪满襟。

郭希仁先生

先生临潼人,为刘古愚弟子。古愚以经世之学教授乡里,徒从遍关中,而能继承其精神者，惟先生耳。辛亥西都革命，先生筹划调停其间，厥功甚伟。微先生，会党豪帅，争权夺势，已瓦解矣。民七后，先生历主教育、实业、禁烟及水利诸政。时革命同志占据渭北等县，与省方相抗，因是对于希仁不免生误会。先生实鉴战争频年，地方凋敝①，欲献身以救吾民耳。而其高风劲节，如日月丽天，终不能为阴霾久蔽也。

利民济世原儒行，何计纷纭毁誉名。
固与俗流殊意趣，出山泉水自清清。

朱佛光先生

先生为明秦王后裔，晚年主各校讲席，涉口成趣，隐喻革命义理，故影响西北革命思想者至巨，于右任先生即出其门。

先生系出明秦王，九世复仇隐恨长。
登坛信口陈奥义，革命思潮借发扬。

刘允丞先生

先生富平人，蚤岁读书清麓，为贺复斋再传弟子，赋性刚毅谨严，貌清癯，器宇渊深，如清水一泓，孤松独秀。渭北革命势力与北洋相持多年，实先生为之主导也。先生精于兵法，于《孙子》十三篇，尤能发其奥蕴。

诸葛一生唯谨慎，子房相貌非魁梧。
胸藏兵甲逾千万，谁道先生一腐儒。

王诚斋先生与王伯明先生

两先生均扶风人，襟怀虽异，而节操则同。

纵论奇士逮三辅，应道扶风有二王。
伯明清怀淡霁月，诚斋劲节凛寒霜。

曹印侯先生

先生豪爽英迈，迥绝俗流，少为里胥，既而折节读书，尽通六经诸史。辛亥之役，立集志士十余万，号称"敢死军"，与甘军大战于凤、宝之间，英风震国内。

一代人豪家印侯，慕仁向义志千秋。
气吞河岳风云变，敢死军挥万兜鍪。

杨松轩先生

先生华县人，刚果沉毅，热心教育，其手创之华县咸林中学，为陕西最完善之学府。先生平生视学校为家庭，爱学生如子弟。陕西教育界、医学界多出其门下，其遗惠陕人正未艾也。

先生一去留清芬，飘缈少华作庆云。
岁岁春风催化雨，咸林桃李日欣欣。

---

① "敝"，底本作"弊"，误，径改。

李仪祉先生

先生留学德国，初习水利工程。郭希仁赴欧考查政治，过德，为言西北土地高炕，非兴水利，无以改造社会，福惠民生，遂改习水利工程。回国后，任教张季直所创办之河海水利工程学校，造就极宏。二十一年，回陕任水利局长，坚苦卓绝，根据自然社会之实况，实事求是，故所计划之各水渠，得逐步实现。故其所为，功德之伟，不下于李冰父子矣。先生平生好学不倦，于英、德二国文学及数学，造诣极深，尤可敬也。

　　　　八惠渠流功德水，平畴沃野禾穰穰。
　　　　三秦父老念遗爱，俎豆关中李二郎。

张季鸾先生

先生榆林人，少从学于刘古愚先生，嗣留学日本。归国后，即矢志从事新闻事业。先生为人精诚豪爽，故其持论严明平恕，足动天下之听闻，而转移一世之风气也。

　　　　秉笔大书唤国魂，精诚所至即名论。
　　　　凛然大义鸣天下，无冕之王谁与尊。

王幼农先生

先生三原人，为人明达精诚，风概凛然。晚年从印光大师，受净土业。平生尤关心文献，刘古愚、柏沣西两先生集，皆苦心搜辑梓行，有功于关学至巨。

　　　　佛心儒行两无碍，气宇风怀自皎然。
　　　　更好斯文千载业，三秦古德资流传。

王荫之先生

先生紫阳人，少负经世之才，因感其尊公误于庸医而亡，遂矢志研医学，以救世人之疾苦。垂年七十犹不自节劳，日应病者之求，卒以传染不治之症逝世，可谓以身殉道者矣。

　　　　苦心端为活人计，医国不辞垂暮年。
　　　　殉道精神千祀在，嗣君已将青囊传。

郭蕴生先生

先生清进士，历知湖北武昌、孝感、蕲州等县，长于政理，多谋善断。民国后归寓长安，虽无意仕进，但于地方公益、社会事业，无不挺身为之。十五年，西安围城，城内数十万军民，饥交寒迫，朝不保夕，时先生任商会会长，不避险阻，调护其间，活人无算。先生文词华赡，于历代田赋征榷制度尤了如指掌，曾与修《陕西省通志》。

　　　　诗书千载经纶志，松柏四时潇洒心。
　　　　好辩孟轲非得已，痌瘝在抱悲斯民。

五、佛学

陕西为我国佛教圣地。若华严、惟识、真言诸宗，皆发源于斯。今日相教陵夷，而古寺名刹，犹为高僧异人驻锡参禅之所。近四十年来，关辅释徒，业行深纯，足绍宗风而阐发教义者，当推印光大师云。

印光大师

大师俗姓赵，郃阳人，习净土宗，博通内典。圆寂后，全国缁流，尊为十三代祖师。

尘氛俗虑化如烟，乙乙烟生朵朵莲。

莲生十三忽寂灭，光明洞澈大罗天。

卷后语

本书校印将毕,忽奉某先生书,于本书多所是正。当覆一函,爰录于此,用作卷后语,并以志感云:

骄阳当户,午睡正浓,忽绿衣使至,递来华翰。借沈长者不弃,恳惠训诲,既感且佩。前岁之秋,病榻多暇,缅怀此邦古德,因吟诗数十章。樊川诸友劝附以诸古德传纪,用助文献之传,爰定名为《陕西现代人物小志》。今夏,诸友并出资印刷,某以盛情可感,即以稿本付之。后以印刷费太巨,仅印序录及附录二编,尚未及原书之半也。此书原分三编:第一序录,乃窃取《宋元学案》体例,叙述各学派及人物之特点,借示读者体要。第二传纪,叙述人物事迹,唯于并世健在之人,难得定论,未为立传,仅在序录中略叙其行谊而已。今印行之本,乃将第二编传纪全都割弃,故于过去之人物应详述者甚略,而于并世之人叙述反详,体例甚为不善也。第三编附录,原采录关辅近代重要文献数篇,以备参考,今已从略,仅印入《刘古愚哲学体系》及于右任先生《我的青年时期》二文。至本书所叙人物惟事功一门,以道德、事业为选择标准,余则本之学术以定去取,故所述人物,有前朝之遗老,亦有今世匹夫焉。

更有数事,愿借此一商:

一、某以为于籍贯问题,似宜从现行法令,不宜存过去封建观念。故此书未列流寓一门,即将王鲁生及毛昌杰二先生列入秦籍。二先生生活于秦者数十年,庐墓于秦,长子孙于秦,谓非秦人诚有不可者。于右任先生铭毛先生墓,即称毛先生为长安人,今长者竟谓:"毛先生经学大师,文章宗匠,秦中不敢有此人,此固扬州甘泉籍也。"长者恐有失察矣。

二、此书所录人物,诚如长者所谓,"有事功未足为昭著者"。但理学、文艺、史学、佛学诸门,其学皆有足称,非吾后辈所宜非议者。计文艺诸门所录人物,《清史》有传者二人,省志著录者二十余人,唯于右任、李子逸、王陆一、吴雨僧、冯友石、董佛丞少数人未见志乘著录。然于、李诸先生之诗,冯、董两先生之画,诚有足称者,想亦为长者所嘉许乎?

三、长者来书谓宜加入晏海宸、宋相臣、李襄初诸先生,诚有高见,倘有再印机会，当遵长者之教。惟此书所遗人物尚不止此数人也。

昔文中子教授河汾之间，唐初将相多出其门，而新、旧《唐书》皆未为之立传，然并未灭其千载之声光也。某区区此书，无异野史稗乘，虽可为一时谈说之助，终当为他日覆瓿之用，长者不必以为有遗高贤而耿耿也，谨覆。

第四辑 关学与陕西文化精神文献

陕西的文化与精神

杨觉天等

辑校说明

在党晴梵等先生的影响下,陕西出现了一批从历史与文化的视野研究和探讨陕西精神与文化的学者。他们有的主张从文化上研究陕西;有的对陕西(或者西北)文化的发展趋势做了探讨;有的对陕西文化的过去做了总结;有的紧密结合时代,概括陕西精神,主张发扬陕西精神。在这些研究中,关学已经不是独立的道统谱系,而是作为陕西精神文化的重要组成部分,融入到整个陕西的精神文化历史中。这种用文化的视域、历史的眼光来研究陕西精神文化的趋向,表明关学在走出理学之后,作为陕西文化的重要组成部分,仍得以延续、提升和弘扬。我们精选了一部分具有代表性的论述,题名为《陕西的文化与精神》,以彰显关学得以延续的时代特点。

这里所选入的内容由 7 篇具有代表性的论文构成,分别是:杨觉天发表于《西北问题》1933年第1卷第2期的《由文化上研究陕西》,陆宗韶发表于《西北论衡》1938年第6卷第14期的《发扬陕西民族精神抗战》,姚维熙发表于《西北研究(西安)》1940年第3卷第1期的《论陕西精神》,张其昀1943年7月发表于《西北大学陕西同学会会刊》的《陕西精神》,蒲宁发表于《西北研究(西安)》1943年第6卷第5/6期的《论西北文化》,张联元发表于《力行(西安)》1943年第7卷第1期的《论西北文化之发展与归趋》,贺学恒发表于《读书通讯》1948年第155期的《陕西人文述略》。这 7 篇论文都具有强烈的时代气息,都和文化救国、民族抗战、开发西北等时代事件紧密相关,又都聚焦于陕西,具有一定的地域文化研究特点。对于文中个别具有时代政治倾向的语句,这次整理时一并予以删除。

魏 冬
2021年7月于西北大学关学研究院

由文化上研究陕西

杨觉天

文化发源地

中国文化发源于黄河流域，陕西其著者也。吾人祖先自西徂东，陕西为必经之路，当其占领时，首先著重开发，为时既久，开发愈多，吾人日常生活必具之条件，皆赖祖先经验之累积，由创造而改良，渐渐普及于未开化之地，因而统治之，此周秦汉唐之所以威震殊俗也。尝考陕西能发生文化之原因：第一，气候温和，既不奇寒，又不酷热，最适于人类之生活；第二，土脉肥沃，厥土黄壤，厥田上上，最适于农业之经营；第三，幅员辽阔，关中平原，沃野千里，最适于人口之繁殖；第四，河流错综，泾渭交流，八水环绕，最适于交通之利用。有此数因，陕西遂成为中国之文化发源地。

儒经与佛经

陕西在中国文化上发明之著作甚多。如《周易》为儒教研究哲学最早之书，其中《彖》为文王所作，《象》为周公所作。又如《尚书》，颇似政府公报性质，为后世史家所宗仰。韵文如《诗经》，大部分为陕西人所作，在中国文学上极关重要。法典如《周礼》，为中国历代政府所遵守，其中六官制度、阉人制度，至清末始废。（现闻溥仪又招阉人随侍矣！）至于佛教经典，如后秦姚兴时代鸠摩罗什所译诸经，唐太宗及高宗时代玄奘所译诸经，均在长安完成，今之研究佛教哲学者，莫不盛道之。

制度与规章

秦始皇统一六国后，废封建，置郡县，是为中国政府中央集权之滥觞。孟子所称周代井田之法，宇文泰当国时代，摹仿周制创行于西魏，至唐初法乃大备，是为中国实行均贫富之良法。近世欧美列强所行之征兵制度，首创于西魏，推行于北周，唐初加以修改，益臻完善，皆出自陕西人之手。至于汉高入关时之约法三章，今日最时髦之宣言标语，亦不过如是！

建筑与发明

周之灵台、灵沼，秦之阿房宫、甘泉宫，汉之上林苑、昆明池、长乐宫、未央宫，隋之芙蓉园、大兴宫，唐之禁苑、东内苑、太极宫及华清宫等，莫不著名于世，较之圆明园、颐和园等，实有过之无①不及。至于帝王陵墓、祠宇寺观之多，尤非中国任何省区所能比拟。而历史上最著名之万里长城，其工程之浩大，实为空前绝后之建筑，发起人为秦始皇，监工员为蒙恬，工程虽未尽出于陕西人之手，实陕西人之心血所造成。又世界之最大发明，如指南针，如拱门，陕西人固与有荣，而蒙恬之笔，尤最有功于中国文化者也。

文化大衰落

陕西在文化上贡献，最著者已如上述，且关中大儒，代有闻人，宜其文化不至衰落矣。不料楚人一炬开其端，五胡之乱、安史之乱继其后，吐蕃东侵，金元南下，李闯之大搅大乱，河山均为之变色，文化焉得不逐渐衰落？近如镇嵩军之围城，西北连年大旱灾，关中文物，毁灭殆尽，现并专门大学亦无，无怪戴某讥我秦陕为野蛮之地，应加犬旁虫旁以形容之！数典忘祖，天何言哉！

衰落之原因

关中三十年一大旱，十年一小旱，历史所载"岁大饥，人相食"之事，陕西最多，其故由于滥伐森林，不知培植，致缺雨水；民食既艰，农村破产，救死不遑，奚暇建设。此其一。中国内乱最频繁，陕西为军事必争之地，四方外族，屡相侵扰，官吏既以五日京兆存心，人民复在得过且过着想，对于文化，不肯积极研究和整理。此其二。汉唐建都，全力经营，故有相当成绩，自隋开运河，首都移往东南，陕西僻处西方，无人注意，旧有文化，逐渐退步。此其三。陕西关山阻隔，交通不便，货弃于地，从未开发，行旅既感困难，经济又不充裕，历代精华，又无荟萃之所，供人研究，穷困之余，只有盗卖古物一途，年捐亿万，宝藏尽失。此其四。近代掌陕西政权者，绝少伟大人物，或出身草莽，或出身抄胥，与谈文化，无异弹琴，此所以斯文扫地矣。

复兴之条件

陕西为西北重镇，且为吾国文化发源之地，欲谋复兴，第一须中央有救济西北及开发西北之决心，第二须政府有改造西北政治建树西北国防之毅力，第三须实业家有踊跃投资竭力经营之勇气，第四须人民有保存固有文化发扬西北文化之觉悟，然后始可奠国基于磐石，期文化于将来也。

---

① "无"，底稿作"如"，误，径改。

发扬陕西民族精神抗战

陆宗韶

我中华民族固有的民族道德和智能，是举世著称的。陕西的民族精神，在目前抗战的阶段上，尤其富有适应环境的价值，今试分别列举如下。

一、勇敢的精神

陕西人最富于勇敢性，代表这种民族精神的是东汉之班超。超是扶风平陵（今咸阳东北）人，生于东汉建武间。少有大志，轻细节，居家常执勤苦，随兄固至洛阳，佣书于官以养母。久之，除为兰台令史，复坐事免官。永平十六年，奉车都尉窦固出击匈奴，以超为假司马，将兵别击伊吾，战于蒲类海，多斩首虏而还。窦固以超有功，遂命超以假司马将三十六人出使西域，首至鄯善。鄯善王广待超礼敬甚备，后以匈奴使至，礼忽疏懈，超乃部署从者三十六人，夜袭虏营，虏众惊溃，超手斩虏使。翌晨，召鄯善王广，示以虏使首，鄯善震怖，超因晓谕，告汉威令，鄯善纳子为质，西域之孔道遂通。是后超发兵以次击降于阗、疏勒、尉头、姑墨、乌孙、莎车、月氏、龟兹、焉耆、危须、尉犁等国。于是西域五十余国，悉皆纳贡内属，超镇抚西域，年七十始返国而终。

二、抗节的精神

陕西人最重气节，代表这种民族精神的是西汉之苏武。他是扶风郡（今武功县）人。武帝时，汉胡相伐，数通使相窥视，匈奴留汉使路充国等十余辈，匈奴使来，汉亦留之。天汉元年，匈奴且鞮单于新立，尽归汉使路充国等，武帝乃遣武持节使匈奴，答其善意。武至，单于使卫律（汉人降匈奴者）劝武降，武曰："屈节辱命，虽生，何面目以归汉！"即引佩刀自刺，卫律惊，自抱持武，召医救护。伤愈，单于复使卫律说武降。武怒骂之，卫律白单于，单于乃幽武大窖中，绝其饮食。天雨雪，武啮雪与毡毛并咽之，数日不死，匈奴以为神，乃徙武北海上，使牧羝。武至海上，廪食不给，掘野鼠草根为食，仗汉节牧羊，节旄尽落。汉昭帝立，与胡和亲，遣使求武，单于遣武还。武留匈奴十九年，始以强壮出，及还，发须尽白，妻已他适，子亦死亡。

三、创造的精神

陕西人富于创造性，代表这种民族精神的是西魏之苏绰。绰是武功人，少好学，博览群书，尤善算术。宇文泰当国，召绰为行台郎中，诸曹疑事，皆询之而后定。久之，宇文泰知绰有王佐才，即令典参机密，绰乃制文案程式，朱出墨入，及课役、计账、户口、图籍之法。宇文泰方欲革易时政，务宏强国富民之道，绰赞成其事，为六条诏书：一曰修身心，二曰敦风化，三曰尽地利，四曰擢贤良，五曰恤刑狱，六曰均赋役。奏请施行。又惩魏齐门阀之弊，精谨察举，广收遗逸，诏令州县，举明经干理者，县各四人至六人，选举法为之一变，平民子弟始有进身之阶。又定制，编练六籍、六军之民，择魁杰才力之士为首，尽蠲租调，令刺史以农隙教之，合为百府，于是唐代府兵之制，遂因以发生。

四、忠国的精神

陕西人饶有忠国心，代表这种民族精神的是清代之王鼎。鼎是蒲城人，由翰林仕至东阁大学士，心地淳朴，办事认真，管刑部最久，多所平反，厘革长芦、两淮盐政积弊，国课商运，两得其便。道光十八年，林则徐在广东查办鸦片，焚英商烟土二万二百八十三箱于虎门，与英兵舰相持海上。既而清廷改命琦善赴粤查办，则徐被劾削职，遣戍新疆。是时鼎正总理河务，因素识则徐忠贤，乃奏请帮办河工。林至河干，鼎倾诚结纳，欲于还朝时力荐。及河工合龙，忽奉廷旨，仍命林往戍新疆，鼎遂还朝，详奏疆吏颟顸失职，外交辱国各事状（时琦善在粤力反则徐所为，尽撤守备，与英媾和），因力荐则徐。是时穆彰阿与鼎同为军机大臣，穆主议和，鼎坚持不可，与穆廷诤甚苦，宣宗不耐其聒，拂衣而起，鼎跪地遮帝力陈，终不获用其说，乃仿史鱼尸谏之义，退草遗疏，闭阁自缢。是后清廷遂无人抗争外交，南京条约成，丧权辱国，贻害至今。

五、综理的精神

陕西人优于综理政务，代表这种民族精神的是清代之阎敬铭。敬铭是朝邑人，以进士分户部主事，办事严整，为胥吏所畏。胡林翼巡抚湖北，兼筹东征事，闻其能，奏调总办粮台，兼理营务。敬铭力任艰巨，删节浮费，综核名实，岁省钱十余万缗。光绪初，擢任户部尚书，是时全国赋兵总汇，皆户部挡房司之，而北挡房向无汉司员行走，以故二百余年汉士大夫，不知全国财政盈绌之总数。及敬铭为尚书，以满员多不谙筹算，事权半委胥吏，吏权日张，财政日紊，乃为根本清理之计，参用汉员管理北挡房，胥吏百计阻挠，敬铭毅然不少动，于是邦计之盈绌，乃得大白于天下。此外又议复陕西、甘肃、关内外、伊犁、乌鲁木齐、古城收支军饷俸饷，及防勇口粮杂支章程，与各省制造善后等局经费，有裁减者，有删除者，有归并者，有酌定额数者，有停止部垫者，有复额饷而符旧制者，无不力求撙节，以裕国库，有裨于清季之国计民生者甚巨。

六、兴学的精神

陕西人又优于兴学，代表这种民族精神的是清季之刘光蕡。光蕡是咸阳人，少失怙恃，倚诸兄居，嗜读书。同治间战乱，避居兴平、醴泉间，夜转磨屑麦，昼鬻饼于市，夹袋常挟书，不择时地，暇即诵之，人睨笑之，不顾。战乱平，肄业关中书院，博极群书，究经史百家之要，探历代治乱之原，举光绪乙亥科乡试，试礼部不第，即绝意仕进，退居教授。与长安柏景伟创求友斋，以天文、地理、掌故、算术等课士，大吏学宪咸钦仰之，历聘主泾干、味经、崇实各书院，先后凡三十年，以致用为倡，熔中外新旧学术于一炉，从受业者千数百人，关中学风，斐然一变。戊戌政变后，愤国事不可为，筑烟霞草堂于九嵕山下，聚门弟子讲学其中。清末，甘肃大吏聘往讲学，光蕡至皋兰，殚精讲授，旋病咯血，门人劝少休，曰："吾乐此不疲。"再请休，即厉声曰："国事至此，敢惜身乎？"未几，竟以是病卒陇。

以上所举陕西六项民族精神，都是陕西地方所固有而且蕴蓄的最强。国难到了这般严重关头，凡我们陕西的军民士众，都必须发扬班超、苏武的精神以应付前方，发扬苏绰、王鼎、阎敬铭、刘光蕡的精神以支持后方，才能争取到抗战的最后胜利。

论陕西精神

姚维熙

吾中华民族，真一得天独厚文物炳耀之国家。自有史以来，试举一任何时间与空间，皆有吾祖先遗留于吾人宝贵之伟绩。其事或庄严灿烂，资吾人之憧憬向往，以加强抗战之信心；其行或可歌可泣，供吾人之歔欷凭吊，以增长同仇敌忾之气概。若剿灭蚩尤之黄帝，捍卫外侮之岳飞，以及形而下之的，慷慨悲歌如荆卿，守义不辱若田横，何一非吾民族精神之最高表现？至于文天祥之忠贞，郑成功之坚毅，林林总总，济济跄跄，更何一非吾民族精神伟大磅礴之反映？

自抗战军兴以来，我领袖即以"精神胜于物质"晓谕全国军民。二十八年总理逝世纪念日，复以庄敬严肃之至诚，通电全国，宣布实施国民精神总动员；同时对于精神力量之伟大，复不惮于电中引证申说。推行以来，如响斯应。迩者，抗战转入后期，成败利钝，胥视吾人精神能否贯澈以为断。以是鼓舞精神，振敝起衰，俾吾同胞，贡献其体力智力于抗建工作者，实为当务之急。

月前，张其昀先生曾撰《四川精神》一文，揭载于《大公报》，其于川中之山川、地形、政教、掌故，缕述备详；而尤策勉四川同胞努力于抗建工作，致殷殷无限之至意。其后，嵇文甫先生撰《河南精神》一文，刊登于《河南日报》，于河南之文物典章，觏缕发挥，而其增强河南同胞之信心，激发其爱国情绪，更与前无二致。夫四川，古称天府，幅员之广，不亚德法，物产之富，媲美北美，洵战时之畿辅，抗战之根据地也。河南居吾国中部，古号中原，自古即为问鼎逐鹿之场，其在政治上、军事下之重要，较之四川更有过而无不及。斯二地者，今皆形成战时之要地，关系于今后之战局与中华民族之兴亡者至深且巨。维熙，陕人也，对于陕西一切，虽未能了如指掌，却亦略知概况，今本抛砖引玉微意，作窃不自揣之效颦，亦愿一谈陕西精神。

张君俊君在《陕西得失与复兴民族》一文中，引清初大史地学家顾祖禹言曰："陕西据天下之上游，制天下之命者也。是故以陕西而发难，虽微必大，虽弱必强，虽不能为天下雄，亦必浸淫横决，酿成天下之大祸。"此就地理一方面言也。《告全省党务工作同志书》中曰："关中多慷慨悲歌之士。"此就人文一方面言也。稽诸历史，吾省不惟为周、秦、汉、唐之古都，实中华民族发源之地。

中国学术思想之发达，当推周、秦时代为最盛，然周则兴起于岐，秦则奋发于雍。所谓"凤鸣岐山，武王谟，文王烈，而今道统在西岐"，所谓"秦孝公据殽函之固，拥雍州之地"，若西岐（今岐山县）、若雍（今凤翔县）者，皆吾省今最偏西之两县也；至于秦皇统一之伟业，汉武征伐匈奴①之事迹，唐太宗扩张疆域之勋功，其事功固亘古而震耀史册，然其当初在政治上、军事上、经济上、文化上之重心，未尝不以吾省为根据而为出发点。

方今寇深国危，东南河山，半沦敌手，每怀先祖，倍极感愧。举首北望，开国创基追杀蚩尤之我黄陵在焉；西忆岐邑召伯之甘棠犹存；纵目关中，荒烟蔓草间，帝王之坟墓累累，咸阳周陵，我文、武、周公、成康之陵也；临潼骊陵，我秦皇之陵也；兴平茂陵，我汉武之陵也；武功泰陵，我隋文帝之陵也；三原献陵，我唐高祖之陵也；醴泉昭陵，我唐太祖之陵也；夫王畿帝都之所建，可以征人文荟萃，冠盖辐辏；陵地之所在，亦足征历代伟业懋绩之所系。此虽为吾省地理条件优越之表现，然因是而形成政治上之重要，更因政治上之重要，反映出文物之辉煌。

至若论到人文，吾陕人在历史上果有无表现乎？果有无其精神上之特征乎？曰："有。"周秦以前，邈哉邈矣，莫可得而言。西汉之时，城固张郎中（即张骞）奉遣至西域，历在月氏、大夏、大宛、安息、乌孙诸国，凡十三年而始返，武帝为酬有功，封为博望侯。此宣扬国威、巩固边疆之著者。扶风班仲升（即班超）尝曰："不入虎穴，焉得虎子。"曾率三十六人，过天山，越葱岭，降西域国计五十，在西域凡二十二年始归，汉封定远侯。此冒险犯难、开拓国土之著者。武功（一说在长安南）苏子卿被留于北番者凡十九年，饮酪食毡，备极艰苦，虽节旄尽落，而全节不辱。此忠肝义胆、威武不屈之著者。茂陵马援，少孤贫，尝语人曰："丈夫老当益壮，穷且益坚，死当马革裹尸还葬。"后戡平交趾，职为伏波将军。此防边靖乱、老而弥坚之著者。当唐之世，安史作乱，唐祚国运，不绝如缕，郭子仪兴再造唐室之功；有宋之时，山河破碎，徽钦蒙尘，韩世忠崛起行伍，斩将搴旗，黄天荡一役，金兀术仅以身免，梁夫人桴鼓督战，尤传为千古佳话。若此捍卫国家、扫荡敌寇之英雄，皆为吾陕产也。我中华民族大好河山之建造，正不知经过若干先烈前贤之冒险犯难艰苦奋斗，今日抵御外侮复兴民族，吾陕人安可不绍述前哲之精神而发扬而光大之乎？至于渭南寇准（约在宋真宗时），三原李靖（隋唐间人），文治武功，名在当时，功垂后世，亦吾陕历史上不可磨灭之人物，皆为值得吾人追怀而师法者。

吾国自唐室衰微，中经五代，至赵宋兴起，放弃关中，定都汴梁，从此在历

---

① "匈奴"，底本作"奴匈"，误，径改。

史上即形成一蹶不振之势。宋室前后数百年，与外乱相终始，其时莽莽神州，遍地烽火，黄河流域，备遭异族之蹂躏，中国衣冠文物，夷于毁灭者再。当是时不惟陕西在政治上之地位随宋室南渡而低落，即数百年来河北各省，亦无不蒙受巨大之影响。史说中华民族文化之发展，于是渐渐由黄河流域而至长江流域。自罗盘针传入欧洲，航海之技术日新月异；自哥伦布发现新大陆，探险之事业猛进；自马哥孛罗返欧后，（马氏在元时颇有相当地位，归欧将其日记发表，内记"中国遍地为黄的金，白的银，上有天堂，下有苏杭"。《世界史纲》内载马氏因战被俘在狱，以口历述在华见闻，旁人记之，后发表，即世传所谓《马哥孛罗日记》。）启欧人东来之机；自蒸汽机发明，各国因产业之发达，寻找市场与原料地之举，与时俱进。于是欧亚两洲①交通，不惟因以沟通，而世界形势为之丕变。迨吾国朱明兴起，奠都金陵，迄有清鸦片战争签订五口通商条约，凡此种种，俱表示中国政治重心之推移由内地向沿海，世界大势之所趋，海洋文明将代大陆文明而兴起。故在过去，吾国东南为一平坦之地，而今为全国富庶精华之所在。上海在两百年前，为一荒滩渔滨耳，在今则为东亚第一繁华之商埠。巴比伦、埃及、印度、波斯，在昔皆为文化发达辉煌灿烂之国，在今均寂焉无闻，可见文物之发达，随政治地理条件为转移，而历史地理诸条件之演变，又以人类求生存的斗争方式为关键。此无怪吾省人文在数百年来之日趋衰落也。

自九一八事变发生以来，我陕省地位之复其重要，随国难演变而益增。开发西北也，陇海铁路之加紧兴修也，成同路之测量也，西京市之筹备也，凡此均可为吾省渐趋重要之证明。今者吾陕公路铁道，纵横交错于省境；大小工厂，如星罗棋布（如申新纱厂等）；工合（中国工业合作协会主办之合作社）之发展，如雨后春笋；水利之建设，更属方兴未艾（如建竣之泾惠等五渠，正建之洛惠等三渠，计建之汧惠等七渠）。过去吾省于地理交通上所患之困难，认为难以补救，因致影响政治人文之发展者，近皆以科举方法克复之。吾省拥人口千二百万，在古即有"秦人尚勇"之语，故虽至近世，民性质朴，民风刚毅，家家以诗礼课子，户户以耕读传家。七七事变爆发，我同胞因受抗战之洗礼，或毁家以纾难，或争先以赴敌，慷慨踊跃，惟恐或后；至于民族意识之普遍增进，国家观念的深入人心，尤为不可否认之事实。吾省当兹时会，扼西北之门户，处抗战前卫，国家之存亡，民族之兴衰，关系于吾陕同胞今后能否努力者，至深且巨。故吾陕同胞当思如何负荷此历史使命，圆满而完成之；当思如何发扬光大前代之英风伟绩而努力躬行，自我表现之。总理于《民族主义》讲演辞中言："要挽救我国家民

---

① "洲"，底本作"州"，误，径改。

族之危亡，先要恢复我民族固有之道德。"所谓"民族固有之道德"者，即过去吾民族精神之最高表现也。

今强敌压境，存亡呼吸，救亡之道，端在自爱历史，砥砺志节，践履遗教，发扬吾陕人过去之精神始。吾陕同胞，盍兴乎起！

陕西精神

张其昀

民国二十七年七月，余道出汉口，访张季鸾先生于大公报馆。斗室晤教，并承赐餐，先生自称其最近所作文字，万变不离其宗者，曰"抗战到底"四字。二十八年十二月，余为国立浙江大学迁校事来黔，时先生适留筑，得造访于旅邸。先生虽为寓客①，于大学极同情，予以种种协助，深为铭感。时余方有《四川精神》一文发表于本报，先生颇以为善。握别时，劝于各省人文续撰数篇，久未有应命。余以后进，获交先生之日浅，顾所得印象极深刻而纯挚。今先生逝矣，勉成此篇，敬以纪念先生。

凡生长东南之人士，一入潼关，即觉气象万千。太华之壁立千仞，黄河之突然曲折，于以见山川之雄奇。唐太宗诗所谓"千里长源此一湾"是也。黄河五津（河津、蒲津、潼津、茅津、孟津），此为其中心，亦最为险要。其他自古为西北之门户，关中之要塞。近年国军于此建绝大堡垒，而使敌骑不敢以一卒渡河。潼关北对风陵，秋波映照，岚光如绘，眼前浊浪，冲击名关，滔滔东下。"每到崎岖时缓辔，转因凭眺爱徒行。置身已在黄河曲，万里风涛脚下生。"此潼津之胜概也。自此西行，即为渭河平原，沿途平畴沃衍，村落相连，较之江左，未遑多让。惟遥望秦岭，高峰插天，绝壁如墙，不可梯接，于森严之中，有无限雄伟之意味。在未抵长安前，先经灞桥，灞桥折柳，传为美谈。而吾人入关以来所最感兴趣者，乃英挺之白杨，俗名冲天杨。古人云："渭北春天树，江东日暮云。"途中常见白杨成列，干高叶茂，葱郁怡人。知此身已近长安，而不觉肃然起敬。

渭河平原东起潼关，西迄宝鸡，东西长约二百八十公里，平均宽约六十公里，面积达一万六千余方公里，此即古代所谓"关中沃野"，或曰"秦川"。关中古称四塞，南限秦岭，北邻黄土高原，中部陷落而成谷地，地文学家称为"渭河地堑"。陕西在地理上为最富兴味之一省，盖自南而北，分为极明显之三个区域，代表山、川、原之三种地形。陕南山地，即狭义之（原文不清），谓之南山，崇山峻岭，绵亘不绝，与巴山相平行，造成汉水上流之谷地。其中长林丰草，宏丽瑰奇，惟山谷均狭而且深，故不利于耕植。在汉中附近，有局部平原，较为开展。汉中，秦头楚尾，一都会也。陕北高原黄土甚厚，往往因流水侵蚀，

---

① "客"，底本作"容"，误，径改。

切成深谷，地势破碎，道路崎岖。但一登山顶，则恍若平地，故陕人称为"原"而不称"山"。大致言之，陕南山地可引之水多而可溉之田少，陕北高原适与之相反，常苦干旱，半耕半牧。惟关中平原，引渠灌溉，最为殷富，小麦棉花，良田万顷，古号陆海，在经济上为全省精华所萃。汉唐以来建都长安，首都文物即赖此平原之生产为主要供给地。

关中之天时地利人和三律，古今比观，殆无大异。则所谓恢复古代光荣者，其道何由？余以为西京陪都之建设，必自发展交通入手。汉唐盛时，长安帝都不但为全国集散之中枢，又为中外交通之要会，其物力固多取给于关东诸郡，其文明又多兼采西域诸国，张良云："河渭漕挽天下，西给京师。"张衡《西京赋》云："浸决郑白之渠，漕引淮海之粟。"是以关中虽号殷富，终不克以独力以维持首都。隋唐二代，亦皆溯河为运，漕关东及汾晋之粟以给长安，年约二百万石。至秦岭栈道之开凿，使关中①与巴蜀得以沟通，尤为中国统一之大原因。汉唐时代，与西域交往之繁，文物方面所受影响之巨，史籍所载，斑斑可考。向达君所著《唐代长安与西域文明》一书，已详哉其言之。今日西京为交通孔道，固亦无异于昔，惟旧式交通方法已不足以应新时代之需要，则铁路干线之建筑，实为今日发展西北先急之务。国父《建国方略》《实业计划》二书，以长安为西北之铁道中心，由此辐射而出者凡十许线。《建国方略》实现以后，汉唐时代长驾远驭之精神，自不难重现于今日。

前汉建都长安凡二百余年，隋唐并都长安凡三百余年。城郭宫室之壮丽，市井风俗之繁华，达于极盛。唐代艺术为中国艺术史上之黄金时代，承秦汉六朝遗风，以汉族固有之文化为基础，加入印度传来之"希腊佛教"之影响，而臻于圆满成熟之境。惟唐代之建筑物，除少数砖塔外，皆已荡为灰烬，唯有长安南郊之大、小雁塔，尊严秀丽，巍然独存。（但塔下之寺系明代重修，非唐代遗构。）大雁塔现仍可拾级而登，凭栏四顾。北则万雉麟麟，汉唐西京基址在焉。史家所称之壮丽宫阙，今已埋入寂静之村落中。南则樊川韦曲，沃壤秀美，风光幽闲，南山佳处，渺然在岚霭中。西望咸阳、醴泉，黄土台地之上，帝王圣杰之陵墓，累累若人之拥髻。东眺骊山、灞水，往代之离宫御苑，于荒原寒岫中依稀指其方位。近瞰塔下，唐时曲江杏园，都人游赏之处，所谓"花木环固，烟水明媚"者，今无涓流残址之可寻，盖已埋为平陆久矣。由大雁塔上俯视秋色苍然之关中平原，而回忆汉唐盛时之光荣史迹，不禁发生无限之感兴。孔子曰："人能弘道，非道弘人。"汉唐之光荣史迹，既为中华民族所创造，今兹国人亦必能恢复而重建之。且其宏远之规模，固可凌驾古代，以适应现代之需要，而成为崭新之

---

① "关中"，底本作"中关"，误，径改。

陪都。"唯有终南山色在，晴明依旧满长安。"当吾人徘徊于西京城头眺望南山之际，觉我先民留遗无穷之事业与责任，而欲加诸中国青年之肩上者也。

陕西为自古建国之根据地，陕西精神亦可谓之建国精神，而其最古亦最伟大之人物，即周公是也。周公名旦，文王之子，武王之弟，采邑于周，故有此称。（周本太王所居，今陕西岐山县。）周公多才与艺，当国践阼，三年东征，克服殷商。乃营建洛邑，制作礼乐，国事既定，归政成王。退隐于丰，葬于中原（今西京西南郊）。诵《鸱鸮》之诗，见周公爱国爱民与训导成王之苦心，百世之下犹令人感动。中国文化至周，始具规模，周之典章制度，虽不必尽为周公所制作，然其为创造周代文化之主要人物，则无可疑。宗周文物在鲁国者较他国为独多，孔子生于鲁国，故孔子对于周礼，知之深，爱之切。孔子晚年有"久矣不复梦见周公"之叹，则其平生思慕之忱为如何，后世每以周、孔并称，良有以也。

周公最重要之政策曰封建。我国古代封建制度之起源有二说，一谓由于自然演变（如柳宗元《封建论》云："封建非圣人意也，势也。"），一谓由于周公创制（如廖世《封建论》云："封建者道也，非势也。"）。实则周初封建，原为新旧相铸，前者夏殷遗封，新者周初所建，两说可以并存。梁任公谓封建制度最大之功用有二，一曰分化，一曰同化。（见氏著《先秦政治思想史》）所谓分化者，谓将同一精神与组织分布于各地，使其因地制宜，尽量发展。周初所封群侯，由一有活力之文化有机体向外迁徙，拓地移民，于是华夏文化乃从各方面为多元之平均发展，至春秋战国间遂有千岩竞奔、万壑争流之壮观，皆食封建之赐也。所谓同化者，谓将许多异质之低度文化融化于一高度文化总体之中，以形成大民族意识。经数百年艰难缔造，及其末叶，而太行以南，大河以北，尽为诸夏矣。古人所谓守在四夷，制敌而不制于敌。此种同化作用，在国史上为一最艰巨之事业，直至今日犹未完成。而第一期奏效最显者，则周之封建也。封建思想为近人所最痛恶者，然封建制之精神在地方分权，郡县制之精神则在中央集权，各有其意义与价值，合其利则双美。中央与地方之关系，为我国数千年来政治上之根本问题。历史倾覆，均由此种关系之失调，历次外患，均由此种关系而挚生。言历代政制者，群推汉唐二代。汉唐盛时之共同精神，曰居重驭轻，曰君民分治，曰注重地方分权，皆其有均权之用意，使内外相维，而无轻重之偏。国父遗教在于建立中央与地方之均权制度，以确保政治之平衡，是即纲纪之要义。我国《宪法草案》第六章"中央与地方之关系"，根据国父遗教，不以矫枉而过正，不以拥护中央之故，而忽视真正之地方自治，脱胎于封建与郡县之旧思想，经一番轻重权衡，而以时代思潮洗炼之，乃颖脱而出，焕然为建国时期崭新之政制，则虽谓周公之精神仍为今日建国规模之远源，亦无不可。

汉代中国有四百年之长期统一，且为二千年来之统一规模奠定基础。代表汉代精神者，文化方面如司马迁、班固，军事方面如张骞、班超，皆为陕西人。司马迁继《春秋》而作《史记》，班固因其例而损益之，《史》《汉》二书遂为史家不祧之宗。迁生龙门，今韩城县人（祠墓均在县南芝川镇司马坡）。西枕梁山，东临大河，洵为胜地。迁年二十，即作远游，数年之间，江河二大流域下游之地，经行殆遍。其后又奉武帝之命，北至陇山榆林，南至巴蜀汉中，实为我国大旅行家。年三十六，继其父谈为太史公，续纂《史记》，嗣其父志，年五十五而书成。太史公书之取材，大半参以耳目所闻见，为第一等史料。顾亭林曰："秦汉之际，兵所出入之途，曲折变化，唯太史公序之如指掌。盖自古史书，兵事地形之详，未有过此者。太史公胸中固有一天下大势，非后代书生之所能及也。"马、班史学俱出世家，司马氏周代已为太史，渊源之厚，古今所无，班氏亦父子兄妹相继撰述，始克告成。班氏今扶风县人（县南一里有班家谷，又名兰台，为其故里）。《汉书》之撰，本出彪意，固潜精积思二十余年，续成父业，其妹昭复有增补。固于和帝永元初曾随窦宪出征匈奴，勒铭燕然，其弟超远征西域，成功立名。妹昭数入宫廷，号曰"大家"，为皇后诸贵人所师事。明傅振商诗云："卓识述王命，肯堂二妙开。千秋良史笔，万里出群才。"班氏一门四杰，人才之盛，莫与伦比。固与超同年生，尤为佳话。

博望侯张骞，今城固县人。中西交通之第一幕，乃张骞之中亚旅行。自此以后，中国与世界之经济与政治关系，划然开一新纪元。骞在外十三年（元前一三八至一二六年），其所经行各地均有详确之报告。汉人统治西域自宣帝时始，西域都护治乌垒城（今新疆库车县），督察天山南北两路诸国。膺斯任者，如东汉和帝时之班超，实为国史上一最伟大之军人与政治家。汉人统治西域凡百余年，考其成功之原因，一为外交手腕，一为文化势力，而兵力尚为其次。当时西域为中西交通之津梁，以敦煌为门户，经金城（今兰州）而达长安，中国文化由此而西被，伊兰、印度之文化由此而东流。张骞通西域，自大宛国传入两种植物，名之曰苜蓿与葡萄。当为大宛语（属伊兰语系）。于是汉之离宫别观，其旁多种苜蓿，至今遍布中国，处处田野有之。苜蓿含氧极富，实稼穑之滋养料。由张骞开其端，中外植物种子之交流极为频繁。美国洛阜君（B.Laufer）有言曰："中国人之经济政策，高瞻远瞩，深堪钦羡。彼等广采异邦之植物，兼收并蓄，调理融会，而成健全之农业组织。中国人有思想有感情，而尤宽容大度，外国人偶有佳品贡献，彼等无不乐受之。"（详见氏著《中国伊兰 Sino-Iranica》一书）盖中国之建国精神，一方则自尊自爱，贵独立之创造；一方又虚怀接纳，求新知于世界。此种精神，至唐代而绚烂极矣。

唐代政制多渊源于前代，而一切文物，实能不问华夷，博采兼收，七八世纪之长安几乎为一国际都会，各种人民、各种宗教无不可于长安见之。唐之天子兼为塞外西域诸国之天可汗，碑版照耀于绝域，诏书震动于殊方。当时中亚诸国以"唐家子"称中国人，其声势之喧赫，于此可见。然唐代版图之广，国势之盛，初非专恃强大，黩武开边，其于绥靖边疆，怀柔远人，实有一视同仁之概。纵观李唐一代之历史，上汲汉魏六朝之余波，下启两宋文明之新运，而其取精用弘，于继袭旧国风之外，并采□外来之精英，两宋学术思想之所以能别焕异彩，不能不溯其源于此也。《唐书·地理志①》载，京兆府天宝元年（七四二）额户三十六万二千余，口一百九十六万，实为古今有数之大都会。当时流寓长安之外国胡人则有万家之多。所有西域传来新宗教之祠宇及西域人之家宅，多在长安城西部。此辈久居其间，遂多娶妻生子，数代而后，华化愈甚，盖可称之为中国人矣。唐代与西域交往既繁，文物方面所受影响，亦在在可考。李白天纵奇才，号为谪仙，其篇什中即有不少之异国情调，而足反映当日之风气。

唐代盛时，中国为亚洲各国之宗主，唐代文明遂遍及亚洲，食德尤深即为日本。日本中古之制度文物，全由唐代移植而来。当时国交亲善，使节频繁，虽海路茫渺，风泛无常，而观光上国，不惮艰阻，其视唐殆天国也。论国际历史，当以唐之对日为最高尚、最纯洁，而真能达到共存共荣之境界。日本所得于中国者，首为政治制度，归国传播而成大化维新之勋。孝德天皇即位之年（唐贞观十九年，公元六四五年），改年号曰大化，所谓大化新政之方针，在打破向来立足于神道之阀族政治，而采取唐制建立中央集权之政府。日本来华使节辄选若干才智之士为留学生，当时之长安，绝世之学士文人萃集如星，日人优游漫渍于其间，使唐之文学永为日本词藻之源泉。日本是时始创立假名。吾华文字在日本别衍一支，为其国后来普及教育之始基。中国素持楚材晋用主义，外国人之归化而受任命者，为平淡无奇之事。日人阿部仲麻吕与藤原清河仕于唐室，"名成太学，官至客卿"。日本史上宣传②为无上之光荣焉。贞观二年（六二八）升孔子为先圣，以颜回配，日本亦遵行之。自文武天皇大宝元年（七〇一）释奠先圣孔子于大学寮，弈世相承，罔敢或替，孔学遂广被海东。日本旧都西京本名平安京。平安之名模仿长安，其都城设计全仿唐制。当时长安首都苟有几微之善足取者，莫不传入日本，介绍模仿，不遗余力。故唐之京城在世界史上有重大之意义，一方为蕃客集居之都会，一方又为华化渐被之中心。

关中自唐宋之乱，文物荡焉。然秦人雄毅之精神，未尝遽绝于世。所谓关中学派者，张载倡之于前，李颙继之于后，卓然为中国思想界之一主流。二先生皆精思力践，情意恳挚，其坚苦之人格最不可及。张载字子厚，郿县人，隐于南山

---

① "志"，底本在"京"字后，误，径改。
② "宣传"，底本作"喧传"，误，径改。

下，教授诸生，世称横渠先生。横渠与二程为亲戚（二程为横渠外兄弟之子），思想上交光互影，其弟子相互从游，世并称曰关洛之学。横渠著书号《正蒙》，又作《西铭》。其学注重于破除我与非我之界限，而使个性与宇宙合一。其名句有曰："为天地立心，为生民立命，为往圣继绝学，为万世开太平。"此实可视为中国儒家哲学之宣言书，而亦表示吾民族崇高之理想。长安上下千年均为一国际都市，"民胞物与"之思想为关学之特征，良非偶然。然关学之理想虽极宏伟，而其下手处乃极平实。孔子曰："吾观于乡，而知王道之易易也。"横渠弟子吕大钧，为提倡乡治最有力之人物。大钧字和叔，蓝田人，于横渠为同年友，心悦而好之，遂执弟子礼，曾著《天下为一家中国为一人赋》。横渠之教，以礼为先，大钧条为《乡约》，关中风俗为之一变。《乡约》纲要有四，曰"德业相劝，过失相规，礼俗相交，患难相恤"。患难之事七，曰水灾、盗贼、疾病、死丧、孤弱、诬枉、贫乏。凡同约者，财物器用车马人仆皆有无相假，若可惜而不借，及逾期不还，或损坏借物者，书于籍，以告乡人。乡治在我国有悠久之历史，近年政府积极推行合作政策，所以能收显著之效果，亦以其与我国民族性深相契合之故。关学已成为全民族之遗产，而湖湘间之学者尤能得其深趣。王船山曾作《正蒙注》，以为张子之学，上承孟子之志，下救来兹之失，如皎日丽天，无幽不烛。船山自铭其墓云："抱刘越石之孤忠，而命无从致；希张横渠之正学，而力不能企。"船山之学长精忠，重力践，俨然关学气象。罗泽南之学，亦推本横渠，归极孟子，以民胞物与为体，以强勉力行为用。其素所抱负者如此，故一旦出而任事，确然有所建树。故湘军之精神，实受关学之影响。然在清初能大振关学之旗鼓者，仍为陕人李二曲先生。

二曲者，李颙之别号。颙字中孚，盩厔县人。山曲曰盩，水曲曰厔，世人以其地称之。二曲崛起孤微，无所凭借，而自拔流俗，以昌明关学为己任。尝主讲省会关中书院，又远游江南，讲学无锡诸地，从之者如归市。时有欲以隐逸荐诸清室者，二曲以死严拒之，后乃闭户不与人通。清苦以自终焉。遗著有《二曲全集》。横渠之学，上承孟子，宋明陆王一派，大衍孟子之绪，二曲思想与陆王为近。其论学大旨谓"天下治乱视人心，人心邪正视学术"，以为世间事业皆须以学术以贯澈之。人生最大之希望，不仅在颜、曾之道德，而当兼有伊、周之事功，明体适用，内圣外王，方为至正。惟为学当由本以达末，不可舍本而逐末，即气节亦不足取。苟得其本，则功名利禄亦属正当。若夫由本趋末与舍本逐末之区别，则全在无意与有意之间。必使功名出于自然，为善毫无私意，不偏不倚。廓然大公，物来顺应，从容中道，虽酬酢万变，而心不与之俱驰，乃道德之极则也。人若能达此境，则人生与天地为一，乃大自在、大快乐。世间一切寿夭塞通富贵贫贱，均无入而不自得矣。其平居敬人以反身实践为主，其《四书反身录》

一书，乃其弟子王心敬（鄠县人）所笔记，即发挥此旨。即吾人读古书而尚友古人，亦不可以模仿古人为目的，而当视为一种方法。象山谓"六经皆我注脚"，二曲之言则较象山更上一层矣。（见王庸著《李二曲学述》，载于《学衡》第十一期）二曲之不赴清室征召，至以死拒之，是乃激于民族之大义，固为议者所共知。然二曲虽在隐逸，然其心实未尝一日忘治平事业。观其上当事救荒之策，不无计划周密，直足见其仁心诚意，对于民生疾苦，有无限之同情。世之高谈学术，而对国计民生利病所关，漠无感观，心如铁石者，异乎二曲之所知也。二曲重振关学，卓然成就，与孙夏峰、黄梨洲齐名，当时关学之光大，与江浙、河朔有鼎足而立之势。

  关中为文献之邦，历代名贤，难以罄述。兹就民族史上有特殊地位者再约举之。西汉则有刘向（长安人），为宗室中之名士，辨章学术，立目录学之基础。其子歆能继父业，著《七略》。东汉有名将马援（扶风人），佐光武成帝业。马融为援之兄子。《汉书》初出，多未能通者，融以同郡士，从班昭受读之。又深究《春秋》三传异同之说，为世通儒，教养诸生常以千数，郑玄即其徒也。刘向作《列女传》，班昭有节行法度，作《女诫》七篇，有助内训。晋有杜预（长安人），曾都督荆州军事，建平吴之功。后耽思经籍，自称有《左传辞》。著《春秋释例》，成一家之言。读《左传》者，必以杜解为门径。唐有李靖、郭子仪、慧立、法藏、杜牧、白居易、孙思邈等。李靖（三原人）为唐初功臣之一，从征四方，尝以八十高年，率兵平吐谷浑。前锋已达星宿海，殆为国军最早抵达河源者。又出其战略之心得，著《兵法》一书。郭子仪（华县人）天宝之乱，有再造唐室之功，身系国家安危者二十年，完名高节，烂然独著。慧立（邠县人，本姓赵）为玄奘弟子，其所撰《大慈恩寺三藏法师传》十卷，在古今大人物传记中应推第一。今有英、法文译本，玄奘法师之伟大人格赖以传播世界。法藏（长安人，本姓康。其祖父归化中国）曾参与玄奘译经事业，为华严宗之创立者，于宗教史深有研究，将佛教中诸派别整齐排比，使其在一整个系统中，各予以相当之地位。杜佑（长安人）位极将相，犹夜分读书，以二十余年之力，成《通典》二百卷，于《史》《汉》之系统外，创立分类史之体裁，研究中国古代之制度文物者，必以是书为渊海。其学以富国安人为自任，亦为其著书宗旨所在。其孙杜牧，清致豪迈，为晚唐诗人之首，居城南樊川，其文集亦以樊川名。白居易（渭南人）文章精切，尤工诗，著有《长庆集》，长庆为穆宗年号。其诗主箴时之病，补政之缺，深得风人之旨，虽词意深厚□密，而平易近人，老妪都解，传诵最广。孙思邈（耀县人）逮于医学，生于隋，卒于唐，年一百零二岁，隐于太白山，著《千金要方》，言诊治之诀、针灸之法以及导引养生之术。北宋有寇准，南宋有韩世忠。寇准（华县人）相宋太宗，比于魏徵之相唐太宗。澶渊之盟，御辽人有功绩。韩世忠（肤施人）平方腊之乱，宋室南渡力排和议，黄花荡（在镇江附近）一役，大破金兵，梁夫人亲执桴鼓，后因岳飞冤狱解兵柄，隐居西湖。

总上所述，陕西人文昔盛今衰，南宋以后则寂寞矣。在关学兴起以前，关中学者承马、班之余绪，在史学上贡献独多，盖帝都所在，史料最富，宜其有此收获。又古称"关东出相，关西出将"（"关"指潼关而言），关中豪杰，大都兼具文武才，杜预、杜佑之俦，皆其著例。横渠早年好谈兵，其弟子亦多明习边事，此亦关学之特色。至就人才分布与地理关系观之，本省历代名贤大都荟集于渭河南北岸。秦岭山区自张骞外，寥寥无闻，陕北人物亦不足关中之什一。盖山国苦于闭塞，高原物力维艰，秦川介居其间，最称乐土，人地相应，彰明若是。晚近得一榆林张炽章，陕北有光矣。

民国以来，足以代表陕西精神者，吾得二人焉，曰李协与张焕章。李协后改名仪祉，蒲城人，为中国现代水利学之权威，尝留学德国，以科学方法从事河工，于黄河、淮水、永定河等均有治导计画，尤以恢复关中水利为己任。陕西渭北之引泾开渠，创始于秦，实开世界灌溉事业之先河。秦之郑国，汉之白公，先后引泾开渠，郑渠溉田四万五千顷，白渠溉田四千五百顷，关中赖以致富。惟古代渠工，近世日就埋废，民国以来，陕西旱灾频仍，死亡枕藉，仪祉议兴复郑白渠之规模，亲自设计，至民国二十一年，泾惠渠灌溉工程告成，开始放水。又推广于渭惠、汉惠诸渠，陕人咸蒙其利。仪祉治科学，而能深究本国之文献，盖研究古书于训诂、音韵等专门训练以外，尤须具有技术上之理解，否则对于近代文字所记述之事理犹未通晓，安能明了古人之精意。例如东汉王景治河之文，解释者已非一人，然终不能令人释然无间，则以技术的理解不能透辟所致。仪祉、王景治河合于近世科学之论断，知新温故，读其论文，释然而无遗憾。

张炽章字季鸾，榆林人，为清季刘光蕡（字古愚，咸阳人）之高弟，精思力行，刻苦自励，实有得于关学之正传。因鉴于报业在现代国家所处之地位，尽心力以从事，锲而不舍，历三十年。抗战建国为国史上之伟业，而其基础在于国民精神之统一。自九一八以后，创痛巨深。忧国之士莫不以统一为号召，炽章在天津主办之《大公报》，实能握舆论之枢纽，为国际所引重。西安事变以前，《大公报》有一社评，题曰《时代与国民》（二十五年六月十二日社评），略谓："中国今日之统一局面，乃以无量牺牲之代价换来。故惟有群力拥护此局面，而督促其进步革新，断不容野心者之勾煽破坏，再使统一返于混乱。此无他，以中国之国力，与所处环境之紧迫，设复混乱，将无再建统一之余俗也。"此类言论，似平淡而实深切，以其能从民族之血脉上立言而指导国民，故感人至深。炽章毕生办报，鞠躬尽瘁，为一效忠民族之斗士。战士当死于疆场，记者当死于论坛。若炽章者，诚不愧为开创我国新闻事业之一完人。

元好问《送秦中诸人引》有："关中风土完厚，人质直而尚义，风声习气，歌谣慷慨，且有秦汉之旧。至于山川之胜，游观之富，天下莫与为比。故有四方之志者，多乐居焉。"清初顾亭林遍游北方诸省，最后卜居华山之下，耕垦自给，尝谓"华阴绾毂关河之口，虽足不出户，而能见天下之人，闻天下之事，一旦有警，入山守险，不过十里之遥。若志在四方，则一出关[①]门，亦有建瓴[②]之势"。亭林之流寓陕西，不仅乐其风土，而尤爱其民性，尝谓"秦人慕经学，重处士，持清议，实他邦所少"。亭林所述之陕西精神如此，先民不作，遗徽犹存，欲于晚近得一人物以相印证，若张炽章乃其选也。

[①] "关"，底本作"间"，误，径改。
[②] "瓴"，底本作"沉"，误，径改。

论西北文化

蒲 宁

自蒋介石西行视察，新疆展一新局面后，过去视为硝确荒漠的西北八千三百万方里，今已成为朝野视线的辐辏点。"建设大西北"的呼声，既嚣嚣于尘上，对西北问题之研究，自为当务之急。唯时人对西北之考察及估价，多偏重政治、经济，而稍稍忽略文化。政治、经济固能影响文化，然一朝一代之时代精神，胥赖于文化之领导。西北为中华文化发祥地，征之古史，此种述象，尤为鲜明，故欲建设西北其基本信心，非植根于文化不可。记者不揣谫陋，特草兹篇，愿就西北文化之历史轮廓，作一鸟瞰，抛砖引玉，幸乞贤者教正。

凡文化最初必依河流而起。埃及文化产生于尼罗河畔，巴比伦文化孕育于阿付腊底斯河及底格里斯河之间，中华文化则发祥于黄河流域。殷商之前，传说中的五帝时代，其文化中心尚在黄河支流——汾水下游一带，约当今之晋南豫北，唯此期史实之可靠性，迄今尚为史家聚讼之点，姑不置论。至信史上断自殷代起的殷商文化，以及集古文化之大成的周文化，一产生于中原，一起源于关中，已成定论，确切不移。而所谓关中文化即西北文化，自西周时，历经秦汉，至李唐止，中国文化始终以西北为中心。直到现在，一千二百年古帝都的长安，还是中国最古的都城。唐文化是中国文化的黄金时期，唐代人才陕西即居第一位，占总数五分之一，唐以后，谷米供给多依赖南方，经济重心渐趋东南，西北文化这才日益衰落。据日人桑原骘藏氏统计，西汉元始二年，北区共九百六十五万户，南区共一百一十一万户，约为九与一之比；唐天宝元年，北区与南区户数则为六半与三半之比；及至北宋，则反转为三半与六半之比。北区户数比南区户数少了一半，这是经济重心转移的明证。从历史人物统计上看，南宋以前中国人物大抵以黄河流域为中心；南宋以后，则以长江流域为中心。两汉时谚语有所谓"山东出相，山西出将"（此处之山是指华山），"关西出将，关东出相"（此处之关指函谷关），南宋时则有"苏常熟，天下足"[①]"江浙熟，天下足"之谚，这是最简单也最明显的对照，故明章潢慨然谓："汉魏以还，天下有变，常首难于西北，衣冠转而南渡，故西北益耗，而东南益盛。"不过，从中国文化发展史上看，中国文化两个登峰造极的时期，首推周与唐。唐以后，中国之文化途径日狭，局面日小，气势日弱，流风日浮，无复古人博大雄厚的气象。唐以前的文化犹如长江

---

① "足"，底稿作"熟"，误，径改。

大河，百川注海，波澜壮阔，气势磅礴；唐以后则山溪岩涧，碛沙浅石，间关幽咽，欲流又滞，这实足证明西北文化为决定中国文化盛衰之最大关键，今后我民族文化如欲复兴，其主要趋势很可能再由东南转回到西北。抗战六年，中心力量由华东而华中，再转到西南，而终于回到西北，或为上述趋势之征兆欤？

西北文化是什么？非本文所能详论。记者现只想提出四点，略释西北文化在历史上的主要贡献。

一、周的礼乐

《尚书大传》书"周公摄政六年，制礼作乐"，《左传》书"先君周公制周礼"，此即张揖所谓"昔在周公摄政六年，制礼作乐"，克定四海，劾相成王，六年制礼，以道天下。目前所传《周礼》一书，是汉人伪作，故周礼已非周代纯粹产物，更非周公一手所制定。然而周礼奠定于周，周公为其主要的制作者，理所必然。礼的起源原很早，"周因于殷礼，所损益可知也"。远在殷商，礼即产生。孔德论人类文化之演变，分为神学、玄学、科学三个阶段。揆诸实际，殷商文化恰为宗教的文化，而有所谓祖先教。祭祀祖先在当时为一极重要之典，而祭礼、丧礼就是其内容的核心。故此种祖先教，即称为礼教，亦无所不可。"礼节民心，乐和民声——礼者，殊事合敬者也；乐者，异文合爱者也。礼乐之情同。"礼与乐，一而六，只因人是一物的两面。故祀天祭地，明则有礼乐，幽则有鬼神，如此则四海之内合敬同爱矣。这是礼乐之教。到了周代，集其大成，发出灿烂的光辉，而奠定永久的基础。孔子谓："周监于二代，郁郁乎文哉，吾从周！"足以为此写照。营建洛邑，为周公平生一大事。建成后，他立即行郊祀宗祀，郊祀后稷以配天，宗祀文王于明堂以配上帝。四海之内，各以其职来祭。这是古代宗教文化的最高表现，也是礼乐之教的最显赫的成就。周公居摄六年，制礼作乐，天下和平，至于文化之盛，礼乐感人之深，实足代表古宗教文化的最高贡献。

中国文化的主要贡献是儒家文化。近人论儒，有认为古代儒家的起源，即出于礼教，其职业就是治丧相礼。儒与礼有不可分割之亲密关系。此论甚有见地。盖儒家文化开山祖的孔子，其学说思想实即从周文化脱胎演变出来，他对周的礼乐及其创造者周公推崇备至。少年时，他出国游学，由鲁至周，观周的礼乐及制度文物，并问礼于周室守藏吏老子，终于喊出"吾从周"的口号，又谓："文王既没，文不在此乎？""如有用我者，吾其为东周乎？"其受周文王之沐浴熏陶，昭然若揭。直到晚年，他尚有"久矣，吾不复梦见周公"之叹。故后[①]世儒

---

① "后"，底本作"复"，误，径改。

者每以周、孔并称，即孟子所谓"周公、仲尼之道"是也。

由上所述，我们可得到两个结论：（一）作为中国文化起源的古代宗教文化，其代表就是礼乐，其基础即奠定于周，而周公则为其主要的制作者。（二）作为中国文化代表的儒家文化，系由周文化中演化脱变出来，而周文化的主要精神就是礼乐之教。

《史记索隐》谓："周，地名，在岐山之阳，本太王所居，后以为周公之采邑，故曰周①，即今之扶风。雍东北，故周城也。"其地即今之陕西岐山县，故陕西实为周文化的繁殖中心。周帝国三个最伟大的英雄，文王、武王、周公全生于陕西。其中②周公尤足代表周文化之精神。他初相武王，继而摄位亲征，定刑书、封诸侯，营建洛邑，制作礼乐，晚年复归政于成王。这种大智大仁大勇的精神，古今罕见，及谓为西北文化之具体象征，亦不为过。

二、秦帝国

中国历史全局的古今大界，以秦为继往开来的一大分水岭。有秦一代，为期虽甚短暂，然古代遗法，无不革除，后世治术，均已创导。秦的最大成就是大帝国，其主要的精神则为大统一。秦之贡献，荦荦大者，约有十二端：（一）一统天下。（二）自号皇帝。自称曰朕，尊父曰太上皇，名民曰黔首。（三）不立诸侯，天下均为郡县，子弟③无尺土之封。（四）改定礼乐，采古礼之君卿④臣者为时用，余皆减之。（五）统一国内文字及衡石丈尺。（六）废去龟贝玉，制定币品。（七）定律法，及夷三族之利。（八）订朝仪。（九）销除兵仗，铸钟鐻金人。（十）徒豪富十二万于咸阳。（十一）略取南越陆梁国越地，置桂林郡、南海郡、象闽中郡。（十二）筑万里长城。

以上十二事，一方面极端发挥中央集权及君主专制独裁，一方面则充分发挥大统一之精神。由于此统一，始确定中国文化之标准，巩固我族文化之基础。无此统一，则神州四分五裂，一盘散沙，此后二千年单一的民族文化绝不会产生，而整个中国会成今日欧洲局面亦未可知。在这十二项创制中，尤以万里长城与统一文字对文化贡献最大。前者犹如埃及金字塔，后者如中世纪欧洲之拉丁文，在世界文化史占一极重要之一页。在秦代，当时长城则象征攘外，统一文字则象征安内，二者为车之双轮、鸟之双翼，尤为统一精神的具体代表。

自周平王东迁后，诸侯各自为政，各国文字原极紊乱。秦统一天下后，李

---

① "周"，底本作"周公"，衍一"公"字，径删。
② "中"，底本作"中国"，衍一"国"字，径删。
③ "弟"，底本作"第"，误，径改。
④ "卿"，底本作"柳"，误，径改。

斯、赵高、胡母敬相继作《仓颉篇》《爰历篇》《博学篇》，整理过去之古文大篆等，删改其繁冗者、怪奇者，乃造成小篆，即今《说文》所本者。其时李斯利用帝权，罢不合秦文者，海内文字，至是始告统一。文字为民族文化最主要之因素。只此一端，统一的秦帝国对中国文化已永垂不朽。

秦帝国建都于今之陕西咸阳。秦始皇即生于陕西。始皇陵墓在今之临潼县内，骊山之麓。王摩诘《过秦皇墓》云："古墓成苍岭，幽宫象紫台。星辰七曜隔，河汉九泉开。有海人宁渡，无春雁不回。更闻松韵切，疑是大夫哀。"后人对嬴秦之专政，因焚书坑儒一事，虽多谴责之词，然就历史的观点言，此统一的秦帝国及其创造者，实为西北文化最伟大的象征之一。

三、汉之拓土

世人论汉代政治，多推崇文景，而贬抑汉武。实则大革命大骚乱之后，继以太平盛世乃历史上之公创。文景以黄老之治，得享受三十九年之和平，实是时代之必要求。至若汉武在位五十四年，其种种创制贡献，足以上继始皇、下开万世，给予后代中国之影响极大，固未可以"穷兵黩武"四字一笔抹煞，虽然其罢黜百家与笃信方士亦曾留下甚恶劣之影响。

汉代时中国民族文化之最大贡献为土地之开拓。此种开拓，不仅赖于军事外交，亦赖于文化。中国文化之远播异域，实自汉代始。而通西域一事，对中国文化之影响，同与哥伦布发现新大陆以及马哥波罗东游二事，所给予世界文化之影响。汉代拓土最大成就有三：（一）平匈奴；（二）通西域；（三）定疆域，包括取南粤、开西南，徙东越之民于江淮，置真①番、乐浪、临屯、玄菟四郡于东北。第一项为攘外之胜利，第二项则为欧亚交通之开辟，第三项则确定此后中国之疆域。而总括起来说，统为中国民族势力向外膨胀达到饱和点的象征。中国人称为"汉人"实自此始。由于汉代之拓土精神，统一的汉帝国始能延续四百余年，使中国民族文化能有长期熔化锤铸的机会。论到此种拓土精神，则又不能推汉武一代最为伟大，其时经文、景二代休养生息后，已是"财力有余，士马强盛""海内乂安，府库充实"，国力既实，元气既壮，自非向外发展不可。

汉代平匈奴、定西域所以能收全功，其主要因素，虽由河西四郡之建置，晁错的徙民实边之政策，以及车师、伊吾等地之屯田，但更大的决定因素，则由汉武张骞、班超一流人物的雄才大略、远见卓识，亦即所谓大智大勇的精神。运筹于帷幄之中，决胜于千里之外，远绝大漠，征伐异族，这里面实含有极悲壮之因素在，汉武尝自述其经营西域之困难云："前陵侯击车师时，……六国子弟在

---

① "真"，底本脱，据《后汉书》卷八十五《东夷列传》补。

京师者皆先归，……共围车师，降其王。诸国兵便罢，力不能复至道上食汉军。汉军破城，食至多，然士自载不足以竟师。强者尽食畜产，羸者道死数千人。"旗开得胜，尚不免演拿破仑莫斯科之惨剧，种种可歌可泣之事，自在想像之中。终汉之世，直到匈奴郅支单于被斩、传首长安为止，这种种悲壮之剧层出不穷，汉代开拓的精神，亦可称惊天动地，足以彪炳于中国民族战史了。汉武在日，当时之长安，士气之激昂，人心之振奋，均足以为统帅当局的后盾。在卫青、霍去病去匈奴，李广利伐大宛时，尚有所谓"义从军"，一般人民纷备粮骑，自愿随军去征，充分发挥了"匈奴未灭，无以家为"的精神。伐大宛一役，军中多为长安各郡被赦之囚徒及恶少年。所谓恶少年，即今日之地痞流氓，这种杂色军尚能建殊功于异域，当时人心可用，人力可恃，可以想见。汉武犁庭扫穴，扬威于祁连、焉支山外，匈奴曾作歌道："失我祁连山，令我六畜不蕃息。失我焉支山，令我妇女无颜色。"（按：祁连山区域，美水草，宜畜牧。焉支山产染料，可为妇女美容。）这种异族悲歌，十足反映出汉代伟大的扩土精神。今日我们游陕西，过汉陵，瞻仰孝武大帝及卫青、霍去病之墓冢，犹觉其余芳馥郁，令人神往不止①。

在汉代拓土一幕，张博望与班定远实为双璧。前者汉中人，后者扶风人，俱属陕西，这两人气魄伟壮，见识高超，精谋略，富果断，可以说是西北古今的第一流人才。张骞足迹所至，几穷今日之中亚细亚。他第一次越西域，所经大宛、大月氏、康居、大夏，约当今中亚细亚之浩罕、布哈尔、哈萨克及阿富汗北境。他第二次出使自居乌孙，即今之伊犁。其所遣副使，则分至今之印度、伊朗等地，当时安息（古波斯，今伊朗）国王曾以鸵鸟之卵献汉，中西交通实始于此。张骞第一次凿空西域，前后凡十三载，始终持汉节不失。骞宽大诚信，长于外交，虽蛮夷犹敬。这十三年中，他跋涉于冰天雪地之中，困顿于酪食氀衣之俗，往往数十日不得食，唯射禽兽以自给，初行时偕有百余人，归来只剩二人，其中艰苦，楮墨难罄。其人实足以当发展西北之导师而无愧。

班超以三十六人，两赴西域，风尘数十载，平定十余国。"不动中国，不烦戎士，得远夷之和，同异俗之心。"黄族之盛，震于域外者，实以此时为最。其时罗马方用兵西亚，《后汉书·西域传》所谓"大秦"，即为罗马。西域全定后四年，班超曾②遣部将甘英使大秦，一度达波斯湾，欲由波斯绕阿拉伯三面入红海，过苏彝士原有之小港入地中海。至罗马，虽因粮糒不充，受波斯人之警告而止，然已开欧亚交通之端。至桓帝延熹九年，大秦王安敦遣使自日南（今越南）

---

① "止"，底本作"置"，误，径改。
② 底本此处衍一"达"字，径删。

征外献象牙、犀角、玳瑁，欧亚终于交通。饮水思源，班定远厥功最伟。定远年七十，犹在绝域。据其妹班昭①形容他这时是"衰老被病，头发无黑，两手不仁，耳目不聪明，扶杖乃能行"。后由昭上书，帝始诏还。读《班超传》至此，这种毕生许身边疆的精神，实令后人无限感动。

博望、定远通西域一事，影响中西文化沟通极大。当时大月氏、大宛等地，已为帕德利亚之希腊人所蔓延，当地若干堂塔建筑及佛像雕刻，即出于希腊工匠之手，一时造形艺术大为发达，此即美术史上所谓犍陀罗艺术。张、班通西域后，此种希腊系统的犍陀罗艺术，便传入中国，而作其过渡孔道的西域，其地下所埋藏的艺术、遗迹，及今尚为探险家与考古家的视线焦点。近人斯坦因、伯希和、格伦威得、鄂登堡等氏，先后在新疆库车②（古龟兹国）、哈喇沙尔（古焉者）、吐鲁番（古高昌国）等地所发现的艺术遗宝，在世界艺术史上占甚重要之一页。其中尤以库车③赫色勒石窟的壁画及雕刻最受重视，而其西域式（即中亚细亚式）的作风，实即其中西艺术溶混后的产物。由此足证，中国与希腊两种文化在汉代④就已沟通了。张骞从大宛带来的葡萄，其原产地为伊兰，素为波斯人所植，后西传至希腊，移植于地中海诸国。大宛既盛产葡萄，足证希腊文明与大宛沟通已久。据云，"葡萄"一词系希腊语Botrus之谐音，后人所谓"张骞槎上载葡萄"，不为无因。《史记》所载土俗，颇多于泰西古代相同。"西域"二字，始于《史记》，其义不仅指今新疆一地，而是统指自玉门、阳关直抵欧洲之区域。《汉书·地理志》有所谓骊靬县，据注释，系因犁靬人曾在⑤此住过。近人考证，认为犁靬不是大亚历山大里亚（亚历山大远征，曾开辟许多亚历山大里亚），即指临红海一商港的Rekem，均系属于希腊罗马系的市镇。果如此，则汉时希腊、罗马商人曾由西域到过中国一事昭然若揭。

四、唐代艺术

唐代是中国艺术的黄金时代，也是整个中国文化的黄金时代，中国文化历经周、秦、汉诸代之孕育酝酿。

唐吸收外来之文化，取其精华，弃其糟粕，经熔化锤炼后，创造出其独特的文化，而远播于东亚各国，其中日本、高丽受惠最深。当时之长安，已成其国际都会，各国遣使不绝，冠盖往来至繁，唐俱一视同仁，毫无轩轾，（长安胡侨，

---

① "班昭"，底本作"昭班"，误，径改。
② "车"，底本作"东"，误，径改。
③ "车"，底本作"东"，误，径改。
④ "代"，底本作"氏"，误，径改。
⑤ "在"，底本脱，径补。

且有万家之多）实充分表示出伟大的王道精神。日本遣使始于舒明天皇二年（贞观四年），其时遣犬上御田耜等于唐，唐使高表仁送归难波。孝德天皇（贞观十九年）时"大化之革新"，制度、文物悉学唐风。此后日本留学生络绎于长安道上。日文之创假名，始自此时，而日本语言，迄今尚保存不少唐音，由于唐文化之沐浴熏陶，日本美术史上才有灿烂光辉的飞鸟时代、奈良时代、平①安朝时代，其文学、音乐则完全脱胎于唐。所谓"俳白"，实是中国绝句之演变。至今日本音乐，尚保有极浓厚的唐风。中国之琵琶，系于唐肃宗时传入日本。（日本音乐家田边尚雄，武则天赠送日本之琵琶，至今犹保存未失云。）此时之中国真可谓东亚文化的领导者，亚洲各国咸慕唐风，所谓"唐家子"一词，实足映证当时声势之显赫。至今美国尚有唐人街，象汉人之集团。唐文化之影响，于兹可见。

唐代艺术，辉煌灿烂，昭如日星，在世界文化上占极一独特的地位。当时的大师宗匠如李白、杜甫、白居易、吴道玄、李思训、王维、杨惠之、颜真卿、柳公权等，其②事迹多为今人所谙知，兹不赘，记者在此③只想一叙唐代艺术之特征。

复经两晋南北朝与异域文明之沟通融贯，至唐始开花结蒂，奇葩怒发，放一异彩，而完成一种独特的类型，登峰造极的表现出中国民族精神。所谓唐文化，其特征即绚绚的艺术色彩。就文化类型言，其最高之境即为艺术的境界。古代之希腊，俱属此类型。文化水准与④生活之艺术性成正比。文化水准愈高，生活亦愈艺术化，爱琴海畔之雅典，唐代之长安，俱为例证。所谓生活之艺术性，是指浓厚的欣赏意味、享受色彩而言。唐代金属工艺、陶瓷明器、锦绣染织，俱特别发达，其精致美观则为历代冠。唐人尚游宴，喜任侠，盛斗鸡、赌博、走马、养鹰，婚嫁特重财宝，管弦欢宴，人文诗酒，结社为风，妓女则崇尚诗艺，谪官咏及驿亭，皆盛道园林池馆，罕言其舍馆之苦，言道路必及官树，言房屋必及帷幄，言饮食必及芳洁……凡此俱含有浓厚的欣赏意味与享受色彩。

唐代文化，汪洋浩瀚，自由博大，泱泱之风泽被全亚，足以当"为前圣继绝学，为万世开太平"之语。唐上承古代遗风，兼容外来文化，其时人民吸收外来文明，不遗余力，一种虚怀若谷之精神，正与今日国人之崇爱西洋文化相同。玄奘取经丰功伟业，固已彪炳青史，民间竞尚胡风、胡乐、胡服、胡食，至开元、天宝，犹为热烈。当时所谓"胡"，即指广义的西方（包括波斯在内），且观近代古冢出土之唐俑及偶人之服饰，颇多胡装，足以为证。

---

① "平"，底本作"朝"，误，径改。
② "其"，底本为"为"，误，径改。
③ "此"，底本脱，径补。
④ "与"，底本作"的"，据文意改。

说到唐代艺术之特征，实在就是中国艺术之特征，如以一简单词语来表示，就是"超脱"。此处所谓"超脱"，与"解脱"不同，不仅指其消极的意义，还含有一种积极的色彩。前者为出世的，后者则为入世的。中国传统文化的两大主潮，一为儒家，一为老庄。自受佛教影响后，此两种精神始变本加厉的溶化混合起来，形成中国特有的文化。佛教在印度本国特重小乘，至传入中土后，大乘的济世精神才得普遍发达。这是中国吸收并改造佛教后的收获。西洋文化之主要因素为基督教、科学、个人主义①，故现实色彩至为浓厚。印度的佛教文化，是解脱的文化，纯粹的超现实，故印度民族，迄今尚无一系统的历史记载，致被称为无历史的国家。中国文化则兼有西洋、印度两种文化的精神，现实的，又是超现实的，有出世的智慧，而又不缺入世的道德。前者是智，后者是仁，二者之调和，即所谓"无所为而为"之精神，这就是艺术的精神。在唐代艺术上，这特征尤为显明。古人论艺术，有所谓"羚羊挂角，无迹可寻"以及"惊天地，泣鬼神"之语，前者是超现实的，后者是现实的。故唐代绘画有王摩诘的空灵缥缈，亦有吴道玄的苍劲磊落；李诗"神龙见首不见尾"，杜诗则"语不惊人死不休"；虞世南、褚遂良之书法疏瘦潇洒，颜、柳之字则雄浑劲拔；雕刻方面，大智禅师之浮雕（今在西安碑林）俊逸神妙，唐高宗乾陵（今在陕西乾州）之石狮子则雄伟粗壮。此二种趋向有时又融化为人而表现于人，述诸大家之作品中。凡此不仅为唐代艺术的特征，也是中国文化的特征。

以上所论四点，是西北文化在中国历史上的大贡献，也是中国文化在世界历史上的大贡献。今之论史者，多遵崇周秦，盛道汉唐，盖不仅以其国力殷实，气象宏大，抑其时代精神及文化贡献确具特色，确有不可企及之处。周的文化，富于宗教色彩，秦文化富于政治色彩，汉文化富于军事色彩，唐文化则富于艺术色彩。而就中国文化之发展说，此四代文化，实可自成一个段落、一个时期。中国文化发祥于周，凝固于秦，扩充于汉，成熟于唐。唐以后之文化，承接晋南北朝文化之类型，另成一个段落、一个时期。大抵周秦汉唐之文化，范围博大，气魄雄壮，文化虽日趋精深，然始终富于战斗的力量。文化的条件与战斗的条件相吻合，故外族侵入，方能抵御而克服之。唐代艺术极精细，然武功特盛。晋南北朝宋明文化则趋于巧小，范围狭窄，文化日趋精致，战斗力量则日趋削弱。文化的条件与战斗的条件脱了节，故外族入侵，终难抵抗，成大受骚扰或竟遭覆亡之祸。所谓周秦汉唐文化，就是西北文化；而晋南北朝宋明文化大体则为东南文化。综上所述，我们可以得一个简单的教训，就是：凡具有西北文化精神之朝代，对外族抗争的力量，最强也会成功；凡是具有东南文化精神之朝代，则对外

---

① "主义"，底本作"主要"，误，径改。

族的抗争力量，最弱也最失败。

继观西北文化，其主要精神有四，即淳朴（周的礼乐）、强力（秦帝国）、冒险（汉之扩土）、超脱（唐艺术）。过去以西北为中心之各朝，所以能继绝世成大业，绥靖边疆，怀柔远人，使泱泱之风远播东亚，使明明之德昭化万邦，胥赖于此四种精神。第一次欧战后，罗素游华毕，在美国对新闻记者发表谈话道："我觉得白种人并不如我素所设想的那样重要。倘欧美战争中自杀尽了，不必就是人类的绝灭，甚且也不必是文明的告终。还有许多中国人在呢。许多方面看来，中国是我所仅见的最伟大的国家，非但人数上最伟大，我看理知上也最伟大。我不知还有什么旁的文明地方有这种心胸宽大、实事求是，这种愿意迎当事实，是怎样便怎样，并不谋将事实牵强纳入特种的模型。"此处罗素所称道不置者，正是述西北文化之四大精神所最可宝贵者，罗素在《中国问题》一书中又谓："吾人深信自己之文化与人生之道，远胜于他族，然苟遇民族如中国者，以为吾人对彼最慈善之举，莫若使彼尽效吾人所为，此则大过矣。以予观之，平均之中国人虽甚贫穷，但较平均之英国人，更快乐。……其在中国，人生之往，无往而不在，斯中国之文化为予所赞美之一大原因也。"这里罗素所赞美安贫若素的精神，也正是西北文化之最大特色。

今日我们到西北，目睹千岩竞秀，万壑争荣，平原一望无际，沙漠浩荡无垠，大川则一泻千里，内海则汪洋万顷，狂风起则飞沙走石，大雪装则万里如银，胡马奔驰于塞外，骆驼跋涉于流沙。……莫不慑伏于这种伟大雄壮的气魄，深受感动，而觉天人之合一，人类与大自然之不可分。这种伟大的气象，也就是传统的西北文化的气象。一个人置身其境，胸襟自然会扩大，思想自然会丰富，生命力自然会激腾，斗争欲自然会旺盛。西北遍地皆黄土层。这种土壤色彩煌丽，质地坚固，建筑房屋足以代替砖瓦。有时一根古旧的土柱子擎天矗立，虽风吹雨打，亦不易坍塌。记者曾见一年代久远之庙宇，危然受一座黄土高台之支持，①迄无陷落之兆。此间土质之凝固坚实，可以想见。土壤如此，则生于此土之人民及文化坚固结实，实属必然。

抗战以来，国内进步极大，然仔细一剖析，不合理的现象，亦属不少。我们今天所处的时代，诚为一新旧交替的时代，一光明与黑暗嬗递的时代。一方面，千千万万人在合力作一空前绝后的斗争；一方面，仍有少数人假公济私、混水摸鱼，借国难渔利。流弊所及，几使此一伟大的时代，成为一个无是非、无黑白的混沌时代。目前最危险的一个现象，就是重商主义的借尸还魂，平素凤以学术教育文化之清高为标榜的士大夫与知识分子，其受铜臭之奴役，贪赃枉法，囤积居

---

① 底本此处衍一"台"字，径删。

奇，操纵物价，且视本色的商人犹过之。人心所以如此堕落，原因自极多，然主要者不外因此辈目光如豆，意志薄弱，丧失自信心与进取心，以及耽于燕安享受。其疗治之道，即须药以上述西北之四种精神，曰淳朴强力、冒险超脱。非恢宏西北文化的传统精神，不足以杜今日浅薄狡诈之流风与投机取巧之恶习。总括说来，今日的中国人，如想战胜外族，改造世界，非具有西北精神不可。这一时代的人应有大见识、大魄力、大果断、大超脱，要伟大，不要巧小，要深沉。

最后再就目前之西北文化言，其衰退落后，实令人兴无穷之感。以占全国总面积三分之一的西北，到现在没有一个大学（西北联大系抗战后迁来者），没有一个像样的图书馆（陕西省立图书馆号称第一图书馆，然没有一部《韦氏大字典》），期刊杂志则内容贫弱，图书出版几等于零。至就文物之保存言，关中古迹，甲于全国，今多任其颓圮损毁，埋没无闻。敦煌之千佛洞，为东方之文艺渊海，一劫于斯坦因、伯希和之诱盗，再劫于白俄之摧残，三劫于王道士之涂改，四劫于倾圮沙埋，今尚余完好之洞五百余，有壁画者三百八十，而安西万佛峡、榆林窟洞画完好者有四十六座，现俱弃置一隅，任自毁自灭。今之西北人，对其固有的伟大文化，不知爱护珍惜，如斯真令人万分痛心。

我民族此次抗战，为历史上之空前大业。我们战争的目的，不仅是驱逐日寇，恢复固有的独立自由，还要建立一个理想的、幸福的新中国，发扬中国伟大的传统文化，使之远播各国，以有助于世界新秩序之建立。要达到这一目的，非对过去的中国文化有一新认识不可，其中对西北文化之研究，在力求建设西北之今日，更属刻不容缓。记者此稿，匆匆草成，舛误难免，刍荛之见，如能因此而引起时人对西北文化之兴趣，则为意外的收获了。

论西北文化之发展与归趋

张联元

一

抗战以来，东南沿海区域被敌人破坏，东南人士源源流入内地及西北一带。随着抗战趋势的演进，西北渐渐形成抗建的重心，于是"建设西北"的呼声与日俱增。西北问题不但是西北人士感受兴奋，而全国视线大都集中在西北。蒋介石抽万几之暇前来西北视察，对西北近几年来的政治经济文化社会各方面备加称许，并谓："西南是抗战根据地，西北是建国的根据地。"随着抗建大业的演进，西北又占了重要的地位。《大公报》九月二十三日社评提出《再建西北之管见》一文，其对西北的看法是：西北是我们民族的故乡，远在几千年前西北即已开发，当先秦在东亚大帝国时，文化武功粲然大备，而世界大部地方尚是榛莽未开。近代西北的荒落不是未开发，也不是未建设，完全是因为我们作子孙的未能善缵遗绪，把祖宗基业荒芜了。所以当今的西北问题，除了发掘地下富源之外，不是开发，而是"再建"。的确，西北是我们民族发展核心，民族文化的摇篮，我们祖先很早就在这一带辟草莱、施教化，奠定了我们这一民族的基础。不但我们中国文化发源于西北，就连日本也食西北文化遗绪不少。所以我们现在仅从文化的一角落观察西北文化的发展与归趋，以见教于读者。

二

孙中山先生在"民族主义"第一讲说："考究中国历史，尧、舜、禹、汤、文、武、周公都生在西北，所以中国文化是从西北方来的。"原来我们祖先周人最早就在陕西的泾渭流域，踏入了农耕生活。《诗经·公刘》"取厉取锻"，便知他们已经会使用铁的耕具、"彻田为粮"的徭役制度了。《史记·货殖传》："关中自汧、雍以东，至河、华，膏壤沃野千里，……于天下三分之一，而人众不过什三，然量其富，什居其六。"可知古代的关中得天独厚。随着经济的发展，文化也渐渐发荣滋长，加以山川四塞，形势天成，关中自来就形成政治的、文化的中心，所以到了周代，中国的政教文物粲然大备。周代最重要的贡献：一是封建，一是礼教。封建制度的功用有二，一为分化，一为同化。（见梁任公[①]

[①] "任公"，底本作"位"，误，径改。

《先秦政治思想史》）可谓分化者，是将同一的制度组织与精神分布于各地，使各因地制宜，尽量发展。换言之，即是以王室的制度与组织为辐射的中心，经过倭国的媒介，使一有活力的文化有机体向外拓殖，于是宗周文化乃从各方面为多元的平均发展。所谓同化者，是将许多异族的低度文化醇化于高度文化总体之中，经过长期的接触与孕育，使异族逐渐同化于汉族而形成一大民族意识。所以说周代的封建制度与我们民族的扩大、文化的发展关系至为密切。礼教在封建制度下极尽其妙用，自家族的尊卑亲疏，社会的贵贱名分，以及国家的政治关系都用礼来维持。《礼运》："人情者，圣王之田也，修礼以耕之，陈义以种之，讲学以耨之，本仁以聚之，播乐以安之。安之以乐而达于顺。"什么是顺？"四体既正，肤革充盈，人之肥也。父子笃，兄弟睦，夫妇和，家之肥也。大臣法，小臣廉，官职相序，君臣相正，国之肥也。天子以德为车，以乐为御，诸侯以礼相与，大夫以法相序，士以信相考，百姓以睦相守，天下之肥也。是谓大顺。"即是说礼的作用由伦理的人伦关系，通过家族、社会，治理国家的政治关系，最后的理想是实现大同。夏曾佑氏在其所著《中国古代史》中说："有周一代之事，其关系于中国者至深。盖中国一切宗教、典礼、政治、文艺，皆周人所创也。中国之有周人，犹泰西之有希腊。泰西文化开自希腊，至基督教统一时，希腊之学中绝。洎贝根以后，希腊之学始复兴。中国亦若此之象，文化虽沿自周人，然至西汉之后，去周渐远，至清始渐复古，殆可如泰西十八世纪希腊之学复兴矣。"如果这个比拟不错的话，有周一代既相当于古代的希腊，那么古代的关中就相当于希腊的雅典了。不过，希腊人告诉我们的在如何"想"，周人告诉我们的在如何"作"。换言之，希腊的精神表现为真善美合一的精神，尤其注重真的因素；周代①的精神表现是家族伦理及政治道德诸范畴，这便是中西文化根本不同的根源所在。宗周文化随周代的国力发展到黄河下游，于是春秋时代黄河下游各国同沐宗周文化。宗周文物在鲁国的最多，故孔子对于周代的礼教知之最深，爱之最切，对于周公之为人施政仰慕最笃，故孔子晚年有"久矣吾不复梦见周公"之叹。周公是集尧、舜、禹、汤、文、武大成，奠定中国文化基础的人。章学诚《文史通义·原道上》："自有天地而至唐虞夏商迹既多，而穷变通久之理亦大备。周公以天纵生知之圣，而适当积古留传道法大备之时，是以经纶制作，集千古之大成。"孔子又祖述尧舜，宪章文武，把周代的文化发扬光大，形成几千年来中国的传统文化，所以说儒家的思想又是集西北文化之大成。

周代奠定了我们民族、国家、文化的基础，汉、唐两代光大了这基础而形成了我们民族、国家数千年来统一的规模。汉、唐两代，文化、武功并茂，文化

---

① "代"，底本作"個"，误，径改。

的发展与广播，和他的政治设施、经济繁荣、国土开辟相应合，尤其是通西域的结果，使中西文化发生交流作用，西方文明与印度文化的输入，使我们在物质生活及精神生活上发生大的影响。如我们现在乐器中的胡琴、琵琶、羌笛之类，植物中的苜蓿、葡萄、石榴以及毛织品等都是汉时从西域传来的。唐代是中国艺术史上的黄金时代，以汉族固有文化为基础，加入了佛教的影响而达到了圆满成熟境内。唐代盛时，中国为亚洲各国的宗主国，唐代文明几遍及全亚，当时外国人留寓长安者达四五千人之多。日本尝派留学生来长安留学□的政治制度影响日本最大。所谓大化革新（孝德天皇即位之年，贞观十九年，公元六四五年），便是采取唐制，建立中央集权政府而打破向来□□□□□的阀族政治，所以说日本食我们西北文化的遗绪甚大。汉、唐两代的文化武功，是我们中国历史上的黄金时代，创造这一辉煌功业的人物大都出在西北。汉代文人如司马迁（韩城人）、班固（扶风人）和刘向、歆父子（长安人），军人如张骞（城固人）、班超（扶风人），东汉名将马援、通儒马融等。唐代有大经学家孔颖达（关中人），诗人李白（成纪人）、白居易（渭南人），名将李靖（三原人）、郭子仪（华县人）。而晋朝的杜预（长安人）更兼具文武大才，他曾都督荆州军事，建立平吴之功，后来研读经籍，著《春秋释例》，成一家言，至今读《左传》者必以杜解为门径。其他建立功业之西北人士，史籍所载，实不胜数。自古所说"关东出相，关西出将"（关指潼关而言），唐代以前，西北人才实甲于全国。丁文江、朱君毅二先生曾就我国历史上的人物籍贯作一地理上的分类的统计，秦汉时代陕、甘二省人物之众，居全国第一位，隋唐居全国第二位，唐以下则数字日少、地位日低了。总之，中国文化发源于西北，周人在文化上的贡献是政治制度、家族伦理与道德，孔子承周代遗风发扬光大，形成中国的传统文化，代表中国文化的儒家二千年来一贯的精神，是以立德、立功、立言为手段，以正心、诚意、修身、齐家、治国、平天下为步骤，其最后目的在成圣成贤。圣贤虽然是旷世仅见的，但历代也出了不少的秀臣孝子、志士仁人，为国家民族增加光辉，为社会历史发扬正气，这种文化的因果渊源，其根基来自西北文化，毫无问题。

三

唐以前中国的政治重心，大都建设在关中，长安历代建都者有西周、西汉、西晋、前秦、前赵、后秦、西魏、后周、隋、唐十代，但自唐昭宗迁洛以后，关中再没有建过国都，这不能不说是历史上一种重要的变迁。原因何在？韩愈说的较简当："当今赋出天下，而江南居什之九。"原来在两汉时代，关中只须"漕转山东粟"便够了，而到了唐代却须要仰给于东关，这是说唐以后江南逐渐开发，而西北及中原渐渐荒芜了。王船山论西北荒芜的原因："陂堰不修，桑蚕不事，举先王尽力沟洫之良田，听命于旱蝗而不思捍救。"（《读通鉴论》）其意祖先基业，后辈子孙未能善缵遗绪，"坐食而不力田"，致使土地荒芜，山林童秃，水利失修，其实这种原因并不是偶然的，其中有一大关键在，此关键即唐代的前后西北有二度长期战乱，隋唐统一后虽有一度复兴，但唐亡以后则又一蹶不振，荒芜又千余年。

第一期战乱：从西汉灭亡到唐的统一，其间六百余年，关中渐渐荒乱。西汉末年，新莽改政的结果，"富者不得自保，贫者不得自存"，人民铤而走险，相率为寇，而赤眉之扰乱，更使关中遭到过分的破坏，西北从此紊乱，戎无宁岁。东汉以来，羌乱频繁，旧都长安竟成了战场。长安城外的上林苑，本为天子休憩之所，而此时变作了养兵的地方。东汉末年董卓弄权，卓死之后，其部曲李傕、郭汜之辈互相攻杀，百姓流离失所，转死于兵灾饥荒者，直不可胜计。《三国志·董卓传》：（李傕郭汜起兵）"时三辅民尚数十万户，傕等放兵劫略，攻剽城邑，人民饥困，二年间，相啖食略尽"。

三国时代更是动乱的时期。魏卫凯言："关中膏腴之地，顷遭丧乱，人民流入荆州十余万家。"所以魏明帝时陈群说："今荒乱之后，人民至少，比汉文景之时，不过一大郡。"西汉末年及三国时代，还不算最大的厄运，真正的黑暗时代要推五胡乱华时候。自刘渊称帝至北周被篡其间，二百余年黄河流域不知有多少国家兴亡，朝代更迭，社会紊乱已达极点。永嘉之乱以后，关中情形尤为悲惨。《晋书·愍帝纪》："永嘉之乱，天下崩离，长安城中，户不盈百。墙宇颓毁，蒿棘成林。朝廷无车马章服，唯桑版署号而已。众唯一旅，公私有车四乘，器械多阙，运馈不继。"

"长安城中，户不盈百。"与西汉时代文人骚士歌讼的长安盛景，真令人有隔世之叹。五胡之乱不但关中遭了厄运，就整个黄河流域，悉受①破坏。桓温欲迁都洛阳，孙绰上□□□□关中残破情形说："怀愍不建，沦胥秦京，遂令胡戎交侵，神州绝纲。……中夏荡荡，一时横流。百郡千城，曾无完郛……自丧乱以来六十余年，苍生殄灭，百不遗一，河洛丘虚，函夏萧条；井堙木刊，阡陌夷灭；生理茫茫，永无依归。"（《晋书·孙楚传》）

自来兵燹之后，继以饥荒，饥荒结果，人口减少，所以土地荒芜，山林童秃，水利失修，整个西北成为"无食之土"了。

第二期战乱：唐代自安史乱后，唐室的统治权已经脆弱，加以回纥、吐蕃等外族欺凌，元气即渐渐斫丧。唐末黄巢之乱，曾二度陷长安。第二次攻陷，大肆屠杀，谓之"洗城"。李克用及诸道之兵，与巢搏斗于关中，战云所及，创夷载

---

① "受"，底本作"陀"，误，径改。

道，唐代精华，破坏几尽。宋室为我国历史上最羸弱朝代，外患的欺凌与一代相始终。西夏起于宁夏，宋廷遣范雍、范仲淹、韩琦等讨之，转战于陕北、陇东一带，西北成为国防的最前线，所受蹂躏最深，摧残最重，社会经济破坏殆尽。到了北宋末年，金人入侵，西北与中原更遭了空前的大破坏，唐以前经济重心虽然转移到南方，而政治重心仍在北方，自宋室南流以后，北方社会整个崩溃，举政治、经济重心一齐转移到南方了。

"自古兵乱，郡邑被焚毁者有之。虽盗贼残暴，必赖室庐以处，故须有存之者。靖康之后，金虏侵略中国，露居异俗，凡所经过，尽皆焚爇。……中原之祸，自书契以来，未之有也。"（庄季裕《鸡肋编》卷中）像这样不断的浩劫，自然会促成人口的减少与普遍的饥荒。如《鸡肋编》卷上："宣和中，京西大歉，人相食，炼脑为油以食，贩于四方。"整个说来，西北陷于没落时期。迄至近代，明末张宪忠、李自成之乱，西北遭一浩劫；清代的战乱，西北又遭涂炭；民国以来，西北陷于军阀混战、连年荒歉与匪盗横行的世界，天灾人祸，不一而足。是以第二期荒乱一千余年，其摧残之甚、破坏之重比第一期有过之而无不及。

随着社会经济转移，西北文化也跟着衰落，文化的重心逐渐由西北转到东南。讲到文化南移，据说春秋时代楚国与中原诸侯争霸，吸收中原文化，引用中原人才（楚成王时，齐桓公子七人出逃楚国，楚用为大夫；共王时，晋国伯州犁逃楚国，楚用为宰相；郑人然丹逃楚，楚用为右尹），长江中流已沐宗周文化。三国时代，孙吴立国江左，长江下流亦逐渐开辟。永嘉之乱，晋室东渡，北方人口源源流入江南，中原士大夫侨居江左，因之南方人口日增，文物日盛，北方人口减少，文物凋零，文化重心渐渐由中原移于江南了。《史通·言语篇》："自咸洛不守，龟鼎南迁，江左为礼乐之乡，金陵实图书之府，故其俗犹能语存规检，言嘉风流，颠沛造次，不忘经籍。"

到了宋代，南方文化已超过了北方。宋代理学有濂、洛、关、闽四大派，濂派的周敦颐是理学的始祖，闽派的朱熹集理学之大成。湖南、福建二省已成为当时的文化域区，而洛派的学术流入南方，反比北方为盛。

"洛学之入秦地也以三吕，其入楚也以上蔡，司教荆南；其入蜀也，以谢湜、马涓；其入浙也，以永嘉周、刘、许、鲍数君；其入吴也，以王信伯。"（《宋元学案》卷二九全祖望案语）洛学流入南方的，除入楚、入浙、入蜀、入吴四大支流外，北宋时杨时传入福建的洛学支流，为南宋朱熹崛兴的张本。

北宋时，南方人才之盛亦超过北方，政治实权率多操于南人手中，北方士大夫多有沈抑之叹。"伏闻天圣以前选用人才，多取北人，寇准（陕西人）持之尤力。故南方士大夫沈抑者多。仁宗皇帝照知其弊，公听并视，兼收博采，无南北之异，于是范仲淹起于吴，欧阳修起于楚，蔡襄起于闽，杜衍起于会稽，余靖起于岭南，皆为一时名臣……。及绍圣（哲宗年号）、崇宁（徽宗年号）间，取南人更多，而北方士大夫复有沈抑之叹。"（《渭南文集》卷三，陆游《选用士大夫札子》）

在宋代，广东、广西比较落后，但已在逐渐开发中，如神宗熙宁中，程光禄知广州："广控蛮粤，而无藩垣捍御之备。公至，则请作西城，广逾十二里，由是广人有自安之计。大修学校，日引诸生讲解，负笈而来者相踵。诸藩子弟皆愿入学。"岭南文化遂逐渐启发。

四

文化是一个民族生活方式的总称，换言之即是他应付环境的成绩。一个民族有他的特殊环境，特殊血统，自然会产生与其他民族不同的精神与性格，而表现为特殊的文化传统。假如一个民族不使其特殊之点在文化上表现出来，那么这个民族一定只有躯壳而没有灵魂，只有形式而没有内容；他的文化不但没有价值，而这个民族也是最没有出息的民族。但是这并不是说文化的形成与发展是单独的演进，无论任何文化的发展都混有外来的因素，不过须要识别其本体的发展，与其本体发展中所受到外素的影响。本体是主，外素是宾；外素的作用只能附着本体而发生，却不能离开本体而独自发展；外素如能开离本体而独自发展，那便是原有本体的消灭，即不是民族的文化，而是另一文化的实现。

我们以上所说的西北文化，只就其本体发展的路线加以讨论，尚未涉及他本体发展中所受外素的影响。西北文化所混入的外素，显著的有二次：一是印度哲学、文学、艺术的输入。本来印度思想自汉代传入中国后，中经魏晋南北朝至隋唐而极盛，中国固有文化与之交荡互激，本质上已发生了变化。到了宋代，佛教禅宗一派输入，宋代的学者出佛入儒，产生所谓"理学"，中印文化为之合流，中国文化从此突入一个新的阶段，但是程朱思想直接孔孟的道统，中国固有文化依然维持其本体的特殊地位。二是西洋文化的输入。明清之际，西洋传教士由海道东上，罗明坚、利玛窦等教士先后来中国广州、肇庆、南京、南昌等地传教，西洋的天文、科学及哲学开始传入中国，东南沿海区域首先接受了这个新的因素，明朝士大夫如徐光启、李之藻等人受其影响最深，上海徐家汇徐氏故宅，即为今代中国耶稣会教育的中心，而徐家汇天文台亦肇造于徐氏。鸦片战争以后，西洋的政治、经济、武力、文化一齐闯入，农村社会的中国与工业社会欧洲睹面相逢，处处以迟钝保守见拙。中国社会组织根本发生了动摇，于是思想上也发生激变，东南沿海区域的文化随着这个潮[①]流突飞猛进，大有压倒中国固有文化独盛

---

① "潮"，底本作"朝"，误，径改。

之势。由于中国社会本身的剧变，民国以来人士对于中国文化的态度，产生了三种倾向：一种认为中国固有文化根本抵抗不过西方文化，主张全盘西化；一种是极端的排斥西方文化而倾向于复古运动；一种是不中不西的折中主义。这三种潮流经过五四运动、国民革命以及近年来的新启蒙运动，交荡互激，至今尚未结束。

抗战以来，东南沿海区域为敌人所破坏，东南人士源源流入西北。历史的重演，竟踏了魏晋以后的覆辙①，五胡之乱的结果，西北经济区域为异族所破坏，西北及中原人士相率迁居江左，东南文化得以开展。"七七"以后，抗建根据地渐由东南移至西北，于是"开发西北"的呼声甚嚣尘上，加以西北土地辽②阔、宝藏丰富，新兴工业接踵而起，大有代东南沿海区域为中国经济重心的趋势。随着这种趋势的演进，荒芜千余年来的西北文化，又将恢复其繁盛。今后之中国文化，必然是东南文化、西北文化合流，即西洋文化与中国固有文化互相融合，以中国固有文化为主，西洋文化为宾，产生适应中国之新文化。具体的说：今后中国新文化，是高度的科学化运动与发扬中国文化优良的传统。这两个内容并不是各自独立、互不相关的，科学运动要在阐发我优良传统的过程中具体的前进，而阐发优良传统也只有在科学化基础上才产生巨大的效用。总之，抗战的结果必然地结束中西文化激荡的潮流，朝着一个方向向前发展，把中国固有文化、国内一切地方文化、西洋一切进步文化，进行有机的综合，采其精华，去其糟粕，而产生整个崭新的文化。

---

① "覆辙"，底本作"覆覆"，误，径改。
② "辽"，底本作"獠"，误，径改。

陕西人文述略

贺学恒

陕西古称关中，四塞为固，东曰潼关，西曰散关，南曰武关，北曰萧关，居中驭外，形势险要，自古为国都之所寄，亦为兵家所必争。秦人据关中之地，以成富强之业。项羽与刘邦争天下，相约"先入关中者王"。从来论天下之形势者，莫不以关中为最。《战国策》苏秦曰："秦西有巴蜀、汉中之利，北有胡貉、代马之用，南有巫山、黔中之限，东有崤函之固；沃野千里，地势形便，此所谓天府，天下之雄国也。"范雎亦曰："秦四塞以为固，北有甘泉、谷江，南带泾渭，右陇蜀，左关阪，此宿王之业也！"

在昔农业时代，关中最为殷富。文王作丰（在今鄠县），武王都镐（今咸阳县西南），都在今日的陕西境内。关中人士，好农务本，西周的文化，完全建筑在农业社会的基础上。秦汉之际，水利修治，有郑国、白公（两个人名），引泾、渭之水，作郑、白二渠，灌田四五万顷，以故膏腴千里，闾阎饶富。太史公说："关中自汧雍以东至河华，膏壤沃野千里。"又说："关中之地，于天下三分之一，而人众不过什三，然量其富，什居其六。"

关中自古为劲兵健马之区。汉武帝拓境开边，北地（泾水上游）良家子，奏功常最。郭子仪尝论关中："地方数千里，带兵数十万，兵强士勇，雄视八方，有利则出攻，无利则入守，此用武之国，非天下所用。"顾炎武亦谓："关中无士非将，无民非兵，罝兔之士，古称干城，斥堠之妻，今常折馘；况天设百二之险，地藏九死之区，虏敢匪茹，踏我机阱，则外有环玕之祸，内遭覆巢之惨，其不畏之哉？"

关中不但形势险要，土地肥沃，经济富裕，人民精壮，而且人文之盛，也足雄视一时。自从春秋战国以来，陕西的大将便出了不少，如白起（郿人，今郿县，善用兵，秦昭襄王用之，战胜攻取，凡七十余城）、王翦（频阳人，今富平县，事秦始皇，定赵、燕、蓟、荆诸地。子贲，孙离，皆为名将）便是最著名的。汉朝，张骞（城固人）通西域，破匈奴，西达波斯，南通印度，是我国最大的探险家。班超（扶风人，今扶风县）出使西域，经营三十一年，东西六千余里，大小五十五国，悉归大汉版图。马援（也是扶风人）征交趾（今安南），立铜柱，其丰功伟绩，亦足永垂不朽，无怪至今广西还有许多遗迹——如伏波山、伏波滩——来纪念他。所以西汉时代有"山东出相，山西出将"之语，东汉时代有"关西出将，关东出相"之语。所谓山东、山西以华山为基准，关东、关西以潼关为基准，它的意义是一样的。

除了武功不说，文事方面，就有司马迁（龙门人，今韩城县）著《史记》，上起黄帝，下止汉武，为我国通史之祖。（辛亥革命军的文告，多署黄帝纪元四千六百零九年，便是受司马迁的影响。）班固（就是班超的哥哥）撰《汉书》，积思二十余年，起高祖，终孝平王莽之诛，为我国断代史之祖。马融（也是扶风人）施绛帐，授生徒，游其门者常千数，为我国最大的教育家，卢植、郑玄，是他两大高足。杨震（华阴人）明经博览，生徒千数，诸儒尊为"关西孔子"，而暮夜却金，为后汉最有名的法官，至今山东昌邑县还有"四知台"，留作永久的纪念。唐朝，李卫公（靖，三原人）破突厥，定吐谷浑，建立了辉煌的功绩；郭汾阳（子仪，华州人，今华县）平安史之乱，复联回纥，征吐蕃，以一身系天下安危者二十年；颜师古（万年人，今长安县）校定五经，为经学大师；柳公权（华原人，今耀县）以名臣而善书法，与颜真卿齐名，世称"柳骨颜筋"。宋真宗时，寇莱公（准，下邽人，今华县）为相，会契丹入寇，中外震骇，准力排众议，请帝亲征，卒成澶渊之功。迨至南宋，韩蕲王（世忠，延安人）从高宗南渡，以八千人大破金兵十万于黄天荡（在江苏江宁县东北），论者以为中兴武功第一。总之，无论立德、立言、立功、陕西都有第一等人物，永垂青史！

惟自唐之末季，中原大乱，宋都开封，关中更为不振，南渡以后，西北沦为左衽，衣冠文物，远谢南服。惟张载（郿县人）崛起北宋，倡明理学，建立"关中学派"，其后李颙（盩厔人）继起，亦为"关中大儒"。这两个人，践履笃实，坚苦卓绝，社会风气，一时为之丕变。顾炎武说："秦人慕经学，重处士，持清议，实他邦所少。"就是这个原故。不但如此，而且我国四库要籍，所谓经、史、子、集，没有不起源于秦；清朝邢澍，曾经编纂一部《全秦艺文录》，洪亮吉为之序曰："夫全秦为天下之首，从古载籍，无不权舆于斯。《易》则文王上下篇，《诗》则《周南》《召南》，《书》则《泰誓》《秦誓》，又且言《礼》则河间献王，言《春秋》则刘向、刘歆父子，皆号专门之学。史则马迁、班固，皆三辅人。子则《道德》二篇，老子入关时为关令尹喜所著。其所入关，昔人或以为大散，或以为函谷，类皆不出秦地。班固作《汉书·艺文志》，凡诗赋一百六家，而以高祖歌诗二篇，武帝所自造赋二篇弁其首，是则经、史、子、集，无不权兴于秦，举全秦艺文，而天下之艺文已探其原，举全秦艺文，而天下之艺文又居其中。君之此书，所以为不可少也。"

陕西、河南、山东、山西，自古即为我国文化的发源地。名胜古迹，到处都是。最有历史价值的，首推桥陵（在中部县）。桥陵一名黄陵，为我汉族祖先黄帝的陵墓，每年清明时节，中央还简派代表来此举行"民族扫墓典礼"。其他，秦始皇筑长城，坑儒生（有坑儒谷，在临潼县骊山西麓），起阿房宫（地点在咸阳），都在陕西境内。汉楚之争，项羽宴沛公于鸿门（在临潼县城之东），汉高祖拜韩信于汉中（今汉中有拜将台）。唐朝，雁塔题名，儒林传为佳话，至今西安城南慈恩寺内还有雁塔存在。而《大秦景教流行中国碑》，建于西元七百八十一年，实为基督教东来之嚆矢。临潼的华清池，为我国历史上有名的温泉，杨贵妃曾留艳迹于此，以后杨贵妃香消玉殒于马嵬坡，就在兴平县境。

关中自古为我国宅京之地，周、秦、汉、唐，先后建都，几及千年。唐代诗人所咏长安都会之繁华，宫阙之壮丽，以及广运潭的奇花异草，华清宫的香车宝马，真是盛极一时。而且历代皇帝、宰相，以及功臣大将，殡葬于此者，累累不绝。单以唐太宗昭陵而论（昭陵在礼泉县九嵕山，周围一百二十里），陪葬的便有一百四五十人之多。据《唐会要》所记：计有妃七人，王七人，公主十八人，宰相十二人，丞郎三品以下五十人，功臣大将五十七人，穹碑相望，蔚为巨制，撰人书人，皆极一时之选。如今西安碑林所藏，还有一千四百多方，为全世界碑碣最多之地，真是我国艺林的瑰宝、文物的渊薮。尤其是《唐石经》与《大秦景教流行中国碑》，更富于历史价值；《华夷》《禹迹》两图（刻于西元一一二七年）则为我国舆图之嚆矢。此外，"鄠屋有古楼观，终南楩梓台，又为古蒿里之墟，道家碑碣及冢墓遗文，往往出焉。同、凤次之，邠、乾又次之，汉中西通陇蜀褒斜之间，汉魏摩崖，隐现萝葛，《石门铭》《郙阁颂》，咸在于此"（见叶昌炽《语石》）。

我国北方黄土的面积，约计有二十万英里，而以陕西渭北一带为最发达，深厚千尺，榆林一带，则深达二千尺。大抵水土深厚，其人悃愊无华，浑厚毋欺，所以陕西民性，率皆刚直而不事虚饰，深挚而笃于仁义。朱熹曾经加以论述："雍州水深土厚，其民厚重质实，无郑、卫骄惰浮靡之习。以善导之，则易于兴起，而笃于仁义；以勇驱之，则其强毅果敢之资，亦足以强兵力农，而成富强之业。"晦庵这个观点，是很扼要而中肯的。

现代陕西人口，大约有一千万左右。著名人物，则有于右任（三原人）、李仪祉（蒲城人）、张季鸾（榆林人）等数人。于氏主持监察，风裁特著，所书行草，飘然不群，亦自成一家。李氏为我国第一流水利专家，早年一意研究黄河水利工程，晚年倾其全力修治泾、渭水利，造福之大，不让李冰专美于前。刘献廷尝云："有圣人出，经理天下，必自西北水利始。水利兴而后天下可平，外患可息，而教化可兴矣。"准此而论，李氏的功绩就很大了。至于张氏在抗战前后，主持《大公报》笔政，眼光四射，议论周匝，对于国计民生，多所建白，所谓"文章报国"，可以当之而无愧。[我国报纸，以《申报》历史最久，《新闻报》销数最多，但是最有价值的却是《大公报》。《大公报》曾得美国米苏里新闻学院（为世界最大的新闻专门学校）的奖章，可与日本的《朝日新闻》、印度的《泰晤士报》，同为东亚的第一流报纸。]有人说："民国以来，如以三个标准论人才，陕西省只出了三个人：一个是李仪祉，一个是张季鸾，还有一个是法印和尚。那三个标准是：第一，是终生从事一业，少而学、长而行、老而成者；第二，他的事业之成就，非但在国内是权威，并且在国际上也要占有地位者；第三，他的思想或事业，对于国人，发生极大影响者。"这个论断，是极正确的。此外知名之士，则有焦易堂（武功人，提倡国医）、王陆一（三原人）、周伯敏（泾阳人）等。军人则有杨虎城（蒲城人，他与张学良均为造成"西安事变"的主角）、孙蔚如（长安人）、冯钦哉（泾阳人）、高桂滋（定边人）等；稍为早一点的，还有井岳秀（蒲城人）、胡景翼（富平人）两个革命者。而关麟徵（鄠县人）与杜聿明（米脂人），均系黄埔健儿，抗日骁将。至于学术界，诸如张奚若（朝邑人）之政治学，杨钟健（华县人）之地质学，均系我国第一流学者。此外还有陈顾远（三原人）之法学，郝耀东（长安人）之教育学，均颇有名于时。而吴宓（泾县人）与王独清（长安人）均系文坛巨子，吴氏以旧诗见长，为"学衡派"之主干，王氏以新诗著名，为"创造社"之主干。

　　陕西全境，可分南、北两部，而以秦岭山脉为脊梁；秦岭高度，自五千尺至一万尺，不但是黄河、长江的分水岭，且为我国南、北两部的天然分野。宋失中原，便以秦岭与金人分界。降及近代，洪、杨之乱，不能越秦岭而北上（洪、杨之乱，蹂躏内部十七省，但未发展到甘肃，便是秦岭所阻之故）。陕甘战乱，不能逾秦岭而南下，此古人所谓"秦岭者，天下之大阻也"。韩昌黎有两句诗："云横秦岭家何在，雪拥蓝关马不前。"亦可想见它的高峻了。再秦岭以北，气候干燥，为风积黄土高原，一般生活，完全北方色彩；秦岭以南，气候温和，雨量充沛，颇带江南景象。所以南、北民性，亦稍异趣。大概岭南的人，不似岭北的固朴迟重；岭北的人，不像岭南的活泼虚浮。

　　再就本省地理区域，加以详细的分析。那么，这又可以分成三部：（一）关中平原，位于渭水流域，自古以来即为我国文化中心，秦都咸阳、汉都长安，都是我国历史上最兴隆的时代，人物之多，也是风起云涌，盛极一时。到如今这一带依然人口稠密，为陕西最富庶的一区。前清时代，文风极盛，冠于全省，尤其是三原县，科第连绵，不可胜数，乡试举行，不在省垣而在此。其商人手腕灵活，长于经营，犹如浙江的宁波人、安徽的徽州人一般。（二）汉中盆地，沿汉水上游，介乎秦岭与大巴山脉之间，在人文地理与自然地理上，与四川相似之点很多，为北中国与南中国之推移地带。在历史上的美人英雄，亦产于此，好像褒姒出于褒城，张骞出于城固，便是一例。汉高祖封为汉中王，也在这里。抗战时期，西北大学设于城固，汉中行营也设于此。那时，城固的古路坝，重庆的沙坪坝，成都的华西坝，并称后方三大文化中心区。（三）陕北台地，在渭水以北，地形单调，人口稀少，为本省最贫瘠的一区。自古草莽英雄，崛起其间，往往流毒天下，如明末清初之李自成（米脂人）、张献忠（延安人），皆其著者。抗战前后，中国共产党即以延安为大本营，与从前江西的瑞金同为有名的"赤都"，中外人士来到这里的很多。这一带与绥远的鄂尔多斯接壤，秦将蒙恬就沿着这个边缘，修筑长城，以御匈奴，自古即为杀伐战斗、鬼哭神号的战场，唐人有诗咏之云云"可怜无定河边骨，犹是春闺梦里人"。原来无定河便是流经陕北的横山、榆林、米脂、绥德、清涧这几县啊。

陕西居民，全系汉人，间有回教徒，散居各地，靠近长城一带，亦有少数蒙古人杂居其间。长安旧有满洲驻防军队，现已完全同化。陕北因与内蒙伊克昭盟接近，有一种商人，专和蒙古来往交易，谓之"边客"，榆林、神木、府谷各县，均以边客为最多而最富。旧历春季的二月、夏季的六月、秋季的九月，都有定期集会，蒙古人便将千百成群的牛啦，羊啦，骆驼啦，赶到这里出售，这也是很有趣味的集会啊！

一九四八年一月一七，于合肥

附录 关学与关中人文传承文献

关中人文三传

刘绍敔 著

辑校说明

刘绍攽(1707—1778)，字继贡，西安府三原县(治今三原县)人。清代学者。雍正年间曾任什邡县(治今四川省什邡市)知县、南充县(治今四川省南充市)知县，举博学鸿词，官至知州，所到皆有政声。后归里，主讲兰山书院。工于诗和古文，喜欢讲古音韵及方程、勾股等算术之学，熟悉古代的史实和当朝典章制度。有《九畹集》及《周易详说》等传世。

刘绍攽先后作有《关中人文传》《关中人文后传》《书关中人文传后》，基本能反映明末清初关中人文传承的概况。因这3篇文章具有相因关系，故总题为《关中人文三传》，以见其笔下关中人文传承脉络。其中《关中人文传》据乾隆八年（1743）三原刘传经堂藏板刘绍攽《九畹续集》卷一录入点校，《关中人文后传》据乾隆八年三原刘传经堂藏板刘绍攽《九畹古文》卷一录入点校，《书关中人文传后》据乾隆八年三原刘传经堂藏板刘绍攽《九畹古文》卷九录入点校。

魏 冬
2021年7月于西北大学关学研究院

关中人文传

关中古帝都，太史公称其有先王之遗风，哲士挺生，代不乏人矣。近今之士，或践履躬行，或殚精著述，诗书之泽，圣人之徒也。见闻所及，李颙诸人可纪已。

李颙者，盩厔人也，字中孚，父可从。崇祯十四年，从总督汪公乔年出关征李自成，战死襄城。颙年甚少，稍长，求父死所，母不许，奉遗齿晨夕严事，母殁合葬。既除服，乃齐衰哭于城隍庙，然后徒跣行。未至襄，襄城隍以其事见梦殁襄令，令觉而异，阴使人物色，厚遇之，指示战场。白骨千万，累若邱山，不可辨，颙痛绝，致祭招魂归。襄人举祀起冢，并封暴骨。昆山顾宁人作《襄城纪异诗》，传写遍海内。邑宰骆公钟麟，执礼如弟子。制府百执事，数请之，皆称病不谢。再举博学鸿词，不应。早岁困踬，或教令谋食。彭太夫人诫以勿规小利，乃益勉学。织屦为生，春夏藜藿果腹，秋冬木实芜菁，常有菜色。而母子嬉如也。学使者许公孙荃，为易田三十亩，仅免饥寒。康熙四十二年，圣祖西巡入潼关，手诏宣见。颙年已七十余矣，以老不至。复诏就其家，取所著《二曲集》《四书反身录》，命近臣校阅，藏之中秘。年七十九卒。颙笃实行，其学大致主象山。生平不妄交。四方问遗者，相属于道，皆固却之。惟与李柏、因笃善，人称"三李"，恨不识其面。然因笃受职，归谒颙。颙曰："是借径南山者也。"闭不纳。三请乃见，士论高之。

李柏，字雪木，郿人。少贫，佣于酒家。乡先达从酤，异其貌，为诵诗十章，即上口。授书，过目不忘，劝之学。乃入太白山十年，成大儒。名公卿多招之出，柏度不获行己志，卒辞谢。朝夕讴吟，拾山中槲叶书之。门人都其集，曰《槲叶集》。

李因笃，字天生，一字子德，富平人。为明诸生。弃游塞上，靖逆侯张又南督兵松江，尊贵，坐见客。独接因笃必重礼之。会诏举博学鸿词，又南及阁学李公天馥交章荐，召试体仁阁下，以布衣授检讨。未几，以母老告归。为人貌朴，性质直。初入都，南人易之。一日谯集语杜诗，因笃应口诵。或曰："偶熟此耳。"诘其他，即举全部。复言其精奥，皆前人所未发。《朱竹垞集》述之甚详。在馆职时，王阮亭、汪苕文主诗社，竖南北帜，士多屈服。因笃与抗礼。萧山毛奇龄，亦天馥所荐，称天馥老师，侍立比弟子。因笃独齿序呼之曰兄。奇龄善古韵，与因笃语辄抵牾，众莫能定，惟顾宁人是因笃而非奇龄。宁人著《音学五书》，因笃多与力焉。因笃学富而诗最工，彭都宪启丰序《李石台集》，称为"鸿博大科中第一人也"。尝作《长安秋兴》八首，孙豹人谓"少陵无以过之"。有《受祺堂诗文集》。

豹人，名枝蔚，三原人。世为大贾，业盐策。甲申之乱，枝蔚年二十四，散家财，求壮士起义。不果就，只身走江都，折节读书，遂以诗名世。年六十，与李因笃并举博学鸿词。时有奔竞执政之门者，京师语曰："万方玉帛朝东海，一点丹诚向北辰。"枝蔚耻之，求罢不允。促入试，不终幅而出。天子诏示，诸布衣处士有文学素著，老不任职事者，授京衔以宠其行。及格者八人，枝蔚与焉。部拟正字，上薄之，特予中书舍人。吏部集验于庭，独卧不往。旋被敦促，乃徐入逡巡。主爵者见其须眉皓白，引之使前，曰："君老矣。"枝蔚正色曰："未也，我年四十时即若此，且我前以老求免试，公必以为壮。今我不欲以老得官，公又以为老，何也？"部臣愕谢。卒以老官之。枝蔚貌魁梧，性伉直。初以明季流离，好讲兵事。家在三原，毁于贼。比从京师归，复走江都。著《溉堂集》。王阮亭云："古诗能发源十九首汉魏乐府，兼有陶、储之体，以少陵为尾闾者，今惟焦获先生一人耳。"从之游者，皆有声海内，而王又旦最著。

又旦，郃阳人，字幼华，父早世，贫不能就傅，从仲父斗南学。仲仅识字，与又旦说经，必先就邻舍生受解义，记其语，归而诵之。又旦复述，务肖其语，义是而语稍变，扑之，日课数千言，否亦扑之。其学为最苦，然因以富，弱冠举于乡。令潜江。才三十耳。豹人时居江都，迎之受诗。比入为给谏，已能頡頏豹人。朱竹垞称其"兼综唐宋人之长，独不取黄山谷"。年五十一，卒于官。有《黄湄诗集》。

当是时，关西之士耻效章句，皆以通经学古为尚，卓然名家者，三原则有温日知、韩圣秋。圣秋为吏部郎，日知有弟自知，与知皆处士。泾阳则有李念慈、张恂。念慈字屺瞻，尝为令，荐博学鸿词不第。隐居峪口山，诗曰《峪口山房集》。恂字稚恭，一字壶山，以进士为江南理刑，善画。落笔片纸值千钱。皆与三李、豹人、黄湄辈还往酬答，而名稍后。惟华阴王弘撰、朝邑李楷，与三李、豹人、黄湄辈齐名。

楷字叔则，著《河滨全集》，令宝应，以直废。康熙二年，抚军贾公汉复请董陕志，弘撰尚为诸生，从楷编摩。楷善古赋，文朴茂，钱牧斋亟称之，得名在三李前。三李推楷先进，弘撰与三李同时，于楷为后辈。而楷喜从弘撰。弘撰读书华山，好《易》，精图象，学者翕然宗之，得一言以为重。凡碑版铭志，非三李则弘撰。而弘撰工书法，故尤多于三李。然三李、弘撰常在京兆扶风间，冯翊以东，推康乃心。乃心字孟谋，王阮亭奉使过秦，见其《题秦庄襄王墓诗》，为延誉。登康熙己卯贤书。初，乃心力学好古，人莫知之。虽与王又旦同里，而又旦宦外，及又旦归，乃心名已成。自三李至乃心，皆同时稍有先后。其间弘撰、乃心最少，乃心尤小于弘撰。弘撰晚年，三李辈已殁，犹有乃心。乃心老，弘撰亦故，士乃零落矣，独武功康吕赐、鄠县王心敬二人耳。

吕赐字一峰，以明经居龟山，竟岁不入市。心敬字丰川，幼学中孚，为邑弟子，岁试，提学遇之不以礼，发愤曰："昔陶令不爱五斗米，我岂恋一青衿乎？"遂脱巾帻出，除其籍。二人为理学，俗未之识也，独泾阳王承烈首礼之。承烈字逊功，在翰林十余年，无知者。雍正元年，相国朱公轼密启拜谏议，参楚藩，晋江西布政使，所至以廉直著，清操过人，不负所学，卒于司寇，至无以殓。有《复庵诗说》若干卷。康熙年间，公忧居，会朱公为督学，访士于公，乃知有康、王。数造庐问业，人始称之。然吕赐居远，谢交游，故声华黯淡；心敬居近，而鄠令金某罢职，尝依心敬，后复官，时称道，是以吕赐老死，而心敬为当事所知。总制额公忒伦、年羹尧先后上章荐，两征不起。当羹尧为大将军，声势烜赫，士多想望，争欲出其门。羹尧招心敬，心敬不往。羹尧败，士诖误，或禁锢终身，心敬不与也。雍正八年，心敬子为令，陛见，例陈折，上见而嘉之曰："名儒子，故不凡。"令奏折者以为式。乾隆元年，蒲城进士廷试，大学士鄂公尔泰问："丰川安否？"进士素昧丰川，不能应。鄂公笑曰："若不识关中儒者，何太俗耶！"秦中新除大吏来，与夫皇华经过，鄂公必寄声候丰川动定，其见重当世如此。

丰川时，泾阳有刘涵，三原有袁仁林。仁林字振千，饬躬嗜古，洞黄老术，注《参同契》，高出诸家，以明经终。涵字若千，官翰林，擅名词苑，卒扬州太守，然不若蒲城屈悔翁复不仕，不再娶，踪迹遍天下，诗名震一世。司寇张公鹏，冢宰杨公超，曾先后荐之不起，访之不见，与丰川相辉映也。丰川后，寂无人焉。有则指目牵引，群怪聚骂。忆少小闻长老言三李时，人守公论，士有定评，及丰川崛起，非有遗行也，远方邻境交口颂，而鄠之争名者，造为谗谤，复何幸三李之盛哉。信乎，名誉之光，道德之行，难已！丰川有《江汉书院讲义》《语录》诸书。

九畹子曰："会稽沈子天成，勤探讨，留心当世务。尝言'我朝儒者，首中孚、宁人，而中孚刊落声华，固当在宁人先'。"可谓知人能论士矣。今之世，莫不知丰川，鲜能识一峰，其亦折衷于沈子之论哉。

（议叙夹写，左萦右拂，无不如意。而沉郁顿挫之中，又极矫健。是能得龙门之神髓，非图摹其面貌也。西江石虹村先生。）

关中人文后传

昔后稷封邰，不窋窜戎，公刘处豳，太王迁岐，文王作丰，武王都镐，皆在关中，故其民有先王遗风。朱子曰："雍州土厚水深，其民厚重质直。以善导之，易以兴起而笃于仁义；以猛驱之，其强毅果敢之资，亦足以强兵力农而成富强之业。地气然也。"是以圣贤挺生，屡世不乏。近日学者，多言诗文，要其宗主，举不外是。诗始苏、李，文推史、汉，苏家杜陵（即今咸宁县），李家成纪（即今陇西），皆秦产也。班在扶风，人无异说，马迁生长龙门，河津之人，援以自重，世多惑焉。《地理今释》曰："龙门山，在陕西西安府韩城县东北五十里，大河之西，东与壶口相望。"《太史公自序》亦云："先世入少梁。"少梁，古梁国，后名夏阳，即今韩城。（《经史注》及《路史》《通典》诸书皆同。）又曰："错孙靳，赐死杜邮，葬于华池。"又曰："靳孙昌，昌生无泽，无泽生喜，皆葬高门。"夫杜邮，在咸阳西（见《索隐》）。华池者，晋灼谓在鄠县，《索隐》谓"在夏阳西北"。苏林以高门为长安北门，《索隐》谓"在夏阳西北，去华池三里"。（今韩城有里曰高门，又有太史公墓左萝石为记。）语不同处，而同在秦，迁之为秦人，信矣。九峰蔡氏作《书传》，既云"龙门，《地志》在冯翊夏阳"，又何以称"今河中府龙门县"？（《皇舆表》："河中府，今蒲州；龙门县，今河津县。"）盖山势绵亘广阔，禹凿为二，半晋半秦。（按，宋李复谓："禹凿龙门，起于唐张仁愿所筑东受降城之东，自北而南，至此山尽。"）在秦者，以韩侯重（即《诗》："韩侯封国。"），故舍山系国。在晋者，因得托名。而迁之世居不外高门，则实秦也。秦之人文，于斯盛矣。余既网罗近今，统为一传，复就所闻，并著于篇。

王仲复，字建常，邠州长武人。早弃帖括，居河渭之间，著述自娱，尝作《律吕图说》二卷。原本朱、蔡，参之李文利、王子鱼、邢云路诸书，而折衷以自得之义，昆山顾宁人一见折服，曰："吴中未有也。"

富平曹玉珂，字陆海。耀州宋子真，皆不及详其事。子真并逸其名，然子真尝与王山史同修《秦志》。陆海见王阮亭《居易录》，称为"一时人豪，而知者盖鲜"。泾阳雷伯呀，明季避居淮扬，与孙豹人善。余少见其文集，今失之，询于乡人，亦无能举其名，则修身砥行，而湮没不彰者，独三人哉。

蒲城屈复，字悔翁，年十九，试童子第一。忽弃去。走京师，四方学诗者，多从之游。韩城张廷枢，为大司寇时，欲上章荐，力辞不就。乾隆元年，冢宰杨超会举，应博学鸿词。杨未见复，复亦不谢。所著《弱水集》，甚富。江南许元基，品其诗为"国朝第一"。无子，终不再娶，时人方之林和靖。

张郊，字东野，三原人，妻何氏早丧，鳏居终身。常读《文选》，好为绮丽之音，以孝廉授邠州博士。之任，载书数车，曰："吾老是中矣。"

论曰：东南，物之发生；西北，物之成熟。（见《史记》）发生，华叶。成熟者，实。秀而不实，实未有不华者。华实并茂，秦实有焉。以余所交，潼关杨鸾，秦安胡钹，方将勤探讨，追前修。杨成进士，胡以乡贡，名之显晦，未知视建常诸人何如也。

（继原曰：前传离奇，此传严整，起手辨龙门处，亦极反复驰骋。自来修秦志者，如马谿田、冯少墟、李叔则、王山史诸前辈，皆见不到此。）

书关中人文传后

秦古帝都,代不乏人,我朝造士,尤多间出。余既网罗旧闻,两为立传,甲子孟冬,偶过新繁,于石幢书斋,见邓孝威《诗观初集》,采辑秦风,余所不逮者十六人。

泾阳郭士璟,字饮霞,一字梅书。任玑,字啸庵。张载绪,初名湛儒,字水若。郭础,字石公,一字横山,有《琼花草堂集》。王祚昌,字天叶,有《渔古堂近诗》。韩城李国琏,字连城。李化麟,字溪河。景麟,字星河。三原房廷祯,字兴公,一字慎庵。王相业,字子亮,一字雪蕉,有《泗滨草》。狄道张谦,字牧公,有《得树斋诗集》。临潼吕振之,字大律。长安王岩,字平格,一字筑夫。宁夏曾畹,字楚田,一字庭闻。兰州凌元焘,字蔚侯,有《存园诗集》。固皆大雅,卓尔可传。略存梗概,庶几他日考焉。

(九畹自记曰:"《诗观》载泾阳张恂有《西松馆诗集》,亦余初传所未及也。")

秦中三赋

李元春 著

辑校说明

李元春（1769—1854），字仲仁，号时斋，亦号桐阁，陕西朝邑（今属大荔县）人，关学大儒。清嘉庆三年（1798）中举，任大理寺评事。李元春为官清廉，生活清苦。身居京师，未尝登门拜人，却好义举。后因母年迈，辞官回乡，主讲潼川、华原各书院，教人以身心性命之学。学宗程、朱，而不排斥心学良知之说。晚年道高望重，有名学者争相与之交往。其著述甚富，有《桐阁文钞》《经传摭余》《益闻散录》《诸子杂断》《四礼辨俗》《刍荛私语》《病床日札》《桐窗呓说》《夕照编》《闲居镜语》《教家约言》《授徒闲笔》等，皆扶世匡正之论，不喜空话。咸丰六年（1856），陕西巡抚吴振棫奏请入祀乡贤祠。光绪元年（1875），陕西学政吴大澂奏请宣付国史馆，列入《儒林传》。

李元春著有《梓里赋》《秦赋（有序）》《续秦赋（有序）》3篇。因这3篇都是对秦地明清人文传承的概述，且具有相因关系，故总题为《秦中三赋》，予以录入点校。《梓里赋》《秦赋（有序）》《续秦赋（有序）》均据光绪十年（1884）朝邑同义文会刊本《桐阁先生文钞》卷十一录入标点。为便于今人阅读，笔者根据赋文及相关注解做了相应分层划段。

魏　冬
2021年7月于西北大学关学研究院

梓里赋

李子自北归，将由蒲津朝渡，西望邑里，叹息者再。有途中友，揖而问曰："先生何叹也？"李子曰："旭日远射，是吾桑梓，幅员虽隘，形胜无比。风土人物之美，旧皆足纪，越至于今，乃少替矣。当有人焉，救其弊而振其靡，而吾不知其谁是，能无慨乎？"友曰："盛衰之理，伊古无常，国家犹尔，况子之乡？但若所言，某实未详，愿请道之。"李子良久未答。既渡行十余里，憩于道旁之客馆，为芜词以告之。曰："某欲作赋，才愧孟坚，矧述乡土，辞遑求妍，敢摅大略，吾子裁焉。"

溯自芮伯，肇国于先，临晋筑垒，厉共之年。（周时，大荔戎与芮国皆在邑地。秦灭芮，至厉共公伐大荔戎，取其王城，筑高垒，以临晋国，更名临晋。）

历汉及晋，名犹相沿，后魏之时，析置五泉。（真君七年，置五泉县。太和十一年，分置南五泉县。盖邑镰山麓太奇、象底、蔡庄、苦泉、西庄五泉，故名。）

西魏分壤，邑隶东偏。始锡今称，以据朝坂。（朝坂，亦曰华原，其东偏，自北至南数十里，朝日映之，山光明灿，故名。俗读"朝"音为潮，误甚。）

河滨、河西，唐初易前。（武德三年，析置河滨县。乾元三年，改河西县。）

自是以来，旧治复还。

子试观其疆域，识其川原。

南绕渭水，北枕镰山，西临冯翊，东扼蒲关，河腾涌于左侧，洛蜿蜒于中间。诚三秦之隩区，重百二之防闲。

若乃流或等金，（县北五十里，旧有金水河，即洽水，入县界东，折入河。土人资以溉田，重之如金，今流绝。）

陂目通灵。（在县西北十里，旧溉田，今亦废。）

沙苑一带，崇阜垒垒，（在县西南，洛、渭之间，起县界西，跨同州至渭南，凡八十里。）

池泽四所，野草青青。（县西北十五里有盐池，《唐书》所谓"小池有盐者也"，今不恒有。西南沙苑中，有太白池，洞然深黑，常有云气，亦能致雨。太白池北五里，有麻子池，皆咸泻之地。又有莲花池，在二池间，今为风沙所没，不可复识。）

斯并势兼利害，时有废兴，不必共侈夫极盛，要皆言之而足听。

况乎考厥名迹，亦云多有。

稽废宅于吴起，霸里村外，因存遗祠；（县前二石狮，高五尺许，身有金星，传起宅中物。）

赐食邑于绛侯，高阳城中，常沽美酒。（今西高城为古高阳，周勃食邑也。一名怀德城，旧出美酒。）

望仙立观，原属汉武之基；（今上官村有武帝祠以此。）

长春作宫，永忆隋代之后。（长春宫在县城西北华原山上，周武帝保定五年宇文护筑，隋置殿其上。唐高祖起兵，西济河，至邑，舍此休士，资永丰仓，后尝命太宗镇此。又李怀光据此宫，马燧百计攻之不能下，曰："三面悬绝，不可攻也。"杜子美诗云"天晴宫柳暗长春"，亦谓此也。肃宗时，为安庆绪所焚。）

铁牛镇于古渡，明皇偕从臣而吟诗；（唐开元十二年，铸铁牛置河两岸，各四牛，下为铁山，尾施铁轴，以系浮桥，旁置铁人象系牛。宋嘉祐中，河涨桥坏，尽曳西岸牛于河。元僧怀丙为机法取牛河中，已得三牛，以人有异议，丙怒去。明初，一牛犹在河中，东岸具存，不知何时并没。明皇有《渡蒲津》诗，时张九龄等并有和章。）

牧马置夫旧坊，宇文战高欢而植柳。（宇文泰与高欢战于沙苑，既胜，命骑士各植柳以旌武功。又以地宜六畜，置沙苑监养，上供牛羊。隋唐因置马监，宋置牧龙坊。又唐王重荣败朱玫，亦在沙苑。）

石多前哲之题，（新市镇饶益寺有藏春坞，贮古名贤石刻，多不存，今独殿壁上有宋贾炎诸人题名、金赵扞记。县城西华原山东岳庙碑，有唐初功臣鲁国公等手迹。官庄里有元巙巙子山《复王由义札》行书百十五字。又县西南籤箕掌灵应观有张三丰题诗碑。）

寨纪平章之筑。（县东北四十里干社寨，元戈平章筑以为保障之所，今湮。）

小荀之故里传疑，（有魏荀丞相坟，或云魏文侯庶子繁坟。）

王林之名村已久。（晋临晋令王林之墓所在。）

幽求空留夫冢宅，（在县东北六十里华原之麓，金水之南泠浴堡，或云非其真宅。）

扈锷尚护其邱首。（白冢镇以有扈锷冢名，旧有馆于冢旁者，夜宿，见一人甲胄来，曰："我白马将军也，此吾宅，安得据之？"由是知为锷墓。）

延祥有镇，封祀何主？（仓头村，故延祥镇，以永丰仓得今名。向有土神祠，宋真宗祀华岳，渡渭阻风，梦老父出迎，且曰"助以冰桥"。帝感其灵，物色之为土神，赐冕旒，封城隍。）

载在邑乘，均传不朽。

产则瓜柿梨枣，葱韭蒜姜，猫眼枸杞，沙焦麻黄，河水之鲤，苦泉之羊。（苦泉，一名双泉，其水饮羊，易肥而不膻。同州茧耳羊，以出苦泉者为上。）

夭桃繁于洛岸，（洛北岸种桃数十里，三月花开，乘舟赏玩，为邑中胜景。桃亦甚佳。）

木棉重夫南阳。（木棉丝出南阳洪者，断则易续，引之易长。）

俗则男耕而力，女织而善。服贾为多，执技较鲜。士砥廉隅，人耻巽愞。王事争勤，公旬易藏。赋赢三万，无不乐输车牛；里凡卅六，谁复忍为丝茧？（邑旧三乡，曰长春、洛苑、都仁，今分东、西、南及东北、西北，通计五路，有八镇。南，新市、赵渡；北，白家、双泉、两女；东，旧大庆关、新大庆关、西伯市、高城、洿浴、故现、永兴。今旧大庆关与西五镇俱废。村在明初凡三百有奇，里分八十有二。以后沿至国朝，村仅百八十一，计地丁连闰共征银三万八千七百一十七两有奇，起差大约银百两为甲，十甲为里，十二里为运，运分为三，里分为三十六。）

是以世毓俊彦，共仰前踪，则有严、雷数代，高、程两忠；韩家之父子并美，樊门之弈叶俱荣；王有三族，李称三宗。

严氏之著者，翰林当后汉而显名，遗胄不绝；（东汉初，严彭祖为左冯翊，子孙因家临晋。至汉末，有严翰林复守本郡。翰林四世孙稚玉，仕北魏，封邰阳侯。稚玉四世孙协，仕唐，为洮州都督，袭封。协子方约，方约子损之，损之子司业，司业弟士良，俱贵显，以行义友爱著于时。）

善思举销声而及第，平冤有功。（严譔，字善思，父延，通儒术，晓图谶。善思传其业，明天文，善风角，褚遂良等奇其能。高宗封泰山，举销声幽薮科及第。武后时擢监察御史。又为详审使，活死囚八百余人，断疑狱百人。后继李淳风为太史令，占诸张败及诸陵墓事，俱验。子向，为凤翔尹，有声。）

懿绛县之良宰，擢台宪而乃终。（明严天祥，字叔善，嘉靖甲辰进士。知绛县，廉直得民，三年擢河南道监察御史。行过傅说庙，从者皆见天祥呓语，与傅丞相约见期。居御史任三月遂卒。天祥，望仙里人，未知与善思皆翰林后否。）

雷氏之著者，将军著矢而不动，贼帅怀疑而缓攻。（雷万春，朝邑人，旧志不载。）

爵号耿介，霓亦廉能，（爵防于里人。明成化丁酉举于乡，先知清苑、邳州两任，杨文襄大重之，升大名府同知。霓登成化丙午科，知中牟，志称其忠厚。）

国柱谏臣，（雷士桢，字国柱，新市镇人，韩苑洛外孙。少颖悟，有风节，从苑洛学。长，登万历甲戌进士。为御史三日，即疏论潘晟，直声动朝廷。其他详具邑志。族弟元善，亦登万历丙戌进士，知仁寿县，有政声。）

伯华神童。（雷子质，字伯华，安仁里人。少时与韩五泉并称奇童，正德辛巳登进士，授潜山县知县，未之任，卒。相传子质为诸生李九畴后身。）

惟柏林之居士，乃艺苑之子龙。（雷于霖，字午天，号柏林，县西寨人。崇祯癸酉举于乡，幼负奇志，入国朝，隐居，以理学文章自任。睢阳汤文正公兵备潼关时造其庐。先河滨尝曰："柏林之文以胆胜，真文中子龙也。"所著有《柏林集》《太极图说》等编。）

至于程编修之偕亡，岂徒保身之哲；高御史之死难，甘受灭顶之凶。村竖咸道，缕述无庸。

韩氏之盛，始自莲峰，按察七闽，明正五刑。（韩绍宗，字裕后，号莲峰，南阳洪人，成化丙辰进士。为福建按察副使，执法不挠。尝辨寿宁侯客樊举人狱，人服其刚直明允。又尝论义男妇死乱者，三原王冢宰亦心折。弘治初，疏论时政，多见俞允。有四子，长邦彦，正德丁卯举人，官至郑州知州；次苑洛先生邦奇；次五泉先生邦靖；季邦翔，为固始县丞。）

苑洛实间世而出，五泉本天授之聪。事业既著，学术俱鸿。（苑洛，字汝节，正德戊辰进士，官至南京兵部尚书，事业著述具见史志，为一世大儒，卒谥恭简。弟五泉，字汝庆，十四举于乡，二十一同苑洛成进士，官至山西左参议，抗直素著。其诗文，康对山、王浒东俱屈服其才。与苑洛尤友爱，卒之先呼苑洛曰："吾其逝矣。十九日必大雷雨。"其日果然，遂卒，年才三十四，无子。）

樊氏之先，参政誉隆，幸英庙之能识，惜拟议之成空。（樊冕，北石村人，明初进士，为河南参政。先为都给事，吏部拟冕户部侍郎，英庙方向冕，曰："冕可吏部。"无何大行，不果用。）

椽吏之才，何止堪尉；（樊资，成化时以椽吏任荣县典史，尝出俸赈饥，单骑谕盗，弘、正间荣之宦游秦者，多登堂拜谒，或至泣下。）

恕夫之马，不愧乘骢。（樊得仁，字恕夫，苑洛门人，以正德丙子举人知河津县，擢御史，上尝褒曰："忠劳可嘉。"）

三王分洛水之南北，三李傍渭滨之西东。

高城多贤，河汀为最，（王河汀先生，名学谟，字子扬，嘉靖癸丑进士。初仕至山西按察司副使，兵备岢岚，放还。后起山东，视海防，迁左参政，分守山西河东。历官刚直有为，议兵尤见方略。而文章著述，先河滨称其"派宗扶风，与少华、槐野颉顽"。兄学诗子言，嘉靖庚子第三人，乡荐知河内县。从兄渭汀学古，与河汀同中壬子举人，至壬戌成进士，仕至郎中，出知汉阳府，俱有声。弟学让子皞如念塘，以万历壬午举人，官至贵阳知府。郭子章大重之，荐拟贵宁道，未报，以忧去。起复补两浙盐使，奏最为天下第一。渭汀子家允锡吾，以万历乙酉举人，仕至永平郡丞。河汀孙孙绶紫侯，万历壬子举人，以会试语侵宦官，抑置副车，教授闻喜，后盐使聘主秦、晋、豫三省馆教，闻誉大起。紫侯子尧日陶都，以国朝丙戌岁贡，历官莘县知县，书法绝一时。念塘子斗三在玑，以崇祯癸酉举人，入国朝官邵阳知县，与父俱工书。他如王报春育万，登国初乙酉科，官永年，有善政。子鹏翼六翮，登康熙辛酉科；鹏程抟九，为己卯省元，皆有名，至今科第不绝。）

泊里尽贵，文石谁同？（泊村王氏，自弘治时郎中汝器耊始著。以后耊子朝雍仲和，以正德丁卯举人，仕至山西按察佥事；朝壅仲冕，以正德丁丑进士，仕至宿州知州；朝彊季良，以嘉靖乙酉举人，任井陉、永清两县。仲和子三省诚甫，以正德癸未进士，历任彰德、保定、潞安知府；三益谦甫，以嘉靖己酉举人，仕至保安知州，政行俱著。诚甫子雁峰公传，嘉靖庚子举人，任高邑，以诗鸣于时。雁峰子嗣蕃育之，万历癸酉举人；嗣美实之，万历庚辰进士，仕至山东按察，生平以刚直著。文石先生，按察兄，副贡，在宇子也，名于陛，字启宸，别字文石。少有神童名，万历丁未进士，历官岢岚兵备，升布政。告归，作漫园，自称漫公，著有《漫公集》。改革后，闭户不出，日长偃卧。辛，不受吊，不树碑。先河滨称其"达不玷名，穷不惭节"。文石从子钥，字翼扃，崇祯辛未进士，历汶上、东阿令；镆，字翼治，国朝顺治丙戌举人，为阳信令，俱有声。后尚两世登科，凡九世。）

侍郎名臣，狱察奸小；（王之寀，字荩甫，又字心一，万历辛丑进士，尝讯梃击事，详载《明纪》。）

复斋隐士，理守中庸。（复斋先生，名建常，侍郎犹子。年三十，以诸生丁前明改革忧，闭门谢人事，读书穷理，笃志力行，翼朱子，斥阳明，著述甚多。许督学作《关中六君子咏》，以复斋为第一，题其门曰"真隐"。余谓："复斋学术之正，不在冯恭定下。"）

若论一人之雅望，足媲两姓之休声。（侍郎后，惟复斋一人，余谓可与高城、泊村二王并。）

季白真太白之后,(李朴,字季白,街子里人,万历辛丑进士。性骨鲠敢言,由主事升至郎中,先后上章无数,人争传诵,而朝臣多忌之。放归,吟诗自娱,所著有《调刁》《雪亭》二集。孙育才,康熙甲子举人。)

河西振陇西之风。(河西自乐平公李聘后,四世高科。)

吾家由司徒而初昌,昆季比三珠之美;(司徒为余七世族祖,讳联芳,字同春,万历丁未进士。兄讳时芳,平度州知州。弟讳继芳,三河县知县,政行并显于时。)

令闻至叔老而益茂,著述推一代之雄。(叔老讳楷,号岸翁,一号河滨,学问之博,著作之富,书法之肆,在国初海内皆推无两,至今共称"河滨夫子"。)

此后固难历数,要尚不少宏通。(河滨三子俱知名。文章著述及书法推三老,立庵为最,后尚多作者。)

他如远有文彻之清名,(隋时人。)

仲方之世德,(元王由义,字仲方,礼部侍郎。欧阳元尝赞曰:"由义,真贤者也。"作《王氏世德记》。)

王嘉议之醇笃,(王良,健儿村人,洪武时贡入太学,仕至刑部侍郎,授嘉议大夫。)

乔参知之谨饬。(乔诚,安仁里人,历官山西布政司参政。《一统志》称其"处心忠信,措事宽平,不愧长者"。)

周通政之殁后明冤,(名彧,明初以人材进。每弹劾,著绯衣,见之者皆待罪。卒有忌者谮其贪,下狱死,籍其家始知冤,因赐祭。)

杨方伯之仕等家食。(名恭,西庄里人,文皇时为陕西布政,事详邑志。)

蔚光禄由吏牖而获旌,(名能,字惟善,受春里人,宣德五年,以吏员进,历事五朝,终光禄卿,尝赐锦衣金带,以旌其忠。三原温公纯,厅署芳规,标公事以为法则。)

刘太守以老成而尽职。(名伟,中曲里人,成化戊子举人,由文水知县为御史,旋出知兖州。志称其"老成宽厚,又以孝著"。)

清杨强张,(杨珪,中曲里人,天顺壬午举第三,仕至太仆丞。张澄源,字静夫,仓西村人,嘉靖戊子举人,仕至解州知州,自号一可。)

同一介直。

近有标赤太史,名流亟赏其文;让伯户曹,逸老特嘉其志。(张太史表,仓西村人,顺治己丑,馆选未遇,时著《肥游草》,熊雪堂令合肥时,为梓传者也。族子楠，字让伯，顺治己未成进士，始受业于王仲复，仲复称其"立志直欲赶上横渠"，仕由巴县升户部主事。）

提学无惭弓冶，冠带生辉；（张好奇，字知天，顺治壬辰进士，为河南提学。父纶音，字作钦，万历辛丑进士，官至湖广按察，邑城内人。）

筠石克绍箕裘，辞华独备。（刘峒，字星柱，号筠石，故现人，康熙戊午举于乡，仕为榆林教授。父玺，字尔符，号三峰，顺治丁亥进士，官乌程，称廉干。父子皆肆力古文，著书若干卷。峒弟崵，康熙己卯举人，亦有名。）

无不自奋而出群，故致宏声而弗坠。

又若赵良纯孝，（元人。）

李济守法。（怀恩里人，明初副都御史。《一统志》称其"才敏学优，历官守法"。）

周道之舍骑卒，（道，沙底人，由助教擢御史、山西按察司佥事。舍骑卒，事详邑志。侄瑄，以举人为通判，亦称廉。）

靳能之识门甲。（能，沙底人，正统时举人，仕为马邑教谕、山阴知县。在马邑恤门者某，事详邑志。）

萧都谏事不避难，（萧斌喜，庆里人，正统乙丑进士，官吏科都给事，通政司通政。志称事不避难，门无私谒。）

牛郎中峻而非狭。（牛斗，字应宿，蔡家堡人，弘治甲戌进士，官至兵部郎中，革先朝冒滥，不通夤缘，详邑志。）

君仪之却金，比四知而适类；（程范，字君仪，正德丁卯举人，初任开封府通判，尝叱却仓官馈余金，后除大名府，善治盗，然以劲直不容于时。）

公见之兴利，列三贤而允洽。（段朝宗，字公见，鲁坡村人，嘉靖乙未进士，官至给事，廉介改言，后知徽州，为利民事颇多。郡故有彭泽、王继礼二祠，以朝宗参之，名"三贤祠"。）

别有鉴寰朴诚，言动必循礼节；（翟事心，字鉴寰，平罗村人。贫时授经高阳，言动以礼。万历丁酉举于乡，知保昌县，士民建祠祀之。后调判东昌，署濮州，归，著《抱瓮集》十卷。）

绿野豪放，笑傲皆成文章。（张徵音，字祚康，号绿野，白冢人，万历丙子举人。初仕山右，守城御盗有方，继调河南盂县，作堤，民名"张公堤"。又调宝丰，感时政，作《旁观》《抵掌》等书。绿野才佚宕，笑傲皆成文章。）

松园讲学，（王钺，字敄甫嵌弹故，号松园，崇祯己卯举人。入国朝，官吴桥，遽归。以著书讲学为事，所著有《松园集》《性理三解》等书。）

稚仲退藏。（郭肯获，字稚仲，阳昌村人，崇祯己卯举于乡。明运终，隐居不仕，与复斋为道学友。弟肯堂，亦弃诸生。李自成入关，强征肯获，肯获亡去，系其弟肯堂，亦不屈，兄弟卒得全节，时称"二难"云。）

独鹤保身体而常泰，（关中俊，字逊伯，号独鹤，望仙观人，慕冯恭定之学，以力行自任。入国朝，去诸生，隐居读书，著有《巢居野人集》《鹤阴鸣和集》。学以孝为本，将殁，口占句云："衣冠还太古，身体亦归全。七十八年内，一心常泰然。"弟中伟，亦弃诸生，不试。）

公黼裂冠衿而岂狂？（王宸，字公黼，泰安堡人，因求父尸不得，绝意仕进。尝以诸生揖贵者，见忤，遂自裂其冠衿。性嗜山水，工绘画，诗亦多警句，雷柏林、先河滨皆深重之焉。）

其余亦屈指之而不尽，总可为间里生光者也。

友曰："如子之说，历世未远，典型匪遥，且古今等耳，何事感喟于一朝？"李子乃复慨然而叹曰："此有故矣。地之灵秀，惟人主之，风自上行，俗由下移。古道不讲，积而日漓。富者习骄逸而轻弦诵，贫者谋衣食而废经畲，弗求者甘自弃，从事者安于卑，固应大贤之希觏，至诣之莫追。焉得司牧善治，志士共维，庶乎昔日之盛可以指日而期。"友笑曰："人之好善，谁不如吾，信斯言也，豪杰具在，胡不持子说而遍告乎？"

秦赋（有序）

班孟坚赋西都，张平子赋西京，后多因之，或意存讽规，或言主铺张，各极巨丽，难复续矣。余生其地，念今昔之殊势，知隆替之有由，意有所感，不敢拟于前贤，故为《秦赋》。疆域山水外，独详人物，并略远而述近，以川岳钟毓何代无之，用以自励励人云尔。

有金天之奥府兮，实少皞之所司。卦占兑而为说兮，候应秋而及时。既天门之伊迩兮，亦地首之在兹。本日星之所入兮，即山水之所基。鬻鹈首而开国兮，肇凤鸣于西岐。历代以为都会兮，今则以为极要之藩篱。疆域缘以益拓兮，设官遂有合而有离。始则京兆之独理兮，继则金城之分治。东则徙函谷而为潼兮，洪涛长抱而迅驰；西则嘉峪遥固夫肃、凉兮，沙漠直抵于远夷。少习名曰武关兮，南通楚、蜀而崄巇。延、榆并边于灵、夏兮，北俱接乎鄂尔多斯。其山由昆仑而祁连兮，自此原分为两支。左则贺兰远暨乎辽海兮，桥山自内而附之；（祁连山在张掖西南，东径永昌，南为雪山，径凉州，南为姑臧，直抵中卫为沙山，又东结为黑山，迄黄河，复东出为南、北二支。北支东北出为贺兰，披黄河北行，径灵州、宁朔、宁夏抵平罗，北三百里为黑山，又北出，径古定襄，东至高阙，又东为阴山，绵亘万里，极辽海。南支东南出为桥山，径庆阳、东鄜州、延安西南，尽三水分水岭，北尽葭州艾蒿坪，绵亘八九百里。）

右则肇积石而抵陇兮，吴岳自标夫异姿。（由大积石东至西倾，又东至鸟鼠，又东南至朱圉，又东为陇、为岍、为吴岳。岍、陇实据秦、宁、凤、汉，当陕、甘之交。）

由是又界而为二兮，胥自秦、凤而东移。九嵕、嵯峨之相继兮，终南、太华之咸祠；（由岍、陇东北出，逾凤翔为岐山，又东北至乾州为梁山，又东至醴泉为九嵕，又东北至淳化为甘泉，又东北为嵯峨，又东北为富平之荆山，其尾为朝坂，迄河，溯河北上为韩城之少梁，为龙门，皆在渭北。其东南出者，逾宝鸡为太白，又东为终南、秦岭，又东为骊山。其阴为蓝田山，又东为少华、为大华。其阳为洛南之熊耳，熊耳南出为商山，商山东出为武关。大华东为潼关，北偏依河，皆在渭南。）

褒、沔由嶓冢而大巴兮，循汉而又多参差。（嶓冢在宁羌，亦岍、陇之南出者。）

其水则汉本分为两源兮，河自出于一枝，二者环其外以作卫兮，渭则中贯而委蛇。（西汉水由秦州嶓冢而西，南会白水为嘉陵江，又西南迄四川之广元。东汉水由宁羌、嶓冢而东北，又东而南，穿兴汉之境，至白河入湖广界。河贯于甘肃者，自河湟东北尽宁夏之北境；河绕于陕西者，由府谷北南至于华阴。）

河之上，漓、洮、湟、浩、高平、奢延、野河、秃尾、延秀、濯筋之尽纳兮，（河、兰诸水皆入漓，洮、岷诸水皆入洮，西宁、碾伯诸水皆入湟，及浩亶、固原、中卫水皆入高平，川、榆、靖、怀、远水皆入奢延，神木诸水皆入野河，葭州、秃尾河、清涧、延川诸水皆入延秀河，延安数邑水皆入濯筋河，而黄河尽纳之。）

其下，渭携汧、泾、沮、洛、沣、涝、沪、灞、潼、戏而偕攫。（自渭源陇西以东诸水皆入渭，由静宁、秦安以下诸水皆入陇，陇州以下水皆入汧，凤翔合郡水皆入雍。其北，自平凉以东，南合马莲河，径邠州、醴泉、泾阳、高陵水皆入泾。自同、耀至富平诸水皆入漆、沮。自安化东南，径鄜、延州郡水皆入洛。其南，盩、鄠以东诸水皆入沣，漓、涝、沪、灞、新丰诸水皆入潼、戏，而诸大水皆入渭。渭至华阴三河口入河。）

汉合沔、沮、褒、廉、壻、洋、木马、饶、风月间、洵、丹以共奔兮，此皆名川之可考而知。

夫惟势据天下之上游兮，设险直严于埤堄。若其秀灵之所结兮，钟毓尤历古而多奇。远者吾不暇数兮，指近今而无非懿仪。

以宦业著者：

庄敏独识夫廉耻兮，端毅尽辅弼之职；（杨庄敏鼎，字宗器，咸宁人。少贫，常恨学晚，锐意力学，登乡荐第一，正统中会试亦第一，由编修仕至户部侍郎。尝折中贵，牛玉欲折江南粮实内帑，谏延、绥用兵，预征边饷。寻致仕，为缙绅宗，谓诸子曰："吾生平无可取，但识得廉耻二字耳。"王端毅恕，字宗贯，三原人，正统中进士，庶吉士，孝宗朝仕至户部尚书。自初仕，扬历中外凡四十五年，持正尽忠，疏三十余上，皆剀切。年九十，犹考论著述，卒，赠太师。明三百年称名臣者，以恕为首。子承裕，字天宇，弘治进士，仕至南京户部尚书。卒，谥康僖。人云："明有端毅、康僖，比宋之二范。"）

公度立朝而正色兮，廷臣使外而尽力。（王竑，字公度，河州人，正统己未进士，授户科给事，弹劾不避。郕王监国时，六科劾王振，振党马顺叱众，竑捽顺发，咬其面，因并劾振党王、毛二长随。景泰初，总督漕运，不待奏，赈民饥，民立生祠。英宗时，升兵部尚书，规画事机，中外赖之。后以荐岳正、张宁不报，乞休。卒，赠太子少保，谥庄毅。黄谏，字廷臣，兰州人，博学工书，登正统壬戌第一甲第三名进士，历官编修、侍讲、尚宝寺卿。使安南，风节凛然，交趾人至今称之。尝出金属自霍州归葬曹月川于渑池。以乡人忠国公石亨事败，谪判广州，从学者甚众，广人为立祠。著有《书经集解》《使南稿》《从古正文》《兰坡集》行世。）

胡光禄见怜于俳优兮，阎考功雅重于相国。（胡恭，字敬之，扶风人，景泰中举人，仕至光禄卿，清贫几不举火。一日内宴，俳优为一人体貌羸瘦，傍一人问曰："尔非胡光禄耶？何至此？"曰："俸禄不给耳。"上恻然，因赐金币。子宗道，成化中进士，仕至四川参政、应天府尹，以清慎著。阎仲实，字光甫，陇州人，早慧，善属文，成化中进士。为考功，每规时宰，时宰重之。弟仲宇，字泰甫，亦成化中进士。按察山东，擒妖僧，巡抚湖广，擒剧贼，升兵部尚书，有赂刘瑾欲夺其位者，遂移病去。同族价，字允德，亦成化中进士，庶吉士，巡案河南，以奏刘瑾罚米，家为一空，后升四川参议。）

世隆比高于华岳兮，达夫家裕夫燕翼。（雍泰，字世隆，咸宁人，成化中进士。初为吴县知县，滨湖作堤，民名雍公堤。擢御史，声震京师，巡盐两淮，淮人歌之，巡抚宣府，士民祗畏。升南京户部尚书，刘瑾以不附己斥归。灵宝许襄毅尝曰："关西有二高，一华岳，一雍世隆也。"卒，谥端惠。著有《奏议》五卷、《正谊庵诗》六卷。刘聪，字达夫，中部人，成化中进士。性刚果，仕历太平推官、彰德知府、佥都御史，巡抚顺天，皆著风裁，有异绩。弟璋，字尚德，以举人仕南和令，升知霸州，修水利，禁豪侠，具著奇政。子佐，登进士，授户部主事，监收小滩税，豪势请托，不行。著有《北原集》。次侃，次仁，皆举人。次偣、以举人知闻喜、石州，称廉洁。璋子仕，字以学，正德中进士，为刑部主事，争兴献礼；为郎中，劾武定侯郭勋，累受廷杖，谪戍。穆宗立，起太仆少卿，不就仕。居家至孝，著有《廊南集》。仕弟儒，字以聘，亦以孝著，以举人令安邑，补完县，升叙州同知，皆有惠政。迁庆藩长史，以礼绳王，王不听，遂致仕。儒正己率物，太保杨兆出其门，既贵，每见犹侍立终日，语人曰："吾侍两宫，不若先生严。"著有《刘氏家礼》《桥麓集》。仕子光升，官新泰知县。儒子光文，官招远知县、真定通判，俱有家风。）

鸣远共绵于政和兮，琛、玺、琦疑出于一域。（刘镛，字鸣远，清涧人，以举人历仕长沙知府、山东参政，以清介名。子介，字师惠，弘治中进士，仕至太常少卿，有声誉，与罗圭峰善，著有《南都集》《北都集》《东峰咏稿》。镛族子兰，字庭馥，弘治中翰林检讨，后由王府长史晋嘉议大夫，不附阉瑾，著有《石台集》。介子维禴，字子孚，正德中进士，由滑县令擢御史。介孙大观，由孝义令历仕至赵府长史。大观子士麟，以举人令定襄，皆不愧父师之训。白行顺，字政和，清涧人，汉州守亨之子，以进士历官副都御史，巡抚湖广，政绩赫然，载《名臣录》。弟行中，字大本，正统中举人，仕至监察御史。按广东，贪墨望风去。总两淮盐政,尤以清白自持。后白璧以举人令定襄,白宗舜以举人知蒲州。宗舜子慧元,崇祯甲戌进士,令任丘,死难。璧孙日可,以举人砥德乡里,著有《敦本堂稿》,门人私谥"文靖先生"。白氏科第至今不绝。刘琛,宜川人,与弟玺同举弘治中。琛登进士,官至按察司佥事,玺官卫辉通判。兄炎,亦成化中举人,政绩俱著,号"长安三刘"。玺,冯少墟外祖也,关中理学,盖多出其门。刘琦,字庭珍,洛川人,正德中进士,仕至兵科给事,累以抗疏谪戍。后上亦念之,曰:"是尝进谠言者也。"敕还,以疾卒。天启中,刘秉三纮以省元登进士,以文章名,与中部、清涧、宜川刘皆世科第。)

东氏盛于咸林兮,两王在馀邑而亦匹。(东思忠,字进伯,华州人,成化中进士。为刑部主事,多平反,转四川按察副使,属剿逆命,西北倚为长城。子汉,以举人仕至员外,不愧父风。郊,字希守,正德中以进士历官监察御史,谏武庙幸居庸,论钱宁纳贿、江彬窃权,止张阳鹭盐席,以刚直著。野,字希孟,以进士知陈留县,息讼防河,治盗兴学,诵声遍野,升刑部主事。馀邑泊里王氏,自郎中鼋兴,凡九世科第,与高城王氏并详《梓里赋》。)

道伸学莲峰而不愧其名兮,伯翔全塾师而已见其德。(屈直,字道伸,华阴人,成化中进士。尝学于馀邑莲峰先生。莲峰,韩苑洛父也。苑洛弟五泉妻屈安人即直女。直仕至南京都御史,刚直敏达,所至宦迹有声。莲峰由福建按察入觐,驻通州,使苑洛先至京见屈。屈时与韩新缔姻,食惟设生韭一品。苑洛饱食之,归谓莲峰曰:"关中犹有人,屈秋官不愧门墙。"张羽,字伯翔,南郑人,弘治中进士,授行人。塾师陈以事戍辽东,羽请辽差候师,卒全师以归。正德时,不附宦瑾,瑾败,授御史,仕至南京工部侍郎,亦以廉直多才著。卒,上为震悼。)

韩廷器随事而纳忠兮,彭济物屡出而剿贼。(韩鼎,字廷器,合水人,成化中进士,为给事。孝宗即位,首陈公铨选、经财用、严兵卫、崇天道四事,又谏西夷贡狮宜罢遣、皇嗣未广宜多置后宫、不当建设斋醮,又发神乐观董素云奸事,随事纳忠,无不称旨。尝谓"攻君过不若养君德,谏官言事宜在经筵进谏",人以为名言。升江西按察副使,后讨平吐蕃,升兵部侍郎,著有《斗庵集》。彭泽,字济物,兰州人,弘治中进士。为人长大,腰带二十围,平居寡笑,虽恒语如叱咤,有文武才略。初守真定,有阉宦窃权,人争附之。泽曰:"吾岂附人者哉?"置一棺于堂后,曰:"有不测即附诸棺。"历官按察使,总制湖广、四川,先后讨平霸州贼刘六、刘七,蜀贼薛廷瑞、鄢本恕,累加太子少保、太保。嘉靖初拜尚书,以老致仕。卒,谥襄毅。)

繁御史之起于秦安兮,王范亦先后而显于西北。(秦安张锦,字尚絅,成化中进士,仕至副都御史,巡抚宣府,以直正闻。子潜,称才子,仕至参政,卒华州。范镛,字鸣远,巩昌人,以进士仕至巡抚。王璠,字廷瑞,宁远人,以进士仕至山西参议。其乡评宦绩,俱称明时之鼎足。)

宁夏有知兵之佥事兮,谁又弹学士而著直?(张嘉谟,字舜卿,宁夏人,弘治中进士。初为兵部主事,以偏师破山东贼,升员外。彭泽征蜀贼,疏请与行,乃告彭以大兵取重庆,己由汉中入夔峡,交蹙之。卒奏功,升山东按察佥事。生平好书,诗文亦敏捷,著有《云谷集》《西行稿》。黄绶,亦宁夏人,嘉靖中进士,望重朝绅,巡按山东,督学北直,士仰民怀。大学士翟鸾二子登第,绶弹之,有"一鸾当道,双凤齐鸣"之句。)

尚书闻仲房之恂朴兮,太保传梦镜之赞翊。(马汝骥,字仲房,绥德人,正德中进士,貌恂恂若无能,而沉毅有大节。以编修极谏武宗南狩,受廷杖,后升礼部侍郎,典礼多资订,加侍讲学士。卒,上悼之,加赠尚书,谥文简。杨兆,字梦镜,肤施人,御史本深子,嘉靖中进士。仕至兵部尚书,明达国体,才兼文武,朝廷倚重者数十年。卒,赠太保。)

希文之名重朝廷兮,惟贯之勋在社稷。(温纯,字希文,三原人,嘉靖中进士。除寿光令,歼巨寇马天保;征给事中,发巨珰陈洪不法事,雪沈炼冤。历升至左都御史。刘哱之乱,画坐困、火攻二策,卒平之。尝请行考选、罢矿税、释逮系诸臣,疏十四上不报,乃约诸大僚伏阙泣请。上怒,问谁倡者。对曰:"臣纯也。"上亦霁威。告归,行义于乡。讲学谆谆于"精一""一贯"两言,著有《历官疏草》《学一堂全集》《杜律一得》《大婚汇纪》。卒,赠太保,谥恭毅。弟编,字希孔,守汉南,有包待制之称。子予知,以恩荫进南雍,人目清公子,冯少墟雅重之。以子琼,官赠户部郎中。日知,举人,文太青尝以方之康武功。魏学曾,字惟贯,泾阳人,嘉靖中进士。初授户部主事,分宜为相,欲一见改吏部,终不肯。督饷宣府,适敌骑薄城,遽戎衣乘城,指授方略,敌遁去,擢光禄少卿,寻拜佥都御史。抚辽东,以计擒叛卒黄勇,晋吏部侍郎。新郑、江陵同在政府,方皆倚为重,学曾以不附江陵斥归。江陵败,起为尚书,督陕西三边军务,破明、庄二部,晋太子少保。叛寇哱拜父子之歼,皆其谋也。)

或友刚峰而无愧兮,或甘与杨、左而同卒。(李世达,字子成,泾阳人,嘉靖中进士,仕至南太宰,与海刚峰意气相期。卒,谥敏肃。张问达,字诚宇,万历中进士,由高平令仕至少司寇。神宗大渐,与顾命,光宗不豫,消选侍之谋。后以客、魏乱政告归,削职追赃,曰:"吾得与杨涟、左光斗同死,无憾。"崇祯立,赠恤有加。)

月余之阁臣文庄靡忝兮,三事之自誓致父何失?(马文庄公,名自强,字体乾,同州人,嘉靖中进士,有辅导神宗功,进文渊阁大学士,月余卒。长子怡,以举人仕至山东参议,有政声。季子慥,万历中进士,仕至南尚宝寺卿,生平匪名迹，远权势，以足疾不获大用。张士佩，字玫父，韩城人，嘉靖中进士，仕至开府，屡立战功。尝曰："吾有三事：在官不取赎锾，迁陟不用贿赂，居家不行请托。"终身不愧斯言。）

叔孝声余于所居兮，蓝石抱愤而成疾。（孙丕扬，字叔孝，富平人，嘉靖中进士，为人亢率爽豁。仕至吏部尚书，峻节硕画，为世名臣。再秉铨衡，独以遴选抚臣为兢兢。今京师犹名其所居地曰"孙公园"，盖重之也。孙玮，字蓝石，渭南人，万历中进士，仕至冢宰，以妇寺窃权，惨及杨、左诸人，抱愤成疾，卒。生平忠直敢谏，清廉不受馈遗，以名分定皇储，尤得大体，谥曰庄毅。）

耀州推后泉之父子兮，潼川美盛家之作述。（王邦宪，字后泉，耀州人，嘉靖时举人，由徐沟令升莱州府通判，民立生祠。文章气节，关辅称美，子孙显者三十余人。长子国，万历中进士，负将相才，仕至兵部右侍郎。巡抚保定，讨平大盗刘应第、董世耀等，晋都察院右都御史，与弟礼部尚书图，称"二难"。康熙间累征其章奏，惜经兵燹，存者甚少。图，谥文肃。盛讷，字敏叔，潼关人，隆庆中进士。少从马文庄公游。年十七，以父都尉德战亡于洛南盗，泣请当道兵，卒平之。仕至吏部侍郎，亢直敢言，节操清正，主试最称得人，著有《玉堂日记》百余卷、《定敬轩集》八卷，卒，谥文定。子以宏，字子宽，万历中进士，选庶常，历官祭酒，引疾归。光庙践阼，起为吏部侍郎，以鉴才为己任。熹庙登极，充日讲，因事开导，能以至诚动人主。以不附魏珰，不得以阁员用，晋礼部尚书，忧郁卒。）

兰有劾分宜之兰谷兮，复有抗江陵之汝立。（邹应龙，号兰谷，嘉靖中进士，刚正敢为，以御史席薰劾分宜父子，罢之，仕至副都御史，巡抚云南。吴执礼，字汝立，以进士仕至户部侍郎，屡与江陵抗，见嫉，乞归。江陵败，复起。）

张给事能救夫忠愍兮，刘中丞日讨夫军实。（张万纪，字舜卿，狄道人，嘉靖中进士。以礼科给事疏救杨忠愍，遂外补。著有《讲学语》《超然山人集》。刘四科，号健庵，紫阳人，隆庆中进士。仕至兵部尚书，巡抚蓟镇，日讨军实。卒，赠太子少保。）

山辉脱闯难而卒申兮，茂衍治刑名而罔失。（朱廷璟，字山辉，富平人，前兵部侍郎国栋子。李自成据西安，械致之，得免。中顺治己丑进士，仕至登莱副使、河南参政，尝散库金弭兵变，又招降逋寇于下。后致仕，惟留心彝鼎书画。王孙蔚，字茂衍，临潼人，与叔元衡、元士同登顺治壬辰进士。初仕刑曹，都下有"玉铭钱谷、茂衍刑名"之谣。玉铭，谓大司农三原王宏祚也。后历官湖广按察、福建布政，值军兴，判事如风雨。诗才亦婉丽，著有《韬香集》。子天宠，登贤书。）

杨素蕴能劾夫逆藩兮，梁子远甘处于僦室。（杨素蕴，宜君人，顺治中进士。由东明令擢御史，以奏吴逆被谪。变起，起山西督学，有关西夫子之称，后历仕安徽、湖广巡抚。梁铉，字子远，三原人。博学笃行，顺治时登进士，选庶常。仕至仓场总督、户部侍郎。三十年犹僦屋而居。）

闾里道刘老之清介兮，宸衷知张公之谨谧。（刘荫枢，字相斗，韩城人，康熙丙辰进士，性至孝。由兰阳令入谏垣，章数十上，皆关大计，后仕至黔抚，诸苗皆感其恩信。雍正初，上笃念老成，赐金归里，里人荣之，至今闾里犹争称"刘胡子"，以其多须而老也。张大有，郃阳人，康熙中进士，十年为总漕，人称其一尘不染。雍正时，赐以"清勤"二字，卒谥文敬。）

嘉鲁如之墨吏见惮兮，异逊功之慈乌共昵。（刘曾，字鲁如，临潼人。父秉携，邃易学，有《学易窥言》八卷。曾弱冠从李二曲学。康熙己未成进士，由溆浦令擢吏部主事，迁员外。有墨吏以千金为寿，正色曰："刘曾岂受暮夜金者耶？"后仕至云南按察使。王承烈，字逊功，泾阳人。康熙癸酉，以五经发解，乙丑成进士，选庶吉士，累升至刑部侍郎。尝召对养心殿，讲《大学》"明明德"章，赏赉甚渥。卒之夕，有慈乌数千绕室。赐祭葬有加。所著有《日省录》《毛诗解》《尚书今文解》。）

至文端之正色立朝兮，荣遇视前人而且为远轶。（韩城相国王文端公，乾隆辛巳殿元，毕生以清白刚介自持，两朝宠遇俱极隆，今上称其"正色立朝"云。）

以儒术著者：

余邑之韩氏为优兮，渭上之南家多贤。（韩苑洛邦奇，著有《易占经纬》四卷、《性理三解》七卷、《志乐》二十卷、《文集》二十二卷。五泉邦靖，著有《诗集》四卷、《朝邑志》七篇，详见《梓里赋》。南大吉，字元善，渭南人，正德中进士，官至户部主事，以文行名世，当官任事，屹然有执。罢归，构书院教四方学者，成就甚多。著有《瑞泉集》《绍兴志》《渭南志》。弟逢吉，字元贞，嘉靖中进士，仕至督学副使，雁门兵备，著有《姜泉集》《越中纪传》，关中至今称"二南"云。逢吉子轩，字旸谷，嘉靖中进士。以主事较京闱试，甄拔皆时俊，擢四川副使，摄督学，万历时迁山东参议。著有《渭上稿》《文献志》《订证通鉴前编》《续渭南志》《南氏族谱》。诗文绳墨古人，字法章、颜，好学不倦。没之夕，犹赋《远游篇》以训子。轩第三子师仲，字子兴，万历中进士。以少司成典试留都，称得人，后仕至南大宗伯。体癯，素腰盈围，隔膜见脏腑，而目精炯烁，神气倍王，藜杖较录，至夜分不倦。搜辑《王允宁文集》三十八卷、《刘东陵集》十卷、兄宪仲集三十六卷，增定《关中文献志》八十卷，成父未竟之业，所著有《元麓堂文集》五十卷、《集杜诗》五卷、《渭南志》二十五卷。大吉孙企仲，万历中进士，崇祯时仕至南吏部尚书。自成入关，不食卒。轩孙宪仲子居益，字思受，万历中进士。貌清癯，弱不胜衣，而怀经国大略。抚闽，破擒红毛寇高文律等。崇祯时，仕至工部尚书，宠遇极隆。自成僭号，怒加炮烙，终不屈，死。著有《青箱堂集》六卷、《晋政略》二卷、《抚闽疏》四卷、《三署摘稿》五卷、《军中小简》二卷、《瀑园志》六卷、《致爽堂诗》二卷。企仲长子居业，字思诚，万历中进士，官礼部主事，自成加害，赠太仆寺少卿。有诗文数十卷。企仲次子居仁，字思敏，天启中进士，仕至祭酒，卒赠礼部侍郎，著《遹修堂集》十卷。）

三水衍太青之奕叶兮，三原溯阳伯之薪传。（文太青翔凤，万历中进士。其先振，洪武中御史，以谏忤太祖，将加铲头刑，拥土至颈，色不变，太祖奇而释之。传八叶至在中，字少白，万历中进士。廷对拟第一，江陵以策对有"一气未通，两孽未除"之语，抑置三甲，仕至祠部郎。以忤冯珰，挂冠归，建乐育书院，讲内圣外王之学，从游士万计。所著有《观宇》《观宙》《天经》《天雅》《天典》《天引》《天朔》《天极》各三十六帙，人称"关西夫子"。在中弟在兹，字少元，万历中进士。读书目数行下，长古文词，尤善书，与衡山伯仲。太青，在中长子也，八岁通五经，即得大人尊天作圣之学，弱冠已破万卷。闱中雷何思得其论策，曰："此必三水文翔凤也。"历官山西督学，擢南光禄，以弹魏珰回籍。所著有《九极》等书，余充栋莫殚。尤深于《易》，推自有生民以来二百七十万二千六年之所未有，覃心二十六年，著《太微经》，表里《皇极》。其为诗不肯袭唐，赋在汉人以上，博奥，人不能读，四方从学者三万余人。卒，门人私谥曰"文公"。弟毓凤，字大彤，举人，为武城令。归，日与及门讲论，著有《森园集》《琳园集》《学水园草》。来复，字阳伯。其先世恭，洪武中以贡士仕至佥都御史，弹劾不避权势。有谮恭者，上辄私幸其第，见夫人绩绵，恭方荷锄园中，遂诛谮者而益重恭。嘉靖中有来聘，以进士擢御史，议大礼，受廷杖，迁四川丹棱令。尝为文驱虎，虎就捕。历升至按察使。复，万历中进士，历官方伯，负琦玮经济之略，学问渊博，文词赡雅，书、画、琴、棋、医学、星占靡不精究。至不拜魏祠，尤称其节。弟临，博学宏才，与兄齐名，以明经仕为州守，以忤时归，著有《丛笔斋集》三十卷。）

景叔之行足师世兮，玉垒之手不释篇。（乔世宁，字景叔，耀州人。嘉靖中以解元成进士，仕历湖广督学、四川按察使，以忧归，遂不出。自读书外，绝无所好，行足师世，蔚为儒宗。王元正，字顺卿，盩厔人，与兄元颧同举正德中进士。元正授翰林庶吉士，补检讨，以议礼谪戍四川茂州，有善政。其为人外和内刚，自幼至老手不释卷，为文宏博典则，尤长于诗赋，著有《四川总志》《威茂通志》《玉堂志》《玉垒集》《四乐同声》诸书。初号三溪，后戍茂，更号玉垒，学者称玉垒先生。）

夫子誉播于洽阳兮，有自得之庠生亦不惭于儒先。（褚锦，字文扬，郃阳人。性至孝，亲没，庐墓。平居与人寡合，家城市，绝迹公门，言动必遵于道，乡人呼"褚夫子"。任无极令，未几归。国朝王茂麟，蒲城人，孝友睦姻，乐道好学，家营自得庵，每题自况，有"洙泗源流，濂洛授受，落花皆文，好鸟亦友"之句。教授生徒多通籍者。长子仁成，进士。诸子各授一经，有先儒风。）

文含订交于北海兮，曲江之明经实同邑而比肩。（王宏度，字文含，咸宁人。邃情古道，耻为帖括学。顺治时以茅拔至都门，孙北海少宰一见定为性命交，与编《道统明辨录》，有正传、单传、别传、羽翼四指。寻卒，北海作传哀之。著有《南塘遗稿》八卷、《片石语》八卷、《语崔斋日录》二卷。刘祜，字笃生，性孝友，为诸生，试辄冠军，尤工古文辞，于历象医卜家言无不窥，问业者户外屦满。岁荐，后益键户教授。尝立仁义社仓以赈贫，没而学者思之，如丧典型，著有《曲江草》。其子鉴，以第八人成进士。）

以文章著者：

空同首振于北地兮，武功与鄠杜而齐起。（李梦阳，字献吉，庆阳人，号空同子，母梦日堕怀而生。十八举乡试第一，弘治癸丑进士，为主事。尝弹寿宁侯，既为韩文草疏劾刘瑾，放归。瑾败，起江西提学副使，一变士习，卒以才高负气免官。振兴古文，直追先秦两汉，古诗法汉魏，近体法盛唐。著有《空同集》，为明前七子之冠。康海，字德涵，武功人，弘治中进士，廷试第一。负俊才，于书览而不诵，悉其意而遗其词。为古文词，扶衰振靡。性豪放，不闲小礼，恃才凌人，人多忌之。以救李梦阳于刘瑾，瑾败，罢不复用，益纵游览，肆力诗文，故虽废而名益著。尝为乐章，求律于太常氏，审定黄钟，研易数，历律、太乙、六壬、针熨、药饵、阴阳、卜宅靡不穷究。著有《武功志》《对山集》。其父镛，字振远，世称康长公，以文章名世，仕平阳知府。其兄阜，十八卒，有集。弟员外浩、主事演，皆有文名。王九思，字敬夫，鄠县人，弘治中进士，翰林检讨，仕至郎中，以刘瑾同乡左迁。遂归，以诗文自娱，著有《渼陂集》《碧山乐府》《鄠县志》，与李空同、康武功为前七子之三。弟九皋，举人，九峰，监察御史，亦有声。）

孟独久列于诗人兮，光世早颂夫才子。（张治道，字孟独，长安人，正德中进士。由长垣令征刑部主事，与部僚薛蕙、刘储秀、胡侍以诗名，都下称西翰林。意不乐官，引疾归，家居四十年。著有《太微前后集》《嘉靖少陵志》《长垣志》。刘储秀，字士奇，咸宁人，正德中进士，仕至户部尚书，为陶仲文、严嵩构罢。胡侍，字承之，咸宁人，仕至鸿胪少卿，以议礼被谪。张凤翔，字光世，洵阳人。少颖异，日记数千余言，能左手书。弘治壬子，杨邃庵督学关中，以李献吉及秦安张潜为三才子，秋试同举。丙辰入对大廷，俱高第，名出李上。无何卒，年三十，李为作《哀凤操》。）

淳若可泉之拟古兮，捷若景仁之伸纸。（胡缵宗，字可泉，秦安人。七岁学《春秋》，即知大义。长，潜心横渠之学。正德中，登进士，仕至河南巡抚，政绩卓然。以火灾引咎归，日闭阁著书，有《辛巳集》《丙辰集》《鸟鼠山人小集》《拟古乐府》《春秋本义》诸志书。赵时春，字景仁，平凉人。年十四举乡试，十八举礼部第一，改庶吉士。仕至山西巡抚，为人严毅介特，一时文学、气节、政事之声，振动天下。其少时读书，日记万余言，凡史所载天文地理户口钱谷之数，历历诵之不爽。文若诗，豪宕闳肆，伸纸行墨滚滚而出，自合法度。唐荆川于文士少许可，尝曰：宋有欧、苏，明有王、赵。其推重若此。著有《浚谷集》二十卷。）

槐野原宗乎马迁兮，河汀派出于班氏。（王维桢，字允宁，华州人，嘉靖中进士，选庶吉士，历仕南祭酒、谕德。与袁炜典顺天试，受知肃皇。炜枚卜，上问维桢，而维桢死矣。维桢有深沉大略，而独以著作名世，古文自空同而下，论者以槐野为次。王学谟，号河汀，予邑人，详《梓里赋》。）

惟训落笔而千言兮，道甫之诗亦可以名世自予。（张光孝，字惟训，华州人。嘉靖中以举人为西华令，工词藻，落笔千言，著述甚多。李三才，字道甫，临潼人。万历中进士，与魏允贞、李化龙以名世相期，仕至户部尚书，诗亦卓出一时。）

世珍赵屏国之镌华兮，人传武叔卿之锥指。（赵崡，字屏国，盩厔人，万历时举人。才高学博，文宗秦汉，诗法盛唐，书初法虞伯施，后综诸家，尤喜搜金石遗文，悉加评跋，著有《石墨镌华》，一时纸贵。武之望，字叔卿，临潼人，万历中进士。由霍邱令历升至太常寺卿、副都御史、登莱巡抚、三边总督，所在称能。著有《扣缶集》《鸡肋编》《海防要疏》《举业卮言》等书籍。）

河滨独极其闳肆兮，圣秋力挽夫颓靡。（先河滨，讳楷，字叔则，衣钵太青，渔洋尝言"关中文人，以河滨为第一"。韩诗，字圣秋，三原人，崇祯时举人，学问渊邃。为诗文，以力挽颓靡为己任。在广陵与泾阳马御辇元御、榆林王相业雪樵及先河滨号"关中四子"。著有《学古堂集》《明文西》行世。）

豹人曾征夫鸿博兮，天生尝召而修史。（孙枝蔚，字豹人，三原人，博学工诗。康熙中举博学鸿词，以年老授内阁中书，归，有《溉堂集》。李因笃，字子德，一字天生，富平人。年十一为诸生，当明季乱，遂弃去。肆力为古文辞，尤长于诗歌，著有《受祺堂集》。康熙十七年，诏选儒臣，纂修《明史》。天生以荐授翰林检讨，天下称天生及盩厔李中孚、郿县李雪木为"关中三李"。）

雪木之学贯百家兮，无异之王公倒屣。（雪木名柏，以诸生避兵入太白山，屏居读书数十年，其学贯穿百家，著有《槲叶集》。王宏撰，字无异，号山史，华阴人。父之良，字虞卿，天启乙丑进士。仕至都御史，巡抚南赣，屡平大寇如普薇等，明称"前后两王公"，谓文成与虞卿也。无异遭明末乱，读书不出，品谊、诗文重一时，所至王公倒屣。顾宁人访之华下，居数年，同被征，名愈著。著有《周易筮述》《山志》《九军图》《文集》等书。其兄宏学、宏嘉尤博雅高洁，毕生不出华山，著述亦富。）

云雏之华山名经兮，太乙之闻逾贵仕。（东云雏荫商，举人，淹通古今诗文，重法度而拟议变化，自极才人之致，足迹半天下，交游多贤豪，尤好书画，善鉴赏。著有《华山经》一卷、《臆略》十卷、《文集》十卷。康乃心，字孟谋，号太乙，以《题庄襄王墓诗》受知渔洋。其所为文，亦横绝一时。）

总贯如建侯而足传兮，吟咏如幼华而堪企。（王豫嘉，字建侯，扶风人，顺治中进士，有操行，博综典籍，所著诗古文词甚多。王又旦，字幼华，郃阳人，顺治中进士，令江南。从孙豹人受诗，入为给谏，与渔洋为诗友，名著京师。著有《黄湄诗集》十卷。）

屺瞻有集而宁湮兮，稚恭落笔而争市。（泾阳李念慈屺瞻，尝为令，荐鸿博，不第，隐居峪口山，诗曰《峪口山房集》。张恂，字稚恭，以进士为江南理刑，工诗文，又善画，落笔片纸值千钱。）

以节义著者：

王朴之烈犹张纮兮，程济之忠犹高翔。（朴，同州人。洪武中以进士官御史，日奏事争辨。上怒，命斩之。反接至市，复赦还，曰："改乎？"曰："臣无罪，不宜戮，有罪又安用生之？"复命反接，出，过史馆，呼曰："学士刘三吾志之，某月日，皇帝杀无罪御史朴也。"临死作诗寄父。行刑者复命，上怒其不先闻，并坐死。张纮，字文昭，富平人。建文中为吏部尚书。文皇即位，自经吏部后堂，死。程济、高翔，予邑人。济有道术，为岳池教谕，上书言某日西北有兵起。责其妄，将杀之，呼曰："陛下且囚臣，至期无兵，死未晚。"已而靖难兵起，赦为编修。从建文出，遇险，济辄以术脱。翔与济同学，官御史，金川门破，济曰"愿为智士"，翔曰"愿为忠臣"。文皇召翔，翔丧服入见，大哭，语不逊，遂族诛。）

韩永未可为奸党兮，景清之死有余芳。（永，西安人。建文时为兵科给事。北师入，与陈迪等同以奸党逮至，欲官。永曰："吾王蠋耳。"不屈死。清，真宁人。洪武中第二名进士。初赴举，宿淳化，主家女为妖所凭，是夕妖不至。翌日女诘之，曰："避景秀才也。"女父追及清，语之。清书"景清在此"，令贴户首，妖遂绝。领乡荐，游国学，同舍生有秘书，清求之，不与，固请，许次日即还，而生旦即索。清戏曰："我书也。"生怒，讼之祭酒，祭酒命各背诵，清诵彻卷，而生不能诵一句，祭酒叱生，清乃笑还之。建文时为御史，太宗即位，方孝孺、练子宁等皆死，清独委蛇，人疑之。太宗夜梦绯衣人带剑犯阙，星者亦奏文曲犯帝座甚急。次日朝，清独著绯，果搜得剑。清骂不绝口，断其舌，含血直喷帝衣。命杀之，剥其皮实草，挂朝门。帝出郊祀，草人断索逼帝前，为犯驾状。是夕精英又迭见，后时入殿庭为厉。帝命籍其乡，名曰"瓜蔓抄"。）

更有巨敬之愿为族灭兮，爰启李著之称下官于奏章。（巨敬，灵台人，为御史，建文之难被逮，责问不屈，与景清同族灭。李著，凤翔人，由太学授御史。土木之变，景帝监国，渐起即真议，著争之，章疏不用"君臣"，只称"下官启殿下"，言颇切直。景帝曰："御史醉耶？"对曰："下官正言，非醉也。"终不屈，遂得罪。英宗复辟，特旌其忠。）

尚文没沙漠而获褒兮，间钲败蛮中而卒有旌扬。（王尚文，商州人，性刚直。正统中进士，授户部主事。己巳之变，没沙漠，朝廷以衣冠葬之。间钲，字静之，泾州人。成化中进士，仕至贵州布政。蛮人福米禄作乱，钲同将官讨之，至安南，裨将潘江轻敌深入，钲言不听，同败死事。事闻，褒恤有加。）

斛山被逮而不肯辞家兮，友石避画而何嫌逾墙。（杨爵，字伯修，号斛山，富平人，嘉靖中进士。身长七尺，美姿容。年二十始发箧读书，师事韩恭简，恭简叹为畏友。官御史，时大旱，上方为方士修雷坛，竭资役民，爵上疏言甚切直。下诏狱，考掠备至，几死复生，械系五年得释。会熊太宰谏仙箕忤旨，上大恚，曰："固知释杨爵妄言者至矣，速逮。"爵时抵家方十日，忽校至。爵曰："若复来乎？"谬答曰："吾他往，一省公耳。"爵曰："吾知之矣。"与校同食已，曰："行乎？"校曰："盍一入为别？"爵立屏前曰："朝廷有旨见逮，吾行矣。"即行。又系狱三年始还，未几卒。卒之前有大鸟至，爵叹曰："伯起之兆至矣。"援笔自志，惓惓以"作一等事，做一等人"教其子孙。在狱中著有《周易辨录》、《中庸解》、《文集》五卷。米万钟，号友石，安化人。万历乙未进士，累官太仆寺卿。博雅风流，当时推第一，尤善书画，名传海内。魏忠贤欲令画屏，万钟闻之，逾墙走江南，终不与画。）

庙中莫解兵备之袍带兮，诏狱恨杀主事之魏珰。（张春，字泰宇，同州人，万历中举人。备兵关左，与大司马王之臣同事。杏山破，绝粒不食，求死，或劝之。春屏居庙中，衣南国袍带，百结不解，死之，人皆为瓟泣。王之寀，予邑人，由无极令入为刑部主事，首发张差梃击事，朝野题之。未几，魏珰得政，以三案杀忠，削籍，下诏狱死。崇祯时赠侍郎。）

华阴建双烈之祠兮，汴桥增同姓之光。（杨呈秀，字实甫，华阴人，万历中进士。博极群籍，历任长山、大谷、灵寿、枣强县令，擢司农主政，出执顺庆,有"爱民亲若子,执法定于山"之句,以忤贵宦罢归。会流寇乱,结乡勇,每战获捷。崇祯七年,贼众大至,迎战于县西二十里,不胜,或劝之退避,喝曰:"丈夫受国恩,临难当致死,岂甘缩首求生?"遂奋呼当先,贼磔杀之。直指傅永亨以闻,赠光禄少卿。弟呈芳,字酒源,体貌魁梧。呈秀被执,芳单骑入贼营,横战至暮,身带重伤,犹杀数十人,项将断,呼兄之声不绝。直指并以闻,建坊旌表。顺治间,督学田厥茂檄县建双烈祠。从弟呈芬,字含蔚,博学善书。李自成入关,独守母不去,贼感而舍之。姬文引,字士昌,华州人,万历中举人。令滕县,天启二年,到任甫十七日,妖贼犯境,围城,五更城陷。贼逼文引从,文引骂不绝口,写遗状一纸并印付家人,题诗一首,衣冠北望、西望,再拜投缳死。文引初膺乡荐,梦长髯金冠绯袍者曰:"吾与汝同姓,异日见汝汴桥。"及之任,过泗水,谒季路祠,宛如梦,其地则汴桥也。暨闻警,父綮叹曰:"吾儿死矣。"事上,赠太仆卿。子琨,以荫历仕郎中、保定巡道,有善政。)

融我之磔杀于贵兮,勉南之被斫于商。(张耀,字融我,三原人,万历中举人。尝从学于温恭毅,仕至贵州布政。乙酉,献贼至,力战被执,大骂,贼磔杀之,眷属十三口同被害。盛以恒,字勉南,潼关人,讷之侄,鹿邑令诩之子,万历中举人,尝受学于冯恭定。令商城,练乡兵,降贼一丈青,擒一字王、展翅飞等,升开封府丞,以商城急留守。城陷被执,贼以好官命释缚,恒痛骂被斫。事闻,赠河南按察司副使。)

二岑声佛而援范兮,仲玉誓神而斥姜。(马嗣煜,字元昭,号二岑,同州人,文庄公从曾孙。父朴,历官洱海道副使,文章著述闻天下。二岑以明经仕济南通判,摄武定州事。始至,议守御,缮埤垸,命各村落备树枝、车两赍送关厢。亡何兵至,令以所备塞道路。恐众乱,诡谓曰:"昨梦关帝告我城无虞。"遂刑牲于壮缪庙,且令守陴者皆声佛。贼果阻且疑,他去。会新守范如游至,二岑将归济南,士民留之,二岑与范分城守。贼大集,城破,贼欲胁之降,大骂不屈。群刃二岑,火之,范亦死。范,邠阳人,其族自嘉靖中参政燧以来为著姓云。卫景瑗,字仲玉,韩城人,万历中进士。官御史,首劾阁臣周延儒,后巡抚大同。甲申二月,自成犯太原,布置战守法。宁武告急,急欲援,阻于镇臣姜瓖。三月初一日,贼至,瑗出力战,而姜瓖内变,城陷被执。自成好谕之,乃大呼皇上,哭不顾。顾见姜瓖,骂曰:"贼奴卖我,关帝必杀汝。"越三日,自成谓:"尔真忠臣,吾送尔归。"曰:"国破,何家可归?速杀我。"奋骂,以头触阶石,血被面,贼卒不杀。越六日,行至海会寺,南向痛哭曰:"臣失守封疆,愿为厉鬼杀贼。"呼二子德、敏诀别继母,自经死。侄秦翰,顺治辛丑进士,由礼部主事出知龙安府,刚正有能名,景瑗所育也。)

携笏有洋县之李兮，受刃有扶风之王。（洋县李遇知，字伸伯，万历中进士。令东明，筑堤防河，民名曰李公堤。为给事，荐邹元标，共论弹魏忠贤。忠贤欲害之，卒不能。册封蜀藩，尝却其馈金。后以修庆陵功升仓场尚书，五经枚卜，见沮于乌程相，加宫保，转南吏部尚书。自成陷京师，遇知携笏印缢红庙，为人所持。贼执之，七日不食死，妻亦先于城破日自缢，胡世安宗伯议谥曰"忠节"。扶风王玑，字玉温。任国子学正，奉命协修二十一史，升户部郎中，后为凤阳副使。流寇至，极力御之。忽降兵内溃，玑愤甚，执刃转战，被执。贼百计胁从，骂不绝，令杀之。望阙再拜，延颈受刃。）

毓初原自为名族兮，振声讵真为贼兄。（文毓初，米脂人，崇祯中进士。官南阳兵备，李自成破城，慷慨死。其族郢允以进士官司李，告归，极有学守，学者私谥"文贞先生"。郢允子元复，为侍御。李振声，米脂人，崇祯中进士，由偃城令擢御史，巡按湖广。李自成陷承天，被执。贼诈呼为兄，执礼甚恭，振声大骂曰："速杀我。"至裕州加害，振声遥拜帝及亲而死。死之日黄雾四塞，义者推墙掩其尸。）

苟复守棺而不去兮，马玔遇害而足伤。（苟复，字元煦，山阳诸生。明末流寇陷商州，父曰跻骂贼遇害，复遍觅父尸归葬。甫及圹，遇贼至，复守父棺不去。贼问，曰："宁与父同死。"贼感其孝，为共葬之。马玔，武功人，以贡生知永嘉。耿精忠叛闽，玔与副使陈丹赤协谋防御，守将租鸿勋杀丹赤，倡众从逆，玔不屈，遇害。赠浙江布政司参政，谥忠勤。）

彼滑令之死难诚苦兮，自古更未若昭代之旌扬。（癸酉，妖贼林清勾结河南滑县贼李文成，约期九月十五日进京滋事。滑县知县强克捷先访拿李文成及牛亮臣，逆党冯克善因于九月初六日劫狱，强遂死之。署中凡死三十六人，家属俱遇害，惟二子逃归。长子妇徐氏骂贼，被活钉脔割。上闻，甚痛悼之，称其功在社稷，敕专祠致祭，谥忠烈，并以三十六人从祀。徐氏赐谥节烈，赠恭人，别立祠。荫子逢泰骑都尉，官工部主事。丁丑，赐子望泰进士，庶吉士。强，戊辰进士，韩城人。上以此念韩城士风，又增文武学额。）

惟道学之不绝兮，世赖扶以弗倾。在关辅而尤盛兮，更间气之笃生。自张、吕之倡始兮，遂接踵于前明。

容思或方于伊川兮，默斋当拟于文清。（段坚，字可久，初号柏轩，改号容思，兰州人，景泰中进士。早读即知正学，人以伊川目之。仕福山令，升莱州及南阳，所至倡明周、程、张、朱之学。在南阳，创志学书院，治行皆天下第一。告归，讲授东园，卒，门人私谥"文毅先生"。著有《柏轩语录》《容思集》。张杰，字立夫，号默斋，凤翔人。父珹，工部主事。杰，正统中领乡荐，以亲老就山西赵城训导。薛文清公与讲身心性命之学,叹曰:"此圣人徒也。"家居,弟子日众,以五经教之,学者称"五经先生"。)

晚学钦小泉之有造兮,得师慕大器之品莹。(周蕙,字廷芳,号小泉,山丹人,后徙秦州。年二十听人讲《大学》首章,始奋然感动读书。为临洮卫军戍兰州,守墩,闻段容思讲学,从之,慨然以程朱自任,卒为大儒。尝正冠、婚、丧、祭礼,学者至今遵之。张鼎,字大器,咸宁人,蒲州知州廉之子,成化中进士,历官户部侍郎。幼受学薛文清公门,得其真传,尝搜辑文清集为序传之,著有《仕学日记》《自在诗》《文蠹斋博稿》。)

介庵能弃夫词章兮,思庵自近夫朱程。(李锦,字在中,号介庵,咸宁人。尝学于周小泉,遂弃记诵词章之习,专以主敬穷理为事。天顺时举于乡,官松江同知。灵宝许襄毅属督学杨文襄表其墓。薛敬之,字显思,号思庵,渭南人。成化中贡入太学,与陈白沙并名。仕山西应州知州,升金华同知。卒,吕泾野志其墓,又尝曰:"薛敬之从周小泉学,尝鸡鸣而起,为洒扫设座,至则跪而请教。"又述其言曰:"李介庵,关西之豪杰也,好学守道,至死不倦,今亡矣夫。"则薛子亦见介庵而兴起者。)

仲木伯循之共相切劘兮,外夷且闻而景行。(吕泾野柟,字仲木,正德戊辰擢南宫,廷对第一。少问道于薛思庵,后又闻薛文清之学,学遂一衷程朱。其教人恳恳,以安贫改过为言。朝鲜国尝奏称状元吕柟、主事马理为中国人材第一,乞大用,又请颁赐其文,使本国为式。后仕至南礼部侍郎。卒,隆庆初追赠尚书,谥文简。著有《四书因问》《周易说翼》《尚书说要》《毛诗说序》《春秋说志》《礼问内篇外篇》《宋四子抄释》《南省奏稿》《诗乐图谱》《史约》《高陵志》《解州志》《文集》《别集》。马豀田,名理,字伯循,三原人,正德甲戌进士,仕至南光禄卿。弱冠时,王康僖主弘道书院,因受学,与秦西涧伟作告文告先师,共为反身循理之学。杨邃庵督学,见康德涵与吕仲木及先生,惊曰:"康之文章、马、吕之经学,皆天下士也。"既游京师,与陈云逵、吕仲木、崔仲凫、何粹夫、罗整庵等交,日切劘,学益进。其仕也,崔仲凫尝以为"爱道甚于爱官"。安南使者来,愿一见之,而先生已致仕矣。著有《四书注疏》《周易赞义》《尚书疏义》《诗经删义》《周礼注解》《春秋修义》《陕西通志》《诗文集》若干卷。)

秦关欲效夫和叔兮,少墟有得于文成。(王之士,字欲立,号秦关。其先咸宁人,后迁蓝田。先生嘉靖时举人,潜心理窟,毅然以道学自任,为《养心图》《定气说》自箴,闭关不出者九年。蒿床粝食,尚友千古,行己必恭,与人必敬,一时执经者户外屦满。谓:"居乡不能善俗,如先正和叔何?"乃立乡约,为十二会,赴会者百余人,设科条,身自率之。已入京师,如邹、鲁,拜先师。

著有《理学绪言》《信学私言》《大易图象卷》《学道考源录》《易传》《诗传》《正世要言》《正俗乡约》《王氏族谱》《正学筌蹄》《阙里瞻思》《关洛集》《京途集》《南游稿》。冯从吾，字仲好，号少墟，长安人，万历乙丑进士。垂髫即深契王文成"人心有仲尼"语，因自任圣学，出入必以理学书自随。为御史，以言事放归。建关中书院，择士朝夕讨论。里居二十六年，来学者千余，人称"关西冯夫子"。熹宗初，与邹忠介同召，以中丞佐西台，善类依两人为重，复议红丸、梃击，群小侧目。于是刺讲学者接踵，乃求罢。后二年，即家拜工部尚书，未几，削籍。阿珰者授抚臣，意辱之，毁书院，曳先师像掷城隅，遂愤恚，趺坐二百余日，卒。逆党诛，复原官，谥恭定。著有《关学编》《疑思录》《少墟集》。）

节至仲复而今云真隐兮，道如二曲而亦云心亨。（王建侯，后名建常，字仲复，号复斋，予邑人，侍郎之寀从侄。年二十为诸生，学使汪乔年岁试，取第一，应食廪，弃不就。三十遂绝意功名，笃守濂、洛、关、闽之传，又以朱子小学为入德之门，自励即以教人。学使许孙荃造门，匿不见，因题其门曰"真隐"。著有《小学句读记》《大学直解》《两论辑说》《诗经会编》《尚书要义》《春秋要义》《四礼慎行录》《太极图集解》《律吕图说》《思诚录》《复斋别录》《复斋余稿》《复斋日记》，凡五十余卷。李中孚，号二曲，盩厔人。自少弃举业，为阳明之学，于书无所不窥，然一以反躬实践为主。康熙时累征不起，著有《四书反身录》《二曲集》。）

其他若大参之自励于陇西兮，仲白之同学于高陵。（张锐，字抑之，秦州人，成化中进士。仕至山东参政，专心正学，陇西称为张夫子。李仲白，亦名锦，号龙坡，渭南人，潜心理学，与吕泾野同学于高陵学高龙湾先生。正德中领乡荐，为宿迁令。其没也，泾野铭之，称其"学求根本"云。）

愧轩、蒙泉、石谷之授受有源兮，一时而振誉于泾。（吕潜，字时见，号愧轩，泾阳人。父应祥，嘉靖壬辰进士，仕礼科给事中，为时名臣。潜师事吕泾野，一言一动必以泾野为法。以举人辟，入京为国子监学正，调工部司务。卒，天下皆谓得泾野之真传。郭郛，字惟藩，号蒙泉，泾阳人，嘉靖戊午举人，与愧轩同笔研。潜心性命，历仕获嘉学谕、国子助教、户部主事、马湖太守。归田二十余年，读书讲学外无他事。没，门人以其德履，私谥曰"贞懿先生"。张节，字介夫，号石谷，泾阳人。父幡，官通州同知。随之任，学于湛甘泉先生，归复受学于泾野先生。为诸生四十年，以贡授训导衔。生平独与愧轩、蒙泉相切劘，读书穷理，涵养本原，至老不倦。）

伤正立之死盗兮，推班爵之魁经。（李挺，字正立，咸宁诸生。学于泾野、豁田两先生，尝自诵曰："生须肩大事，还用读《春秋》。"往来三原，死于盗。尚班爵，字宗周，弘治时经魁。父衡，为浙江参议，随任从王文成公学，后令安居县，马豁田亟称之。著有《小净稿》《云林集》。）

昆与季而竞爽兮，孰似子诚之与子诚。（刘子诚，字伯明，宜川人，嘉靖时举人，与温恭毅砥行明经，为一时宿儒。会试，杨启元拟元，与他房陶望龄争，因北卷置之。杨不平，曰："斯人道学渊懿，非吾曹所及。"为刊其卷布之。自是退讲于乡，随人皆有成就。一日谓弟子诚曰："学无体用，便分物理性命为二。吾学缮性治世，放诸百世可也。度设施能泽斯人，便可出而仕矣。"寻卒，学者称"大刘夫子"。子诚，字叔贞，读书国学，授湖南训教士，以不欺为本，立行艺二格，择人习容讲礼。督学董文敏闻之，聘入幕，擢盐山令，升横州，所至有治绩。后卜居青门，与文翔凤、崔尔进结耆英社。著有《杖履》三篇、《尚书遗旨》二卷，详倪元璐志中。）

伯善、廉夫之表于先达兮，丰川、酉峰于当世而继兴。（张国祥，字伯善，临潼人，万历中进士。以理学自任，由大行历官礼垣、户垣，与杨、左诸人锐意倾否，每一谏章出，天下传之。生平不迩声伎，不作佛事，冯恭定称为名儒。沈自彰表之曰"理学名臣居白先生"。赵应震，字廉夫，肤施人，为少墟及门第一，督学汪乔年表其墓曰"理学真儒"。王心敬，号丰川，鄠县人，学于李中孚，为邑弟子。岁试，督学待之不以礼，脱巾帻出，除其籍，专意理学。故相国朱公轼督学时，数造庐问业，名始起。孙景烈，字孟扬，号酉峰，乾隆中进士，授翰林检讨。告归，潜心理窟，累主讲关中、兰山书院，日惟以四子书为教，成就多人。著有《关中书院讲义》《兰山书院讲义》，及《课解》《文集》若干卷。）

此近代贤哲之亦难殚述兮，当随所就而为评。但知守夫一是兮，自尔统绪之克承。不必分夫穷达兮，要期无负于昭昭冥冥。虽属西土之所产兮，举可为天下之型。敢语一十六府、三厅、二十二州、一百二十五县之士兮，无曰学焉而未能。（陕西省七府、二厅、五直隶州、五散州、七十三县。甘肃省九府、一厅、六直隶州、七散州、五十二县。）

续秦赋（有序）

《秦赋》之作已十余年，永济友人姬杏农屡以节义不及杨畏知为言。当时作据省志，固有取有舍，然遗者亦多，即杨忠节事载《明史》，新旧志皆不言也。往阅幽忠仙迹，又得真宁刘永贞，他书俱不载。用是更补前赋，略山水，止及人物，兼附将家，而挂漏仍不少矣。

繄三秦之盛地，记两朝之嘉仪，向屈指而未尽，更搜简以征遗。

予祖户郎，始以才知。（讳鳌，洪武中以才举。）

潘尚书特赐乡宴，（名友直，字孟举，澄城人。从剿陈友谅，后告归，赐乡宴，终其身。）

马翰林最称工诗。（名京，字子高，武功人。洪武中官刑侍，洪熙时念启迪功，赠少傅、礼部尚书，谥文简。）

文易退隐，（郭良，字文易，华阴人。洪武时兵侍，永乐中征安南，加大司马，后退隐罗敷山。善诗，与解大绅竞敏。）

克声济饥；（吕震，字克声，临潼人。洪武中以乡举入太学，官至佥事。永乐中官礼尚，归省，值关中饥，即命所司赈之，还以闻，尤善荐士。）

刚骨御史，同朝难犯；（杨钝，鄜州人，洪武中人称刚骨御史。）

枕石太守，一力自随。（张毅，字宏道。洪武中官庐州知府，不挈妻子，止随一家人，布衣粝食，家人私市酒肉，竟逐之，尝枕一石块。卒官。）

康郁谏削燕藩，（扶风人，由御史至臬司。）

李暹使达罕儿。（长安人，永乐时使西域，历诸国，至撒马罕儿，皆得欢心。官至户左侍。）

天禄之德量，过无可纪；（李锡，咸宁人，永乐时解元，历仕五朝，官至通政，无过可纪。）

居敬之廉介，囊无余资。（邢简，咸宁人，景泰中进士，官至户侍。）

张氏直言，箕裘自绍；（张晓，字光曙，三原人，成化中进士。官御史，论万贵妃事，同列皆缩舌。子原，字士元，正德中进士。官给事，上书凡四十余章，后以议大礼杖毙阙下。）

麻家清操，弓冶永贻。（麻永吉，字庆川，庆阳人，嘉靖中进士，授庶吉士。官御史，正色立朝，不避权贵。子禧，万历中进士，庶吉士。官给事，以直言劾魏珰，罢归，人服其清正。）

袁、薛同传，（袁应泰，字大来，凤翔人，万历中进士。历官多善政，代熊廷弼经略辽东，后兵败死。薛国用，雒南人，应泰死，代为经略，日夜忧勤战守，卒于官。）

孙、雒共时。（孙振基，字肖冈，潼关人，万历中进士。官给事，累劾汤宾尹亲缘。门生韩敬中式，会试第一，又劾熊廷弼，以抗直敢谏称。子必显，亦进士，官员外，为赵南星所推崇，崇祯时擢右侍郎。时潼又有张惟任，以举人由巫山令擢御史，巡按河南，巡盐两浙，著公清。尝疏录方正学，后升大理寺卿，与太保王之臣及盛氏称四大家。雒于仁，字少经，三原世族。万历中进士，官大理评事，进神宗四箴，皆忠言。）

兆坤曾称忠亮，（牛应元，泾阳人，万历中进士，历官至比部侍郎。乞骸骨，上慰留，有"素称忠亮"之语。）

叔宪亦仰赈施。（解经邦，韩城人，万历中进士。经略辽东，廉约爱人，家无积而好施，人多赖之。）

孰炳天烛之一炬，（袁楷，凤翔人，天启中进士。知开封府，剖决积讼无枉，人称为"袁天烛"，终河北道。）

畴饮江水之半卮。（王秉鉴，字儒贤，扶风人，天启中进士。守镇江、京口，有"止饮江心水"之谣，历官浙江参政。）

少华古族，王、史并盛；（王振祚，字熙寰，由进士官至山东布政。时建魏忠贤祠，抗不列名，引疾归。子帷筹，本朝解元，山西祁县令，民为立祠。孙廷诚，由进士授繁昌令。曾孙文焕，由进士官归顺知州。元孙士菜，由进士官刑部侍郎；用锷，河间知府；士华，举人。史流芳，康熙壬戌进士，少读书勤苦，冬夜置足草筐中。子振孟，以举人官临潼教谕；昌孟，以进士官浙江于潜县。振孟子茂，由进士官至顺天府丞。昌孟子藻，由进士官至肇庆知府。卒，赠道衔赐祭。）

朝坂名吏，兵民咸治。（张召南，字仲文，朝邑新庄人，顺治乙丑进士。知安福县，民不供役，谕之皆感泣乐输，楚寇再陷安福，再复之。）

此以宦业著者也。

然而功名之昭皆由学问。学无论乎穷达，人亦各有声闻。

考庵之集久播，（陈祥，兰州人，成化中解元，进士，官山西按察佥事，著《考庵集》。）

棕棚之疏谁进？（虎臣，麟游人，以贡入太学。宪宗于万寿山起棕棚，具疏极谏。）

太白山人风格超逸；（孙一元，字太初，庆阳人。李空同极重之，为作传。）

奉天老民著述充牣。（不传其名，有《臂僮记》。）

马祥、马理先后共称；（祥，字文瑞，同州人，成化中进士。官至山东都运，博学能文，人称"关西夫子"。马理，字允庄，泾阳人。弘治时贡入太学，梦母病，即告归，后官吴江。著《五经正义》《四书中说》诸书。弟璇，为顺义主簿，家居，建议开北仙里二渠。）

宗鲁、宗枢交游相信。（许宗鲁，字东侯，咸宁人，正德中进士，官至辽抚。著《少华》《辽海》《归田》诸集。李宗枢，字子西，富平人，嘉靖中进士，官至佥都。著《石叠集》，许宗鲁为序之。）

思齐布衣，（阎思齐，延安人。）

伯直贤俊。（何栋，长安人，正德中进士，官都御史，大同巡抚。）

楫与鍊并有名德；（管楫，咸宁人，正德中进士，官文选员外。逆彬乱政，引归。世庙时升山东巡抚，母疾还。著《平田集》。鍊，字伯淳，武功人，嘉靖中进士，官给谏，被杖几死。著《太乙稿》《经济录》《双溪乐府》。）

刘若李均能早奋。（刘序，字元礼，长安人。八岁能文，为督学杨一清所赏，正德丙子乡试第一，丙子进士，仕至太仆卿。李汝兰，字幼滋，咸宁人。七岁有才子称，嘉靖中进士，官至户部员外，著诗文《覆瓿集》共十四卷。）

统也，彦也，一姓同辉；（赵统，字伯一，临潼人，嘉靖中进士，官户部郎，著有《骊山集》。赵彦，肤施人，万历中进士，兵部尚书，著《筹边略》。）

鹤也，藉也，异才共振。（王鹤，字子皋，长安人，嘉靖中进士，官至应天府尹。博学宏词，为关中文献，著有《皇华集》。萧藉，文县人，万历时举人，泽州知州，善诗文。）

西台御史，谏草闻载国书；（张邦俊，字襟黄，万历中进士，官御史，言事多载国史。史记事，字义伯，渭南人，万历中进士，官西台，敢谏，以触忌归，著有《效愚草》诸书。）

太常少卿，官阀知符素蕴。（耿志炜，字明夫，武功人，万历中进士，官太常少卿，著《逸园诗集》。李应策，字成可，蒲城人，万历中进士，太常少卿，著《谏垣题稿》及《文集》。）

钱来应推毓翰，（张毓翰，字廷揆，华阴人，万历时举人。学通古今，文法左国，著《钱来山房丛书》百卷。）

渭上厥有光训。（杨光训，字汝若，渭南人，万历中进士，官至顺天府丞，著《西台疏草》。）

洽阳多人，（康国相，字芝函，举人。崇祯时上封事，兵部尚书梁廷栋称为"文海"。车朴，字中甫，号望莘，进士，兵部郎中，有文名。李穆，字元谷，诸生，著《率意稿》。）

潼水遗韵。（杨端本，字树滋，本朝顺治中进士，官临淄令，著《潼水阁集》。曾孙鸾，字子安，进士，尝学诗于蒲城屈悔翁，复与三原刘继贡绍攽交善。著《邀云楼集》。）

此以文儒著者也。

然而文学之士更重持节，则有教谕为仙，降乩成偈。（刘固，字永贞，官教谕。弟国，娶景清姊。固、国并与依清，靖难兵迫，不肯去，阖家受诛。后屡降乩为诗，自言死状，极悲烈。人问"公何仙"，曰"财"，入童幼宫。）

赵义不屈，（商州人，洪武中进士，官都督府经历，死于靖难，亲族为尽，今名所居为赵峪。）

韩永自决。（西安人，建文时兵科给事。成祖即位，逮至，欲官。曰："吾王蠋耳，奚官为？"死之。）

心不附珰，胆真是铁，（王纶，字汝言，扶风人。弘治中举人，由真定令擢御史。许襄毅督宣、太饷，刘瑾欲致其罪，令往勘，阴有嘱，纶不肯阿，瑾怒，逮，拟重典，弗惧。瑾旋败，人称"铁胆御史"。）

廷杖初撄，降谪一辙。（王懋，字昭大，咸宁人。正德中进士，授行人。谏南巡，廷杖，寻拜御史。议礼，诸臣有杖死者，懋复论救，谪高县典史。）

泾有良甫，（王徵，字良甫，泾阳人。天启中进士，仕至登莱监军佥事。当道荐王佐才，未展其用。京师失守，设帝位，哭于家，不食七日死。著《两理略》《奇器图》《学庸解》《士约》《历代发蒙》《辨道说》诸书，学者私谥"端节"。）

潼有大烈。（武大烈，字海宁，天启中举人，永宁知县。李自成攻陷城，执大烈，欲活之。骂不屈，索印又不与，燔烧以死。）

关佥事足继壮缪，（名永杰，巩昌人。会试入壮缪庙，道士言："梦神告吾后人当登第，继我忠义，后死陈州。"永杰貌亦似世所绘壮缪像。）

任监军亦堪秉钺。（名栋，永寿人，陈没开封。）

骂闯者支解，（焦源溥，字逢源，三原人。兄都御史、宣府巡抚源清，家居，以李自成入关，不食死。源溥，天启中进士，历官大同巡抚。李自成入关，亦家居。贼欲授三边总督，骂甚厉，贼拔舌支解之。）

抗孙者心竭。（杨畏知，宝鸡人。崇祯中，历官云南副使，平土官吾必奎，复楚雄，又拒沙定洲。故贼将孙可望入云南，败定洲，寻西略。畏知拒战，败，投水不死。可望以同乡慰之，谓欲共翊明。畏知要以"去伪号""不杀人""不焚舍"三事，后可望邀封秦王，畏知愤，以头上冠击可望，遂被杀，时官桂王东阁大学士。论畏知者云"与瞿式耜同烈"。)

其余若池阳之党,洋县之吉,肤施之冯,青涧之白,宁州王信,武功王钥,多与忠义之列,皆不可磨灭者也。(党还醇,进士,知良乡;吉孔嘉,举人,知宁津;冯登鳌,举人,知灵寿;白慧元,进士,知任邱;王钥,举人,知文安。皆死节。清兵入,吉与党阖门尽命。王信,灵璧训导,流寇之乱,骂贼,剖腹而死。俱载《明史·忠义传》。)

然而义节之著,知道乃然,是以理崇正轨,学有真传。

鸡山不尚举业,(张舜典,字心虞,凤翔人,万历时举人。自少潜心理学,受知督学许孚远,后游江南,复从许讲学,遍交邹南皋、顾泾阳、冯少墟诸前辈。为开州学正,与诸生讲程朱,不以举业为先。升鄢陵令,后升兵部员外。著《明德录》诸书。)

季泰无愧儒先。(杨复亨,咸宁人,庄敏公鼎后,天启中举人,学于冯恭定。官长治、昌乐,有善政,被谗归。李自成破长安,侨居泽潞,讲正学,后归里,著《养正录》《就正录》诸书。)

有怀前躅,(杨楠,盩厔人。以明经仕龙安同知,倡明心性之学。为霍州守,力请曹月川从祀。居家,日与冯恭定、张心虞、史莲勺诸人讲学古书院,秦士多从之。著有《克己药言》。)

中白后肩。(刘濯翼,华阴人。从冯恭定学,以明经为武昌训导,范士以礼,大学士贺逢圣称为"有道君子"。)

谭夫子大似维斗,(谭达蕴,本朝城固举人,步趋古人,人有过失,动相戒曰"无为谭夫子知也"。似元萧鄩。)

王茂才亦宗伊川。(王茂麟,蒲城庠生,从冯恭定学,营自得庵,吟诗有"洙泗源流、濂洛授受"句。子仁成,进士。)

同州多虚心之耆士,(马棫土相九、白焕采含章、党孝子两一,皆年倍二曲,而延之问业。)

武功闻讲道之高贤。(孙检讨孟扬景烈,讲程朱学。临潼王进士巡泰,为其传道弟子。)

此均读书不负性命,吾儒所当勉旃也。

然而诗书以教全材,文武并归成德。自古将略,每出西北。

王真忠壮,(咸宁人,洪武中燕山右卫百户。靖难氾河之战,被围,马上自刃,封金乡侯,谥忠壮。)

高恂兼职。(恂,字士信,徽州人,自少文武兼长。洪武中以父斗南荐,知新兴州，摄司马，讨平安南道，卒，年仅三十七。）

杨洪威严，（洪，字宗道，汉中卫百户，有威严，善骑射，累立边功，敌呼"杨王"。景泰时封侯。卒，赠颍国公，谥武襄。从子能，武强伯，子彰信伯。）

孙鉴刚直。（鉴，字克明，潼关卫指挥。为人刚直，典卫政，见称当道。从子以官舍从征，为游击将军，功多，封定远伯，旋封侯。）

旺挂平蛮之印，（陈旺，庆阳人，娴韬略，兼通译语，为淮安参将，挂平蛮大将军印，升右府都督，以名将称。）

宏著镇藩之力。（杨宏，西安左卫指挥使。守固原，请于总督杨一清，筑红古城，募众屯田。镇松潘，平大盗鄢本恕、廖麻子。升南京都督，改淮扬总督，称"智将"。著《漕运志》《武经类编》。）

郭宗舜十事切时，（宗舜，岐山人，有胆略，涉猎书史。正统初为生员，以计擒群盗，授巡检。岁凶，诏求直言，伏阙上十事，指斥权要。土木之变，入塞省候，论功升后军都督。）

萧如薰一门报国。（如薰，延安人，以父荫百户，历平乐参将，平叛卒哱拜、刘东旸，佩大将军印者九，都督京营者三。持重不轻战，好学善诗文，以经术济武功。王世贞、袁宏道、陈继儒、王稚登皆相友善。祖汉，父文奎，兄如芷、如兰、如蕙皆总兵，一门号将才，忠义著于朝廷。）

有征满俊而死战，（兰州千户陈钟。）

惟世督戎而习律。（榆林杜松，弟桐，子文焕，孙宏域，三世为本镇总兵，人望其咸为一道最。）

可揭名于御座，（岳可，延安人，有大将材，富韬略，善诗，历战功至大同副将，世宗揭其名于左，曰："今之岳可，宋之岳飞也。"）

芳驰誉于番域。（马芳，榆林人，少掠于北番牧羊，即阴习弹射，后归镇边城，练习家丁，战无不捷，北番皆知其名，为一代名将。）

愈懋请缨，（杨愈懋，潼关人，万历末为中军都督，天启时请缨，讨蜀奢寇，遂推毂总镇四川，与贼战五捷，卒以援兵不至，授印巡抚，深入战死。事闻，赠太子太保，赠三代，荫三子。）

世威奋翼。（尤世威，榆林人，官总兵。李自成陷长安，众十万，掠延、绥，世威与刘廷杰、王世钦誓师约战。贼猝至，战败，又巷战两日夜，世威与弟世禄、王世钦、刘廷杰等皆被执。诱以降，胁之跪，皆不屈，遂斩之。王世钦亦榆林人，总兵。威子，山海总兵也。榆林之陷，城中妇女死义者数千人，并为之满。）

化凤重臣，（梁化凤，字沣源，长安人，顺治三年武进士。初仕山西高山卫守备，五年，姜瓖构逆，从征，平之。进崇明总兵，破海寇张名振。改苏州水师总兵，破郑成功，进都督。卒，赠少保，谥敏壮。子鼐，由恩荫历官浙闽总督。）

非熊良弼。（张勇，字非熊，洋县人。初隶陕督孟乔芳，以标兵剿贼山间，继征临巩，克甘肃，授总兵，调隶洪承畴。平黔，提督云南，复调甘肃。吴逆乱，延、洮、岷、兰、巩悉定之，又扫宁夏、平凉、汉中，晋太子太师，封靖逆一等世袭侯。卒，赠少师，谥襄壮。雍正十年入贤良祠。子云翼嗣侯，提督江南全省军务。）

龙宜立祠，（李化龙，榆林人，从征黔、蜀，进游击，驻防建宁。江右贼入盘湖，出击，战死，民立祠。）

鹍终进秩。（孙一鹍，富平人，中武科，官广西总兵。李定国之乱，与陈奇策战死，赠太子太保。）

此其或树勋猷，或弄文墨，节或不渝，理岂有忒？要亦士林之所尚，能无搦管而续述？

后　记

《二十世纪前期关学研究文献辑要·关学与陕西历史文化》是业师刘学智先生和我近年搜集整理和研究近现代学术转型背景下关学与陕西历史文化相关文献的重要结集，也是我们在此前关学研究基础上进一步拓展推进的成果之一。

早在2017年我将主要心力投入到关学研究中时，就注意到关学在近现代的学术转型和现代研究问题，同时开展了20世纪前期关学研究文献的搜集、编目与整理、研究。对此，业师刘学智先生给予了充分的肯定和积极的鼓励。但是由于多种原因，当时我只是比较系统地研究了曹冷泉、党晴梵等先生的关学研究成果，先后撰写了《曹冷泉先生关学研究述评——兼论现代关学研究之基本认识与方法》（《人文杂志》2018年第12期）、《党晴梵先生〈关学学案〉藁本考述——兼论党晴梵先生早期思想历程》（《唐都学刊》2019年第2期）、《党晴梵〈明儒学案表补〉版本考述》（《渭南师范学院学报》2020年第3期）、《关学近代重构的主体之维——基于党晴梵〈关学学案〉等文本的观念解读》（《天津社会科学》2020年第3期）等文，但对这一时期关学研究文献的系统整理和全面研究还没有展开。

2020年是关学宗师张载诞辰1000周年。陕西师范大学出版总社邀请业师刘学智先生主编一套能体现关学研究前沿成果的丛书，即《关学文丛》。业师于是对我提出："我们应该在前期研究的基础上予以推进，通过文献的搜集整理，更为充分、全面地把20世纪前期关学研究的基本面貌展现出来。"业师的这一想法得到陕西师范大学出版总社的支持，这一计划被列入《关学文丛》。为了完成这一计划，业师从2020年初即抽出精力，指导我编制了编撰计划和体例，同时投入到繁重的文献搜集和整理工作中。经过多次讨论，我们决定将20世纪前期关学研究的相关成果定名为《二十世纪前期关学研究文献辑要》，并根据其内容、体量分为"张载研究""明清关学研究与关学综论""关学与陕西历史文化"3卷予以出版。其中"张载研究"卷主要收录了20世纪前期关于张载生平、著作和思想研究的主要成果，"明清关学研究与关学综论"卷收录了20世纪前期明清关学学人研究的主要成果和这一时期对关学进行阶段性、整体性论述的主要成果，"关学与陕西历史文化"卷则收录了20世纪前期关学在近现代学术发展历程中转型重构以及融入陕西文化的主要成果。在《二十世纪前期关学研究文献辑要》的编撰过程中，业师耗费了不少心血，他搜集补充了不少新发现的文献，同时花费了不少时间，对文献做了细致的校订。经过长时间的细致工作，这部书终于得以出版。多年来，我在学业上的进步和事业上的发展，都是在业师的关心和帮助下实现的，其中每一步都包含着业师的付出和心血，这部书的出版也不例外。在此，我向业师的提携、指导致以崇高的敬意和真挚的感谢！

文献的录入工作是文献整理的基础，这是一项非常繁重的工作。值得庆幸的是，在这一过程中，我身边的亲友和学生，为我在有限时间内顺利完成这一工作付出了辛勤劳动。其中，小妹赵静雨录入了《冯翊耆旧传略》；学生王鹤群、刘珈豪录入了《明儒学案表补》；学生柴鑫彤录入了《陕西文化的过去和未来》；我和弟妹吕晓蕾、妻妹王晓桔、内子梁军莉分别录入了《关学学案》中《王丰川先生学术述要》《溉堂、悔翁两诗人之诗》《十八世纪中国之个人主义（individualism）者——杨双山先生》《康太乙先生之著作及其遗迹》；学生刘珈豪录入了《陕西乡贤事略》；学生李凯旋、王佃晓、王鹤群、刘珈豪、曹煜欣、徐梦月合作录入了《乡邦之光》；李凯旋录入了《选定陕西乡贤私议》；刘珈豪录入了《由文化上研究陕西》《发扬陕西民族精神抗战》，王鹤群录入了《论陕西精神》《陕西精神》，李凯旋录入了《论西北文化》，王佃晓录入了《论西北文化之发展与归趋》《陕西人文述略》。虽然初稿的录入存在一些问题，但更为重要的是，在这个过程中我们的文字辨识能力和阅读能力都得到了锻炼和提升，我们的学术视野得到了拓展，师生、亲人间的感情也得到了进一步的增进。这是让我至为感怀和难忘的。在此衷心感谢大家！

需要特别提及的是，党晴梵先生之子党晟教授对文献整理工作给予了大力支持。我是在2017年前后才认识党晟先生的。认识之后，先生为我提供了党晴梵先生论著的多种底本，赠送了党晴梵先生已整理出版的多种著作，而且还为我多次讲述党晴梵先生鲜为人知的轶事，帮助我辨识党晴梵先生手稿中难以辨识的字，并对整理稿做出了指导和修改。回顾这几年来与党晟先生交往的点点滴滴，他生活中的大度儒雅、学术上的认真不苟，都对我产生了深刻的影响。尤其是他在退休之后还自学拉丁文，翻译了古罗马诗人维吉尔的《牧歌》，更为我敬佩不已。先生生于1950年，比我年长27岁，却能平心待我、和气导我，让后生由衷地感动。在此向党晟先生表示敬意！

更需要提及的是，我的导师刘学智先生在本书整理编撰过程中所付出的心血。刘老师是我学业上的引领者、生活上的关照者，这是很多同人都了解的。

20多年来，老师一直对我学术上的发展寄以厚望，一直对我生活上予以无私的帮助。尤其让我感怀的是老师的宽容精神。10余年前，当我还在跟老师研习儒释道三教关系的时候，他就鼓励我去学习藏文；近些年来，老师知道我有心整理20世纪关学研究文献后，更给予我莫大的鼓励和支持。《二十世纪前期关学研究文献辑要》3卷文稿都是在老师的带领、支持和鼓励下完成的。老师虽然已经70多岁，却仍然亲自投入到文献的搜集、整理和点校、勘误工作中，并对内容、文字做了统一审订。更为难得的是，《关学文丛》的出版，也是在老师的影响和主持下完成的。回想20年来，我觉得自己有时候就像那个固执的子路，从开始做学问的野路子到慢慢上路，从上路到走出自己的路，一路摸索向前，老师从来没有以自己的学术观点、学术视域限制我，而是鼓励我走出去，多看多学，这是非常难得的。我也应该做一个像老师这样的人。

还需要提及的是，本书的正式出版，得到了西北政法大学赵馥洁先生、陕西省人民政府参事室主任徐晔先生、陕西师范大学副校长党怀兴教授、陕西师范大学出版总社刘东风社长、陕西省文史研究馆馆员路毓贤先生、西北大学出版社马来社长及陕西师范大学出版总社侯海英女士等各位领导和师友的鼓励与支持，陕西师范大学出版总社张爱林女士为此书的编辑出版付出了辛勤的劳动。在此向他们表示诚挚的感谢和敬意！

魏　冬
2021年7月于西北大学关学研究院